# 共同性の復権

# 共同性の復権

—大山郁夫研究—

黒川 みどり 著

〔学術選書〕

信 山 社

# 目　次

目　次

目　次

# 第一章　生い立ちとデモクラシー思想の形成

## 第一節　赤穂での少年時代

大山郁夫は、一八八〇（明治一三）年九月二〇日、兵庫県赤穂郡若狭野《わかさの》村五四番屋敷（現在の相生市若狭野）に福本郁夫として生まれた。父福本剛策が三八歳、母すみゑが二九歳のときであり、五男三女八人兄弟の四番目であった。

父方の祖父は代々医者で、父の剛策もやはり開業医であった。郁夫が生まれる以前は、一家は同じ赤穂郡の千《ち》種《くさ》川沿いにある大持《だいもち》村に住んでいたが、[1]やがてその家を甥の一家に譲って若狭野村に移った。剛策は、貧しい患者からは治療代をとらず、そのために一家の暮らし向きが楽ではなかったといわれるほどの「情義に厚い任挟の人」[2]で、そのような人柄ゆえに周囲の人びとからも篤い敬慕を受けていたという。[3]剛策のそのような儒教的な倫理観は、時代の推移とともに現れ方を変えて、大山のなかに受け継がれていく。

また剛策は学問好きでもあって、陽明学に通じており、さらに、叔父の、旧幕臣で日清戦争の清国・朝鮮公使として知られる大鳥圭介とは、漢詩の趣味をとおして親交を持っていた。

一家は若狭野村では、旗本浅野家の旧藩札製造所に住んだ。そのときの家は今もなおその場所に当時の姿をとどめており、それは、大山の末弟福本武雄が記すとおりの「小高い丘の上に在って周囲に土塀をめぐらした広壮な屋敷」である。当時その家の前には浅野長発が住んでおり、剛策は、書画詩文に長じた浅野との交友も深かったという。(4)

ほかに剛策について知る術は乏しいが、以上から浮かび上がってくるのは、儒教的な価値観を貫いて清貧に甘んじつつも、学問に長じ、村民から厚い人望を集めている村の知識人としての像である。ふたたび福本武雄によれば、「剛策は性格も風貌も荒削りで、無頓着で豪放な野人と云ふ感があった」といい、剛策の父が定めた家規どおりに四季折々の祭祀を執り行い、使用人も含めた十数人の家族に囲まれ、自分のみ朱塗りの椀を用いて祝いの膳につくという、厳格な家父長でもあった。(5)

一方母のすみゑは、「父とは対蹠的で、小柄で繊細な神経からくる軟か味、温かさがあって、とてもやさしかった」が、やはり「やさしいうちにも厳格さは失は」ず、また「デモクラシー」の雑誌を読む教養の持主であったという。(6)

大山はこのような両親のもとに、比較的恵まれた環境のなかで育まれてきたのであった。彼が終生、若狭野時代に住んだその家にことのほか郷愁を寄せ、「汽車で山陽線を通るたびに、「あれが僕の生まれた家だよ」と、なつかしそうに車窓の北側を指さした」(7)というのも、彼の思い出のなかに、そのころが幸福な時代として刻みこまれていたからであろう。

大山は、一八八七年四月、若狭野村の八洞《はっとう》簡易小学校（現若狭野小学校）に入学するが、翌一八八八年三月三一日に母方の祖父神尾正雄が死去したため、一家で兵庫県揖保郡片島村のすみゑの生家に転居することになり、それにともなって同年四月より、同村郁乎尋常小学校(のち神部尋常小学校となる)に転校した。ところがそこに落ち着いたのもつかの間、一八九〇年六月、大山が九歳のとき豪雨で揖保川の堤防が決壊して大洪水がおこり、家が潰滅状態となってしまったため、母の姉を頼って揖西《いっさい》郡土師《はせ》村の西臨寺に身を寄せねばならなかった。剛策は当面、隣村の中垣市に医療出張所を設けて一家の生活を支えることとした[8]。

そのころの大山は、「本の虫」と呼ばれており、福本武雄は、そのような兄の大山について、「本を読み出したら夢中で学校から帰ったら帯がなくて母がひろいに行ったことが一度や二度ではなかったようだ」と述べている。教育熱心な父の、大山に賭ける期待も大きかった。同じく福本武雄の回想によれば、大山は父に「朝暗い内に起こされて学校に行くまでに漢籍の素読をやらされ、七、八歳ごろにはもう十八史略とか大学、孟子など一人で読んでいたという。しかしながら大山は、「学校に行くことは好きではな[9]」く、生来、人とのつき合いよりもひとり書物に親しむことを好む、内気で早熟な文学少年であったようである。

大山は一八九一年三月に神部尋常小学校を卒業し、四月に揖保郡伊水高等小学校に進学した[10]。赤穂郡那波《なば》村陸《くが》(現相生市)に土地を買い、一家がそこに落ち着くことができたのはその翌年四月のことであった[11]。

さらにその翌一八九三年五月一日には、大山は赤穂郡坂越《さこし》高等小学校に転校した[12]。それは、同年四月にその学校が新設され、その校長に剛策と同郷で剛策が懇意にしていた岡虎十郎という人物が就任したため、教育熱心な剛策があえて大山に転校を促したからであった[13]。剛策は、自分が信頼することのできる校長のもとで、息子により良い教育を受けさせることを望んだのであろう。大山が三年生のときである。大山は、その校長の岡に保護者になってもらい[14]、二歳違いの弟福本順三郎とともに、家から七キロ近く離れた坂越の会所に下宿をして学校に通った[15]。後年大山が、自分に影響を与えた人物のひとりにあげる「播州の小学校の先生をしていた人[16]」とは、この岡のことにちがいない。そうであるならば、この転校は大山にとって幸福な選択であったといえよう。そうして大山は、一八九五年三月二六日、同校を「優等」で卒業した。[17]

このように大山の学業成績が優秀であったことが、剛策の大山に対する期待をいっそう高めることになったと考えられる。そもそも大山の男兄弟はいずれも、医学専門学校や一橋高等商業学校を卒業するなど、高学歴を身につけており、[18]剛策は大山にもこの先何とかして教育を受けさせたいと考えた。大山は、一八九六年、赤穂郡役所による、マッチ輸出計画のための中国語研究生募集試験に合格し、給費生として一年間中国語を学んだとの記録がある。[19]それは日清戦争の勝利直後、清への輸出の急増を背景とした、まさしく時流に乗った郡役所の企画であった。このころ大山は、後述の自らの作文のなかに「父母の膝下を辞せしより以来幾箇月の間ここなる学校に入り、怠らず勤め学びし身の嬉くも冬休みに会ひ、今朝しもなつかしき故郷に旅立たんとする」と書いており、[20]「ここなる学校」で学んでいたというのは、そのことを指すものと推測される。

ところがそれもつかの間、剛策の知り合いに、大阪で病院を経営している柳琢蔵という医師がおり、その後大山は偶然のきっかけから柳に才能を認められ、将来は柳の養子になることを前提に、柳のもとに書生に入ることとなった。[21]こののち約二年間、大山は柳の跡を継いで医師になるために大阪医学校に通ったといわれているが、[22]確かなことは明らかではない。しかしやがて、あいにく柳に跡継ぎになる男児が生まれたため、養子の道は閉ざされてしまった。柳は、それを申し訳なく思ったのであろう、自分に代わる大山の養子先として神戸市に住む銀行員の大山晨一郎と大山玖羅（通称クラ子）夫妻を紹介し、[23]一八九七年八月二六日、大山はその養子となったのである。[24]そうしてこれ以後、大山姓を名乗ることとなった。

このころの大山については不明の点が多いが、唯一、次の点が少年期の思想を垣間見ることのできるものである。すなわち、大山が当時の少年向け雑誌に投稿した作品のいくつかがその手がかりを提供するものであり、雑誌『少年文集』に投稿して優等乙賞に選ばれた「雪中の旅行」や、『少国民』に掲載された作文や詩などがある。(25)

福本郁夫は、「雪中の旅行」のなかで、次のように記している。

　想ひ出す、征清軍のことを、かの怒軍萬里、故国の厳冬指も耳も落ちなんづるに、山越え野越え風を衝き切り雪を蹴立てて、群がる敵兵を追ひ崩し斬りまくりし酸苦辛労に思ひ比ぶれば此程の風雪何かあらん。新日本の相続者となりて立ちつつある我ら少年たるものが、かばかりの風雪に臆しなば、異日もし陣営を西比利亜の荒原にも張らんことを起らばその時には何とかせん。(26)

ここから日清戦争時の兵士の苦難を想起しつつ我が身を励ます、きわめて勤勉な軍国少年ぶりが見てとれよう。また、「新日本の相続者」たらんとするところに、後に顕著となる、国家を背負立たねばならぬとする使命観、指導者意識がすでに芽吹いている。

同様のことは、「木村重成表忠碑」と題する『少国民』に掲載された作品にも現れている。そこでは、徳川家康の大阪攻めによって、豊臣氏とともに命を落とした木村重成の忠誠心が楠木正成に劣らぬものとして賞賛され、「其誠日月ヲ貫キ其義鬼神ヲ泣カシム之ヲ楠公ニ比スルニ一ハ天下ニ効シ一ハ家国ニ殉ス事ノ大小ノ別個タリ在リト雖其忠肝義膽ニ至リテハ未タ嘗ツテ同シカラスンハアラサルナリ」(27)と述べられている。そのような、忠義を重んじる儒教的な価値感に加えて、さらに「大丈夫生キテ社稷ノ柱石トナリ死シテ百代ノ師表トナル亦是平日ノ素顔ナリ」(28)との一節にも、自己を犠牲にしても世のために献身し貢献することに第一義的な価値を見いだす姿勢が示されている。むろんこれらの作文は、他者による評価を強く意識して書かれたものであり、そうした場では、すでに教育勅語などをつうじて国家公定の価値となっていた国家への献身が、ことのほか強調して語られる傾向を免れないが、その点を差し引いて考えても、繰り返し語られる国家社会のための自己犠牲を美徳とする態度は、当該時期の大山が疑うことなく受け容れていた価値であったにはちがいない。

こうしてようやく上級学校への援助をしてくれる養家を得た大山は、一八九八年、一八歳の年に兵庫県立神戸商業学校（現在の神戸商業高等学校）二年に編入学する。養父晨一郎は、のちの大山の東京専門学校入学の際にも商科に入ることを望んだという事実[29]から推しはかると、商業学校に進んだことも晨一郎の希望によるものであったと考えられる。大山は相変わらず成績優秀で、同級生岡田英太郎と「猛烈な首席争いをやった」[30]というが、その岡田の回想するところによれば、「当時の大山君は文学青年で、文筆の方は右に出るものはなかったが、実科方面はあまり熱心でなかった」[31]という。専門の学業には興味が持てぬために全力を投入できず、養父母を気遣いながらあり余る力を読書に向けて将来を模索していたのであろうか。

（1）　大山の末弟福本武雄が明らかにした、福本家の戸籍謄本（一九六七年四月八日に赤穂郡上郡町役場から送付を受けたもの〔福本武雄『我が家の歴史と家系』一九六九年〕）には、兵庫県赤穂郡大持村二二九番屋敷（現赤穂郡上郡町大持）に一八八六年一一月まで居住していたことになっており、この記載が事実であるとするならば、大山はその地で生まれたことになる。ところが金田正男は、一八七九年八月二五日に若狭野村で発生した患者の死亡届が「若狭野村内科医師福本剛策」となっていることから、大持村から若狭野村への転居届は、実際に剛策ら一家が転居したのよりも遅れて出されたものであるとの考証を行っており（《パンフレット》金田正男「相生市で育成した大山郁夫」、製作年月日記載なし）、さらに大山郁夫自身も、後年のアメリカ亡命中、移民滞在延長許可を求める公式文書に出生地を若狭野村と記しており（「コールグローブ文書」BOX一四–FOLDER四–三四頁。なお同文書については第五章を参照）、また早稲田大学を停年退職する際に『早稲田大学新聞』（第九九号、一九五一年四月二一日）

に掲載された「大山先生年譜」でもそのようなっていることから、ここでは若狭野村生誕説を採った。
(2) 大山郁夫記念事業会編『大山郁夫伝』(一九五六年、中央公論社、以下『伝』と略記)一七頁。
(3) 福本前掲書、二三、及び三〇頁。
(4) 同右、二二、及び二八頁。
(5) 同右、三〇頁。
(6) 同右、三二頁。
(7) 『伝』二〇頁。
(8) 同右、二九頁。
(9) そのころの大山は、「少し変人でムッツリ屋でボーッとして話をすることが嫌いで、あまりハキハキしなかったので、バカなのかりこうなのか見当がつかず腕白共から仲間はずれにされていた」と、弟が回想している(福本武雄「兄のことなど」『毎日新聞』一九四七年一〇月二四日)。
(10) 大山の小学校卒業は一八九一年三月のはずであるが、福本前掲書、四〇頁は、同校に一八九〇年三月まで通ったとしており、それによるとその後高等小学校入学までの一年間が不明である。
(11) 福本前掲書二九頁。
(12) 赤穂市坂越小学校「学校沿革史」にはさまれていた「福本郁夫」の入学卒業年月日メモ。メモはペン書きによるもので、他に、一八九三年五月一日に伊水高等小学校より転校したことと、卒業年月日、ならびに「保護者岡虎十郎」の名が記されている。
(13) 福本前掲書、四〇頁。
(14) 注12に同じ。
(15) 福本前掲書、四二頁。
(16) 岡本清一「のびやかな静けさ」(『伝』付録「大山郁夫先生の思い出」)三四頁。

（17）注12に同じ。なお、「学校沿革史」とともに、坂越小学校に保存されている「卒業証書台帳（明治二十五年度以降、坂越尋常高等小学校高等科分）」によれば、そのときの卒業者は大山を含めて男子六名であった。
（18）福本前掲書、三四〜五六頁。
（19）一九三一年発行の野口義明『無産運動総闘士伝』（社会思想研究所）の大山の項に記されたもので、これ以外にそれを裏付けるものはないが、大山の存命中に書かれたものであることから、おそらく事実と見てまちがいなかろう。
（20）「雪中の旅行」（『少年文集』第二巻第一号、一八九六年一月）。このとき大山の住所は、「神戸市橘通三丁目三七〇番屋敷古林稠方」となっている。
（21）後述の、大山のこの頃の投稿作品に記されている住所によれば、一八九六年九月から一一月の間のことであったと推測される。
（22）『伝』三二頁。
（23）同右、三一〜二頁。
（24）「大山郁夫戸籍謄本」。
（25）大山が、吉野作造とともに雑誌『学生筆戦場』の「二大投書家で、両々競い合っていた」（〈座談会〉「日本における自由のための闘い　吉野作造」『世界』第一一二号（一九五五年四月、一一〇頁）という木村毅の指摘があるが、『日本全国小学生徒筆戦場』（『学生筆戦場』の前身）の東京大学明治雑誌文庫所蔵分（若干の欠号あり）を私が確かめた限りでは、吉野の作品は何点か見つかったが、福本郁夫の名は見出しえなかった。その後岡崎一により、『少国民』に掲載された作品のいくつかが紹介された（〈資料紹介〉「大山郁夫の初期文集（一）」『初期社会主義研究』第六号、一九九三年一月）。
（26）前掲「雪中の旅行」八〇頁。
（27）「木村重成表忠碑」（『少国民』第九巻第二号一八九七年一月一五日）九七頁。

(28) 同右。
(29) 『伝』三八～九頁。
(30) 岡田英太郎「楠町の思い出」(『サンケイ新聞』一九六二年九月、というメモ書きの付いた記事の切り抜きが現存しているが、当該年月の新聞から、その記事は確認できなかった)。
(31) 『伝』二四頁。ここでは岡田丈太郎と記されているが誤り。

## 第二節　西洋精神文明との出会いと「一等国」意識からの出発

### 一　社会的使命観の形成とキリスト教信仰

一九〇一年三月、神戸商業学校を、成績優秀のため本来四年の課程を三年で終えた大山は、同年八月三一日、東京専門学校政学部英語政治科に入学した。翌一九〇二年には、同校が創立二〇周年を契機に改組されて、専門学校令による早稲田大学となり、大山は大学部政治経済科に入った[1]。早稲田大学の第一回生である。在学中の大山は、毎年成績優等によって大学より賞二等を受け、特待生として学費を免除されるという勤勉ぶりであった[2]。

その間に大山はキリスト教の洗礼を受けており、ここではまず、大山の思想形成と初期の思想を考えるうえに重要と考えられるキリスト教の受容の意味を考察する。

大山が洗礼を受けたのは、東京の一番町教会（一九〇五年の移転に伴い富士見町教会と改称）において、日本基督教会の指導者植村正久からであった。その時期は、大学入学後からのちに紹介する、大山が養父に宛てた一九〇二年八月一四日の手紙が書かれるまでの間であったと推定される。後述するように、大山の大学時代の師で、大山が大きな影響を受けたという浮田和民が熊本バンド出身のプロテスタントであったことも、大山がキリスト教に関心を持つようになったことと無関係ではなかろう。

大山が受洗した植村正久は横浜バンドの出身で、いわゆる日本プロテスタンティズム第一代の指導者の一人である。同じく第一代に属する指導者として知られる本郷教会牧師海老名弾正が進歩主義・自由主義を代表すると見なされているのに対して、植村には正統主義との評価がほぼ定着している[3]。大山が受洗した前後の一九〇一年から一九〇二年にかけては、植村と海老名の間にいわゆる神学論争（福音主義論争）が展開されており、その際にキリストを人とみなし、かつ「「キリスト教の真理」が教会という殻に閉じ込められることなく、広く社会に「雄飛」することこそ望ましい」と主張する[4]海老名の立場は、吉野作造をはじめ大山と東京専門学校の同級生であった原口竹次郎[5]ら同世代の青年たちをその下に魅きつけたが、かたや植村は、「神人の一致」を説く海老名の「修正主義」の立場を否定し、「「教会」が「世」に卓絶していることによってのみ、この世における「神の国」の拡大が実現される[6]」と考えて、あくまで教会に固執しようとした。

植村の下での受洗という選択が、そのような両者の立場の相違を踏まえた上でのものであったか否かは、大山の信仰の内実を知る手がかりがほとんど残されていないため明らかではないが、そのようななかで唯一、養父に宛てた書簡は、大山が牧師になる決意を固めていたことを示すものとして注目される。この一九〇四年八月一四日の手紙は和紙に筆で丁寧にしたためられたもので、重要と思われる箇所を以下に引用する。

> 意思は我がものながら我が力を以て動すことを得るものに候はねば心に養ひ得たる信仰は如何ともすること能はず候へども決して之がため偏強の癖に陥ることなく決して之がために父上母上の御心を傷め御名を傷つくることは必ず可無之決して之がために大山家の名誉財産に累を及ぼすことは致すまじく又一たび立てたる牧師宣教師とならんとの企望も此際断然断々然之を棄てゝ再び之を顧ること可無之候
>
> あはれ誤って伝道者流の宗教に陥りはてゝ真の宗教を誤解し、ために一方ならず父上母上の御胸を傷め御心を悩ましたる罪は幾重にも御宥るしを乞ひ申候　あはれ悔恨の涙の熱さを察したまはゞ何卒これを容れ賜はんこと、小生がせまき胸一ぱいの願ひに候[7]

これは、牧師になる決意をした大山がその意志を養父母に告げたところ、ただならぬ怒りを買うこととなり、それからまもなく意を翻して丁重な謝罪をするに至ったものである。

次いで書かれた養父母宛書簡によれば、大山が伝道者の道を選ぼうとしたきっかけは、青山学院六番館の婦人宣教部に属すると思われるジェンニー・S・ヴェールなる人物から勧誘を受けたことであった。翻意と謝罪を告げる手紙を受け取っても、まだなお牧師の道に走るのではないかとの疑念と不安を依然棄てきれない養父母に対して、大山は再度次のように述べ、伝道者になろうとしたことを「真の宗教の誤解」であったと直ちに否定し去ったのであった。

> ヴェールが此手紙を書く前にさまの謝辞を書いて草稿を十数回も書き改めま《ママ》見ましたが（其艸稿ハ私に見せました）最後に思ひ付いたのハ父上の要求したまふ所ハ小生を東京へ召きし（電報と手紙とにて）行為に対する謝辞と、も一つは今後ハ決して宗教家となることを小生に勧めざることを誓ふことの二つでしたから遂に別紙の如き簡単なのに書き改めたのです（中略）
>
> 先日申上げた通り私の決心は固うございますから決して翻ることハありませんミスヴェールも決して小生に宗教家となることを乞はざることを誓ひましたのですから何卒御安心の上これ迄の處お許し下さいますやう願ひます(8)

このように大山の牧師志願は、養父母の強い反対の前に断念を余儀なくされたのではあるが、それもその後の大山に一貫している社会改革への強い使命観の一つの発現形態であったのではないかと考えられる。周知のように大山は、やがて吉野作造とともに、民本主義のオピニオン・リーダーとしてジャーナリズムを通して民衆の啓蒙に携わり、さらにはその後の急速な民衆運動の発展が投げかけた問題に向き合いつつ、「理論と実践の統一」の実現を求めて、労働農民党の中央執行委員長就任という途を選び採っていくが、それを支える原動力は、まさに国家ないしは社会を背負って立つエリートとしての使命観にほかならなかったといえよう。東京専門学校に入学してまもない時点で大山は、このようにいまだ遭遇したばかりのキリスト教という宗教の世界に没入しており、そのなかで伝道を通じて民衆の啓蒙を行うことに自己実現の場を見いだしていたのである。その点でも大山は、「伝道者」と「社会の木鐸」たることを自らの使命と課した植村正久の忠実な継承者であったといえよう[9]。

にもかかわらず、その志を曲げなければならないほどに、養育者であり学資の負担者である養父母の存在は、大山にとって大きな存在であり、大山は養父母に対して、「専心一意学生の本文を尽くして骨を砕いても肉をつんざいても身を立て社会を利し以て大山家の花を咲かすことを期し可申若しまた未来の家庭を作らば花笑ひ鳥歌ひ春あたゝかなる家庭を作りて御両親御老後の心をなぐさめ楽ませ（此思想ハいさゝか西洋流に候へ共御笑ひ下されまじく候）今までの測りなき愛に酬ひ且つは永らくかけたる御心配の償ぐなひと致し可申候」[10]と述べなければならなかった。先に見た社会改革への使命観と、この私生活の面での養父母に対する忠誠心の両者に共通するのは、彼の強い倫理観であった。

大山の信仰自体は、その後も数年近く保持され、大学卒業時の政治経済学科の記念帳『金欄簿』には、「信仰」の欄に「基督教」と記されている。したがって、「伝道者流の宗教」を「真の宗教の誤解」として否定し去ったのちにそれは、大山のなかでどのような意味づけを持ち得たのかが、次いで考察されなければならない。

日本プロテスタンティズム第一代は、海老名弾正が、「儒教によりつつキリスト教を受けいれる」という態度であり[11]、また植村正久の信仰も、「原理としての武士道の転釈」として展開されていたといわれるように[12]、おおむね志士仁人的気風や儒教思想と無縁でなかったのに対して、大山を含むいわゆる第二代の青年たちにとってキリスト教は西洋精神文明の象徴であり、儒教的価値観からの解放への期待を託す存在であった。大山が東京専門学校に入ったと同じ一九〇一年に、第一高等学校に入学した田辺元の次のような回想は、そのような雰囲気を伝えるものである。

当時既に日清戦争の勝利に依る国民自信の確立と、大陸進出の端緒を握った民族の発展に伴ふ事業の活況とに起因する一般青年の活発なる希望とその活動慾、に対する反動として起ったところの、これ等の外面生活に対する批判と懐疑、更に自己内心の要求に従ひ、精神の自由解放を求めて、みずから人生の目的を探求し、存在の意味を自覚しようと欲する精神的気運が、一高には動いて居た。（中略）青年のヒュマニズム的要求に一層よく応ずるものとして、同じくヒュマニズムと共に西洋近代精神の産物たるプロテスタント・キリスト教であったことは、もとより当然にして怪しむを要しない。それには当時日本のキリスト教に、内村鑑三、植村正久、海老名弾正氏の如き有力な人が居って、その結果キリスト教の影響力が大きかったといふこともある。(13)

大山もまた、「西洋近代精神の産物」としてのキリスト教に魅かれていったであろうことは、後述する養父母宛書簡において自ら「西洋流」と称する未来の家庭像を語っていることからもその一端を伺い知ることができるのであり、明治国家によって強要される儒教的価値観は大山にとって克服の対象にちがいなかった。しかし、すでに見たような倫理的志向はそのまま、「西洋近代精神」としてのキリスト教のなかにも〝道徳〟を求めることとなった。大山は、一九〇五年から一九一〇年までの間に書いた英文論説のなかで、日本社会を変革する上でのキリスト教のもたらす精神文化の意義を、次の二点において評価している。一つは、キリスト教が日本の道徳水準を引き上げるのに役立ってきたことであり(14)、いま一つは、のちに見るように、キリスト教は人格の向上に貢献し、女性の解放にとっても、男性の啓発と女性を高貴にする点において貴重な役割を果たしてきたと考えられることで

あった。(15)

大山の死後まもなく書かれた『大山郁夫伝』も、「柳子婦人と結婚した明治三十九年頃には、大山はもう教会の会員ではなかった。(中略)それでも結婚したときは就寝のときに祈禱をすることもあったが、そのうちお祈りもしなくなった」(16)と記しているように、大山がこのようなキリスト教評価を述べた一九〇五、六年は、すでに彼がキリスト教信仰から離れつつあるときであった。結婚後も大山と離れて、大山の養父母のもとで暮らさねばならなかった妻に宛てた書簡(後述)にも、バイブルからの引用(17)などキリスト教に関わる記述はしばしば登場する。しかしキリスト教に触れた最後の記述である一九〇七年三月五日のものは、「今晩は早稲田大学の基督教青年会の催しで早稲田大学の大講堂で演説会があった　弁士は海老名弾正氏と救世軍の山室軍平氏であった　友人原ハ来ず此会の事に就いて大に斡旋の労を取られたのだから同君の熱心に対しても出席する義務があると思つて聞きに行つた」とあるように、キリスト教に一歩距離をおいており、すでに熱心な信仰に促されての参加ではなかったことを語っている。

大山にとってのキリスト教は、一面において、養父母との葛藤などに起因する孤独な内面を癒すという効果をもったであろう。しかしどちらかといえば個人の内面の信仰としては深く根を降ろさず、社会改革との関わりのなかでその意義づけが与えられており、欧米をモデルとした日本社会の精神面の近代化をはかる原動力として位置づけられていたために、大山が政治学者としての道を歩みだすなかで、その役割は、学問的裏づけをもつ具体的な政治構想にとって代わられていったと考えられる。

大山がキリスト教に拠り所を求めていった少なからぬ動機の一つは、養父母との葛藤であり、大山はそれをきっかけにしながら社会に広く視野を向けていったのではなかろうか。彼は、「養父母によくつかえ」、「父の勤先きへ弁当を持っていったり、からだの弱い母の足腰をもむのが日課だったと言う」。そのような養父母への気遣いは、彼の進路選択の際にも現れており、神戸商業学校への編入学に加えて、東京専門学校に進む際にも、大山はあくまで商科に進むことを期待する養父に対して、商科の入試には落ちたとあえて偽って英語政治科を選ばねばならなかった。[18] 後述するように大山は、日露戦争の勝利によって「一等国」となった日本を維持していくために、西洋精神文明を模範にしながらそれを支える「国民精神」の育成に意を注いでいくが、その際に自由な精神の進歩を阻むものとして注目したのが、のちに述べるように「家族主義」すなわち「家」の問題であった。それは大山自身の体験に沿うたものであり、だからこそ青年期の自己の精神の発露を、日本的「家」の価値観とは異質の世界であるキリスト教に求めたのではなかろうか。

大山における「家」の桎梏がより顕著に現れたのは、水野りゅう（通称柳子、以下通称で記す）との結婚に際してであった。大山の結婚は一九〇六年一二月二〇日のことで、[19] 時の早稲田大学学長高田早苗の仲介によるものであったが、[20] 結婚後二人は、熱い恋愛の日々を送った。しかしながら後年柳子が、「そのころの女はだいたいとして、妻というものは夫の意にそむかず、舅姑につかえるものと教えられ、自分もまたそう信じていました。わたしも結婚後の半年ほどは、大山は東京に、わたしは大山の両親と暮し家事いっさいの教えをうけました」[21] と語っているように、二人は結婚後二〇日間ばかり共に暮らしただけで、[22] その後しばらく大山は、東京雑司ケ谷の「極めて質素な藁葺きの小さな構へ」の家でひとり生活し、[23] 柳子は神戸の、夫の養父母のもとで暮らさねばならなかった。

それゆえに大山は、妻として迎えたばかりの柳子に自分の「思想や感情や性質」をわかってもらおうと、[24] ほぼ毎日、長い手紙を綴った。[25] それは「東京日記」と名づけられており、一九〇七年二月六日にはじまり、同年四月四日、柳子が東京に戻ることを許されるまで続いた。[26]

別居という事態に対して大山は、「今一言正直に白状する　男子が妻を迎へるのハ冗談半分にするのでなくて実際自分の事業を助けて貰ふためであることハ言ふまでもない　然るに自分の今の状態ハ如何？　無論柳さんに毛頭うらみはない自分ハ只自分の不運を嘆くのみだ（中略）どんなおひとよしでもこんなに社会から翻弄されると残念に思はぬ訳にハわか《ママ》ぬ(27)」と嘆くのみで、二人の同居を阻んでいる養父母と、けっして正面から対決しようとはしなかった。それればかりか常に養父母によく仕えるようにとまで、柳子に書き送っている。

柳子の〝修業〟期間は本来五月までであったが(28)、予定より早く養父母の許可がおり、柳子は四月四日に、ようやくはれて東京の大山のもとにやって来ることに決まった(29)。こうして共に住まうという念願は実現したが、二人はまだ戸籍上の夫婦ではなかった。子供を生まぬ女は「嫁」として認められぬとする、「家」の厚い壁が立ちはだかっていたためであろう。大山は手紙で繰り返し柳子に「何が気掛だと云ツても籍ほど気掛りになるものハない」と書き、婚姻届けの件を養父母に尋ねるように促したが、少なくとも結果的にその問題は養父母によって直ちに解決されることなく放置され、届けが出されたのは、柳子が最初の子供一義を妊娠してのちの一九〇七年九月二日のことであった(30)。

このように、「大山家」の「嫁」であることを求める養父母の存在は、大山が強い倫理観の持ち主であるがゆえにいっそう重圧としてのしかかったと考えられる。自分がそのような状況にあったからこそ、社会の問題に向き合うとき、次に述べるように、あえて儒教道徳を問題にし、それと対決していくことにつながったのではなかろうか。

一方で大山は、「我等は新社会に生活して居るのだから舊い儀式や習慣の前にビク〳〵する必要はないのである況んや夫婦間の関係は愛の鎖で維がれるものであつて愛のない夫婦こそ却つて批難すべきである(31)」と述べて、儒教道徳にとらわれない新しい夫婦のあり方を追求していこうとしており、特待研究生の期間中に書いた英文論説[32]のなかにも、女性問題をテーマとするものとして、"Women's Education in Japan"（『早稲田学報』一九〇六年一月）と"The Struggle of Girls-A Pathetic Aspect of Women's Education-"（同上、一九〇六年二月）があり、女性問題は当該時期の大山の関心の一角を占めていた。一八九〇年代後半から一九〇〇年代初頭にかけての時期に、青年をして明治社会主義に接近せしめた一要因になっているのが、地主・小作関係における前近代的人間関係や家族制度の問題であり、とりわけ恋愛と結婚の自由・夫婦中心の家庭を築くことは彼らの重要な関心事の一つであったが[33]、大山もそうした人々と関心を共有していた。

大山の女性論は、私生活の面でも男性である自分は妻の「保護者としての職務」を担うことに喜びを見いだし[34]、妻に対しては、「我輩ハ終生柳さんのために世の中に奮闘し得ることを栄誉としてゐるのであるその代り柳さんよりも大に内助の功を得る積もりである[35]」と述べるように「内助の功」を期待し、性による既成の役割分担の域を出るものではなかったが、その枠のなかではあれ、男性に隷属するのではない対等の人格として女性を位置づけていたことは当時の状況下においては注目すべきであろう。それゆえに大山は、「女としての人格(Womenhood)」を要求するのであり[36]、すでに見たようにそれを陶冶するものとしてキリスト教が評価されるのであった[37]。このような「人格」の完成を求める傾向には、阿部次郎に代表される大正教養主義と称される人々との共通性が見てとれる。大山は、阿部らとほぼ同世代に属しており、彼も、阿部が考えていたような、個々の性格的特性や、その時々の思想・心情の動きに還元されない、むしろそれに統一した秩序を与えるような人間存在のあり方としての「人格[38]」を求めていたと考えられる。

一方、大山のキリスト教との出会いは、やはり学生時代の一時期、彼に島田三郎・海老名弾正・木下尚江らとの交流をもたらした。その事実は、吉野作造の回想文に次のように述べられている。「私が大学を卒業した翌年（一九〇五年――引用者）の夏には、小山東助君の肝入りで、同じ年に早稲田大学を卒業した大山郁夫・永井柳太郎の二君を本郷台町の小山君の下宿に請うじ、木下（尚江――引用者）君を中心として一懇談会を催そうとした」。ところが、「小山君が間もなく東京を去り私も支那に住《ママ》ったので此会合は何等の結果をも生まずして消滅に帰した」という[39]。この会合の発起人となった小山東助は、宮城県仙台尋常中学校で吉野の一学年下に在籍しており、その後、吉野と同じ第二高等学校・東京帝国大学に進んだ。そして中学校から東京帝国大学在学までの間、吉野と親交をもち、やはり海老名弾正の自由神学に魅かれて本郷教会に集ったのであった[40]。

吉野がいうところの懇談会とは、以下のようなものであったらしい。日露戦争のさなかに非戦論を展開した『平民新聞』が一九〇五年一月二九日に廃刊されたあと、そのメンバーによって週刊『直言』が創刊されることになったが、吉野は、無神論者の幸徳秋水・堺利彦らとキリスト者の安部磯雄・木下尚江・石川三四郎が行動を共にすることに賛成できず、疑義を呈したことから、木下がこれに応え、吉野との交流のきっかけが生まれた。この状況を見てとった小山は、「清新発刺な社会活動を目指した青年の団体をつくるために」、木下・吉野、そして永井柳太郎と大山を自分の下宿に招き、懇談会をもとうとしたのである。ところが当日になって、木下・大山・永井にそれぞれ急用が生じ、さらにその後数回の試みが行われたが、メンバーの誰かに支障ができて、結局実現に至らなかったというものである[41]。すなわち、社会主義者の木下と、のちに立憲主義の主張を掲げて世に出る青年たちの、キリスト教信仰という共通項を媒介とした集いの試みであった。

初期社会主義と大正デモクラシーの関わりについては、大正デモクラシーの担い手には[42]、明治社会主義をくぐった者が多く、明治社会主義は大正デモクラシーにも影響を及ぼしているとの松沢弘陽の指摘をはじめ、荻野富士夫の、初期社会主義と大正デモクラットの出発点は近似しているのではないかとの問題提起がある。[43] なかでも荻野は、「「初期社会主義」も「大正デモクラシー」も、一九〇〇年前後の思想状況を共有しながら出発している」とし、その出発点に一九〇〇年前後の「「亡国」的状況」に発する「〃反文明・反近代〃的思潮」を見出す。[44] たしかに大山もまた、初期社会主義との接触の試みを経て大正デモクラットとなっていく人物の一人にちがいなかった。そうして以下に述べるように、荻野が指摘するような「亡国」的状況に合致する問題の指摘もある。ただし当該時期の大山の思想については、社会主義とは隔たりがあり、そうした「亡国」認識も社会主義者たちのように深くはなかった。にもかかわらず交流が可能であったのは、松沢がいうように、むしろ木下ら初期社会主義者の側が、この時点ではまだ「国家体制それ自体、とくにその中核としての「立憲政体」に対しては深い期待と忠誠をいだいていた」[45] 点に起因しているのではなかろうか。後述するように、大山にとって「立憲政体」は所与のものであり、疑ってかかる必要のない自明の存在なのであった。しかもそのように期待をかけた「立憲政体」の腐敗現象に対する批判という点では、後述するように両者の間に、懐疑の深さに関して大きな隔たりがあるとはいえ、共通するものがあったのである。

大山のキリスト教信仰と結びついたヒューマニズム精神は、大山の学生時代に盛り上がりを見せていた足尾鉱毒事件反対運動への共感ともなって表出した。周知のように田中正造は、一八九一年一二月の第二議会で鉱毒問題に関する質問を行って以来、一貫してこの問題との闘いに全力を投入してきた。そして一九〇一年には議会への失望から衆議院議員を辞し、その年の暮れに天皇への直訴を決行して、世間に大きな反響を呼び起こした。[46] 当時東京帝国大学の学生であった河上肇が、同年一二月二〇日、東京本郷で罹災民救済のために開催された鉱毒婦人救済会に参加し、鉱毒反対運動に関わってきた牧師田村直臣の演説を聞いて、感動のあまり自分の衣類をすべて寄付したという話は有名であり、[47]のみならずこの問題が、東京専門学校（のち早稲田大学）をはじめとする多くの学生を運動へと駆り立てていったことは、小松裕の研究[48]が明らかにしているが、大山もまた、「鉱毒事件には大きな影響を受けた」と後年回想しており、実際に、田中正造がかつて居住していた早稲田鶴巻町の九皐軒[49]という下宿に移り、下宿の主人に頼んでわざわざ田中の住んでいた部屋に居を移したという逸話も残っている。[50]また彼は、晩年に、この当時のことを回顧するなかで、田中正造にも言及しつつ、「明治三十七、八年は社会的に動揺があつた。赤旗事件もあの頃だし、又田中正造などの鉱毒事件、あれで彼は一生自分の身を注いでやつていた。当時の大学でやつていた模擬国会には蔵原惟郭（惟人の父）なども来て田中とともに活躍した。（中略）まあ大体から云つて、田中という人に非常に強い影響を受け」たことを語っている。[51]

しかし大山には、「亡国」と表現しうるほどの危機的な意識はなく、近代文明を根源から問い返そうとする視点は希薄で、それゆえに社会主義に依拠する必要もなかったといえ、田中正造に対する敬愛や鉱毒問題への関心も、ヒューマニズムに発する心情的な共感にとどまっていたと考えられる。大山はあるべき文明のモデルを西洋に求め続けながら進んでいくのである。

## 二　「倫理的帝国主義」の継承

キリスト教とならんで、大山の学問・思想形成に大きな影響を与えたいま一つの存在は、学生時代の師浮田和民であった。後年に大山は、「私は小野梓、浮田和民の両先生から、大きな感化をうけた」[52]と語ったといい、特に実際に直接講義を聴き、かつ「個人的にも先生と接触があつ」た[53]と回想している。浮田との思想的共通性は、大山の特待研究生・講師時代の著作のなかに認めることができる。

そもそも大山の国家認識は、大枠において浮田の影響下にあったといってよい。浮田和民の唱導する「倫理的帝国主義」は、一九〇一年以後に提唱されるようになったもので、侵略的膨張主義とは一線を画して、あくまで国際法の下に経済活動を主体とするものであることを強調し、世界的な生存競争を経て「世界文明の為めに貢献する」[54]使命を果たしうる「実業上の大日本帝国」[55]となることを目指すものであり、それを支える国民精神の自由な発揚に着目することと不可分であった。[56]「倫理的帝国主義」においては、そのような活動を規律するものとして求められたのが「道徳」であり、道徳に期待をかけるそのオプティミズムは、社会進化論という進歩主義的歴史観によって支えられていたのである。そうしてそれらの思想的特質は、そのまま大山のなかに受け継がれていた。

大山が執筆活動を開始したのはちょうど日露戦争直後で、そのころ国民の間には大国ロシアを打ち負かしたことの自信と喚起がみなぎっていた。大山の日露戦争観も、少なからずそのような国民の趨勢と軌をいつにするもので、植村正久も「文明と進歩」の観点から戦争を肯定し、[57]吉野作造もまたそれを、ロシアの「専制」に対する「自由」のための戦いとして支持したように、[58]戦争の原因をロシアのツァーの専制と侵略主義に求め、対する日本の行動を西洋文明の擁護者として正当化していた。

当時の『早稲田学報』に掲載された「日露戦争の史的解説」は、アメリカのボストン大学教授マコーレイの著書『日露戦争の原因及び意義』（原題 "The Cause and of Japan-Russia War"）の紹介を行ったもので、大山が前半を、後半を大山と同期で大学部文学科を卒業し、同じく特待研究生を務めていた原口竹次郎が担当した。[59]大山はマコーレイの見解に対して、「論旨に斬新の見ありとにはあらねども、日露葛藤の由来を歴史的に考証して、叙事極めて詳細周到、亦一篇の好文字たるを失わず」との評価を付与していることから、基本的にマコーレイのそれと一致していたと見ることができよう。その邦訳によれば、マコーレイは、日本は「東洋に於ける西欧文明の唯一の担保者にして嚮導者」であり、ロシアは「今将に東方に於て発芽せんとしつゝある泰西諸国の文明を破壊し顚覆するもの」ととらえていたのである。[60]

また日露戦争下においては、早稲田大学と慶應大学の学生有志が、「国家存亡の岐るゝ」「建国以来未曾有の一大事件」である戦争を「挙国一致」のもとに支持する立場から、傷病兵のための慰問図書蒐集運動を展開しており、大山も、一九〇五年二月の第二回「慰問寄贈書籍募集趣旨書」に名を連ねていた。[61]それは「我が愛する国のために」犠牲になった戦病死者やその遺族への共感によるものであった。[62]

そのような日露戦争観は、日露戦争に勝利し、日本が「一等国」となったことに対する賞賛へとつながっていった。大山は、「日本はもはや極東の小国ではなく、世界列強のなかに地位を獲得した」ことを誇り、[63]同時に「我々は（西洋から――引用者）得てきたと同じ分だけ与えねばならない。我々が満州平野で軍事的成功を遂げて以来、世界の目は日本に注がれている」[64]との、〝大日本帝国〟を担う国民的使命観を表出させていた。そこにはもちろん、日露戦争が本質において、イギリスの極東における利益を護るための〝代理戦争〟であったという視角もなかったし、[65]一九〇五年八月にロンドンで調印された第二次日英同盟が、日英両国の韓国とインドそれぞれに対する自国の利益を擁護し合うために協力関係を強化したものであるという、権力的リアリズムの観点も存在していなかった。[66]

しかし当該時期の大山の論文は、列強の一員となった日本の「文明」の裏側には、実は「無限の暗闇の領域」が存在することの指摘にも及ぶ。戦争による国家財政の窮乏とそれに伴って国民にのしかかる重税、地方間・階級間の富の分配の不均衡、兵士の帰還に伴う軍国主義的風潮の蔓延の危険性、道徳の退廃、儒教主義教育の弊害、官僚と政党の癒着による政治の腐敗、などである。[67]そして、「我々の世紀は大いにその文明を誇っている。しかし能力を発達させる手段を全く与えられていない社会的浮浪者が増大しているのを見る限り、そのような文明は激賞に値するだろうか。（中略）我々の時代は、特別恵まれた階級にではなく人類全体に肉体的・精神的・道徳的発達の適切な手段を提供してきたか。どの大都市にもあるスラムに行ってみよ。そして見よ、はっきりと先入観をもたずに。直ちに我々の文明がいかに皮相的であるかに気づくであろう」と問題を投げかけるのであった。(68)

資本主義の急速な発達は、日本を「一等国」の地位に押し上げる一方、すでに日清戦争前後あたりから、それの生み出す矛盾としてのさまざまな社会問題を浮かび上がらせていた。とりわけ日露戦争の遂行によって、国民は戦費の負担を負わされ、戦中・戦後にわたって疲弊の極に陥り、いっそう貧民問題が顕在化した。

大山はこのような現象を、「文明」の裏側にある道徳的退廃としてとらえていた。しかしそれは、明治政府が推進してきた「富国強兵」路線に対する根源的批判を意味するものではなく、あくまで「物質文明」に対する「精神文明」の発達の不均衡によるものとして、思想・道徳の次元の問題と認識されていたのである。ここにも、明治社会主義との近似性が見て取れる。すなわち明治社会主義においては、「亡国」という言葉に象徴されるさまざまな社会問題は、無道徳化・秩序の解体に通じるものとして認識され、しかも「立憲政体」は所与のものであり「普遍的理想の結実」としてとらえられていて、あくまで問題は「現在の体制の「真」の正当性の誤解や歪曲に対する正しい理解の対置」によって解消されると考えられていたが、大山の場合も、それとほぼ同様であった。(69)

そのような見方は、社会の下層に位置する人々に対する蔑視観ともなって表出する。大山は贅沢に身を窶して怠惰な日々を送っている「社会的寄生者」（原文——social paracites）を糾弾する一方で、その対極にある「貧困階級」（原文——the poor and needy class）の問題にも視野を及ぼして次のように述べる。「彼らは不浄と不潔のなかで行動し、呼吸をしている。清潔や小綺麗ということの意味も皆忘れてしまっており、ひどく不潔な習慣は、豚のそれにしか匹敵しない」と。あるいは、「彼らは大人になったときには、すでに自分たちの社会のすべての不道徳のれっきとした継承者になっており、それらを墓場までもっていく」と述べて、そのことへの慨嘆をも露わにするのであった。[70]人々がとらわれがちな、貧困に発する「不潔」を「不徳」に重ね合わせる見方が、大山にも浸透していたのである。

当該時期に世間の注目を集めた、一高生藤村操の日光華巖の滝への投身自殺に象徴される、日露戦後の青年層の煩悶も、大山の憂慮の対象であった。彼は、その解決の方向を次のように提起する。「我々は自分の特別な才能を十分に表現することによってのみ、自己の存在意義を全うしうる。自己表現がまず何よりも求められるべきものであり、どのように生きるべきかを考えることは二の次の問題だ」[71]。それは、人格の完成を第一とする立場からの、ありきたりの提言にはちがいない。しかし大山は、青年層のこのような傾向を、国家的忠誠心の減退という点から憂いたのではない。当時の知識人の多くが支配層と立場を同じくし、対外膨張主義や家族道徳を振りかざして国家的忠誠心の再興を求めた[72]のとは逆に、彼は、青年層を苦悩に追いやっている儒教主義的道徳と対決することこそが「国民精神」を豊かなものにし、「一等国」日本の維持につながると考えたのであった。

大山は、「社会の進歩は物質的方面ばかりでなく、精神的方面に沿っても実現されねばならぬ」と力説し、[73]「多様な特色と多彩な彩りを与えることで現代のヨーロッパ文学を豊かで輝かしいものにしているのは、まことに、異なった国民性のもつ独創性なのだ。同様のことは政府・宗教組織・社会秩序等他のすべての国民生活の領域にも同じように有効である」と述べて、「国民精神」における独創性の重要さを強調する。[74]

それゆえにそうした自由な精神の進歩を阻むものとして着目したものの一つが、当時の日本の教育のあり方であった。浮田和民は「倫理的帝国主義」の担い手の育成という観点から福沢諭吉の「独立自尊主義」を援用しつつ、それに「公共的精神」の必要をつけ加えることによって倫理的色彩を強く帯びながらも、「自主独立の人格」

の必要を強調し、イギリスを範にしながら国民教育の重要性を説いた。そうして日本の教育の実態を「服従主義の道徳」ということばで攻撃したが[75]、大山も、具体性には欠けるものの、「教育勅語の倫理主義」や、「すべてが昔ながらの忠誠主義に中心を置いている」点を批判の俎上に載せた[76]。

大山の場合も、福沢や浮田と同様に、その際に常に、英米のあり方が理想的なものとして対置されていた。「鎖国を行っていた昔の日本の扉が世界の諸外国に開かれたとき、西洋文明の光が洪水のようにはいってきた。(中略) とりわけイギリスとアメリカからは自由と平等の新しい思想が[77]」と述べて、英米が日本に果してきた思想的啓蒙の意義を高く評価している。ことに一九〇五、六年当時の大山の文明のモデルが欧米全般にあったのに対して、一九〇九年頃になると、特にアメリカにより強い関心が注がれていく。このことは、大山が一九一〇年からの二年間の留学先としてアメリカを選んでいることとも関わっていよう。彼は、「英米人の気質のうちにて最も顕著なるは、善良なる意味における個人主義の発現なりとす。即ち各個人が社会に於ける自己の地位を自覚し、全力を挙げて各自の人生に対する責任を全うせんと努力するを謂ふなり[78]」と述べた上で、浮田の論文「教育上の立憲制度」(『太陽』一九〇九年九月)に拠りながら、「学問実務の二方面の才を兼備する士」を輩出するアメリカの教育制度、そしてそれを支える国民性に着目しており[79]、ヨーロッパにはない新興国アメリカの「国民精神」を学びとろうとしていたのであろう。

自由な精神の発達を阻害するいま一つの要因としてあげられたのが、日本の家族主義であり、それはとくに、次の二つの点に因っていた。

第一に、家族主義の弊害は「実に個人の観念の極めて発達せざる点にありとす[80]」というもので、それはすでに見たように、英米が有する「善良なる意味に於ける個人主義」を抹殺するという理由による。

第二に、家族主義は、若者、とりわけ女性を抑圧するとの見方に立っての批判であった。女性問題は、浮田においてもまた、精神的自由と人格の尊重という観点から関心の存するところであったが、[81]大山によれば、女性は近年も旧時代と同じ程度に、家庭でも社会でも男兄弟より一段劣ったものとしての待遇を受け、〝三従〟を強いられ、しかも自由な結婚が否定されている。そして若い女性にとって「家」は「一種の監獄」であるとさえいう。[82]前述の、これからの日本を担うべき青年の煩悶・自殺という社会現象が、年長者の強要する儒教道徳のために自由恋愛をはばまれることに一因していると考えていたことも、いっそうこのような思いを強くさせていたにちがいない。

## 三　社会進化論と〝中庸〟主義

しかし大山はそのような障害に対しても、将来的観測においてはきわめて楽観的であった。なぜならば、「今ほど二つの思想の凄まじい派閥抗争の時代はない。現在は封建制から立憲制への移り変わりの時代である」[83]との社会進化論に立っていたからである。

彼の社会進化論受容の足跡は、大学の卒業論文のなかに見て取れる。大山は、早稲田大学でも成績が優秀であり、一九〇五年七月一五日、早稲田大学第一回卒業生（総数四九六名、内大学部二〇四名）として大学部政治経済学科を首席で卒業して、[84]「学業励精」につき大隈重信の妻より写真帳の賞与を受けたほどの優等生であった。[85]また卒業論文「産業進化に関する学説の比較」も、その第三章が『早稲田学報』（一九〇五年八、九月）に掲載されているため、今日卒業論文の内容の一部を知ることができる。

まずその第三章第一節では、「社会進化の法則が完全に説明せらるゝは、少なくとも個人の意識及び社会の意識が完全に説明せられたる後ならざるべからず」との留保をつけて唯物論を採らないことを明らかにした上で、自らは社会進化の法則によりながら産業進化の研究をめざし、そのために「学者の所説を吟味」するものであることを述べる。(86) 国民の意識や精神に第一に着目するその後の大山の政治学の特徴が、すでにここに見いだされるが、しかしこの点以外はいずれも自己の見解を明確に打ち出した箇所はなく、どちらかというと第三章全体は、学説の紹介の域を出ないものであった。論文全体の構成は以下のとおりである。

第一章　社会進化の概念
第二章　産業社会の進化　（第一、二章の節の構成は不明）
第三章　産業社会の学説に関する比較
　第一節　総論／第二節　生産の形態より見たる経済組織の進化／第三節　交換の形態より見たる経済組織の進化／第四節　生産と消費の関係より見たる経済組織の進化／第五節　結論

第二節では、ドイツの経済学者で、旧歴史学派の創始者の一人であるF・リストと、アメリカの経済学者R・T・イーリーの学説が紹介され、ことにリストの学説を継承してそれに修正を加えたイーリーの説に主に紙幅が割かれている。すなわちイーリーもまた完璧とはいえないとしながらも、「彼れの各段階に加へたる解説は委曲を極め、且つ一種の特色を有し、議論概して穏健に、間々卓見なきに非らず」と述べ、「生産の方面より見たる経済組織の進化を説明したる学説の内に於て最も出色のものと云うべき」との高い評価が与えられる。(87)

大山がイーリーの学説に深い関心を寄せていたことは、早稲田大学の講師に就任してまもないころ、イーリーの *Studies in Evolution of Industrial Society*（一九〇三年）を英語の授業の講義内容としていたという、当時商科の学生であった北沢新次郎の回想からも知ることができ、(88) そもそも当時の早稲田大学では、塩沢昌貞によってイーリーの学説が継承されたのをはじめ、「二十世紀の大学としての出発当初には、早稲田経済学の基軸をなしたのは、実にイーリーの経済学であった[89]」とさえいわれている。またイーリーの著作は、広くキリスト教社会主義者に読まれ、当時早稲田大学で教鞭を執っていた安部磯雄が起草したといわれる一九〇一年の社会民主党宣言に大きな影響を及ぼしたことでも知られる。前出の河上肇も大山と同じころ、イーリーの著作から強い影響を受けていた。たとえば大山が卒業論文で検討材料とした『産業社会の進化をめぐる研究』を河上も一九〇四年九月発行の『国家学会雑誌』に紹介しているし（河上は『産業社会の進化』と訳）、翌一九〇五年九月に出版された河上の著書『経済学原論』上巻にも、イーリーへの言及が多数見られる[90]。

大山のイーリーに対する関心も、そうした雰囲気のなかで培われてきたものであろう。しかし大山のイーリーへの共鳴は、社会主義の面ではなく、あくまで社会進化論にもとづく経済学説に限られていた。大山は、続く第三節では、交換の形態から経済組織の進化の三段階を説くB・ヒルデブランドの、そして第四節では、生産と消費との関係から見たビューヒャーの学説を、それぞれ紹介したのち、第五節の「結論」において、「社会は進化の法則に従て一定の秩序を趁ひ一定の径路を履みて発達進歩し、（中略）且つ社会の進化は、全体の上より見れば、退歩逆行を意味せずして、向上進歩を意味するものなる」と述べる[91]。

このような立場は、日本が「大国」の仲間入りを果たしつつある状況下において、以下のような問題をはらんでいた。すなわち、「今日の経済状態は、其現状に甘んぜずして、今後益々進歩発達の域に向はんとす。我国は今や国民経済を行ふの段階に達し、尚ほ進んで将《ママ》に来るべき世界経済に参与せんとす[92]」との一節に明らかなように、急激に欧米列強に追いつくことを推進しようとする立場に結びつき、かたやそれをなしえない朝鮮や中国への蔑視観を生じさせることとなった。そうしてそれは、「況んや吾国が今後指導開発せんとする支那朝鮮の国民経済発展史上の地位を研究し、将来に対する方針を教ふるは、豈我国の任務に非ずや」というように、〝遅れた〟朝鮮・

中国を誘導する日本の指導者意識となって表出した。それは前述の「倫理的帝国主義」の立場と重なり合うものにほかならなかった。次いで大山は、「果して然らば産業進化の研究は豈学者の消閑事業ならんや」との疑問を投げかけており、[93]「産業進化の研究」がたんに知的関心を満たすだけの、学問のための学問にとどまっていてはならぬとし、社会の進歩や変革のために積極的に関わっていこうとする彼の実践的志向の現れを、ここに早くも見いだすことができる。それはまた、そのような「一等国」の構成員でありかつそれを担うエリート青年としての二重の使命観でもあった。

日本における社会進化論の摂取は、往々にしてダーウィニズムと結びつく傾向をもっていた。例えば加藤弘之の場合は、天賦人権論を攻撃し優勝劣敗の法則によって明治政府の支配を正当化する方向に作用したことは周知であり、[94]また浮田和民が社会進化論を自らの帝国主義論に用いたとき、それは結果的に日本帝国主義のアジア侵略を正当化する論理となったことも否めない。[95]しかしながらそのような機能は、社会進化論それ自体に内在しているものではなく、それの完成者であるスペンサーが、進化を自動的なものと見なし、個人の自由を理想として国家の個人に対する干渉を排除することを主張したように、あるいはまた日本においても、植木枝盛ら自由民権論者の受容のあり方に示されるように、現実を批判し、社会を変革していこうとする際の理論的拠り所ともなったのである。

そうして大山の場合も、以下の一節に明らかなように、社会進化論は一方でまたその方面に発揮されていた。

結局物事が正常な状態に戻ったとき、多くの場合は、そのどちらによっても予期されなかった過程の達成は、抗争の結果として生じる。ここに社会の進歩の根本的な法則がある。社会が螺旋上の方向に沿って動く場合、このことを意味する以外にない。[96]

すなわち加藤弘之らのように理念を否定し、現実を正当化するのではなしに、適者生存の原理を社会体制に適応することによって、「封建制から立憲制へ」という、自らの希求する社会変革への明るい見通しを切り開く役割をも果たしたことが明らかである。

ところが反面、大山に見られるその一種の自然放任論ともいうべき楽天主義が、近代社会を担う個々人の意識変革に着目した明治初期の啓蒙思想家たちの進歩主義に比べて、弱点を有していたことも否定できない。大山の場合には、明治国家の創り出した儒教主義を払拭し欧米精神文明を学びとる必要を提起しながらも、社会進化論すなわち社会という集団の運動法則に依拠することによって、かえって個の自立への着眼が少なからず弱められ、そうした観点から個々人の精神のあり方を正面から見据えて日本の精神風土と対決する姿勢を不徹底なものにしてしまっている傾向を免れないといえよう。

さらに、大山が道徳を拠り所とする〝中庸〟主義を採っていたことが、いっそう彼をしてそのような姿勢にとどまらせた。儒教的価値感による抑圧という点についてさえ、あるときは大山は次のようにも述べる。

古い思考様式が新しい社会生活の要求に出会って全く不適応とわかったとき、進歩的指導者の多くはすべての点について、西洋諸国から借りてきた新しい文化の流儀で社会を変革しようとした。もちろんそれらは頑固な古い教訓の持主――彼らは「愛国者」とか「国粋保存論者」と公言している――の声高な抵抗に直面した。その闘いは完全に死滅してしまい、自分たちの理想とする社会の実現を熱望し、憧れ、さらに外国のあらゆるものに敵意を抱く封建的訓練を受けた年長者の強い制御の重みに耐えかねている若者たちの光景はまことに哀れであった。しかし父親の時代には、その問題が大いに解決されたように見える。そして今日、新しい時代のための思想の基準が古い制度と新しい制度の中庸のところに立てられ、日本の若者は自由の増大をたいへん喜んでいる(97)。

「古い制度と新しい制度の中庸」、それは、大山が大学卒業の記念帳『金欄簿』に、「我が目標は理想と実際との調和、我が踏む所は中庸の道」と書いたことの延長線上にある。そこには、福沢諭吉らの活躍した、日本が国家的独立を保持しえるか否かの危機的状況下とは異なり、すでに世界の桧舞台に立ちえたという安堵感が横溢している。福沢が強調してきた、西洋文明からの「人民独立の気風」の摂取といった課題は、すでにある程度達成されたものとの楽観論が支配していたのである。

中庸を是とする立場は大山独自のものではなく、師の浮田和民もまた、「夫れ心理は事物の極端に存せずして其中間に存するを常とす(98)」と述べ、さらに「余の所謂新道徳は進化的であるから、舊いものを全然破壊し全然新らしきものを建設すると云ふのではない」として、両者の中庸を求めていた(99)。浮田にあっては、社会は常に進化するものとの楽天主義に立っていたからこそ、あえて徹底した破壊を行わなくとも中庸にとどまっておればよいのであり、その穏健な姿勢は、社会の調和や秩序を保つことを前提とする道徳主義と合致するものであった(100)。この点は、大山にそのまま該当しよう。

大山・浮田の中庸主義は、徳富蘇峰が唱え、早稲田大学において大隈重信が唱導した「東西両文明の調和」の主張にもつながっていく(101)。むろんそれの意味するところは、日本をはじめとするアジアの側の西洋化に力点があったとはいえ(102)、「一等国」の地位を獲得したという自信は、「東洋文明」という日本の伝統的要素を残しつつ、西洋文明を採り入れていこうとする姿勢に結びついており、やはり前述のような意味での精神革命の追及を不徹底なものにしてしまっているのである。

他方で大山は、先に見たようなアジアのなかでの優越意識を背景にもちながら、浮田の「倫理的帝国主義」を継承して、日本の植民地経営のあり方についての次のような発言を行っている。「夫れ母国が其植民地を単に物質的利益の泉源となさんとして失敗したる例は、各国の植民史上顕著なる現象にあらずや。我国の朝鮮満洲の経営に従事する者は、土耳古の此覆轍を履まざらんことを務むべきなり」。すなわち、「兎に角、善かれ悪かれ、立憲思想は今や燎原の火の如し」であるゆえ、それに対応するためには、かつてトルコが行ったアルメニア人虐殺という失政を教訓とせねばならないという。(103) さらに、アメリカの清国駐在公使であるクレーン（アメリカの清国駐在公使）という人物についても、彼が「世人より赴任地なる清国の智識上並に道徳上の進歩に多大の同情を示すべきを予期せらる」という点に注目する。(104) おそらくこれは朝鮮民衆の義兵闘争が一九〇八年を頂点に高揚したことに触発されたものと考えられ、大山は、あくまで植民地領有を前提とした上で、植民地民衆の反感を惹起して日本の植民地支配が失敗に帰さぬよう、警鐘を鳴らすのであった。

このような、植民地民衆に対して「智識」や「道徳」をも付与せねばならぬとする主張は、浮田の、「自国の利益を増進すると同時に、我が帝国主義の範囲に属する外邦人民の利益をも増進せざる可からず」(105) という見解とほぼ一致するものであった。またさらに大山は、イタリアは日本と地理や風土が酷似しているとして、その移民状態を紹介し、浮田と同様に移民による帝国主義発展の方向への関心をも示した。(106) しかしそうした大山や浮田の主張は、「倫理的」と冠せられる道徳という衣を纏っているがゆえにかえって、日本の植民地支配に加担しているという自覚と反省の回路を見失ってしまっているのである。

それは、以下に述べるような政治行動にも結びついていく。前述したように、大山のキリスト教との出会いは、それらのメンバーが重なり合いながらいくつかの会合を生み出しだが、そのなかで一九〇四、五年ごろに千葉豊治(107)の斡旋により、島田三郎・海老名弾正・小山東助、そして早稲田大学で大山と同級生であった永井柳太郎らと国民作新会をおこしたとの小山自身の回想がある。[108] ここには日露戦争中に交流のあった木下尚江の名前は見られず、すでに社会主義者との共同戦線は崩壊していたと考えられる。国民作新会は、一九〇七年春の第二三回帝国議会会期中に憲政の危機を謳って結成された政界革新同志会に参加しており、[109] いわゆる国民主義的対外硬派[110]に位置するものであり、大山がこの会に一九〇七年の時点まで関わっていたか否かは不明であるが、そのような動向と親近性をもっていたことはまちがいないであろう。

また、大山が「英雄」なる指導者に社会変革の役割を委ねてしまったことも、社会進化論に加えていっそう現実社会との対決を不徹底なものとした。カーライル著『英雄崇拝論』は、明治期に知識人に広く読まれた書物の一つであり、こうした「英雄」と表現される秀でた統治能力をもった指導者の出現を待望する傾向は、初期社会主義の系譜に属する人々も含めて当時しばしば見られた傾向であるが、[111] 大山もカーライルの著書を援用しながら、「もし世論を導き是正することが新時代の英雄の役目ならば、今以上に英雄を必要としている時代はないし、我々以上に英雄の出現を緊急に必要としている社会はない」と述べて、「英雄」出現を強く希望した。

大山は、「公衆の意見は常に合理的で健全であると信頼しうるものではけっしてない。（中略）もしそうであるならば、公衆の意見は常に適当な導きの下にあることを必要とせねばならず、しかもしばしば抑制されねばならない。しかし誰が公衆の意見の大勢を指導し、是正する人となるのか。きっと英雄だ！」と述べていることに明らかなように、[112] 国民を政治的指導者と被指導者に峻別することによって、前者の役割を道徳の体現者である「英雄」に託したのである。これは、大山と同世代の吉野作造がほぼ同時期に、立憲政治を確立させるために、「当面の急務としては先づ智徳ある者と之なき者とを分ち、其智徳ある者のみをして直接政治の事に関係せしむるを要す」[113] と論じたのと共通する。彼らはともに、立憲政治の担い手たりうる「健全なる」政治主体の必要から、当面それを一握りの「智徳ある者」にのみ求めたのであった。

ただし大山は、吉野と次の点でやや異なっていた。少なくとも彼の論稿に見るかぎり、吉野のように選挙権の拡張などといった具体的な政治構想は示されておらず、「英雄」に対する期待も、「無比の誠実さと公正さへの熱烈なあこがれを身につけた道徳的天才（a moral genius）」（（　）は原文を引用者が注記）であったり、あるいは「古くてばかげた慣習や伝統を破壊し、新思想の運動を指導し、社会をまさにその基礎から改革することができる」こと、といった漠然としたものでしかなかった[114]。大山の場合は、「英雄」という個人の能力への無限の期待が込められており、それは、先に述べた「人格主義」と表裏一体を成していた。すなわち、「英雄」には、政治の領域に限定されない全人格的存在が想定されていたのであり、ひいては、そうした〝超人〟が現れさえするならば、民意を吸い上げるための政治制度はそれほど必要とされないことになり、自ずとそれへの関心は弱められる。したがって彼において、そうした社会改革への志向が具体的な政治構想となって展開されるのは、一九一〇年から一四年にかけてのアメリカ・ドイツ留学を経てのちのことであった。

以上から明らかなように、社会的使命観と道徳主義、そして社会進化論は、相互に密接に関連し合いながら当該時期の大山の思想の中核を形成していた。なかでもその道徳主義は、社会進化論と相俟って、日本社会に潜むいくつかの重要な問題を指摘しながらもそれとの対決を不徹底なものに終わらせる機能を果たしたことは否定できない。しかしながら、社会変革への情熱と使命観はすでにこの段階から強く発揮されており、そうした傾向は初期社会主義の日本的受容のあり方として指摘される、社会的正義にもとづく徳義心・公儀心の発揚に特徴づけられる志士仁人意識[115]とも重なり合うものであった。大山の場合には、社会を担う指導者としての自覚が強烈であればあるほど、自らに即してある一つの問題に徹底的にこだわり、それを風穴として社会との接点を求めていくという手法をとらず、社会全体の課題を見渡す方向に進んでいったのであり、一方で、それが容易にナショナリズムに包摂されていく一因となったと考えられ、その際に、大日本帝国を担う原動力として求められたのが、西洋近代精神なのであった。

　このような大山の思想は、師である浮田和民の「倫理的帝国主義」の枠組のなかにあったが、両者の相違をあえて指摘するならば、個の自立への関心は、福沢諭吉を援用しながらもそれに比べて道徳主義による集団との調和への配慮によって弱められていたとはいえ、浮田の方により強く保持されていた。反面、大山の場合には集団的志向が強いこと、さらに当該時期から主として国内問題に関心が注がれていたこともあって、彼は、その後の民衆運動の発展・高揚に敏感に反応し、しだいに自らの思想を「倫理的帝国主義」の枠組から脱皮させていくこととなるのである。

（1）　早稲田大学「学籍簿」。入学の際に大山は、商科に進むことを期待する養父晨一郎に対して、商科の入試には落ちたと偽ってまで、英語政治科を選んだという。その理由は、神戸商業時代から英語が得意で、「英語で教科書が勉強できるから」であったというが（『伝』三八～九頁）、これは、今まで周囲が勧めるままに従ってきた大山が、初めて自分の意志で行った積極的な進路選択であったといえよう。

（2）　一九〇二～四各年度「賞状」。

（3）　高坂正顕他『近代日本とキリスト教——明治篇』（一九五六年、創文社）における山谷省吾発言、二一四頁。

（4）　吉馴明子『海老名弾正の政治思想』（一九八二年、東京大学出版会）七五頁。

（5）　詳しくは、後藤乾一『原口竹次郎の生涯——南方調査の先駆』（一九八七年、早稲田大学出版会）三〇頁。

（6）　吉馴前掲書、七六頁。

（7）一九〇二年八月一四日、養父大山晨一郎宛書簡。
（8）養父母宛書簡、一九〇二年（推定）九月一八日。
（9）京極純一『植村正久――その人と思想』（一九六六年、新教出版社）三六頁。
（10）前掲、一九〇二年八月一四日、養父宛書簡。
（11）吉馴前掲書、一八頁。
（12）京極前掲書、二五頁。
（13）「序」（田辺『キリスト教の弁証』一九四八年、『田辺元全集』第一〇巻、一九六三年、筑摩書房）三頁。
（14）“A New Departure”（『早稲田学報』第一二五号、一九〇五年一一月）二頁（以下、英文タイトルのものは、邦訳はすべて引用者によっている）。
（15）“Women's Education in Japan”（『早稲田学報』第一二八号、一九〇六年一月）三頁。
（16）『伝』四二頁。
（17）「東京日記」一九〇七年三月一日の条。
（18）『伝』三一～三二、及び三八～三九頁。
（19）「東京日記」一九〇七年二月二〇日に、「我等が結婚後二ヵ月目の記念日」と記されている。
（20）結婚までの経緯については、大山柳子談「娘のころ」（六五）（『赤旗』一九七一年一一月二一日）に詳しい。それによれば、大山は一九〇六年六月に早稲田大学の講師に就任してまもなく、大阪中之島女学校を卒業したばかりの柳子と見合いをした。柳子は一八九七年、兵庫県有馬郡道場村で呉服問屋を営む水野宇兵衛・はるの三女として生まれた。「家族は親子五人でしたが、女中さんや若い衆を入れると、三十五、六人の大世帯だった」という大きな商家であった。姉の夫に養子として迎えた水野正巳は、衆議院議員（憲政本党・立憲民政党より出馬、当選計三回）や神戸市会議員などを務めた人物で、やはり東京専門学校出身で当時早稲田大学の評議員をしていたため、高田早苗の仲介により大山を知ることとなったのである。結婚式は神戸市長の媒酌であげたという。神戸湊川神社での見合いは大山の姿が「ちらっと目のすみに写っただけで」「あっけなく終わり」、大山の人柄にほれこんだ水野正巳のはからいで話はとんとん拍子に進み、結婚に至った。

(21)《聞き書・母の歴史》「東京・大山柳子さんのお話（一）」（『新婦人しんぶん』第八一六号、一九六九年一月一六日）。

(22)「東京日記」一九〇七年二月二八日。

(23)同右、一九〇七年二月一〇日。

(24)同右、一九〇七年二月二八日。

(25)たとえば大山は「東京日記」において、「多感な方」ゆえに「いつも感情的な事を手紙に書く」と断りつつ（一九〇七年二月二八日）、柳子に会いたくとも会えぬ不安な心情と苛立ちを率直に投げつけた。「世間の人の目から我輩の妻に対する態度を見れば実に馬鹿らしく見えるであらう、而かしよく我輩の心を知つて呉れてる御身は我輩の愚を容れて呉れてゐることゝ信ずる、（中略）しかしすべての此等の煩悶の底に横はるものハ純潔ではあるまいか　男子の貞操ではあるまいか或ハこんな事を思ふのハ独りよがりの骨頂で済度し難き愚物のわざであらうか御身はどう思ふ？我輩を憐れむかそれともあざ笑ふかそれとも承認してくれるか、嗚呼、我れ弱きか、清きか全きか欠けたるか余れるか足らざるか、」（同年二月二一日）というように。そうしてそのような状態にある自分を、「懊悩煩悶の様な神経の病気」（同年二月二三日）と称した。大山自身、煩悶する青年であった。

(26)ただし、大山自身によって、「これは日記だから思った事を可成赤裸々にかく積りだが併しかいた物は誰れの目にとまるかも知れないし又いつの世まで残るかもしれないから或る点までは思慮を尽して□(判読不能)を読まねばなるまい」との配慮がなされたようである（「東京日記」一九〇七年三月四日）。

(27)同右、一九〇七年三月一六日。

(28)同右、一九〇七年二月一〇日、等。

(29)同右、一九〇七年四月一日。大山はその喜びを、「待つた本統に待つた併し日がきまつたので何より嬉しい（中略）東京日記！われ乍ら辛抱よくも続けたものである　而かもそれハこれで千秋楽めでたし〳〵」と綴っている（同上）。

（30）「戸籍謄本」。なお一義は、一九〇八年二月一六日に生まれた（同上）。

（31）「東京日記」一九〇七年三月一〇日。

（32）早稲田大学卒業後、大山は、その年の九月より約一年間、大学部政治経済学科の卒業生から一名選ばれて学費免除の特待研究生となり、さらにそれを終えた一九〇六年六月から一九一〇年まで、早稲田大学高等予科英語教員を務めた。この約五年間に大山は、『早稲田学報』に英文論説も含めて二二篇の論文を寄稿している。特に特待研究生期間中は、英文論説欄に執筆することが一つの任務として課せられていたのか、ほぼ毎号書いている。そして一九〇七〜八年の空白期間を経て、一九〇九年に大山が担当したのは、同誌の「研究」欄で、ここは講師の執筆分担になっていたようである。

なお一九〇七〜八年の間は、大山は、一九〇八年四月三日に大隈重信が会長となって設立した文化事業団である大日本文明協会の行う翻訳書刊行を手伝っていた。同会最初の出版物である『欧米人之日本観』（上・中・下篇、一九〇八年）の下篇は、のちに大山と同時期に早稲田大学から留学することになる巽来治郎を助けて、大山が翻訳に当たっている（「凡例」、同書、二頁）。同書は、日露講和条約、日清・日韓関係、日英同盟などについて欧米諸国がどのような見解をもっているかという点や、あるいはアメリカの排日感情の推移などに関して、欧米の新聞の論調や外交官の述べた内容を紹介したものである。

また一九一〇年に第三四回配本として刊行されたル・ボン著『群衆心理』の翻訳も大山が担当した（本野一郎「序」、同書、六頁）。大山はのちに、自己の政治学に社会心理学的アプローチを採用することになるが、ここでの経験はそれに何らかの影響を与えたものとして注目される。

（33）松沢弘陽『日本社会主義の思想』（一九七三年、筑摩書房）三一一頁。

（34）「東京日記」、一九〇七年二月二八日。

(35) 同右、一九〇七年三月一四日。

(36) 同右、一九〇七年二月一〇日。

(37) 大山は、「東京日記」のなかで、「人間に最も大切なものは、人格と品性とである。思想である、趣味である」と述べ（一九〇七年三月一日）、柳子にも『簡易英語』を送って、盛んに英語の勉強を奨めた（同年二月二八日、等）。大山がそのような立場から評価したのが、日本ＹＷＣＡ（日本キリスト教女子青年会）やミッションスクールであった。前者については、「最初に男性を啓発し、女性を高貴にし、子供に幸福をもたらしたのはキリスト教であった。我々は会の推進者の立派な名前からだけでなく、この事実からもその伝道の尊い性格を疑う余地はない」（前掲 "Women's Education in Japan" 二頁）との評価を与え、また後者に対しても、「ミッションスクールやその他のキリスト教の施設は、この分野（女性の解放――引用者）に多くの貴重な貢献をしてきた」（"The Struggle of Japanese Girls――A Pathetic Aspect of Women's Education――"『早稲田学報』一九〇六年二月、四頁）との賞賛を惜しまなかった。

(38) 阿部次郎ら「大正期教養派」の「人格主義」については、坂本多加雄〈二〇世紀の日本11〉『知識人』（一九九六年、読売新聞社）六七～八二頁を参照。

(39) 吉野作造「民本主義鼓吹時代の回顧」（『社会科学』一九二八年二月）一三三頁。

(40) 大井胤治『光炎――鼎浦小山東助』（一九六七年、世界文庫）。

(41) 同右、一三一～一三二頁。

(42) 松沢前掲書、五～六頁。

(43) 「座談会」（『初期社会主義研究』創刊号、一九八六年一〇月）。

(44) 荻野富士夫『初期社会主義思想論』（一九九三年、不二出版）三〇頁。

(45) 松沢前掲書、六七頁。

(46) 由井正臣『田中正造』（一九八四年、岩波新書）を参照。

(47)「解題」(『河上肇全集』第一巻、一九八三年、岩波書店)四八一～四八三頁。
(48)小松裕「足尾鉱毒事件と学生運動」(熊本大学文学会『文学部論叢』第六五号、一九九九年三月)。
(49)早稲田大学に保存されている大山の「学籍簿」から判断すると、一九〇二年の六月から八月の間ごろに転居した「牛込区鶴巻町二七　世良真平方」がそれに該当する考えられる。
(50)『伝』四三～四四頁。
(51)「新しい平和の問題とヒューマニズムをめぐつて」(対談大山郁夫・広津和郎、司会松島栄一)(『早稲田大学新聞』第二〇〇号、一九五五年一月一九日)。
(52)『伝』三六頁。
(53)「先生の追憶」(故浮田和民先生追懐録編纂委員会編『浮田和民先生追懐録』一九四八年)八六頁。
(54)浮田和民『帝国主義と教育』(一九〇一年、民友社)三九頁。
(55)浮田和民『新道徳論』(一九一三年、南北社)二一一頁。
(56)神谷昌史は、浮田の「倫理的帝国主義」を、たんに「日本の独立と発展というナショナリズムの課題を実現するための手段」としてのみとらえることに疑義を呈し、「「倫理的帝国主義」提唱の前提となる認識は文明開化以来のネイション・ビルディングに対する批判的省察のうえに立っており、同時に日本国およびその国民がいかにして「正義平和」「人類的文明」に貢献できるか、という使命観が問題とされている」ことを重視して、その特徴を次のように適格に要約している。「「完全なる憲法政治国を創立」して、外に向かっては「東洋の師範国」「亜細亜の模範」となり、「日本が盟主となりて結合せしめたる亜細亜連邦」を創出すること、またそのためにも内においては「憲法を擁護し内治を完全し民力を養成」すること、そうしたことが「世界の日本」「アジアの日本」として「世界人類の文明」のために果たすべき役割、つまり日本の「国民的使命観」なのである。そうした「国民的使命観」から要請されるのが「倫理的帝国主義」であった」(神谷「一九〇一年の「新日本」——浮田和民における「倫理的帝国主義」の成立」・『大東法政論集』第七号、一九九九年三月、八〇頁)。

(57)　京極前掲書、八四〜八八頁。
(58)　三谷太一郎『新版大正デモクラシー論――吉野作造の時代』(一九九五年、東京大学出版会)一四四頁。
(59)　前半の大山担当分は、『早稲田学報』一九〇六年一月に、後半の原口担当分は、同上、一九〇六年二月に掲載された。
(60)　「日露戦争の史的解説」(『早稲田学報』一九〇六年一月)五五、及び五七頁。
(61)　「傷病者慰藉の為め学生諸君に告ぐ」(『早稲田学報』一九〇五年二月)四八〜四九頁、及び同上、一九〇五年三月、五五頁。
(62)　"Problems of the Day"(『早稲田学報』一九〇五年一二月)二頁。そのような思いの表出した大山の当該時期の論文には、ほかに"New Year Greetings"(同上、一九〇六年一月)がある。
(63)　"Oppotunities for Great Men"(『早稲田学報』一九〇六年三月)二頁。
(64)　前掲"A New Departure"二頁。
(65)　この点は、第一次世界大戦期になると、イギリスはドイツに劣らぬ権謀術策の外交を展開しており、「お人好しの日本は先づ之と日英同盟を結」んだという批判に変わっていく(「外交と道徳」・『早稲田講演』一九一五年九月、八二頁)。
(66)　大山は、この第二次日英同盟に対して、「我々はここに、この高貴な国と固く友好の手を結び、国際政治の舞台に仲間入りをした!」との賛辞を送り、運用如何という条件つきではあれ、それに世界平和出現への期待すらを託した("The New Anglo-Japanese Alliance"『早稲田学報』一九〇五年一一月、三頁)。
(67)　前掲"Oppotunities for Great Men"。
(68)　"Men and his Environment"(『早稲田学報』一九〇六年七月)二〜三頁。これは、荻野富士夫(前掲書)が指摘する、田中正造・内村鑑三、『万朝報』などに見られる「亡国」論の特徴の一つ、すなわち「道徳的・倫理的頽廃への批判に端を発し、終始その批判を根底にもつことである。そして、従来の道徳観や倫理観を破壊することへの危機感と、旧来の道徳観・倫理観を保守することへの批判という、相反する方向性をもつ」（六九頁）という点と近似していた。また、前述したように（注37）大山が女性に品格を求め、しかも「アメリカ風の婦人気質（或る一派の）や、日本の軽薄なる一部の女学生風は共に大々きらいだ。婦人はどうしても感情の美で立たなければならぬ」（「東京日記」一九〇七年三月一日）と述べているのも、そうした「従来の道徳観や倫理観を破壊することへの危機感」の表出と見ることができよう。

(69) 松沢前掲書、二八～二九頁。
(70) 同右、三頁。
(71) “The Incongruity of the Ideal with the Actual”（同右、一九〇六年六月）四頁。
(72) 岡義武「日露戦争後における新しい世代の成長——明治三八～大正三年——」（上）（下）（『思想』第五一二・三号、一九六七年二・三月）を参照。
(73) “Welcome to ‘the Waseda Bungaku’”（『早稲田学報』一九〇六年二月）二頁。
(74) “The Value of Originality”（同右、一九〇六年四月）三頁。
(75) 浮田前掲『帝国主義と教育』八六～九〇頁。
(76) 前掲“Opotunities for Great Men”二、及び三頁。
(77) 前掲“A New Departure”一頁。
(78) 「米国の遣外二使臣（ストラウス氏とクレーン氏）」（『早稲田学報』一九〇九年一〇月）八頁。
(79) 同右、八頁。
(80) 同右、八頁。
(81) 浮田和民「婦人問題及び婦人運動」（前掲『新道徳論』）等。
(82) 前掲“The Struggle of Japanese Girls——A Pathetic Aspect of Women’s Education——”四頁。
(83) 同右、三頁。

(84) 大山郁夫「産業進化に関する学説の比較」の序文（編者職）（『早稲田学報』一九〇五年八月）五〇頁。政治経済学科八九名のうち、「大山郁夫、永井柳太郎の二秀才が鳳雛伏竜として早くから注目されていた」という（『早稲田大学百年史』第二巻、一九八一年、早稲田大学出版会、九八頁）。
(85) 「賞状」。
(86) 前掲「産業進化に関する学説の比較」（『早稲田学報』一九〇五年八月）五一頁。
(87) 同右、五三頁。
(88) 北沢新次郎「畏敬する人格者と情熱家」（『中央公論』一九二八年二月）二五頁。
(89) 前掲『早稲田大学百年史』第二巻、一一五頁。
(90) 宮本盛太郎「初期河上肇とイリー」（『河上肇全集』第一巻《月報二一》一九八三年九月）。
(91) 前掲「産業進化に関する学説の比較」（『早稲田学報』一九〇五年九月）五六頁。
(92) 同右、五七頁。
(93) 同右。
(94) 詳しくは、松本三之介「加藤弘之の転向」（松本『近代日本の政治と人間』一九六六年、創文社）を参照。
(95) 栄沢幸二「II　浮田和民の思想的特質」（栄沢『大正デモクラシー期の政治思想』一九八一年、研文出版）。日本における進化論の受容のあり方については、丸山真男・加藤周一『翻訳と日本の近代』（一九九八年、岩波新書）のなかで丸山が論じており、それによれば進化は進歩とは異なり、「いいとは決まっていない」のであり、それゆえ「自由民権の思想にも影響を持ちうるし、加藤弘之みたいに反動的な面にも利用されて、はじめから両義的な意味をもって日本に入ってくる」という（一五四頁）。
(96) 前掲“The Struggle of Japanese Girls——A Pathetic Aspect of Women's Education——”三頁。
(97) 同右。
(98) 浮田和民『国民教育論』（一九〇三年、民友社）二八七頁。

(99)　同右『文明の世』（一九一五年、博文館）一六二～一六三頁。
(100)　藤原保信「理想主義と教育」（早稲田大学社会科学研究所高等教育部会『近代高等教育の成立――日本と欧米』《研究シリーズ三〇》一九九一年）は、浮田のそのような立場を「現実的な理想主義」として高く評価するものであるが、本稿は、大山に即しつつ以下に述べるように、むしろそれのもつ負の側面をも指摘している。
(101)　大山は、「東西両文明の調和」を実現してきたという点から早稲田大学に賛辞を送っている（"Our Honorable Guests"『早稲田学報』一九〇五年一一月、三頁）。
(102)　松本三之介「国民的使命観の歴史的変遷」（松本前掲書『近代日本の政治と人間』）二三一頁。
(103)　「土耳古の与ふる教訓」（『早稲田学報』一九〇九年九月）七頁。
(104)　前掲「米国の遣外二使臣」八頁。
(105)　浮田前掲『帝国主義と教育』七七頁。
(106)　「伊太利の移民状態」（『早稲田学報』一九〇九年四月）。ただし、浮田の帝国主義は、実業活動を軸としたものであったのに対して、大山は、後年、「経済上の福祉増進の観念のみを以て一国の国是となすことの非なることは云ふまでもない。政治の基礎には物質的利益を超越する精神的要素がなければならぬ」（「軍事的文化国家主義」・『新小説』一九一六年四月、四二頁）と述べており、日本の経済進出にはほとんど関心を示さなかった。もちろん浮田にとっても、最も重要なのは担い手である「人」であったが、帝国主義成立の過程に自己の学問形成を行ってきた浮田の場合には、帝国主義的発展のための積極的かつ具体的施策を示す必要があり、帝国主義の確立期に論壇に登場し、それを維持することに専心することのできた大山との間には差異が存在したのは当然といえよう。
(107)　その後渡米して日米新聞社に入り、『排日問題概観――加州外国人土地所有権禁止法成立とその善後策』（一九一三年、日米社印刷部）を刊行している。
(108)　小山東助「政治学会の双璧」（『大学評論』一九一八年一月）。
(109)　太田雅夫「大山郁夫の民本主義論」（太田『大正デモクラシー研究――知識人の思想と運動』（一九七五年、新泉社）一七一頁。

(110) 宮地正人『日露戦後政治史の研究』（一九七三年、東京大学出版会）。

(111) 山路愛山・北村透谷らに広く読まれたことは、大久保利謙「一　明治時代と人物」（『明治維新の人物像』〈大久保利謙歴史著作集八〉一九八九年、吉川弘文館）に詳しい。また津田左右吉も、一八九〇、九一年の東京専門学校在学中に、『英雄崇拝論』を「ある種の感激をもって読んだ」一人であった（家永三郎『津田左右吉の思想史的研究』一九七二年、岩波書店、一四頁）。また、初期社会主義者のなかでは、たとえば松岡荒村が、中国南宋の忠臣義士文天祥に依拠して英雄論を展開している（荻野前掲書一二七〜一二八頁）。

(112) 前掲“Opportunities for Great Men”二頁。

(113) 吉野作造「本邦立憲政治の現状」（『新人』一九〇五年一〜二月、松尾尊兊編『吉野作造集』一九七六年、筑摩書房）一五頁。

(114) 前掲“Opportunities for Great Men”二頁。

(115) 荻野前掲書、五九頁。

## 第三節　社会改革の方法の模索──アメリカ・ドイツ留学

大山を早稲田大学留学生とすることが同大学維持委員会において承認されたのは、一九一〇年七月一日のことであった。(1)養父晨一郎は、この年の二月四日にすでに満六〇才で死亡していたが、(2)大山は留学の費用を、一人残された養母に頼らねばならなかった。

なお、私生活の面では、やはり同年（月日不明）、第二子の恵美子が誕生した。しかし恵美子は、柳子の姉夫婦に子供がなかったためまもなく養女に出され、(3)結局、ジフテリアに罹って、(4)わずか二、三才ではかなく命を終えてしまった。(5)

大山は最初の二年間をアメリカのシカゴ大学で、そしてその後の約一年半をドイツのミュンヘン大学で学ぶこととなり、同年九月七日、大山は妻子を日本に残して地洋丸でアメリカに向けて出発し、ホノルル、サンフランシスコを経て一〇月初めにシカゴに着いた。(6)

「早稲田大学派遣留学生表（明治三五年九月──大正九年三月）(7)」を見ると、早稲田大学では、一九〇二年に大学に昇格して以後、大山の派遣された一九一〇年までの社会科学系留学生一六名のうち、留学先にアメリカを含んでいるものは大山を入れてすでに五名いるが、一般的にはやはりまだアカデミズムにおけるアメリカの地位は低く、少なくとも第一次世界大戦期ぐらいまでは、ヨーロッパ留学が主流で、アメリカを選ぶ者は圧倒的に少なかったころである。(8)そのような状況のなかで大山は、あえてアメリカを選んだわけである。すでに見たように、一九〇五、六年当時は大山は、文明のモデルを欧米全般ないしはイギリスに求めていたのが、一九〇九年ごろからしだいに、関心をアメリカへと移行させ、浮田の論文「教育上の立憲制度」（『太陽』一九〇九年九月）に依拠しながら、「学問実務の二放免の才を兼備する士」を輩出するアメリカの教育制度と、それを支える国民精神に着目していくのであり、[9]大山がこのようにアメリカに関心を示した背後にも、浮田の影響があったと思われる。またさらに遡れば、大山のもう一人の師である高田早苗が、イギリス流の政治学のみならず、東京大学在学時代にアーネスト・フランシスコ・フェロノサに学んだことを契機に、アメリカ政治学に深い関心を寄せ、東京専門学校で教鞭を執るようになって以後、「早稲田叢書」等を通じてその紹介に務めたことも影響を与えていたと考えられる。[10]

シカゴ大学では、大山は、同大学教授C・E・メリアムの指導を受けた。メリアムは、大山より六年早い一八七四年にアイオワ州の一田舎町に生まれ、アイオワ州立大学、コロンビア大学大学院を経て、一九〇〇年にシカゴ大学講師に就任した。その後H・D・ラズウェルをはじめとする多くの門下生を輩出し、いわゆるシカゴ学派を形成するとともに、しばしば「現代政治学の祖」とも称されている。メリアムの政治学の特徴は、労使間、農村と都市、旧来からのアメリカ人と新移民などの激しい対立を背景に起こってきた「革新主義運動」の影響を受けており、従来の政治学に支配的であった制度論的・法律学的アプローチに異議を唱えて、能動的アプローチ、すなわち政治行動の分析の重要性を主張した点にある。さらには現実政治への強い関心から、一九〇九年にシカゴ市議会議員となり、一九一一年には、落選に終わったもののシカゴ市長選挙にも立候補した経験をもっている。そうして、心理学・社会学などの隣接諸科学を導入して、政治学の科学化を主張していくのである。[11]

このようなメリアムの政治学を大山が二年間学んだことは、日本に帰ってのちに展開される彼の学問・思想に大きな影響を与えずにはおかなかったが、ここでは大山の学んだ内容を明らかにしておきたい。

大山自身の語るところによれば、具体的には、政治学、ことに市政に関する研究をメリアムに、公法をフロインドに、社会学をヴィンセントおよびスモールに、そしてアメリカ憲法をホールに師事して勉強した。[12] 各科目とも学期末には論文を提出せねばならず、それは他の学生と同様、大山にとっても「一ト通りの骨折りでな」く、「或る学期末には二週間に亙って毎夜二時間宛しか睡眠を取らないで論文を完成したこともあ」ったという。[13]

また、セミナーの思い出についても、次のように語っている。「私は政治学及び公法学のセミナーで、同大学で盛名ある教授たるメリアム博士やフロインド博士にギユー〳〵と云ふ目に遭はされたことがあることを今でも記憶して居るがそれも此頃では楽しい追憶の一つである。けれども此のセミナーでの研究の結果を纏めて一論文に仕立上げて、是等教授の満足を買つた時の愉快は、私の学問生活の終りの瞬間まで忘れられぬことであらうと思ふ」。[14] このように、大山にとってシカゴ大学での二年間は、苦労を伴いつつも、それを乗り越えて学問研究に専心することのできた充実した期間であった。

この間に大山が書いた論文、及び授業のノートが全部で五八部残っており、[15] これらはすべて英文で、手書きないしはタイプ原稿である。メリアムによる政党論やシカゴ市政に関する講義のノートをはじめ、地方自治についての書物の要約、トマス・モア著『ユートピア』についてのレポートなど、内容も広範囲にわたる。しかし、論文・レポートも、大山の独自の見解を述べた部分は少なく、どちらかといえば文献の要約や祖述に終始しており、むしろこれらは、一九一五年以後大山が日本の論壇で活躍した時期を検討する際に、アメリカでの留学の成果、ひいてはアメリカン・デモクラシーが彼の日本社会の現状批判・変革構想にどのように生かされているのかを知るものとして、貴重な材料となっていよう。

それらに見る限り、少なくとも当該時期の大山の関心について、大きく次の三点に集約することができよう。

一つは、メリアムの講義ノート*Political Parties: A Course of Lectures given during the Summer Quarter*,

1911, *by prof. Charles E Merriam Ph.D. of the University of Chicago*や' *Principles of Political Science: A Course of Lectures by Prof. C.E. Merriam for Summer*, *1912*. そしてその講義のレポートである*The Merit System in Congress*などからうかがえる、主としてアメリカの政治制度に関するものである。

この間に大山が受けたメリアムの、「政党論」を中心とする講義内容は、内田満が紹介しているように(16)、すでにのちのメリアムの政治学の原型を示したもので、政党の持つ、共通の信条を核に結びつくという合理的側面ともに、教会と同様に親からそれへの忠誠を受け継ぐ点や、猟官《スポイルズ》を目的として結びつくという非合理的側面双方からその功罪を考察しながら、政党の発展に期待をかける立場を表明したものであった。方法の点でも、メリアムはこの講義のなかで、第一次世界大戦後の時期に顕著となる心理学と統計学を導入した手法を早くも披露しており(17)、なかんずくそうした心理学的アプローチは、のちの大山にも採用されることとなる(18)。

そのようなメリアムの講義を学び、大山がまとめたレポート*The Merit System in Congress*では、文官の任用制度について、猟官制度《スポイルズ・システム》と比較して能力主義制度《メリット・システム》が採られることの利点が、アメリカの歩みに即しながら論じられる。そこで最終的に大山が到達した結論は次のようなものであった。

> 結局はアメリカ合衆国のような民主国家における行政改革の最も有力な要素は、啓発された世論である。改革者たちの根気強い宣伝により、大衆はこの問題について大いに教えられ、そして政党の指導者たちはあまり乗り気ではなかったが、公務員政策を自分たちの政綱にも入れざるをえなくなっている。しかしながら、行政改革を果たしそこなっているのは、ある面では時代的要素と、そしてまたある面ではより啓発された世論の欠如に起因している。民主主義を推進していくためには、最終的には世論に、したがって教育に訴えねばらない。なぜならば、教育が啓発された世論の源であるから である（五六〜五七頁、以下レポート・講義ノー

ト類の邦訳はすべて引用者による）。
指導者＝「英雄」と民衆の関係は、この留学をはさんでそれ以前からの彼の政治学の主要なテーマであったが、ここでも、そのあり方をめぐって模索する大山の問題関心が強く現れている。

二つ目は、*A Review of More's "Utopia" From the Standpoint of Present Day Social Problems*. や、*The Conflict of Classes*.、そして*State Socialism in Germany*. や*Socialism*. などに見られる社会変革のあり方に関するものである。

周知のようにトマス・モア著『ユートピア』は、失われた公共善をいかに回復するかということを投げかけた作品であるが、大山も、それ全体の底流を成している主義は、「公共の福祉」（social walfare）であると言い切っている（六〜七頁）。大山が注目するのは、モアの「社会改革の精神」であり、「鋭い洞察力でもって、彼が、人々の不幸や被害の真の原因を指摘し、偉大なる天分でもって改善策を見出していく」点であった。大山は、「彼の改革精神、資産家や資産階級に対する厳しい非難、貧しく抑圧された人々に対する深い同情、権力による滞税の取り立てや過酷な刑罰に対する強烈な告発、富の不公平な分配に対する強い不満、そして国家の統治者たちの貪欲さや虚栄心に対する憤り、これらのなかに多くの社会悪や悪弊——それは、モアの時代の労働者階級を悲惨な状況に陥れていったのであった——の反映を見ることができる」（二頁）と述べ、そうした社会に対するモアの鋭い観察眼に共感を寄せていたのであろう。それはすでに見たように、大山が見出した日本の日露戦後の社会現象にそのまま重なり合うものであった。大山は、『ユートピア』で言及されている、財産共有の理論・商業の概念・短時間労働の問題・美的文化・衛生の取り決め・一般供用制度・罰則の原則・信教の自由・代議政体制度・植民地制度・国家間の親善の理論などを検討した結果、ユートピア生活の基礎をなすのは、「正義の普及」であるという。そうして「モアが『ユートピア』を著した目的は、人間の幸福や公共の福祉を推進することであり、それは正義感をすべての社会制度に組み入れることによってのみ達成できる」とする（三五頁）。この「正義」に対する理解も、倫理や道徳を重視してきた彼の世界観に引きつけたものといえるだろう。

大山は、「モアは、自らが「想像の島」に見たビジョンが実現できると信じていたのであろうか」との疑問を投げかけ、それについて、「「ユートピア国家には、我々自身の政府で見ようとするにはかなえられぬ希望といったものがたくさんある」という本の結びのことばによれば、彼はその当時の状況からはその時代に満足に実現することができないことはわかっていたようだ」（六頁）との留保を与えている。ところが、「しかし、彼は、彼が敷いた社会改革精神を後世の人々が受け継いでいく遠い未来を夢に見ていなかったと言うことはできない。彼の没後、彼が予期した多くのものを次々に我々が見てきたように、現実のものとなり、彼が提唱した方法は、民衆の指導者たちによって、誠実に受け継がれていくであろうことは明らかである」（同上）と述べているように、一方で大山は、このユートピア人の社会を、トマス・モア自身の理想とする社会であったと解釈している。しかしながら、その点をめぐっては、澤田昭夫が、「著者モアの考えは何か。登場人物の考えか、ヒュトロダエウスの考えか。どちらも著者モアの創作人物であり、彼の分身であるから、著者モアはそのどちらでもある。しかし、どのようにしてどちらでもあるのか。明確な答えはどこを見ても（皆無）である。ちなみに本書で、頻繁に出てくる「自然（本性）」「生活風習」「快楽」などということばよりもはるかに多く出てくるのは「皆無」（nihil）という概念である、「無」が本書の大黒柱であるともいえる。ヒューマンニスト的古典教養のある読者には初めから解っているのは、ユートピアは「ないところ」であり、その島の実在の証人、そこの社会秩序の目撃者ヒュトロダエウスは「うそ博士」だということである」[19]と述べるように、ユートピア人の社会が即モアの理想とするものであったと見なすことには無理があろう。「私は、私有財産制《プロプリエタス》がまず廃止されないかぎり、ものが、どんな意味においてであれ、公正、正当に分配されることはなく、人間生活の全体が幸福になるということもないと確信しております[20]」と語るヒュトロダエウスに対して、次のように問いかける「私」＝登場人物モアの方にむしろ著者モアの考えも近いのではないかとさえ思われる。

　私は逆に、すべてが共有《コンムーニア》であるところでは人はけっして工合《コンモーデ》よく暮らしてゆけないように思えます。自己利得という動機から労働に駆りたてられることなく、他人の勤労をあてにする気持で不精者になり、だれしも働かなくなるようになれば、物資の豊富な供給などはいったいどうしてありえましょうか。そのうえ、たとえ貧窮が労働への刺激になっても、自分の手で働いて得たものを法的に自分のものとしてとっておくことができなければ、当然絶えず暗殺と反乱の脅威にさらされざるをえないのじゃありませんか。特にまた、公職の権威とそれにたいする尊敬心がなくなってしまうと、お互いになんの区別相違もないような人間のあいだで、どういう権威がそのかわりに通用しうるのか、私にはまったく想像もつきません[21]。

そうして、菊池理夫が「ここでは『ユートピア』というテクストを比喩の一つでもある、アイロニー的なものとして解釈していくことが、有効な視点であることをまず主張したい」と述べ、たとえば、暴力と貨幣に、「社会形成、維持において不可欠な〈聖なるもの〉であると同時に、それらは〈汚れ〉の存在であり、排除されなければならない両義的存在」を見るように[22]、ユートピアの島の生活はそのまま理想社会として描き出されていたわけではなかったと理解すべきであろう。

　しかしながら、大山の理解は、どちらかというと一面的であり、最大の関心は、むしろその私有財産制の廃止というところに向かっているのである。そうしてモアは、「イギリスの経済状況を間近に観察しはじめることによって、私有財産制度がこの社会悪の永久的原因であるという結論に達する」(七頁)という認識を前提に、大山も、「社会問題の難問」を解決する手段として、「彼が財産共有という考えに行き着いたのはまったく自然である」(九頁)と述べたり、あるいは、「ユートピアはもはや「どこにもない島」ではなく、いつかは「どこかにある島」となり、それもおそらくはありえるという段階ではなく、今よりももっと確実にありえる段階のものとして期待できる」(三六頁)と結論づけてそれに共感を示していく。もちろん彼は、「いつの時代に当てはめても良い制度というのはありえない。そうではなく、そのような制度こそがある時代に良く適合するのだ。彼がいうところのユートピアにおけるような状況のもとでは、財産の共有は、十分にその目的を達すると想像できる」(二二頁)と述べて、かならずしも共有財産制という制度がすべてに万能であると即断していたわけではなく、そうであるがゆえに、帰国後の日本に直ちにそれを適用しようとは考えなかったのである。しかし、モアが鋭い洞察力で多面的に人間の本性を見極めつつ、直ちに「社会の最善政体」がユートピアの島であるとは考えていなかったのとは異なり、むしろ大山はその点を見抜けずに、一つの理想型としてユートピアの島を脳裏に治めていたのである。

彼の社会主義に対する知識はそうした〝ユートピア〟や〝空想的社会主義〟のレベルのみにとどまっていたのではない。先に挙げた *The Conflict of classes.*、*State Socialism in Germany.*、*Socialism.* といったレポートでは、すでに彼は、二大階級対立を前提とした階級闘争や、ゾンバルトの社会主義理論やワグナーのドイツ国家社会主義などについても論じている。これらのレポートでは、どこまでが大山独自の見解であるか判断しがたいが、そこに論じられている内容は、後年の大山が自己の思想として獲得していったものが少なくない。ゾンバルトの社会主義にしても、のちに述べるように、マルクス主義に行き着くまでの「社会改造」を模索する過程で、大山が着目し、改めて紹介したものである。また、*The Conflict of Classes.* のなかで、彼が次のように述べた箇所がある。

現代の労働者たちは、彼らの能率を維持するに十分なだけの賃金を払われているだろうか。私がいうのは、産業上の能率だけでなく、同様に、人間としての能率も意味している。賃金生活者は、人間としての価値に値する生活をしているだろうか。財産資本の所有者たちの多くが、社会にまったく尽くすことなくして不当に贅沢な生活を送っていることは、常に見られることである。しかし彼らと並行して、社会階級のさらに下に沈潜していく多数の勤勉な労働者たちを見ることはないだろうか。労働者たちの悲惨さが増大するとするマルクスの予言は、現実のものとならなかったのは真実だ。しかし同時に、我々の同士たちは、現代文明の恩恵を享受しているとはいえない。いやそこまでもいかない。余暇を教養に使うことができないほどに、彼らは工場で懸命に長時間の労働をしていないだろうか（二八〜二九頁）。

彼のこのような問いは、彼が「社会改造」を構想していく際の機軸となっている、労働者が「人間らしく活きる」社会でなければならぬとする視点を彷彿とさせる。社会の底辺に位置づけられていた労働者階級復権への志は、すでにこのころから彼のなかであたためられていたのである。

しかし、留学を終えて帰国してから二、三年の間は、こうした問題よりもむしろ、第一次世界大戦の渦中にあって彼のナショナリズムも刺激され、その観点から国家的結合を維持することに関心が集中していくが、その後の彼の「社会改造」論からマルクス主義への接近は、日本社会の変化にともない、留学中に修得していたこうした社会主義や階級闘争についての知識がしだいに社会変革の道具として持ち出されてきたことによるものと考えるのが当を得ていよう。のちに述べるような大山のめまぐるしいまでの思想の変化は、その拠り所となる理論がすでに準備されており、その上に行われたものであったと考えるならば、やや納得がいく。

ちなみにこの時点では、大山は、「現代はナショナリズムの時代である。（中略）国家存在のこの闘争に応ずるために、それぞれの国家は、党派や階級間の利益のバランスをとりながら、国力を増強するために統一を強化しなければならなかった。内紛を抱えている王国は、他国と十分に競うことはできない。そしてまた国家の威厳を維持するためには、国家は国民の教養を養わなければならない。一方で国力は国の富によって支えられなければならず、そこで商業や産業において国家が活動する余地は十分に存在する。また、不満をもった階級が存在することは、国家の統一と強化に対して大きな脅威であり、それはとりわけ、そういった階級が国民の大多数を占めるときにそうなる。そこで労働者階級を保護することになるのであり、これらのことを考慮に入れると、国家社会主義を正当とすることは首肯できる」[23]として、そうした観点から、国家社会主義の一定の正当性を承認するのであった。これは、まさに先に述べた、帰国直後のナショナリズムを横溢させた大山の思想をそのまま表したものであった。

そして三つ目には、*The Evolution of the Family System in Old Japan.* というレポートなどに見られる、家族制度や女性の地位に関するものである。別に、*The family By Charles R. Henderson, Ph. D., D.D.: Professor of the University of Chicago 1910* という表紙の講義ノートが残されており、これは、シカゴ大学社会学教授チャールズ・ヘンダーソン[24]の講義のレポートと思われる。そのような女性問題や家族制度のあり方についての言及は、前節で見たように、すでに留学前の論稿のなかにも現れており、ここでは彼は、二〇世紀初頭のイギリスの社会学者で、『人間婚姻の歴史』（一八九一年）などの著書のあるウエスターマークに拠りながら、古代にまで遡って日本の家族制度の歴史を論じている。とくに彼は、家父長制のもとで強大であった父権と、それによる抑圧の対象であった「婦人の家庭における地位」に主要な関心を注ぐ。そこで述べられていることの要点は、すでに日露戦後の論文のなかに見いだせるものであり、「三従」に象徴される女性のそのような近代社会における地位がいかに形成されてきたかを解き明かしたのがこのレポートであった。

なお、大山が二年間の留学を終えたときに、大山の師であったメリアムが書いた推薦状が残っている。それは一九一二年一〇月一一日の日付が入っており、大山のある論文（"this work" とある）に添えてどこかに提出されたものと思われるが、提出先やそれが添付された論文名は明らかでない。そこでは大山に対して、「彼は勤勉で、聡明であり、彼が手掛けた主題についてすぐれた理解力をもっている」（邦訳――引用者）との評価が与えられており、大山の勤勉ぶりを裏付けるものといえよう。

次いで大山は、ドイツのミュンヘン大学に留学した。ここでは、政治学および国家学をローテンビュヘルに、国法学をハーブルガーに、バイエルン州の特殊国家および行政学をデイロフに、財政学をロッツに学んだ。[25] しかしながら、大山自身の講義ノート類は一切残されていない。[26] またオッペンハイマーにも学んだはずであるが、それを跡づけるものも見当たらない。後年の回想にも、ミュンヘン大学時代のことは触れられることが少なく、期間が短かったことや語学の障害もあったと思われるが、やはり大山に大きな影響を与えたのは、アメリカでの二年間であったといえよう。

大山は、留学期間中、日本に残してきた家族に、頻繁に書簡を送り続けた。[27] 一九一一年一〇月一〇日、シカゴからの柳子宛て葉書は、次のように書かれている。

　九月三日カラ十二日マデノ手紙ハ受取ツテイツモト同ジクウレシク読ンダ（ﾟ）タヨリガ遅イト非常ニ心配スルノデ折々随分ノ催促ヲシテ迷惑ヲ掛ケタラウ（ﾟ）ワルク思ハナイデ居テホシイ（ﾟ）今度ノ学期ハ非常ニ骨ノ折レル科目バカシ三ツ取ツタモノダカラ柳サンニ約束シタ長イ通信ヲシナイデ居ル――許セ（ﾟ）時間ヲ

盗ンデ必ズ必ズ書クカラ此度ダケ葉書デ我慢ヲシテホシイ（。）体力ダケハ異常ナシ安心セヨ（。）第一ノ機会ヲ捕ヘテ通信スル（読点――引用者）

このように大山の柳子宛の手紙は、簡単な自分の近況報告と、あとはおおむね家族の安否への気遣いで占められていた。しかしながら柳子からは、大山が期待するほどに頻繁には便りが届かなかったようで、「モウコレデ彼是四週ザット□（判読不能）日程柳サンガ手紙ヲ呉レナカツタ事ニナル（。）心配デ心配デ気ガ気デナイ（。）ドウシタノダラウ（。）モウタマラナイホド気が騒グ（。）早クタヨリヲ！」（一九一一年九月一二日）といった、手紙を待つ不安な心境といらだちに満ちた文面がたびたび登場する。また子供に対しても、たんに柳子を通して安否を確かめるだけでなく、たとえば犬の絵の葉書の裏に、「又ワンワンノエハガキヲ上ゲヤウ（。）相カワラズオイタガデキマスカ　トウチヤンヨリ　カズチヤンへ」（一九一一年八月七日）と書くなど、しばしば直接に語りかけ、父親の溢れんばかりの愛情を示した。これらは、前述の「東京日記」とならんで、私生活を語ることのほとんどなかった大山の貴重な一面を垣間見る史料である。

一方、夫を亡くしたばかりのクラ子に対しても、絶えず近況を知らせ、相手の健康を気遣った。大山は私費留学生であったため、生活費等の不足分をクラ子に頼らねばならなかったことが、遠慮がちに送金を依頼する手紙からうかがわれる。[28]そして、また送金に対して丁重な礼を述べた手紙が散見される。[29]当然ながらこのことは、少なからず大山の心理的負担になっていたにちがいない。しかしながらクラ子は、大山の帰国を待たず、その直前の一九一四年八月に死亡した。[30]

ミュンヘン大学での留学を終えた大山は、一九一四年五月七日、欧米漫遊に出た早稲田大学の高田早苗一行を、杉森孝次郎ら他の早稲田大学留学生とともにベルリンで出迎え、その一行に合流してロンドン・フランス・イタリア等ヨーロッパを回り、さらに九月には、一行と離れてアメリカに三週間ほど滞在したのち帰国の途に就いて[31]、一一月一七日、新橋に無事到着した[32]。

なお、大山の留学中に、明治が終わりを告げた。明治国家の確立過程がまさに自己形成の過程とも重なり合う大山にとって、それはやはり感慨深かったと見られる。「聖王陛下崩御ノ報ニ接海外ノ同胞驚愕甚シ内国ノ臣子ノ追悼ノ情遥ニ思ヒ遣ラル」と、柳子宛の手紙に記している[33]。帰国後の大山は、「大国」意識に深くとらわれながら、国家的結合をより強固なものとするために、デモクラシーを提唱していくのである。

(1)　『自明治四〇年至明治四五年七月維持委員会決議録』(早稲田大学文書課保管)。前年派遣のはずであった斎藤朋之丞は、当該年度、年額一五〇〇円を支給される校費留学生であったが、大山ともう一人の巽来治郎(同文書には「巽来次郎」と記されている)は自費によらねばならなかった。
(2)　神戸市立夢野墓地事務所より墓地移転に冠する大山聰宛通知(一九六七年九月七日)。
(3)　子息大山聰氏ききとり。
(4)　岩崎秀之・北沢英雄「出血性硬脳膜炎――大山郁夫氏の病状の考察」(『医学評論』第一七号、一九五七年)六一頁。
(5)　大山聰氏ききとり。
(6)　留学時代家族宛葉書(早稲田大学現代政治経済研究所『大山郁夫関係史料目録――大山家寄贈』一九八九年(黒川みどり作成)、以下『目録』と略記)を参照。
(7)　前掲『早稲田大学百年史』第二巻、七〇八〜七〇九頁。
(8)　松本重治『昭和史への一証言』(一九八六年、毎日新聞社)二九八〜二九九頁。
(9)　前掲「米国の遺外二使臣(ストラウス氏とクレーン氏)」八頁。

(10)　高田早苗のアメリカ政治学への関心のありようについては、内田満『アメリカ政治学への視座——早稲田政治学の形成過程』(一九九二年、三嶺書房)一〇八〜一一二頁、を参照。
(11)　メリアムについて詳しくは、斎藤真「チャールズ・E・メリアム小伝」(C・E・メリアム『政治権力』(上)、斎藤・有賀弘訳、一九七三年、東京大学出版会)、および内田満「シカゴ学派の政治学」(内田『現代政治学を読む』一九八四年、三嶺書房)、同「大山郁夫とC・E・メリアム」(内田『アメリカ政治学への視座——早稲田政治学の形成過程』(一九九二年、三嶺書房)、同「C・E・メリアム——政治学の重婚のすすめ」(内田『現代アメリカ政治学——形成期の群像』(一九九七年、三嶺書房)を参照。なおこのうち、内田の最近二つの論文は、大山の留学時代について、メリアムの「政党論」の講義に的を絞って論及している。また、高橋彦博「日本における政治社会学の成立過程——シカゴ留学時代の大山郁夫」(法政大学『大学助成による研究経過報告集』第一号、一九七九年)もやはりメリアムの講義ノート二点と、そのレポート一点を採り上げて、大山の留学時代について論じたものである。
(12)　大山「面影」(『早稲田学報』一九一五年一月)一一頁。
(13)　「シカゴ大学の思ひ出」(『大学及び大学生』一九一七年一一月)二頁。
(14)　同右、二〜三頁。
(15)　その一覧は、『目録』III(ア)に掲げた。
(16)　内田　前掲「大山郁夫とC・E・メリアム」等。
(17)　前掲*Principles of Political Science*、二一〇〜二一三頁。
(18)　ただし、大山が心理学的アプローチに触れた機会は、これのみではなく、すでに述べたように、留学前にル・ボン『群集心理』の翻訳も行っており、のちの大山の政治学に見られる心理学の導入を、メリアムのそれからのみ論じることは当を得ていない。
(19)　澤田昭夫「あとがき」(トマス・モア(澤田昭夫訳)『改版ユートピア』一九九三年、中公文庫)三〇八頁。
(20)　前掲『改版ユートピア』一一二頁。

(21)　同右、一一三頁。
(22)　菊池理夫『ユートピアの政治学――レトリック・トピカ・魔術』（新曜社、一九八七年）一三三、及び一四八頁。
(23)　*State Socialism in Germany*.、二七〜二八頁。
(24)　ヘンダーソンは、一九一三年三月八日、早稲田大学で「現時の社会問題」と題する講演を行っている（内田前掲「大山郁夫とC・E・メリアム」一一八頁）。
(25)　前掲「面影」一一頁。
(26)　『目録』（一三頁）にドイツ留学時代の関係資料一覧を掲げたが、（イ）1〜5・9はすべて、大山自身によるものではなく印刷されたレジュメである。
(27)　それらは妻柳子と養母クラ子、そしてまだ幼い息子一義に宛てられており、総計約二六〇通にのぼる。前掲『目録』Ⅳ（ア）（四八〜五五頁）にその一覧を掲載した。
(28)　一九一三年四月一五日、大山クラ子宛書簡（封書）。
(29)　一九一三年九月六日、同年一二月一六日等、大山クラ子宛葉書。
(30)　前掲、夢野墓地移転に関する書類。
(31)　この間約一〇日間ほど大山は、増田義一とともに、太平洋岸にいる日本人を対象とする講演旅行を行っている（高田早苗『半峰昔ばなし』一九一三年、早稲田大学出版部、五八六頁、及び「面影」〈談話〉・『早稲田学報』一九一五年一月）。
(32)　同右書、四九二〜五八六頁。
(33)　一九一二年七月三〇日、柳子宛葉書。

# 第二章　民本主義論の展開

## 第一節　政治的デモクラシーと「文化国家主義」の提唱

### 一　「国家的結合」の重視

四年間のアメリカ・ドイツ留学を終えて帰国した大山郁夫は、翌一九一五年一月二三日、早稲田大学に教授として迎えられることになった(1)。これ以後「早稲田騒動」で一旦大学を去るまでの約二年半は、大山が学問的な研究・著作活動をもっとも行い得た期間のひとつである。また、『中央公論』『新小説』や星島二郎の発行する『大学評論』(2)などの総合雑誌を舞台に、折から高揚しつつあった大正デモクラシーのオピニオン・リーダーとして活躍をはじめるのもこの時期からであった。それは総合雑誌が新聞に変わって論檀に大きな影響力をもちはじめたのと、ほぼ軌をいつにしている。長谷川如是閑が吉野作造らデモクラットを評して、「吉野氏らにとっては、政治の「観念」よりは、政治の実現がその関心であった。一言何かいっても、それが現実政治に反響しなければならないという責任を感じていたのであった(3)」と述べたように、この時期の大山には、学術論文と時事論との境界を見いだすことはむずかしく、総合雑誌に発表されている数多くの時事論も、彼の政治学者としての活動の重要な一角をかたちづくっていたのである。

大山の政治学的立場は、内ケ崎愛天（作三郎）に請われて書いたという「我が政治道徳観」と題する帰国後最初の論文（『六合雑誌』一九一五年三月）によく表れているように、「国家は道徳的秩序を体現するものだと云ふ学説」(4)に理想を見いだすものであった。すなわち政治における倫理的契機を重視しようとするものであり、ヘーゲルいうところの個人主義的機械観を排し、「人倫的理念の現実態」(5)としての国家を追求しようとする立場であった。そのような傾向は、より直接にヘーゲルを引き合いに出しながら、「国家魂」と称して「望ましき国家の理想」(6)を説いた吉野作造にも共通するものであり、吉野は、すでに論壇に登場するようになった一九〇五年当時から、「思ふに国家精神の個人に於ける完全なる顕現、換言すれば個人的意志の国家魂に迄の活発なる向上は国家最上の理想にして、個人の意思と国家の精神との乖離は実に国家の生存に取りて一大不祥事たり」と述べて、「一大民族精神」としての「国家魂」が発揚されることを追求してきたのであった(7)。

詳しくは大山に即して本章で述べるが、このように倫理的結合によって国家を維持しようとする態度は、ナショナリズムに触発されつつ、集団民衆の台頭と向き合いながら自らの政治学を形成してきたデモクラットに少なからず共通する点であった。と同時に、大山にあっては、生涯にわたって形を変えつつこの民衆の共同性をいかに培っていくかという課題が保持され続けることとなるのである。

国内問題に関してはこのような倫理的立場がとられる一方で、ヘーゲルもまた、主権国家の対外関係を論じる場合には排他的なそれらの戦争状態として国際関係をとらえていたように(8)、やはり大山にあっても、対外関係についてその立場がそのまま適用されうるものではなかった。現実社会は、第一次世界大戦下の国家間の弱肉強食が酷烈を極める渦中にあって、それが「毫も実際に当て欲らない(9)」と認識されるものであり、そうであるがゆえに、彼の政治学の苦悩と模索がはじまるのである。

大山は、近代になってしだいに「社会的正義実現の曙光は閃めいて来た」が、「併し残念なことには、此現象は唯国内の政治上に発露するのみで、国際間の関係は依然として、道徳の関係に依つてゞはなく、力の関係に依つて支配せられてゐる」という。[10] したがって彼は、「国家の経済上の利益を擁護するものは、究極は実力――即ち武力である故に、『力を養ふは国家の道徳的義務なり』と言ふツライチユケ一流の学説の今尚ほ勢力を有するも無理ならぬ仕誼である」[11]と述べて、力の論理を強調するトライチュケの説にも賛意を示し、国際社会におけるパワー・ポリティックスの支配を容認せねばならなかった。

このような認識は、マキアヴェリズムに対する一定の支持ともなって表れる。大山がマキアヴェリに言及した論文に、「外交と道徳」(『早稲田講演』一九一五年九月)と、「マキアヴェリズムと独逸の軍国主義」(『国家学会雑誌』一九一五年九・一〇月、経済攻究会六月例会での講演録)の二つがあるが、後者では、マキアヴェリのいう「ストロング・マン・セオリー」、つまり「力の崇拝、乃至偉人の意志の尊重」は今日もはや通用しないとしてそれを斥けつつも、[12]「其国家の基礎として力を高調した一点は、今に其適用力を失はない」という。すなわち「苟くも国家の要素の中に力――法律上の観念では主権と呼び、政治上の観念では独立と称する力といふものが必然的に存在して居る間は、力を国家の定義の外に駆逐することは出来ない」のである。[13] そうして、「要するに彼れの公人道徳の批評の標準は、先づ第一に国家の保全及び国力の充実の職務を果して居るや否やに在つた」[14]のであり、マキアヴェリはあくまで「国家生活の至善」を説いたのではなく、「或る特定の事情の下に、征服又は統治の目的を果たすには、如何なる手段を用ふるのが有効であるかを教へた」という。換言すれば、「彼は道徳上の顧慮を全然考察の外に置いたのであ」り、「道徳を蹂躙したのではなくて、之を問題外に置いたのである」[15]と。

このマキアヴェリ理解には、そのまま大山の立場が反映されていた。大山は、道徳が政治を支配する状態を理想としながらも、こと外交分野に関しては、理想と現実があまりに乖離している状況を前にして、ともかくも国家の「独立」を維持するという目的のために、比較考量の結果とりあえずは力を優先することに、「理想と実際との調和」[16]を見いだすという合理主義的判断を行ったのである。ただし実際には、日清戦争・日露戦争の勝利を経てすでに植民地まで保有するようになっていたこの時期、日本の独立がそれだけの危機に瀕していたとはいえず、ここで大山のいう「独立」維持は、帝国主義的膨張と同様の意味をもつものにほかならなかったのであり、この問題はのちに詳しく検討する。

むろん大山の関心が、外交問題だけでなく、国内政治の問題にも向けられていたことはいうまでもない。なぜならば、内側から国家を強固にすることは、彼いうところの「独立」維持のためにきわめて重要なことであったからである。これは、前章で見た浮田和民の立場の延長線上にあり、その意味でもいまだ大山は「倫理的帝国主義」の枠組みの内にあったといえよう[17]。

それだけに一九一〇年に引き起こされた大逆事件や、第一次護憲運動をはじめとする民衆の台頭は、大山が危機感をもち、改めて国内政治に目を向ける要因であった。彼は、「文化の程度の高き国民間に在りては、国家が或る限界を越えて精神上の自由を圧迫する時は、忽ち人民の反抗を促し、其極却て国家的統一を破るものであ」り、日本においても、「天草騒動」、そして大逆事件がその例であるという。吉野作造もまた、大正政変から第一次護憲運動を経てシーメンス事件に至るまでの一連の民衆運動を、「受働《ママ》的であ」り「自発的でない」として「大いに憂ふべきもの」[18]ととらえており、両者には共通する点が多かった。

大山にあっては、大逆事件やその後の民衆運動の高揚が「極端なる国家至上主義者」によってもたらされる弊害として認識されていたが、そのような〝弊害〟が明らかになったからといって、直ちにその対極にある「極端なる自由主義者」が容認されるわけではない。集団に着目し、その共同性を追求するがゆえに、この段階では国家という団体の結合を維持するために、いまだけっして十分に獲得されたとはいえない個人の自由を制限する方向に向かうこととなる。彼によれば、「彼等は国家は個人のために存在して居るものであることを承認せよと要求して居るが、斯の如き契約説的論法の誤謬なることは、現今に於ては多く弁ずる迄もないことであ」った。つまり「人間は孤独で生活の出来ないものであつて、人の在る処に社会あり、社会のある処に国家が生まれる。国家は要するに権力的に組織せられたる社会であつて、共同生活の産物である」からである(19)。

そこふたたび彼においては、国家と個人という両者の調和を見出すために「中庸の道」が追求されねばならない。「中庸」の肯定は、別言すれば、日露戦後の民衆の台頭と「一等国」の堅持という二つの課題(20)を前にして、個人の自由を擁護することにも国家主義にも徹しきれない立場を意味するものだったのであり、大山はそのような自己の立脚点を堅固なものとするために、次のような理論づけを行っていった。

彼は、「主権と自由との限界に関し、抽象的に一般原則を設定せんとせば、政治社会に活働《ママ》する人間の行為の動機たる心理状態より出発せねばならぬ」とし、それを、「国家性純個人性、及び反国家性」の三つに分類した。まず「国家性とはその動機に於て国家生活の維持に貢献する心的作用であ」り、「純個人性とは、(中略)只個人の個性発揮のための活働《ママ》を促す意欲たる心的作用を指し、」「反国家性とは其動機に於て既に国家生活の保全に危害ある心的作用であって、其大部分は不純良個人性より成立つて居る」という(21)。

大山の理解によれば、大逆事件は「反国家性」の表出の結果にほかならず、彼は、「無政府主義実行の手段の如きは国家を離れたる高き立場より見たる是非論は別として、国家生活より見れば疑ふまでもなく有害なるものであるから、国家は宜しく之に対して主権の制裁を加ふるべきものである」[22]と断じて憚らなかった。最初にあげる「国家性」が、大山が最も肯定的にとらえる「心理状態」にほかならない。[23]すなわちそれは、「国民の道徳を振興」することであり、そのためには、「国家の統治関係が、倫理的基礎の上に即して居る」状態でなければならなかった。[24]その状態を引き出すためには、「政治上の権利行使を単に権利としてのみ見る」のではなく、「義務であると云ふことに依つて、始めて道徳上の意義が出て来るのである」とも述べている。[25]

そのような主張を支えていたのは、当為としての国家と個人の関係についての楽天的見解であった。彼によれば、国家と個人の間には何らの矛盾撞着もなく、「国家権力の正当なる行使は、私共の合理的意志の自由の限界を拡張するものと謂ふことが出来る」というのである。[26]これが、彼の権力に対する批判的視点の弱さを示すものであることは否めず、先に述べた個人の自由の軽視にもつうじている。またそのことは、一連の民衆運動が内包していた政治的権利の諸要求の意義を汲み上げて評価することよりも、民衆運動は国家と個人の倫理的紐帯の否定ないしは破壊を意味するものと見なしてそのことの方を重視し、否定的評価を下す結果につながっていったと考えられる。大山は、一九一八年に、「憲政三十年」を目前にして日本における立憲政治発達の跡を振り返るなかで、第一次護憲運動についても言及し、次のような評価を与えている。

素より憲政の改革の必要は、常に絶叫せられる。時としては憲政擁護運動といふが如き劇的興味に富める事件さへ突発することもある。けれども当該問題の核心に対する徹底的理解より沸き出づるに非らざる言説や、確固不抜の信仰及び之に伴ふ熱と情操に根拠するのではなくて、只単に吶嗟の衝動に依つて発作的に火花の如く生じ火花の如く滅する運動は、憲政の質実なる進歩のためには、比較的無意味のものたるに過ぎざることも亦、多く論ずるまでもない平明の道理である。[27]

しかし大山は、大逆事件を引合いに出して警鐘を鳴らしているように、国家のもつ抑圧的側面にまったく盲目であったわけではない。すでに見た留学以前の段階でも、国家による儒教主義的道徳の強要には批判的であったし、この時点でもまた、「明治の晩年」に政府が「神社崇拝を勧説し、或は家族制度の復興を計り、或は三教会同を試みたりなどし」たことを、「伝統的神秘的権威の失墜」による「反動的復旧的手段」としてとらえていた。しかしながらそうした国家の政策は、彼によれば、「時に既に遅れて居た」のであって、時勢はもはや「封建思想」から「新功利主義」へと移りつつあるのだという[28]。すなわちいったんは、国家による精神的自由の抑圧の側面に着目しながらも、結局それは、過去の残存物としてしか問題にされず、いずれはそうした「封建思想」が跡を絶ち、「新功利主義」に取って代わられるというきわめて楽観的な見通しが示されるのである。これは、留学以前の論文に多用されていた社会進化論に依拠したものであり、ここでもまた、そのことが、本来徹底して向き合うべき問題に対する追及を弱める一要因となっているのである。

精神的自由の抑圧がなおざりにされたもう一つの要因は、大山の自由に対するとらえ方自体に内在していたと考えられる。彼は「自由観念」を、「個人生活を或る程度まで国家の干渉より独立せしめんとする、云はゞ消極的自由観念」と「参政権の獲得を計ると云ふが如き積極的自由観念」の二つに大別し、今日は後者の近代的デモクラシーの時代であるとして、前者は後景に押しやってしまったのである[29]。そうして国家からの個人の解放という遠心的要素よりも、個人を道徳に基礎づけられた国家という共同体に結合させることに、主力を投入していくのであった。そのシンボルとして提唱されたのが「文化国家主義」であり、また、「文化国家」を支えるための制度的措置として、政治的デモクラシーが唱道されていくことになるのであり、大山を民本主義の論客として世に知らしめたそれらの政治改革構想は、そうした思想的背景のもとに生み出されてきたのであった。

## 二　「政治的機会均等主義」の提唱

そのような改革構想を組み立てていく際のモデルとなったのが、留学時代に見聞した欧米の都市であった。大山は留学する以前から、都市一般を儒教道徳から解放された自由な精神の発露の場として位置づけていたが、留学によりシカゴやミュンヘンをはじめとする欧米の都市を実際に見聞したことによって、都市への関心をいっそう強めていった。

帰国後まもなく執筆された「都市意識」と題する論文では、「都市は国家と個人の中間に存在する一団体であってツライチユケの曰へる如く、都市なり、其他の自治体の政治生活は国家生活の最初の予備学校である」と述べて、都市を「国家生活」を担うための政治的訓練の場と位置づけた上で、とくにそのための重要な要素として、欧米の都市に見られるという「家族的情緒」や「協同親和の要素」に注目する。[30] ここにも道徳を基礎とした共同的結合への関心の強さが示されているが、「家族的」であることに価値を見いだす以上、そこでは「男子よりは寧ろ婦人小児の利害を包含して居」なければならず、[31] そのような大山の関心のありようは、社会的弱者にも目配りがなされることになった。

さらにその後に書かれた論文「都市生活の家族的情緒」では、その表題に明らかなように、いっそう家族になぞらえた共同体的結合のあり方に関心が注がれていく。

願くは我国の将来の都市生活に、家族的情緒乃至親隣感情を注入若くは増進せしめたい。市吏員の腐敗行為摘発や、市、区会議員の選挙上の政戦や、市当局者の計画施設等に対抗する示威運動又は市民大会や、投石や焼打などのみに団結若くは烏合する市民の政治生活の、何ぞ荒涼、殺伐、無風流なるや。市民生活は都市の一国文化の上に有する使命上よりして、原則としては暢和闊達で且つ家族的でなければならぬ。[32]

大山はこのように述べて、「家族的情緒乃至親隣感情」に、共同体を維持するための至上の価値を見いだす一方、その対極にあると見なされる、当該時期の日本の民衆運動に対して、依然否定的評価を与えるのであった。

しかも民衆運動に対してのみならず、権力者にも厳しい注文がなされる。政治的腐敗等の非道徳的行為はいうまでもなく、日本の神社仏閣などに立てられている「厳禁」「べからず」といった告示板は、「如何に権力を赤裸々に表示して憎さげに人民を威嚇して居るか」(33)との批判にさらされることになる。

大山は、「我国に於て都市といふ語が一種の魅力を有するに至ることが将来の問頭《ママ》であらう」と述べており(34)、直ちに日本において、欧米のような市民生活を実現しうると考えてはいなかった。しかし、ともかくも当面早急に学びとるべきは、そこに溢れる、新たな環境を創り出していく能動的な精神であった。「政治を支配する精神力」(『中央公論』一九一六年四月)をはじめとする各論文には、随所にそれを追求する姿勢が見られる。

大山は次のようにいう。「国家は単に環境の産物たるに止るものでない。国家又は地方自治団体は、国民精神若くは市民意識に依りて、終始環境を改善若くは創造しつつあることは、吾等が常に国家生活及び都市生活の上に於て目睹する所である。殊に近年欧米の諸都市が、自然の環境を支配して、市民の物資生活并に精神生活の上に新境地を開拓せんとする努力は、傍観者の驚嘆心を喚す一種のローマンスである」(35)と。さらにこうも述べる。「概言すれば、新環境を個人生活及び団体生活の上に創造せんとすることが、現代人の生命である。「生の創造」と言ふことは畢竟此意味に外ならぬ。而して此創造的事業の発動機は、意志精神の力である。団体生活の場合に於ては、市民的精神或は国民的精神の力である。政治を支配する最終の力は此精神である」(36)。すなわち国民は、所与の環境の下にあるのではなく、それを創りかえていこうとする積極的な政治参与の姿勢をとることによって、その上にはじめて、倫理による国家と個人の〝理想的な〟関係が生じるというわけである。

このような立場は、唯物史観と相い入れるものではなかった。「政治を支配する精神力」という論文は、唯物史観を強く意識して書かれた論文であり、大山はそれへの批判を次のように展開している。

> 歴史の進展を唯物的見地より解釈せんとする徒は、斯の如き状態を見て、直に形而下の現象が人類の政治を支配する唯一の要素であると説明する傾がある。無論彼等と雖も、斯る形而下の環境の上に作用する人間の意志の力を認めない訳ではないが、彼等に云はせれば、斯の如き人間の意思の力も亦、其環境の自然現象の結合の関係より生ずるものである。彼等は一切の人事を唯物的基礎の鋳型に流し込まねば承知出来ぬ、思想上の統一論者である。（中略）之れを政治の上に適用すれば、国民的向上心は究極に於てパンの問題に帰し、デモクラシーとは特権階級の経済的資源の壟断に反抗する一般民衆の喚叫である。視来れば其根柢に何等の倫理的基礎なく、高尚と云ふも下賤と云ふも、つまりは人間が得手勝手に設けたる標語に過ぎぬ。[37]

彼の理解によれば、このような唯物史観の立場は、「個人が徹頭徹尾環境の奴隷たるを以て終始する」ことにほかならず、そこに「世に進歩といふものゝあるべき筈はない」ということになる。[38]

それでは、彼のいうような国民の間から迸り出る「環境改造」への意欲を汲み上げていく方法は何かといえば、代議制度の下で選挙権を拡大し、国民の政治参加への道を切り開いていくことであった。彼は、「我国民の政治意識に覚醒せる範囲は、縦し西洋諸国民に比して狭小なりとするも、苟くも其覚醒せる範囲内に於ては、此不可抗的渇求が潜在力としての、欝勃として横溢して居ることは理論及び事実の共に証明して居る所である。而して此不可抗的渇求の安全弁は代議制度であり、而して又其理想よりすれば議員政治である」という。[39] むろん大山は、「我等は国民精神（Volksgeist）を離れて法律制度を解釈することは出来ね《ママ》」[40]と述べていたから、けっして代議制度を唯一絶対のものとは考えておらず、「国民精神」のあり方の変化に応じて新しい手段を受け入れる余地を残してはいたが、当面、「近代的デモクラシーの要求を充たす上に於て、これ以上に有効なる名案が提供せらるゝまでは、之をして益す進むべき所に進ましめ、発達すべき所に発達せしむることを努むべきは、現代政治人の義務であると謂はねばならぬ(41)」と考えていたのである。

普選についても大山は、欧米社会を経験してきたことによって、帰国以来常にその必要を意識していた。彼は、次のように述べる。

筆者が欧米、殊に米国に居た時、選挙季節には、老若男女、有識無職の差別なく、皆悉く各党派の宣言書や、候補者の適否を批判して居るのを見て、小僧は小僧なりに、お三どんはお三どんなりに、黒人は黒人なりに、それ相応に国家なり地方自治体なりの政治に対して、興味と責任とを感じて居るらしく見えるのを見て、笑ひ事ジャないと思って、窃に歎称した事は一再でないのである(42)。

一九一六年三月に発表された論文「政治的機会均等主義」もまた、「政治的機会均等主義は、どこまでも国家の倫理的基礎を鞏固にし国家的結合を確実にし、以て国際政局の競争場裏に叫号せんとするものである(43)」という部分に明瞭に示されているように、ナショナリズムを媒介として政治的デモクラシーの必要を説きおこしたものであった。

ここで彼のいう「政治的機会均等主義」の帰結が普選であることは疑いない。実際に彼は、「言ふ迄も無く立憲政治は、デモクラシーの根拠に立たねばならぬ。普通選挙と言ふことは、立憲政治の是認に於て、其必然の結果で無ければならぬ(44)」とも明言している。「政治的機会均等主義」の論文が掲載される二ヶ月前の一九一六年一月には、吉野作造の「憲政の本義を説いて其有終の美を濟すの途を論ず」が『中央公論』に掲載されており、周知のように吉野はここで普選の重要性を公然と主張し、その後のデモクラシー運動に理論的基礎づけを与えたのであった。大山のこの論文も、吉野のそれに触発されたのであろうか、欧米留学以来あたためていた政治改革構想を一挙に開陳したものであった。

ところが大山にあっては、いまだ普選は理想上のことであって、日本において普選を即時に実施することには、少なからず躊躇を伴っていた。彼は、「理想としての普通選挙制を主張し、当面の急務としては、此理想に到達する一段階として選挙資格の財産上の制限をせめては直接国税五円に、その住居上の制限をせめては六箇月に引下げんことを要求するものである」(45)と述べて、「理想」と「当面の急務」を分けて考え、とりあえずは普選に至るまでの過渡的措置として、納税額等の引き下げによる選挙権拡大にとどめるべきであるとする漸進論の域にとどまっていた。

彼をして普選即行論を唱えることを踏みとどまらせた要因は、具体的に次の点に求められる。まず第一に、大山の「民衆自身の無智、無訓練」(46)という認識にあった。「立憲政治の完成は、個々の市民の人格の涵養より着手せねばならぬ」(47)との認識に立つ彼は、民衆の「無智、無訓練」という状態に対して、「政治的啓発及び政治的訓練」の必要を力説した。(48)大山にとって国民に選挙権を与えることは、すでに見てきたように、彼らを政治の主体たらしめることにより国家につなぎとめるための手段であって、国民が生まれながらにしてもっている基本的権利とは見なされていなかった。それゆえ、「人格の涵養」を経て政治的「能力」を身につけた者のみが有権者であっても、いっこうに問題とはならないのである。

しかもその民衆に対する評価は、たんに具体的な事実にのみ即してなされているのではなく、欧米と比較しての、日本を含む「東洋」の民衆一般への蔑視がそれに拍車をかけていた。この点は、以下の部分に、より顕著に示されている。

我国の民衆運動の、其声の大なる割合に其効果の不十分なることも亦事実である。（中略）我国に於ては一般民衆の自由慾及び権勢慾の潜伏期が過度に永かつたゝめ、不使用の結果退化したものであらう。而して一般東洋人の欠点たるメカニズム使用の拙劣の特性が此等の精神的慾求の有効なる発現方法の発見を一般民衆に拒んだ事実も、之が主要なる原因の一を構成して居たのであらう。[49]

そしてこのような「東洋」に対する潜在的な蔑視観ゆえに、日本のアジア侵略を容認することにもなったと考えられるが、この点はのちに考察することにする。

女性参政権についても同様であった。彼は、女性をも視野にいれ、「理想としては婦人の参政権をも包含して居るものである」としながらも、「全体として見たる婦人の参政権に対する要求及び参政権行使の実際上の能力（婦人の政治的智識上及び実生活に於て有する地位上の）程度及び範囲を参酌」することによって、参政権を与える対象から排除せざるをえないということになる。[50]

第二に、実際にこの時期、立憲同志会を与党として一九一四年五月に成立した大隈内閣は、選挙権拡大にはまったく関心を示さず、政党の側もまた、立憲国民党が第三五・三七議会に選挙権拡張案を提出したのみで、それすら委員会で審議未了となってしまうありさまであったことによる。一九一一年の第二七議会において一度は普選法が衆議院を通過したにもかかわらず、第一次護憲運動の盛り上がり以後、急速な民衆勢力の台頭に危機意識を強くした政党は、民衆の政治参加に対して消極的姿勢に転じてしまったのである。[51]

女性参政権の要求も、一九一一年には『青鞜』が創刊されて女性問題がしだいに論壇の脚光を浴びるようになり、参政権それ自体も、河田嗣郎・馬場孤蝶、そして『第三帝国』の姉妹誌である『女王』などによって主張されてはいたが、まだ運動が成立するまでにはいたっておらず、それは新婦人協会結成以後に待たねばならなかった。[52]したがって大山もまた、このような状況の下では普選の実現はとうてい望めないとの現実追随主義に陥り、そのことが彼の普選即行論に踏みきる意欲を減退させていたと考えられる。

このように国民全体を政治の担い手と見なしえない段階にあっては、それと表裏一体となって「英雄」に対する期待が持続されていた。彼は、「今日の大国家に於いても、政権を行使する為政者に優秀者を挙ぐべき必要は毫も減退しないのみならず、益々増加している」[53]と述べて、吉野作造の「哲人政治」と同様、有能な政治的指導者の出現を待望していた。

前章で見たように、「英雄」の必要性は、カーライル著『英雄崇拝論』の影響を受けて、日露戦争後以来、大山によって繰り返し主張されてきた。とはいえこのころになると、大山もまた、もはや民衆の存在が政治を推進する力として無視しえぬまでに成長してきていることを認識していた。彼は、「少なくとも英雄は先づ時勢を作らなければ、如何なる事業をも成就することは出来ぬ。併し今日では時勢が英雄を作ると云う方が、より多く真実である。時勢とは何ぞやと云はゞ、今日に於ては要するに街頭の群衆の意嚮と、此意嚮を貫徹しようと云ふ彼等の意気込である」[54]と述べており、「英雄」の位置づけは、「時勢」によって、換言すれば民衆によって左右されるところにまで後退していた。徐々に、政治を動かす主体としての民衆の役割を認めつつあった。

その「英雄」に代わる役割を期待されたのが、当面は政党であった。大山は、「多数人民の意志を国家政策の上に表現するための方便として、実行し得べき最良のもの」として政党の役割を重視していた。[55]ただし、「政党は政治上の智識と徳操との欠乏せる国民の間には、専制治下に起る弊害よりも更に大なる弊害を齎らし来る虞れがある」と考えられており、政党の効能を発揮するためには、その監督者である国民の「人格の涵養」が重要となってくるのである。したがって大山は、「我等は政党の善悪よりも寧ろ国民の善悪を問ふ必要がある」[56]とさえいうのであった。政党に対して、非立憲的存在である「元老、官僚及びその牙営たる貴族院及び枢密院の勢力を制肘する」[57]役割も期待された。そうして彼は、参政権を獲得した〝有能な〟国民の監督の下に、二大政党が樹立され、日本において政党政治が実現することを期待した。早くも彼は、「欧州戦乱後に来るべき世界の政治的改造期」を予想し、そこに希望を託していたのである。[58]

大山の政党への期待は、「近代的広告術としての三党首会談」(『中央公論』一九一六年七月)、「与党合同問題の再燃」(前掲)、「二大政党制樹立の機運」(前掲)などの一連の論文に示されているように、大隈内閣が中国政策の失敗等で元老からも見放されてその崩壊が決定的となり、一九一六年六月に枢密顧問官三浦梧楼の斡旋によって、立憲同志会の加藤高明、立憲政友会の原敬、立憲国民党の犬養毅による三党首会談が開かれたころから急速に高まっていく。彼は、「三党首会合の覚書が大に当つたのは、其中に『外界一切の容喙を許さゞる事』を、無遠慮に言つて退けたゝめである。此宣言の目指して居るものは、直接には元老の不当の勢力である」[59]と述べて、三党首会合を政党による元老排除のデモンストレーションの成功と評価し、さらに同じころ、大隈内閣の与党を構成している同志会・中正会・公友倶楽部の三派が合同して、加藤高明を首班とする内閣を構想していることについても、「政党内閣制度の基礎たるべき二大政党樹立の情勢が馴致せらるゝに至らん」[60]との希望を託した。この計画の中心人物の一人に、恩師で時の文相であった高田早苗が加わっていたことも、いっそう期待を大きいものにしていたと思われる。[61]

ところが、結果は大山の期待を大きく裏切るものであった。三党首会談は、加藤高明の消極的態度によって威力を発揮できず、原敬もまた、政党内閣を成立させることよりも、山県有朋ら元老に接近することによって、大隈内閣の下で後退を余儀なくされた自派政友会の勢力挽回を図る途を選んでいく。三派合同加藤内閣構想も、加藤内閣の擁立には失敗して、寺内内閣を誕生させることとなり、三派の合同は、寺内内閣成立後に、同志会・中正会・公正倶楽部の合同によって憲政会として結実するにとどまった。政党にまったく基礎を置かないこの寺内内閣の成立は、大山のいっそう厳しい批判を呼び起こすことになる。

## 三　シンボルとしての「文化国家主義」

以上見てきたような政治的デモクラシーによって支えられる、国家という共同体的結合のシンボルが「文化国家主義」に求められたことはすでに指摘したが、次にその内実を検討する。

大山は、欧米の都市から市民精神のあり方を学び採る一方、第一次世界大戦の渦中にあって、当初は優勢を保っていたドイツにも関心を注いだ。なぜならば大戦において軍事力の強大ぶりを発揮していたドイツが、並行してこれまで、「独逸文化の助長」にも力を投入してきたことが注目を引いたからである(62)。また、「殊にドイツの近年の興隆は、一はその時代が我等に近接してゐるよりして、一は同国の事情が多くの点に於て我国のそれに共通してゐるよりして、我等に緊切なる興味を与へる(63)」と述べており、日本と同じく急速に帝国主義国家として成長を遂げたことがシンパシーを抱かしめたのである。

この時期の大山の論文のなかで、ドイツの現状を中心テーマにすえたものは数多く、「力の其の誤用——独逸国民生活の長所と欠陥」（『早稲田講演』一九一五年五月）、「マキアヴェリズムと独逸の軍国主義」（『国家学会雑誌』一九一五年九月）、「独逸の提出すべき講和条件」（『新日本』一九一六年一月）、「所謂独逸文化宣伝政策の主張を批評す」（『日本社会学院年報』一九一六年一月）、「軍国的文化国家主義——独逸国民生活の一面」（『新小説』一九一六年四月）、「英独大海戦の世界歴史上の意義」（『新小説』一九一六年七月）の六本がある。

むろん彼は、軍事力一辺倒を是とはしなかった。なぜならば、古代のスパルタを引合い出して述べているように、今日にあっては、それでは生き延びえないと考えていたからである。[64] そこで彼はいう。現代国家は「文化を主とすべく力を従とすべきである」、換言すれば「文化は国家の目的であり、力は其手段である」[65] と。そうしてここに、ドイツを範にとりながら、「文化国家主義」が打ち出される。大山のいう「文化国家主義」とは、「国民の共同文化即ち国民共有の形而下及び形而上の同一の環境、殊に同一の政治的過去、即ち国民的歴史、及び之に附帯する共同追憶、共同栄辱、並びに共同的喜憂の下に発生する国民的思想感情の上にその根拠を有するを常とする国民の共同文化を以て国家的結合の基礎」とする思想をいう。[66]

大山は、このように明確に「文化国家主義」を打ち出す以前から、「国家の目的」の一つとして「文化」に着目しており、「文化は、芸術科学や、風俗習慣や、思想道徳と云つた様な、人間の内的生活に属して居る方面を謂ふ」との定款を与えていた。しかし、続けて、「斯の如き意味の文化を推進する事は、其局に当つて居る者の人格と至長至大な関係がある」[67] と述べているように、その文化の意味するところは、具体的な所産ではなく、それらを生み出す「国民精神」を問題にしていたのであり、「国民文化」とは国民の「共同利害観念」、あるいは「共同国民感情」とでもいうべきものであったと考えられる。

大正時代は、明治時代の「文明」に代わって、「文化」という概念が浮上してきた時期である。[68] それは、明治の「文明」が、国家の独立維持という課題の下で「物質文明」を優先させ、一国レベルでその達成を担ってきたことに対する批判と反省のなかから生まれてきた。それゆえ大正前期の「文化」は、白樺派に典型的に見られるように、多くは自己の内面を問い直すべく、政治とも国家とも切り離されたところで開花した。これに対して大山のいう「文化」は、けっして国家や政治に対して傍観的姿勢をとるものではなく、むしろそれらと不可分のものであるという相違点をもっていた。したがってナショナルな利害に足をすくわれる側面も孕んではいたが、大山における「文化」への着目は、一面でそうした大正期の文化主義の盛行に影響されながら、政治一元論に偏することなく、多面的に国家のあり方を考えていこうとするものであったといえよう。

私の見るところ、大山が、「文化」を全面に押し出すピークは、彼の生涯のなかで三つある。一つは当該時期であり、二つめは、第一次世界大戦後に「民衆文化」論として展開される。そして三つめは、敗戦直後の時期である。それらの内容の分析は別稿に譲るが、そこに認められる特徴は、一つめと二つめに共通な点として、「精神」ないしは「共同利害概念」という語に置き換え得るものであること、そして一つめと三つめは、ともに戦争の渦中ないし直後にあって、軍国主義・戦争に対置するものとして用いられていることであった。

大山の「文化国家主義」が当該時期にもつ意味は、次の三点にまとめられる。

第一に「文化国家主義」は、先に指摘したように、軍国主義と、そしてそれによって引き起こされる戦争を、将来できるだけ抑止せねばならないとの意図にもとづいていた。そのことは前述のマキアヴェリ理解にも現れているが、大山が、目下のところ戦争が不可避となっている原因を、「人類の世界開闢以来現今にいたる迄の間に贏ち得た文化の程度の尚ほ幼稚なる」ことに求めているのを見るとき[69]、そのことはいっそう明瞭となろう。「文化」がいかにして戦争の抑止力となりうるか、あるいはいかなる「文化」がそのような役割を果たしうるのかについて、具体的な見解が示されていない点は説得力を欠くが、ともかくも「文化」によって軍事優先を制御しようとの願望の強さのほどがうかがわれる。

そして大山は、「大亜細亜主義」には警鐘を鳴らした。「現状の儘で推移すれば、大亜細亜主義を唱へて徒らに外界の排外熱を高むるは、極めて危険の多き事業と云はんより、寧ろ冒険の程度を超脱した無鉄砲の投機であると云はざるを得ないのである」と[70]。そして「大亜細亜主義」を遂行するにあたっての障害を七点にわたって列挙しているが、それらは欧米列強との間に軋轢を引き起こすことになり(71)、そうなれば、欧米に対して実力の劣るアジアに勝ち目はないというものであった(72)。すなわちそれは、「大亜細亜主義」が根本的に誤っているとするのではなく、それがいかに日本にとって不利益をもたらすかというプラグマティックな考え方に立っての判断であった。

第二に「文化国家主義」は、日本がすでに植民地として獲得していた朝鮮・台湾を統治するための論理としても機能したのであった。日本は朝鮮・台湾を手に入れて以来、もはや単一民族国家ではありえなくなったため(73)、「国家的結合」の基礎は「共同民族観念」ではなく、「国民の共同文化」に求めるべきであると彼は説明する(74)。彼によれば、「国民精神の上に真に完全なる統一を実現せん」とするための「文化国家主義」は、「就中帝国的膨張を企つる国家に依りて最も痛切に感ぜらるゝ」のであった。そうして以下のように述べる。

斯る国家は単に国勢伸長のために国内の統一を要するのみならず、国家の文化の高度は直ちに海外発展の基礎と見做さるゝ所である。蓋し文化の程度の高き国民が文化の程度の低き国民又は種族の間に勢力を扶植するは、所謂『文明人の権利』として是認せらるゝ所であるが、単に武力一辺で古のアチラやタメルランの如く遠近を征服するが如きは、最早世界列国の認容せざる所である(75)。

確かにそれは、大山が日露戦後以来武断主義による植民地支配を批判してきたように、植民地民衆をも「共同文化」の構成員と見なすことによって、彼らに一定の自由と権利を認めようとするものであった。しかしながらそれはまた、彼らを文化的に劣位にあると見なし、「文明人の権利」の名の下に「大国」ナショナリズムを行使して彼らを支配下に置く帝国主義の論理には違いなかった。ここでいみじくも、「文明人」という表現が用いられていることに示されるように、「文化」は「文明」と同義に解されており、明治政府の「富国強兵」路線の下に推し進められてきた「物質文明」が一定の達成を遂げたことに対する自負の上に、「文化」の優劣の判断基準が成り立っていたといえよう。「文化国家主義」は、いわば文化的帝国主義の側面をもっていたのである。

大山は、中国の政体は中国の国民自身が決めるべきものであるとの原則は認めながらも、一九一五年一〇月二八日、日本政府が、イギリス・ロシアとともに、袁世凱に対して帝政実施延期の勧告を行ったことに賛意を表した。それは、「国体の変更の支那国内に擾乱を及ぼすべき確実なる予想よりして、間接には世界平和の為め、将又日英同盟の主旨の一たる支那領土保全の為め、直截には支那に在留せる我同胞の身体生命の為め、将又我国の支那に於て有する現在及び将来の通商及び利権の為めに」[76]というものであったが、中国に対してこのような「大国」ナショナリズムが露骨に発現するのも、底流に、中国は日本よりも文化的に劣位にあるとする蔑視観があったためであると考えられる。

第三に「文化国家主義」は、すでに述べたように、国家的結合をはかるという目的にはちがいなかったが、その結合のあり方という点から、国民思想の一元的統一に対して批判を投げかける契機をもっていた。一九〇三年の国定教科書の制定にはじまり、戊申詔書の渙発、大逆事件、そして南北朝正閏問題とそれをきっかけとする第二期国定教科書制定と、政府は日露戦争前後から、動揺する民心の「国体」観念への統合をはかっていった。

それに対する大山の批判は、以下のようなものであった。彼によれば、「文化生活は宗教上の信念の如く均一を要求するものではなくて、複雑の間に統一を求めんとするもの」であり、その立場から、「皇室中心主義は文化国家実現の理想の下に解釈して始めて首肯することが出来ます」と述べ、さらに次のようにいう。

国家が一旦我々を智識的道徳的に啓発して人格の尊厳や合理的意思の価値を自覚させて置いて、而して後今や最早我等の思想とは一致しなくなつた族長専制の鋳型へ再び嵌め直さうとすることあらば、それは譬へ様のない圧制であつて、我等は斯の如き権力の濫用に対しては反抗せざるを得なくなるであらうし、又国民一般の合理的意思と一致しない国家権力の行使は永久的の効果を奏しないのであらう[77]。このような批判の根底には、すでに見た、能動的かつ創造的な精神を前提に国民の結合をはからねばならないとの考えがあることはいうまでもない。「均一」化がそれを阻むという点は、唯物史観に対して投げかけた批判と同一の論拠によっていた。彼は、国家的結合を目的としながらも、支配層の側による権力的統合とは異なる、自発性に依拠した強固な結合を求めて、「国民」の多様性を承認することに努めた[78]。そのなかで、国家による精神的自由に対する抑圧の問題にも注意を払いえたのである。

それとともに、ここから大山の皇室観をも窺い知ることができる。彼は、「皇室を以て国民共同文化の象徴とし、中枢とする」限りにおいて、その存在意義を認めていた[79]。先に挙げた「文化国家実現の理想」に合致するならば「皇室中心主義」を承認しうるという主張も、「文化国家実現」が「皇室中心主義」よりも上位に価値づけられており、その限りにおいて、国民の精神的結合の基軸に天皇を位置づけようとするものであった。むろんその場合にもまた、それは国民の間から自発的に湧き出る敬愛の念によるものでなければならない。第一章第三節で述べた、明治天皇死去の際の妻宛書簡に見られる感慨の念や、五カ条の誓文を神聖と見ていることに示されているように、大山自身もまた明治天皇に対する敬愛の念をもっていたことが明らかであり[80]、その意味で必ずしも冷徹な天皇利用論とまではいえないが、皇室の役割は比較的、「文化」や精神といった政治から独立した領域に限られており、戦後の象徴天皇制に酷似した位置づけであったといってよいであろう。

しかしながら、吉野作造が民本主義を説くあたって、それが日本の「国体」と相容れないものではないことを力説せねばならなかったように、やはり大山もまた、「我国の民本主義の主張する民本主義は決して君主々義と相悖るものに非ずして、君主政体の下に適応せんとする民本主義である[81]」との弁明を行わねばならなかった。両者のそのような弁明の背後には、「国体」を揺るがすものを許容しない当時の社会状況が反映されていると同時に、「君主政体」に限っては、大山いうところの「創造」の対象である「環境」の一部とは見なされえず、所与のものとして受け入れるという民本主義者の限界が示されている。[82]

以上から明らかなように、大山が並行して説いた政治的デモクラシーと「文化国家主義」は、ともに、国家という共同体の構成員である国民に充足感を与え、国家の結合力を強めるための手段として提唱されたものであった。大山も吉野作造も、ともにそのようなナショナリズムに動機づけられつつ、国民を政治主体たらしめることを説いていったが、しばしば指摘されるように、吉野の民本主義論は、論文「憲政の本義を説いて其有終の美を済すの途を論ず」に明らかなように、それを国家の制度面から論じるのに対して、大山の場合は、徹底して国民の精神や意識のあり方に注目した。後述するように、第一次大戦終結後に民衆の間に芽ばえてきた「社会改造」の気運を大山がいち早く感じ取り、自らの思想をも急速に変化させていったのは、そのような大山の思考様式や学問的方法論に起因しているのではなかろうか。

（1）『教授会議名簿　早稲田大学』（早稲田大学大学史編集所蔵）、および『早稲田学報』（一九一五年二月）一二頁。

（2）『大学評論』は、一九一七年に、当時東京帝国大学の学生であった星島二郎らによって創刊された。そこには、星島の属していたユニテリアン教会のメンバーをはじめ、小山東助・北沢新次郎・宮崎龍介・石本恵吉、そして大山らが集まった（伊藤隆『大正期「革新」派の成立』一九七八年、塙書房、四八頁）。

（3）長谷川如是閑「吉野作造博士と彼らの時代」（飯田泰三・山領健二編『長谷川如是閑著作集』（一九八九年、岩波文庫）三四六頁）。

（4）大山郁夫「我が政治道徳観」（『六合雑誌』一九一五年三月）四七頁。

(5)　藤原保信『西洋政治理論史』(一九八五年、早稲田大学出版会)四三七頁。

(6)　吉野作造『ヘーゲルの法理哲学の基礎』(一九〇五年、『吉野作造選集』第一巻、一九九五年、岩波書店)七六頁。

(7)　吉野作造「国家魂とは何ぞや」(一九〇五年、同右、第一巻)七八〜八〇頁。坂本多加雄「吉野作造の「民本主義」」(〈年報近代日本研究一八〉『比較の中の近代日本思想』一九九六年、山川出版社)にも、この点について詳しい指摘がある。

(8)　藤原前掲書、四四一頁。

(9)　前掲「我が政治道徳観」四七頁。

(10)　同右、四六頁。

(11)　同右、四七頁。

(12)　大山郁夫「マキアヴェリズムと独逸の軍国主義」(『国家学会雑誌』一九一五年九月)一五二〜一五三頁。

(13)　同右(九月)、一五四頁。

(14)　同右(一〇月)、一〇一頁。

(15)　同右(一〇月)、一〇二頁。

(16)　前掲『早稲田大学大学部政治経済科第壱回生級友会　金蘭簿』(一九〇五年五月)六〇頁。

(17)　栄沢前掲『大正デモクラシー期の政治思想』は、大山より一世代上の浮田や高田早苗ら「倫理的帝国主義者」ないしは「立憲的帝国主義者」と称される人々が、帝国主義成立期の対外政策を支える国内体制の一環として、つまりナショナリズムに触発されて立憲政治の導入を力説したことを指摘する。ただし、そのなかで栄沢は、大山や吉野作造ら民本主義者との「決定的な違い」は、民本主義者が帝国主義にたいする否定的見解を強めていったことにあるというが、大山においては、のちに示すように第一次大戦終結の時期までは帝国主義論において、浮田らとほぼ同じイデオロギー的位置にあったと考えられる。

(18) 吉野作造「民衆的示威運動を論ず」(『中央公論』一九一四年四月、『吉野作造選集』第三巻)三〇〜三二頁。
(19) 大山郁夫「近代国家に於ける政論の地位及使命」(『新小説』一九一六年一一月)二六〜二七頁。
(20) この二つの課題を松本三之介は、「民衆の登場」と「世界への志向」と表現する(松本『近代日本の知的状況』一九七四年、中央公論社、一一七頁)。
(21) 前掲「近代国家に於ける政論の地位及使命」三二〜三四頁。
(22) 同右、三三頁。
(23) ここに、大山がかつて学んだル・ボンの影響の下、政治学への心理学の応用を行った足跡が見られる。
(24) 「支那国体変更問題と五国の勧告」(『早稲田講演』一九一六年一月)八七頁。
(25) 前掲「我が政治道徳観」五一頁。
(26) 「所謂独逸文化宣伝政策の主張を批評す」(『日本社会学院年報』一九一六年一月)八七頁。
(27) 「憲政三十年の獲物」(『中央公論』一九一八年三月)九七頁。
(28) 「二大政党樹立の機運」(『新小説』一九一六年一〇月)二四頁。
(29) 「街頭の群衆」(『新小説』一九一六年二月)一七頁。
(30) 「都市意識」(『早稲田講演』一九一五年四月)八五〜八七頁。
(31) 同右、三〇頁。
(32) 「都市生活の家族的情緒」(『新小説』一九一六年五月)三〇〜三一頁。
(33) 同右、三〇頁。
(34) 前掲「都市意識」九三頁。
(35) 「政治を支配する精神力」(『中央公論』一九一六年四月)二二頁。
(36) 同右、二三頁。
(37) 同右、二〇頁。

(38) 同右、二三頁。
(39) 同右、三〇頁。
(40) 同右、二八頁。
(41) 同右、三一頁。
(42) 前掲「我が政治道徳観」四九頁。
(43) 「政治的機会均等主義」(『新小説』一九一六年三月) 二五頁。
(44) 「上院改革か下院改革か」(『新小説』一九一六年五月) 六頁。
(45) 「政治と生活」(『新小説』一九一六年九月) 三八頁。
(46) 前掲「街頭の群衆」二三頁。
(47) 「都市自治と協同的精神」(『新小説』一九一六年六月) 二四頁。
(48) 前掲「街頭の群衆」二三頁。
(49) 前掲「街頭の群衆」二〇～二一頁。
(50) 前掲「政治的機会均等主義」二一頁。
(51) 松尾尊兊『普通選挙制度成立史の研究』(一九八九年、岩波書店) 一〇五頁。
(52) 同右、三三八～三三九頁、参照。
(53) 前掲「政治を支配する精神力」三六頁。
(54) 前掲「街頭の群衆」一〇頁。
(55) 「憲政治下の政党と国民」(『新日本』一九一五年一〇月) 三七頁。
(56) 同右、三八頁。
(57) 「与党合同問題の再燃」(『新小説』一九一六年一〇月) 五頁。この論文は、「戸陵隠客」の筆名で書かれたものであるが、内容・用語等から大山の著作と判断した。この筆名は、一九一六～七年に、おもに『新小説』の「時論」

執筆の際に用いられた。また一九一八年から翌一九年のはじめにかけて発表されたものは、しばしば「戸陵隠士」と称しており、これについても同様である。なお、一九二〇年以後は一切筆名は用いていない。
(58) 「二大政党制樹立の機運」(『新小説』一九一六年一〇月)二六~二八頁。
(59) 「近代的広告術としての三党首会談」(『中央公論』一九一六年七月)七五頁。
(60) 前掲「与党合同問題の再燃」三頁。
(61) 大山は、「此運動の中心に立つて歴代の伴食大臣とは聊か異つた色彩を発揮して居る高田文相は、学制改革案の惨憺たる末路に関連する失敗挽回策の第一着歩としても、必死となつて乗り掛けた船を彼岸に漕ぎ寄せねばなるまい」(同右、八~九頁)と述べている。
(62) 「軍国的文化国家主義」(『新小説』一九一六年四月)二四頁。
(63) 「英独大海戦の世界歴史上の意義」(『新小説』一九一六年七月)二四頁。
(64) 前掲「軍国的文化国家主義」三三~三五頁。
(65) 同右、四四~四五頁。
(66) 同右、四一頁。
(67) 前掲「我が政治道徳観」四九~五〇頁。
(68) 南博編『大正文化』(一九六五年、勁草書房)六頁。
(69) 「所謂独逸文化宣伝政策の主張を批評す」(『日本社会学院年報』一九一六年一月)一〇〇~一〇一頁。
(70) 「大亜細亜主義の運命如何」(『新日本』一九一六年三月)二四頁。
(71) 大山は、「大亜細亜主義」は日米接近、日露親善、日英同盟の妨げになると述べている(同右、二九頁)。
(72) 同右、二六~二七頁。
(73) 大山が、日本が植民地を所有する以前の状態を単一民族国家と見なしたのは、アイヌなどの少数民族を視野の外においた誤りである。

(74) 前掲「所謂独逸文化宣伝政策の主張を批評す」九二頁。
(75) 前掲「軍国的文化国家主義」四三頁。
(76) 「支那国体変更問題と五国の勧告」（『早稲田講演』一九一六年一月）六〇〜六一頁。
(77) 前掲「所謂独逸文化宣伝政策の主張を批評す」九六〜九七頁。
(78) 大正デモクラシー期における「国民」の多様性の意識化については、石田雄『日本の政治と言葉（下）――「平和」と「国家」』（一九八九年、東京大学出版会）一八五頁に指摘がある。
(79) 「所謂独逸文化宣伝政策の主張を批評す」九七頁。
(80) 「国際生活の前途と日本国民」（『青年雄弁』一九一九年二月）二〇頁。
(81) 「永田警保局長の近業を読む」（『大学評論』一九一八年二月）三一頁。戸陵隠士の筆名を用いている。
(82) 大逆事件の翌年に普選運動が弾圧されて以来、しばらく普選は、社会主義運動の一翼と見なされる状況にあった（松尾前掲書、九三頁）。

# 第二節　大学「立憲主義」化構想の推進と挫折

## 一　大学改革への発心

このように、大山は民本主義を掲げて論壇で活躍をはじめる一方で、勤務先の早稲田大学において、大学改革の運動を起こしつつあった。それは、同時期に起こったいわゆる「早稲田騒動」の一端を担うという結果となり、それによって大山は、一時期大学を離れることとなる。

「早稲田騒動」は、石橋湛山が、「実質を洗えば、同大学の幹部の間の感情の衝突が起した事にすぎなかった[1]」と述べているように、学長に天野為之と高田早苗のいずれを推すかで、学内のみならず、卒業生たちをも巻き込んで天野派と高田派に別れて争った事件として知られている。湛山もまた、大山より二年のちの早稲田大学の卒業生で、この事件ではいわゆる天野派として、「のっぴきならぬ事情から首領の位置に据えられ、全責任を負う立場を取った[2]」のであった。そのような天野派対高田派という対立図式に立つならば、大山は、当時研究室が学内の恩賜館という建物にあったことから、通常「恩賜館組」と称された数名の若手教授グループのメンバーの一人として、高田派と見なされることになる。

しかしながら、湛山によって「はなはだたわいのないもの[3]」と評される「騒動」には、別の側面があった。大山とともに早稲田大学改革運動を担った一人である文学者の服部嘉香が、「早稲田騒動には三つの流れがあった。その一は自然発生的に起こった恩賜館組の改革運動、その二は内部事情による維持員会の天野学長排斥策動、その三は外部勢力とも結びついた学生革新団の占領運動で、本質的には抵抗と策動と騒動の三段階を経た[4]」と述べているように、大山ら恩賜館組の人々は、「早稲田騒動」の直接の原因となった学長後任問題が起こる以前から、大学の組織・運営のあり方、教育内容の改革をめざして定期的に会合をもっていたのであった。とりわけ大山個人に即していえば、後述するように彼は、「階級」的利害の調停者として「知識階級」に期待を託しつつあり、その供給源としての大学は、彼の社会改革構想のなかで重要な位置を占めていた。

大山が大学改革ということを意識に上せたのは、少なくともシカゴ大学留学時代にまで溯る。それには、早稲田大学の職員であった橘静二という人物との交友に触発されるところが大きかったと思われる。橘は、一九〇八年に早稲田大学の事務員となり、将来の大学経営の幹部候補との期待を賭けられて、一九一一年三月末から翌年五月まで、大学経営の研究のために欧米の大学視察に出る機会を得た。一九一一年の夏、シカゴ大学で橘を出迎えた大山は、橘の滞在する三カ月間、種々の議論を交わし、そのなかですでに互いの大学論を述べあっていた。橘は、大山のことを、「暑い盛りのシカゴで僕の大学論の出立点の基礎を作り上げてくれた大山君は僕の知の友でありませう」とまで評している。(5)

さらに一九一四年五月初旬にも、前述の高田早苗一行の一員としてベルリンにやってきた橘と、大山は再び大学論について意見を交わし、そのときのことを、「自分は曾つて彼と欧羅巴大陸を旅行して居た時、彼がThe university is not made, but grows. という命題に対する非難を試みたのを聞いた時、此点に於て此人と共鳴し得ることを発見して喜んだ」(6)と述べて、大学を〝作る〟ことへの意欲において一致を見たことの喜びを語っている。橘もまた同様に、「僕は千九百十一年にシカゴで観察して、この人を真の大学が要求する人物だと見ましたが、この時、再び大学論と一致し得る人と知つて嬉しく感じたのでした」(7)と記した。

それ以来、大山が大学論を自らの内にあたためていたことは、前述の留学時代の回想文において、シカゴ大学のゼミナールのあり方などに強い関心を注いでいることからもうかがえる。しかし、とりわけそれに熱心であったもう一方の橘が、一九一五年八月の第二次大隈内閣改造おける高田早苗の文部大臣就任に伴って、その秘書官に抜擢され、その間早稲田大学を離れていたこともあって、とくに大学改革に向けての行動が起こされることのないまま推移してきたのである。

## 二　プロテスタンツの結成

ところが、翌一九一六年一二月一二日、大学構内に大隈重信の妻の銅像建設工事がはじめられていることが、恩賜館組の教員らの知るところとなった(8)。そうしてこの問題が火付け役となって早稲田大学改革運動が起こり、「早稲田騒動」にまで発展していく。その経過については、『早稲田大学百年史』第二巻に詳しいが、大山自身がこの運動の経過について記したものはほとんどないため、同志たちの回想を手がかりとして、大山に即して論を進めたい。

この銅像建設の計画は、以下のようなきっかけから持ち上がったものであった。すなわち実業界の有志が、大隈重信の銅像を東京芝公園に建てるために資金を集めたところ剰余が生じたため、その金で校内に妻の銅像を建てることを大学幹部が了承し、教員・学生に周知せぬまま建設に着手したというものであった(9)。すでに同年五月、大隈内閣の崩壊とともにふたたび早稲田大学事務嘱託にもどっていた橘静二によれば、大山ら若手教員たちがその反対運動に立ち上がったのは、それから数日後のことであった。大山以下、井上忻治・原口竹次郎・武田豊四郎・寺尾元彦・村岡典嗣・北昤吉・服部嘉香・宮島綱男・遊佐慶夫の一〇名が署名を行い、「銅像の建立を企つるがごとき精神の根本を打破する改革を目的に、あくまで首脳部にプロテストする団体」を結成する。この団体は、橘の命名によって「プロテスタンツ」と称した。もちろん命名者の橘も志を同じくしていたが、事務嘱託の身分ゆえに「一番免職されやすす」く、その累が教員である他のメンバーにも及ぶことを懸念して、あえてプロテスタンツの一員とはならなかったという(10)。

そして一二月一八日、大山らプロテスタンツが中心となって、一九〇五年以後に早稲田大学を卒業した早稲田大学若手教員の会合が催され、大隈夫人銅像建設反対の決議案を提出したところ、ほとんど満場一致で採択されたため、彼らはその旨を大学首脳部に文書で提出する。そのメンバーのなかでは大山は一番年長でもあり、リーダー的存在であった。湛山も、「その首導者は大山郁夫氏であったと言われる」と記している(11)。

大山は、その会議の場で、「夫人は大隈侯には内助の功はあろうが、早稲田大学に対しては、直接にも、間接にも、内助の功も、外助の功もない、吾々が日夕登校し退出する場合、一々夫人の腰巻の下を潜らねばならん理由がどこにあるか」と絶叫したといい(12)、この発言をもって、プロテスタンツの抗議行動を「旧来の東洋式の男尊女卑思想、女子蔑視観念」に起因するものとする見解もある(13)。しかしながら、当の大山がそのような女性観の持主でなかったことはすでに述べたとおりであり、彼らが抗議に立ち上がった真意は、むしろ服部嘉香の、「こういう秘密工事が公然と行われるのは、当局が大学の使命に対する無理解と大学行政に関する非立憲態度とを暴露したものであり、徒らに大隈家におもねり、大学並びに大学精神を侮辱するものである(14)」との説明に尽くされていよう。さらにいえば、どの程度大山に自覚されていたかは明らかではないが、「内助の功」を讃えることは、むしろかえって女性の人格的独立を認めることと相容れないものであり、したがって、ましてや大学という公的な場でそれを謳うことに異を唱えることは、「男尊女卑」や「女性蔑視」の考え方とはまったく対極に位置するものであったといえよう。

具体的な大学改革案、いわゆる「プロテスタンツ原案」の作成は橘に委ねられ、約三カ月後に一〇〇頁にわたるものが完成した。[15]その間にも彼らは、数回にわたり、早稲田大学改革の意見書を当局に提出して、本格的に改革運動に乗り出していったのである。

## 三　大学当局との闘い

そのような折、いわゆる五教授退場事件が起こった。それは以下のようなことに発していた。

従来早稲田大学は、高等予科の在学年限が一年半であったのを、高田早苗の強い意向によって二年に延長されることになった。大学当局は、これを教授会にはからず強行することにしたのである。それを知ったプロテスタンツのメンバーは憤慨し、翌一九一七年三月一〇日[16]の教授会の場において、学長及び理事に対して、教授会の権限について質したところ、満足な回答が得られなかったため、大山、そして井上・武田・寺尾・宮島の五名が採決を拒否して退席した。[17]そうしてその後大山は、橘・服部とともに、当局弾劾文の起草委員となった。[18]

このころから、同年八月に任期満了となる天野為之学長の後任をめぐり、大学内の維持員会において、天野の再選を推進しようとする派と、かたや、文相を辞めた高田早苗を再び迎え入れようとする派の対立が生じ、大山らプロテスタンツもこれに巻き込まれていくことになる。

大山らは、大学改革を遂行する上において、高田に全幅の信頼を置いていたわけではなかった。田中唯一郎理事より、プロテスタンツに対して、高田に会って意向を伝えてはどうかとの申し入れがあったにもかかわらず、大山は「高田先生は、大隈内閣成立の時に、自分は大学と共に終始するつもりであるから断じて入閣はしない、と吾々に誓いながら、改造の機会に急遽入閣した人だ。形態の大を成し遂げた功労は認めるが、これから内容的に真に大学らしい大学とすべき重大危機に当り、誓約を破って吾々を見棄てた人ではないか。殊に過去においては専制者でもあった。面会の必要はない」と述べ、結局彼らは面会を拒否している。[19]ところがその後、高田が学長に立候補し、プロテスタンツ流の改革案を採用するとの意向を固めたため、六月二〇日、大山は宮島・村岡・橘とともに高田を訪問し、自らの期待を高田に託したのであった。その直後、大山は、宮島といっしょに永井柳太郎を訪ねて、高田が学長に就任した場合には、そのもとに現在の塩沢昌貞・田中唯一郎・田中穂積の三理事が就任することを排斥すべき旨を説いた。村岡もまた、波多野精一を訪問しており、彼らは翌二一日に三理事の招集によって開かれる集会に出席すると見られる教授に、三理事に対してその旨を説得してもらおうとしたのである。[20]このような動きが、大山らプロテスタンツをして高田派と見なされる原因となった。

また、七月六日に開催された校友大会では、このままでは天野派に不利と見た学長秘書の佐藤正なる人物が、大会で演説中の大山を別室に拉致し、自分たちの背後には大物が控えているとして威嚇を加えるという事件が起こっている。その大物とは、佐藤と同郷の後藤新平であったといわれる。[21]

一方、校友で東洋経済新報社の三浦銕太郎・石橋湛山らは、かつて天野が『東洋経済新報』の主幹をしていたという強いつながりから、天野学長擁護運動を展開しはじめ、このような支持を背景に、天野は一旦表明した辞意を翻すにいたった。[22]そのため大山はますます天野派への怒りを強くし、その夜、大山の発議によって、武田・村岡・宮島・服部・橘と、次の主張を貫徹する意志を確認した。「一、天野学長の校友会席上の議決不可なる事。一、学長秘書佐藤正が校友会に於て自分［大山］の腕をつかまへるが如き乱暴をなせし事。一、天野学長の背後に官憲の力ありと推察せらるる事。」（［　］は原文）の三点である。大山自身、のちに、「騒擾の背後に官僚の手が廻つて居ると言ふが如き風説さへ発生し、それが数名の教授の辞表呈出の原因とさへなつた」[23]と述べており、とくに第三の点が、彼らにとりもっとも許しがたいものと映ったのであった。

このようにプロテスタンツの主張が先鋭になっていく一方で、同時にこのころから、その戦線から離脱していく者が生じていた。北昤吉はこの会合に同席していたが、この三点の意思確認に反対の姿勢を明らかにした。またそれからまもなく、井上・武田・寺尾らはプロテスタンツから脱落していき、残るはついに、大山と橘・宮島・服部・村岡の五名となった(24)。

途中から学生をも両派の対立に巻き込んで繰り広げられたまさに「早稲田騒動」は、結局、平沼淑郎が学長代理を務めることになり（一九一八年一〇月二六日に学長就任(25)）、橘は事務嘱託を解任、また天野派についた永井柳太郎・伊藤重治郎、そしてプロテスタンツのメンバーであった原口竹次郎・宮島綱男と、脱退した井上忻治の合計五名の教授が罷免された。このうち、最後まで大学改革の志をともにしてきた宮島が解職されたことに憤った大山は、九月四日、村岡・服部とともに早稲田大学を辞任した(26)。九月一〇日には塩沢昌貞より留任の勧告があったが、大山の意志は変わらなかった。服部・村岡も同様であった(27)。

以上が「早稲田騒動」と一体化して展開されたプロテスタンツによる早稲田大学改革運動の、大山に即した経過である。

早稲田大学を辞職した大山は、その年の暮、一九一七年一二月一五日に大阪朝日新聞社に迎えられ、社会部論説班に属した(28)。これは社会部長の長谷川如是閑と編集局長の鳥居素川らから誘い受けたためであった。そして以後、白虹事件で退社するまで、学者から一転して記者としての生活をおくることとなった。

## 四　大学運営の「立憲主義」化構想

短期間ではあったが新聞記者時代は大山にとって、後述するように、結果的に意義深い経験であったという。しかしながら、このように大山が、一〇年以上も務めてきた学者の職を抛ってまで早稲田大学当局と闘ったのは何ゆえであったのだろうか。

「早稲田騒動」の渦中から終息直後までの間に、大山が大学改革について書いた主な論稿に、「私学経営者の理想」(『新小説』一九一七年九月)・「母校改革の根本方針に関する私見」(『大学評論』同年九月)・「大学と社会」(『新小説』同年一〇月)・「大学生活と思想の自由」(『大学及大学生』同年一一月)・「大学と研究と方法学」(同、同年一二月)がある。そのうちのいくつかが掲載されている『大学及大学生』は、橘静二が辞職後に創刊した雑誌であった。

端的にいうならば、大学改革運動における大山の主たるねらいは、「早稲田大学の決議機関の中心を専門的智識の上に置」いた上で、大学運営の「立憲主義」化をはかることにあった。(29) 彼はいう。「単に校友と言はず、一般学生の思想、感情、乃至希望をして此決議機関の上に鋭敏に作用せしめる為に、その間に一種の意思疎通の機関を設定する事の必要なることは、デモクラシーの主義より観ても当然の事である」。そしてそれは、国内政治に対する認識とまったく同様に、「然らざれば、相互間に誤解の起つた際に、校友並びに学生の紛擾とか示威運動と云ふが如き忌むべき現象を頻繁に惹起しないとも限らないのである」との危機感に支えられていたからであった。(30) したがって服部嘉香によれば、実際に大山らプロテスタンツは、「事を秘密に運び、校友、学生に訴えることはしなかった」という。(31) 大山自身も、「彼の政治上の事業が時としては喧々囂々たる群衆運動の結果として奏効する如く、学園改革のことも亦学園関係の群衆の示威運動の如きものによつて、完全に実現し得られるものと思ふのは、大なる誤謬である。否、政治上に於ける群衆運動の如きも、最初之に点火するものは頭脳を働かせる或る指導者より来る思想計画である」(32) と述べて、民衆運動への徹底した不信を表明していた。

そのような大山がもっとも信頼を置いていたのは、大学の経営と学務について専門的知識を有する「教授団及び最高事務幹部」であった。しかしながら財団法人である早稲田大学の場合には、現実には、寄付者や創立以来の功労者からなる維持員会を排除することは不可能であるため、妥協的ではあるが、維持員会を加えた三者が決議機関の中心であらねばならぬと説いている。[33] そうしてその専門家集団からなる機関によって決議された事がらを遵守して、大学運営の専横化を防ぎ、疎外されがちな学内構成員すべての意思を汲み上げることによって、大学内の、大山いうところの「立憲主義」化、ひいては学内デモクラシーを実現しようとするものであったと考えられる。

知識あるものが指導的立場に立つべきであるとする大山の考え方は、そのような大学運営の場においてのみに限定されるのではない。「社会がデモクラチックになるに従つて、指導の地位が益す尊重せらるゝ」と述べて、依然「英雄」主義をもち続ける大山においては、「今後の社会に於ける指導者は、それ自己の活動範囲に属する方面に関する専門的智能を有することを前提条件とする」と考えられており、[34] そのような「知識階級」の供給源こそが大学なのであった。「知識階級」が大山の社会改革構想のなかでどのような役割を与えられているかについてはのちに述べるが、以上から、大山の大学改革論は、たんなる自己の職場の民主的改革という次元にとどまるものでなかったことが明らかであろう。と同時に、ここでは大学という空間が日本社会全体に比定されており、そのような認識のもとに展開される彼の大学改革の構想は、先に見たような点において、彼が社会に向けて発していた民本主義の主張とまったく同様の位相にあったといえよう。

大隈夫人銅像建設問題に端を発したこの運動は、当初から明確な構想をもっていたというよりも、むしろ大学当局と闘うなかで、現行の大学運営の矛盾が露呈し、大山ら自身も自らの改革構想をより具体化させ深化させていったのである。

（１）　石橋湛山『湛山回想』一九五一年（一九八五年、岩波文庫）一三六頁。

(2)　同右。
(3)　同右、一四一頁。
(4)　服部嘉香『随筆　早稲田の半世紀』(一九五七年、中和出版社)二二頁。
(5)　原輝史編『大学改革の先駆者　橘静二』(一九八四年、行人社)一〇二〜一〇三頁。
(6)「大学と研究と方法学」(『大学及大学生』一九一七年一二月)二七頁。
(7)　原編前掲書、一四三頁。
(8)　同右、一七九頁。
(9)　前掲『早稲田大学百年史』第二巻、八五〇頁。
(10)　原編前掲書、一八一〜一八二頁。なお服部嘉香の回想によれば、銅像問題がおこる以前の同年一〇月ないし一一月に、すでに母校改革の志をもってプロテスタンツを結成していたという(服部前掲書、二三〜二四頁)。
(11)　石橋前掲書、一四一頁。
(12)　服部前掲書、二五頁。
(13)　前掲『早稲田大学百年史』第二巻、八四九〜八五〇頁。
(14)　服部前掲書、二四頁。
(15)　原編前掲書、一八四頁、および服部前掲書、二五頁。
(16)　前掲『早稲田大学百年史』第二巻には、二月一〇日とあるが、ここでは服部と橘の回想によった。
(17)　原編前掲書、一九二〜一九四頁。
(18)　原編前掲書、一九五頁。
(19)　服部前掲書、二六頁。
(20)　原編前掲書、二三二〜二三五頁。
(21)　前掲『早稲田大学百年史』第二巻九一三頁。

(22) 服部前掲書、二七頁。
(23)「大学生活と思想の自由」(『大学及大学生』一九一七年一一月) 六九頁。
(24) 前掲『早稲田大学百年史』第二巻、九二六〜七頁、および服部　前掲書、二八頁。
(25) 同右、九七一頁。
(26) 同右、九四八〜九四九頁、および『教授会議員名簿　早稲田大学』(早稲田大学大学史編集所蔵)。
(27) 服部前掲書、二九頁。
(28) 大阪朝日新聞社社史編纂室記録 (同室松尾英亮氏のご教示による)。大山自身は、入社の時期を「一九一七年頃だったと記憶している」と述べている (《新聞記者時代》「寺内内閣の弾圧時代——危険顧みず渦中から論説取材」・『新聞協会報』一九五二年八月一八日)。
(29) 前掲「母校改革の根本方針に関する私見」二五頁。
(30) 同右、二六〜二七頁。
(31) 服部前掲書、三〇頁。
(32) 前掲「母校改革の根本方針に関する私見」二九〜三〇頁。
(33) 同右、二六頁。
(34) 前掲「大学と社会」四一〜四二頁。

## 第三節　社会的デモクラシーの受容と民衆的立場への接近

### 一　民衆に対する信頼の獲得

「早稲田騒動」の一端を担って大学を辞した大山は、大阪朝日新聞社に迎えられ、社会部論説班に属して、白虹事件で退社するまでの約一年間、学者から一転して記者としての生活をおくることとなった。(1) 大山は晩年近くなってからこの時期を回顧して、「この一年の論説記者時代は、私の人生を決定したということができる」と述べている。彼はいう。

私はその頃、書斎の中では、私の学問の方向がどうしても見出せなかった状態だった。一九一〇年から一四年まで、アメリカ、ドイツ等への留学の間にみたり学んだりしたこと――アメリカン・デモクラシイとかドイツ国法学、オーストリーの民族闘争などから受けた影響が私の中で混沌としていたのである。（中略）私は混沌としている書斎を出て、自分の眼で社会事象の正しい認識に到達したいという気がしきりにしていた。（中略）私は書斎を出て論説記者になり、直接に社会事象にふれる喜びをあふれるように感じていた。(2)

この間には、ロシア革命、米騒動、そして第一次世界大戦の終結等、時代の転換を告げ、人心を揺り動かす要因が重なったこともあって、確かに大山の思想もまた、大きく動きはじめていた。ただし私は、大山の著作を検討した結果、そのような思想的変化の出発点を、寺内内閣成立の時点、すなわちほぼ一九一七年前後と見る。

寺内内閣成立後、大山は、「大勢は次第に政党政治に向つて移動しつゝあつたが、最近に於てそれが急に行詰りとなつた観がある」、「一種の反動思想が芽を吹いて、短時日の間に比較的急速に社会の一角に地歩を占めたことは事実である」[3]との危機感に覆われていた。それゆえ大山は、彼の期待を裏切った政党と、そして政党政治実現の妨害者となった元老に対して、一連の厳しい批判を展開する。

ことに政党に対しては、「若し政党政派にして国家の利益を自党自派の利益に従属せしむることに依つて世論政治の健全なる発達を阻害することあらば、之を糾弾すべきものたる点に於て超然内閣と択ぶ所がないのである。此見地よりすれば、我国の既存の政党には一も此標準に照して満足に合格して居るものがないと謂ふことができる」[4]と述べて、政友会・憲政会・国民党の三党が自派の利害に走り、一致して官僚に向かおうとしないことを論難した。また、三党とも選挙権拡張を一項目にあげてはいるものの、それに対する消極的態度をとっていることも、彼の批判の対象であった。なぜならばここでも、「真の意義に於ける挙国一致は、国民の各個をして国家の運命に対して共同利害を感ぜしめ、国家の経営に関して共同責任を感ぜしめることに依つて実現し得べく、而して此目的を貫徹せんと欲せば、教育的事業としては健全なる国家観念の養成に努むべく、実際的事業としては選挙権を出来るだけ広き範囲に普及せしむることを図るべきである」と考えていたからである。[5]にもかかわらず、官僚が選挙権拡張を危険視しているのは、「是れ彼等が国民の誠意に信を置かざるが故であ」り、「苟くも国民を信ぜずして挙国一致を説き、民衆の協同を促すは、矛盾に非らざれば狡猾である」との非難を浴びせた。[6]

そうは言いつつも、実は大山自身も、全面的に〝国民を信ずる〟ことには、いまだ一定の留保を伴っていた。大山によれば、「社会の理想は、個々人を悉く哲人とする平等界を現出するにあ」ったが、いまだそれは実現していないゆえに「内治外交の上に偉大なる功業を遂げ得る指導者」、すなわち「何よりも先づ国民の思想感情に接触を保つ哲人たり、英雄たるもの」を必要とするのである。[7]そうして国民に対しては、無論政党の側にも原因があるとはいえ、政党の役割に無関心であるなど、立憲政治の基礎的能力に欠けることを慨嘆せざるを得ず、もっぱら教育の必要性を力説するのであった[8]。

しかしながら、彼は確実に、民衆への信頼の必要性ということに向かいはじめていた。たとえばそれは、「我国の殆ど統ての政党の罪悪とも言ふべきは、官僚の顰に倣うて、将に来らんとする時代の主要勢力たるべき国民――殊に潑剌たる活気を有する青年国民に倚頼せぬことである」[9]とか、あるいは元老に対しても、「彼等は怜悧であり、且つ民衆を信じない」[10]との攻撃を浴びせていることに示される。それは一つには、民衆に基礎を置く政治とは対極にある寺内軍閥内閣が出現したことによって、その危機感から、逆にかえってその点の重要性の自覚が促されたものと考えられる。

加えて、そのような折りにロシア二月革命がおこったことも、大山の民衆観を変容せしめる要因であった。いまだロシア革命の情報は限られていたが、そのなかで彼は、自分が取り組みつつあった前述の大学改革運動の関心にひきつけて、ロシアの大学生ら「智識階級」が革命運動において重要な役割を演じたことに注目し、さらには革命を民意に基づかない官僚政治一般の脆弱さを露呈したものと見てとった。後者について大山は、「如何なる予測が間違つても、今回の革命は、露国の如き特別の事情に於ても、国民に基礎を有せざる官僚政地《ママ》が、その外面の強硬なるに似ず、案外に脆弱なるものである所以を教ふることに依つて、各国の為政者に反省の好資料を能へたことだけは、的確なる事実であると謂はねばならぬ」と述べている[11]。このような受けとめ方は当時、政党勢力の伸張を企図するものにとっては一般的であったようで、政友会の原敬もまた、「露国の革命を見て超然論者も夢を覚さゞるべからず」[12]と日記に記した。

大山の寺内内閣攻撃は激しさを増し、批判は、同年六月に、議会に基盤をもたない同内閣が「挙国一致」による「国論統一」をスローガンに、原敬と立憲国民党の党首犬養毅を抱き込んで設置した臨時外交調査会にも及んだ。それは、国民を埒外に置いた秘密外交政策の産物であり、寺内のいうような真の国論統一機関ではないとし、これに便乗した政党への怒りもあらわにしている。[13]

そしていま一つは、大山自身の告白するところによれば、一九一七年四月の第一三回総選挙の際に金沢で、永井柳太郎の応援演説に出向き、そこで民衆に直に接したことによって、民衆への信頼をいま一歩確かなものにしたことであった。永井はこの選挙に、中立を標榜しつつ実際には憲政会の支援のもとに反政友を叫んで立候補し、そのとき大山は大学改革運動の渦中にあったが、大学の同僚であり同級生でもあったため、同じく同僚の武田豊四郎・北昤吉らとともに、四月一二日より約一週間金沢に滞在して演説を行った。[14] 金沢では、政友会の中橋徳五郎と永井の一騎打ちであったが、大阪商船等の経済的背景をもつ大資本家の中橋に対して、財界との何らの結びつきももたず、ただ普選断行のみを掲げて颯爽と立候補した永井の勝利を、大山が心から望んだのは当然といえよう。

結果は、永井はいまだ無名の存在であったにもかかわらず、二〇票という僅票差で敗れたが[15]、大山は、選挙運動をとおして得たあふれんばかりの感動を、田中純宛の書簡のかたちをとって、次のように語っている。

　我等は此逐鹿戦に参加して、学窓に於て殆ど思ひも附かない様々の感想を得たが、其内殊に自分を動かしたものは、民衆の愛すべく敬すべきものであることである。我等は今後益す熱烈に民衆のために戦ひ、民衆のために訴へねばならぬとの覚悟を固めたと同時に、我等の従来の努力の必ずしも徒爾でなかったことを喜び、且つ又将来に於て勝利の栄光の必ず我等民衆の友たる人々の手に帰すべき確信を得たことを慶して居る。[16]

そして大山は、永井の主張に共鳴した敬愛すべき民衆が、選挙権を与えられていないことの不合理に憤らざるをえなかった。[17]

確かに選挙運動の際には、「永井の雄弁に群衆は全く陶酔し、ほとんどみな完全に魅惑されてしまった。帰ろうとする永井の人力車を取巻いて、「万歳、永井万歳」を叫び、憑かれたもののように列をなして源円旅館にまでつづき、誰も、しばらくは離れようとしなかった」[18]と評伝『永井柳太郎』が伝えるように、永井を支持する民衆の熱気的な盛り上がりが見られたことは事実であろう。しかしながらそれは、これまで民衆の政治的能力への不信を表明してきた大山が、一挙にそれを払拭しうるにはあまりに些細な経験でしかなく、民衆に対するリアルな認識を欠いたまま、永井支持熱の高揚気分のなかで、自己のとらえた民衆の一局面からあるべき民衆像を作り上げてしまっているとの感を拭えない。また、選挙運動の際にも見られた厳しい言論弾圧に対する忿怒が、いっそう民衆への共感を増大させる要因ともなっていたと考えられる。

同じころ大山は、労働者に対しても、「国民教育制度が彼等にも多少の文字の智識を与へ日刊新聞紙が彼等の薄汚きポケットに忍ぶ様になつた今日に於て、彼等の前途の発展を予測するに決して早計であるとは言へまい」[19]との希望に満ちた観測を明らかにしている。ただしここでもまだ民衆は、立憲主義の「監督者」であって、主体的な担い手ではなかった。

このような民衆に対する共感をいっそう加速的に推し進めたのが、デモクラシーの「世界の大勢」であった。アメリカが、一九一七年四月に第一次世界大戦に参戦したころから、デモクラシーの象徴として浮上してくる。大山は、ウイルソンが唱える「民族主義」と「デモクラシー」こそが「現代世界の時代精神」の反映であるとして、これに順応すべきことを説いた。もちろん「デモクラシー」は、日本における民衆の台頭という現実の状況に対して打ち出されてきた、かねてからの彼の主張であり、また、前者の「民族主義」についても、以下に見るように、従来の彼の見解に悖るものではなかった。したがってそれに加えて、日本も国際社会の一員であるとの自負が、日本は、欧米「世界の大勢」からとり残されてはならないとの意識を強くし、いっそう敏感に「世界の大勢」に反応することとなったと考えられる。

この点は、吉野作造らデモクラットに共通していた。吉野もまた、「日本は最近漸やく完全に世界の一国となつたといつて差支ない。而して此事の結果我々の是非考えねばならぬ事は、今や日本は世界の大勢に孤立して進むことは到底許されないといふ事である。（中略）世界の進歩が日本の進歩を促すと共に、日本の開発が又同時に世界の開発であり、且つ世界の開発を促すものでなければならない[20]」と述べて、できうるならば日本がイニシアティブをとりながら「世界の大勢」と一体化していくべきことを訴えた。

そのような「世界の大勢」、すなわちアメリカン・デモクラシーの影響を受けつつあるなかで書かれた大山の論文が、「デモクラシーの政治哲学的意義」である。この時期の彼の作品は、留学から帰ってまもないころに比べて、どちらかというと時評的なものが多かったが、これはそのなかでもっとも学術的な色合いの強い論文であり、一九一七年七月から一一月にかけて、『大学評論』に三回にわたって連載されたものである。

この論文はまず、デモクラシーの歴史的淵源に溯ることからはじまる。それは、デモクラシーこそが「世界の大勢」であり日本もデモクラシーを実現しなければならないという確信と、にもかかわらず現在の日本にはそれと背馳する政治が実在している苛立ちのもとで[21]、今一度、この作業をとおしてデモクラシーの歴史的正統性を確認しようとの意図があったためであると考えられる。

大山は、古代ギリシャの時代から説きおこす。そこではソフィストが、「在来の伝統、因襲に懐疑を投げ、若くは反抗を示」すことによって「希臘のデモクラシーに理論的根拠を与へたもの」として評価されるが、反面、「真理と言ふものは、個人が真理と思ふ所のものを離れて存在するものではないと言ふが如き極端論に走つた」との限界の指摘も忘れていない。彼によれば、「アリストテレスに及んで、始めて個人主義的立場以外に、人間の政治心理的及び国家道義的立場より、デモクラシーを是認する言説を見るに至つたのである」[22]。以下に見るように、個人主義の徹底よりも個々人の結合を維持するために倫理性を付与することこそがデモクラシーの課題であると考えている目下の彼の関心から、この点が強調されることとなったのである。

彼は、近代においてもデモクラシーの発生過程は、「希臘のデモクラシー」が「伝説」「因襲」を打破することによって生まれたのと同様であるという[23]。すなわち「近代のデモクラシー」は、宗教改革と啓蒙運動によって専制主義が打破された結果生まれたもので、それゆえそれは、「個人格の独立の表象として、各個人をして、少くとも国家意思の構成に参与するの権利を与ふる事を要求して居る点」に最大の特徴があるという[24]。しかしながら、「近代の意味に於ける自由なるものは、国家を離れての自由ではなくして、国家内に於ける自由」でなければならず[25]、そのためにはかつてロックが強調した「シヴイル・リバチー、即ち個人の生命、自由、財産上の権利の神聖」[26]よりも、「ポリチカル・リバチー」すなわち参政権が重要視される。大山は以下のように述べている。

　ジヴ《ママ》イル・リバーテイーは、近代のデモクラシーの根本観念の総てではない。此外に尚ほ之に伍して、ポリテイカル、リバテイーがあって、然も此のポリテイカル、リバテイーこそは最近世に於ては、シヴイル・リハ《ママ》テイーを圧してずん〳〵進歩発達し、尚ほ今後も益々その深さ及び広さに於て増大する形勢を示して居るものであることを忘れてはならぬ。(中略)此ポリテイカル、リバテイーの根本主義は、各個人は、政治上に於ても独立の人格と親るべきものであつて、従つて、国家生活に於ては、全然治者の塊儡となつて、受動的に其支配統治の目的物たる分に甘んずべきものでなく、寧ろ能動的に政治の運用に参与する権利を賦与せらるべきものであると言ふ事である[27]。

ここに明らかなように大山は、個の自立の重要性をまったく見落としていたわけではなく、その承認の上に政治的自由が獲得されなければならないことは十分に認識していた。ただしそれは、あくまで国家への能動的な参与を可能にするためのもので、国家からの自由という観点は弱かった。

市民的自由と政治的自由の関係についても、「シヴィル・リバチーとポリチカル・リバチーとは、必ずしも常に相両併進することを得るものでなく、寧ろポリチカル・リバチーの増進する所に於て、シヴィル・リバチーの減退する傾向あるを認めるのである」[28]と述べており、この点は先行研究も指摘するように[29]、政治的自由と市民的自由が相い矛盾するものとしかとらえられなかったところに、大山の、そして吉野作造ら大正デモクラットの思想的弱点があったといわねばならない。また大山が、「最近のデモクラシーを徹底的に理解せんと欲すれば、人間といふ語を、単に個々の人若くは個々の人々の集合を指すものと見るのみに止まらずして、単一体としての民衆即ち組織せられたる人民を指すものと見なければならぬ」[30]と述べるとき、彼の目は常に、個人よりも民衆という集団に注がれていることが明らかである。

大山ら大正デモクラットは、大国ナショナリズムに深くとらわれ、さらに民衆の台頭への対処という目前の課題の前に、国家からの自由、個人の解放という問題を二次的なレベルに追いやってしまったのであった。そうして国民の参加によってなる国家という組織体の倫理的結合がめざされる。しかしながら、天皇制のもとで個の自立、個人の権利・自由の拡大が阻まれてきた当時の日本の状況から見て、それはきわめて重要な課題であったはずである。

デモクラシーの形成を古代ギリシャに遡って論じ、「シヴィル・リバテイー」と「ポリテイカル・リバテイー」の関係を考察し、次いで「人民の抑制（Popular Control)」に言及した大山は、「デモクラシーと指導者」の関係を論じている。すでに見たようにこの段階ではまだ、「世がデモクラチックになるに従つて、指導者の地位は益々顕著になるものである」[31]と述べており、「指導者」の位置づけについては以前とほとんど変化はない。ここでもやはり「指導者」と「被指導者」たる民衆が厳然と分けられており、大山の民衆に対する敬愛は、いまだ民衆を政治の「監督者」から主体的担い手に押し上げるまでにはいたっていなかった。

最後に彼は、「デモクラシーと民族主義の関係」について述べている。[32]「民族主義とデモクラシーの併行的進歩」こそが「現代世界の政治的趨勢」[33]であり、デモクラシーの当該段階の到達点ということになるが、彼によれば、両者の関係は次のように説明される。

　民族主義は民族共同の文化、共同の伝統、共同の歴史の上に根拠を有しているものである。而して民族国家主義は這般の歴史的産物たる共同文化団体が、外来の征服者の羈絆を受くることなしに主権的統治団体たる地位を維持せんとする…若くは獲得せんとする要求である。外来の征服者の羈絆に反抗する意気を有するものは、同時に内部の特殊階級に依つて課せらるゝ圧制に堪ふることの出来ないものである。当該共同文化団体内部の本然の要求の発言を妨げ《ママ》。その精神的統一を破る点に於ては、外来の敵と内在の敵との間に程度の差こそあれ、その傾向上に於てはその軌を一にするものである。民族主義に共同の文化…共同の伝統の保護のために、この両者に向つて均しく挑戦するものである。故に民族主義は究極に於て、デモクラシーに終らずんば已まぬものである。[34]

すなわち民族的独立と一国内における民衆の抑圧からの解放は、「民族共同の文化」を守るという本質において一致するものであり、それがデモクラシーであるというわけである。ここで注目すべきは、デモクラシーを、かつてのようにスタティックに民衆統治の手段として位置づけるのではなく、抵抗のシンボルとして見なしている点であり、それは実際に大山が、論壇において寺内内閣に激しく立ち向かうなかで、しだいに培われてきたものといえよう。あるいはまた、早稲田大学改革運動における大学当局との闘いの経験もそこに何らかの影響を及ぼしていると考えられる。

ところが、大山に大きな影響を与えたウイルソンの民族自決主義が、実はアメリカの国益と結びついたものでしかなかったと同様に、大山のそれも、やはり日本の国益を離れてはありえなかった。「民族国家主義」は、一九一六年の段階で、朝鮮・台湾の異民族統治に矛盾するとして否定し去った概念のはずであった。それがここでは、朝鮮・台湾に対する認識を以下のように改めることによって、「民族国家主義」を「文化国家主義」とほぼ同義のものとして受け入れさせることを可能にしたのであった。大山は次のようにいう。

今日に於ては尚ほ未だ大和民族と民族的に合一する暇を有せざる台湾や朝鮮のコンパトリオッツと雖も、タイムの廻転するまに〳〵、逐には我等と共に共同文化を仰ぎ、共同伝統を謳歌する同一民族を形成するに至るべき筈のものである。少くとも我等は此民族的融合の時期を一日も早く招来せねばならぬ。(35)

すなわち朝鮮・台湾を日本が領有することは自明の前提と考えられており、「外来の征服者の羈絆を受くることなしに主権的統治団体たる地位を維持せんとする」要求の正当性を、朝鮮・台湾の人々には認めていない。なぜならば彼らは、「民族的に合一」するべきだからである。朝鮮・台湾が異民族たることを前提とした「文化国家主義」からの「民族国家主義」への修正は、民族主義が世界的趨勢となっている状況下において、朝鮮・台湾との「民族的融合を謳うことにより、それらの民族的自立を阻む役割を果たしたのである。同様の意図にもとづく主張は、歴史学者の喜田貞吉らにも見られる。(36)

大山は、この論文の冒頭でヘーゲルを援用しながら、「東洋諸民族」は「西洋の諸民族」に比べて「宿命的傾向」

をもっており、「服従者」には適しても「改革者」には適さず、デモクラシーの担い手とはなりえなかったとの見解を明らかにしており、(37)少なくとも政治的デモクラシーという点においてアジアを能力的に劣った存在と見なしていたことは否めない。ただしその場合日本は、西洋の側に参入しうる存在として認識されていたのであり、このような見解が、朝鮮・台湾の独立承認の目を曇らせていたと考えられる。

## 二　国民的「共同利害観念」構築の提唱

大山の「国家的結合」の構想に変化が現れるのも、ほぼ一九一七年ごろからであった。

彼によれば、「共同利害観念は、人間の戦闘性より発する個人主義的傾向に逆行し、社交性の衝動に依つて優勝劣敗の生物的法則を制限し、弱者保護若くは不平等の平等化と云ふが如き倫理関係の完成を要求し、社会上、政治上、及び産業上のデモクラシーの実現の方向に歩を進めて居る」ものであった。(38)そしてここでは、人類の「心霊的必要」に発する「不合理的要素」であるところの「社交性」すなわち「倫理」と、「生物的必要」にもとづく「合理的要素」であるところの「闘争性」すなわち「力」とに峻別され、後者こそが「共同利害観念」の振作に必要なものとして重要なのである。(39)ここには、のちの大山に見られる、個人主義と競争原理を軸とする資本主義の論理に立ち向かう萌芽が見られる。

ところがその翌月に発表された「岐路に立てる我国の憲政」と題する論文では、一転して力点は、立憲政治を支える「合理主義」の側に移動している。それは我国の政治界にはびこる元老・閥族・官僚の「非理主義」と対置させることによって強調されているのだが、他方、「非理主義を以て社会生活全体の結合の靱帯とすれば、合理主義は則ち個人格独立の主張の枢軸と見るべきものである」(40)との定義づけもなされており、読む側のとまどいを禁じえない。彼の主張は究極、両者が「相抱合し調和せねばならぬ」(41)というところにあったにはちがいないが、やはり彼自身そのジレンマのなかで少なからず揺れていたのであろう。

彼の明確な変化は、これまでは主として精神的結合のみを軸としたものであったのに対して、新たに社会政策的要素に注目しはじめるようになったことである。すなわち「精神的共同利害観念」に加えて、「国家の経済的基礎を以てその出発点」とする「物質的共同利害観念」の必要を説くのである。政治的デモクラシーのみならず、「産業上のデモクラシー」をも主張するようになったことは、社会を自由競争のまま放任して、精神的結合のみを呼号するのでは、もはや国家の「共同利害観念」の維持は不可能との認識にいたったことを意味している。

実際に社会は、そう感じざるをえない状況を現出しつつあった。第一次世界大戦下の未曽有の好況によって「成金」が続出する一方、労働者の生活は、賃金の上昇を上回る物価の高騰により、かえって悪化していた。このような「貧富の懸隔」の拡大という矛盾を目の前にして、その解決策を提示するべく、河上肇が「貧乏物語」を『大阪朝日新聞』に連載(一九一六年九月一一日～一二月二六日)したことはよく知られている。そこで河上が挙げた「貧乏退治の根本策」の中心は、「世の富豪に訴えて、いくぶんなりともその自制を請わん」[42]とすることにあり、「社会組織の改造よりも人心の改造がいっそう根本の仕事である」[43]との立場に立つものであった。

大山もまた、河上に触発された面もあったであろう、それにやや遅れて、「少数の個人が愈よ富み栄えて行く間に、国民の大多数が依然窮乏の情態に在つて、而も生活費の飛躍的昴進のために呻吟する奇現象が生ずるのである」[44]と述べている。そうして大山も河上と同様に、その原因を「功利的打算」にとらわれた「近来所在に崛起する大小の成金連」の側に求めた。[45]

さらに日本資本主義の飛躍的発展に伴い労働者数が増大したことも加わって、一九一七年には争議件数が急増し、その規模も大きくなっていった。このような労働争議の高揚に対して、「共同利害観念」の保持を理想とする大山が、「資本労働の衝突程忌むべきものはな」いとの危機感をもって苦々しく受けとめたのは当然のことといえよう。しかしながら大山は、望むべき「両者の調和」は「係争者の一方のみを抑圧することに依つて実現せらるべき筈のものでな[46]」いとし、とりわけ「労働者をして旧来の伝習を守らしめんと欲せば、資本家をして亦之を守らしめよ。併し乍ら資本家が既に賃金制度を採用して、労働に対する報酬を需給の原則に依つて定めて居る時に当つて、独り労働者をして主公に対する従者の礼を尽くして資本家を待たしむることは、片手落の仕打であり、依怙の沙汰である[47]」と述べて、労働者に対する一方的抑圧に警鐘を鳴らした。実際に、時の警保局長永田秀次郎が「資本家の代弁者」として争議を敵視しているとして、「無告の労働者が生活の圧迫と資本家の無法なる誅求とに堪へ兼ねて、最後の手段として行う同盟罷業をも永田氏は罪悪視せんとするのであろうか[48]」との抗議をも行っている。ここから、大山が同情を及ぼしうる「弱者」の対象が、しだいに労働階級にまで下降しつつあったことが見てとれよう。

大山にとって「公共的精神は、決して功利的打算に依つて助長することを得るものでなく、創造の歓喜より迸り出づる道徳力であらねばなら」なかった[49]。つまり大山は、利益追求の合理主義的行動を否定し、あくまで個々人の〝善意〟と犠牲から「公共的精神」が発揚されることを求めたのである。それは、河上肇の「貧乏物語」同様、今日から見れば、弱者対策としてはきわめて稚拙な方法といわざるをえない。しかも、経済合理主義にもとづく行動を否定して、弱者救済のための犠牲を要求することは、それに応じないものを「道徳」の名のもとに断罪することにつながり、大山が批判する国家権力とは別の意味で抑圧性をもつこととなる。

しかしながらそれらは、民衆の台頭に加えて「貧富の懸隔」や労働問題の噴出という新たな課題の出現を、実に正面から受け止めての、懸命の模索の一つの現れであった。その意味で、そこにはこの時代の抱えていた問題が如実に反映されており、受け止め方の程度に差はあれ、このように政治・社会問題の解決を制度の変革に委ねず、「個人の精神」[50]なり「道徳」に求める傾向は、しばしば人道主義と評されるように、吉野作造をはじめとする大正デモクラットにも共有されており、また白樺派知識人にも通じる時代的特徴であった。有島武郎の、「宣言一つ」の発表にはじまり私有農場の小作人への解放、そして自死にいたる結末や、武者小路実篤の「新しき村」建設による共同社会創出の試みも、そうした問題への主体を賭けての応答であった。

このころからまた大山は、ロシア二月革命、次いでドイツで起こった政変の原因を、直截には「物資の欠乏」にあると見るようになり[51]、これも彼が社会政策の急務を感じとる要因になっていた。そうした内外から押し寄せる危機感に促されながら、彼は寺内内閣の「社会政策」を皮相的、かつ専制的であると批判するが、彼とて別段、先にみた「共同利害観念」の創出をいう以上に、それに代わる具体的な政策を提示しているわけではない。社会政策の先進国イギリスを範にとり、デモクラシーの発達による選挙権の普及こそが、「不平等の平等化」を真に満たすことのできる社会政策立法を生み、「共同利害観念」を強化しうるものと認識するにとどまっている[52]。彼は、しだいに先鋭化しはじめた階級対立も、立憲主義の枠のなかでデモクラシーを増進させることによって解決しうると考えていた。そうして社会政策は、「公共的精神」を維持するための補完的役割を担うものとして必要とされていたのである。いまだこの段階では、立憲主義にもとづくデモクラシーの枠組み自体が揺さぶられるにはいたっていなかった。

このように、デモクラシーの陣頭に立って時局批判を展開し、『中央公論』・『新小説』などの総合雑誌に頻繁に登場する大山は、吉野作造と並ぶ民本主義のオピニオン・リーダーとしての地位を不動のものにしていった。『大学評論』一九一八年一月号が、「学会人物月旦」第一回として「政治学者としての吉野博士と大山氏」の特集を組んだことも、それを象徴していよう。そこに登場する論者のなかに、二人が当時代を代表する新進の二代政治学者かつ評論家であることに疑いを容れる者はなく、またそのうちの何人かは、両者の違いを「吉野君が実際政治を論ずるに大山君は政治哲学むいたものをつかまへる」[53]ことに見いだしている点で一致していた。

そのなかでも室伏高信は、「デモクラットといふ点から見ても、そのいふところが、より多く深きものに根ざしてゐるといふの点から見ても、大山郁夫君は吉野博士よりは一段上ではないかと私は考へる」[54]と述べて、大山に高い評価を与えた。室伏はこれ以外にも、総合雑誌『新小説』に、「現代の政論家と大山郁夫（現代新人評論）」という評論を書いており、そこで大山を次のように絶賛している。

私が大山君に関心してゐる第一のものは、彼れがその政治論を哲学のうへに立脚せしめんとしてゐることである。彼れは常に政治哲学者の態度をもって政治を論じつゝある。彼れには政治哲学があつて、そうして後に政治論があるのである。だから論文を読みつゝある時に、世間の主をして、何処ともなく、吉野博士や佐々木（惣一――引用者）博士なぞに比べると、一種の深みがあるような感じを抱かしめる。[55]

室伏は、今日の批判を待つまでもなく、すでに、「デモクラシーとインペリアリズムとは、果して両立する観念であろうか」[56]との疑問を投げかけて、〝内に民本主義、外に帝国主義〟の矛盾を衝き、さらに前述したような「共同利害観念」と「個人主義」の関係や、「社交性」の意味等々についても疑問を差し挟んではいる。しかし、「熱烈なる理想主義者」であり「非個人主義者」を自称する室伏は、大山が「道徳関係」の上に国家を成り立たせようとしている点に着眼し、高く評価したのであった。

また北昤吉が、大山が吉野に比べて「支那問題の論及に就いては余り興味を持たない」点を指摘した上で、「日本及び支那の如きは直ちに西洋流の適用困難なる事情があるから、唯に西洋流の政治論の輸入者又は紹介者たるに止まらず、東洋方面の思想及び伝統をも十分研究して貰いたい[57]」との注文をつけたのも、「一等国」ナショナリズムゆえに、いまだ中国や朝鮮・台湾の民衆は、大山の「弱者」の範疇の外に置かれていた思想的弱点をみごとにとらえていた。

室伏によって肯定的に評価された大山の道徳主義的国家観に、最も痛烈な批判を投じたのは、社会主義者の山川均であり、大杉栄であった。

大杉は、彼独特の皮肉に満ちた表現で、大山の論文「現代公共生活の諸相」(前掲)を採り上げて批判を展開する。大杉の批判はまず、「根本的に言えば、社会組織の根底が公共的になっているか否かによつて、その社会の公共生活の厚薄が決定される」はずであるにもかかわらず、その点を棚上げして、ひたすら「大我の前に小我を棄つる[58]」犠牲的精神に期待する〝理想主義〟の虚偽性を衝いた。同時に、「大山氏が主として挙げた公共生活の諸相には、その議論の最初に事々しく説いた社会心理学的の公衆は少しも与かっていない。たとえば同一新聞紙上に載せらるる種々の記事が持つ特殊の読者を指す公衆なぞは、まったく与かっていない。またかくのごとき公衆の間には、大我の我《ママ》に小我を没するなどというわゆる公共的精神の必要はない」とも述べて、大山がけっして真の「公衆」の姿をとらえてはいないことを指摘した[59]。すでに述べたように、自己の利益追求に走ることをあえて拒否し、「公共」のために犠牲的精神を発揮するのが本来の民衆の姿でありえようはずはなく、その点で大山は「公衆」の本性をとらえ損なっており、大杉よりもはるかにリアリズムに欠けているといわねばならない。

もう一方の山川の方は、その著書『社会主義の立場から——民本主義の煩悶』(一九一九年)が、その副題のとおり、民本主義批判を意図したものであることはよく知られているが、そのかなりの部分は大山批判に費やされていた[60]。これもまた、大山がそれほどに当時の論壇で社会的影響力を持ちえていたことの証左でもあろう。

山川の批判は、大きく二つに及んでいる。一つは、吉野の「哲人政治」と同様、大山が「世がデモクラチツクになるに従つて、指導者の地位は益々顕著になるものである」（前引）と述べた点であり、山川は吉野と大山の両者を同列に批判の俎上に上せた。そうして、「民本主義の政治とは、民衆による民衆の政治であるとしたならば、衆愚による衆愚の政治であるとしたならば、そして、もはや民衆の実生活の要求以外から来たる――言葉をかえていえば哲人の「思想」から来る――政策の実行を意味するものでないとしたならば、「世がデモクラチツクになるに従つて」政治の実質は支配の技術や統率の技術ではなくなって、国民全体の共同事務たる性質がますます顕著になる」はずであり、それに反して「「指導」と「支配」と「統率」との天才の最も顕著に現われるときは、民衆をしてその生活の必要と離れた方向に、強いて突進せしめようとする場合であることを忘れてはならぬ」との警告を発したのであった。(61) つまり山川は、大山が「民衆による民衆の政治」をいいながら「指導者」の必要を主張していることの矛盾を、「民衆の実生活」の視点から突いたのである。

批判のいま一つは、室伏が評価し、大杉が批判を投じたところの、「政治哲学」についてであった。大杉が、具体の「公共的利害観念」に絞って批判したのに対して、山川は、主として「デモクラシーの政治哲学的意義」を採り上げて、そもそも「政治哲学」なるものの基礎の上にデモクラシーを打ち立てることが、果して民衆を抑圧することになりはしないかとの問題を投げかけた。まず山川は、室伏と大山の「この二人《哲学者には、まず民衆の生活があって、そうして後に政治論があるかわりに、まず、政治哲学があって、そうした後にその哲学的政治論がある」(62) と述べて、大山の「政治哲学」が、民衆の生活実態とは遊離したところで観念的かつ演繹的に導き出されてきたものであることを指摘する。そうしてさらに次のようにいう。

一つの社会を組織する人民全体の意志の一致、もしくば或る条件の下における多数の意志の一致をさして、

> 「社会意志」と名づけることは必ずしも無用のことではない。けれども人間はしばしば自己の手の業を礼拝するごとく、また脳髄の産物たる観念を礼拝する。社会意志はわれわれの観念であって、現に客観的に存在するものはただ個々の意志にほかならぬ。個々の意志を離れて、個々の意志から独立して、社会意志なる独立の意志の存在しないことは、個々の現象を離れて、個々の現象から独立して、宇宙なる独立の存在物がないのと同一である。宇宙が個々の現象から離れて独立の存在を僭したときに、それは全能の神となるごとく、社会意志が個々の意志から遊離して独立絶対の権力を僭したとき、それは全能の神カイゼルの意志となり、《ツァーの意志となり、もしくば》ユンケルの意志とな《り、軍閥の意志とな》る。[63]

すなわち、そのようにしてでき上がった「社会意志」なるもの——大山が力説する「公共的利害観念」もその一つにちがいない——は、しばしばその社会を構成する人々に「強制と服従」を求める権力の意志になりかわるという。

また山川は、「言論の自由については、大山氏は故人たる山路愛山氏や浮田和民ほどの要求もない[64]」と、市民的自由を軽視したことについても厳しい評価を投じた。そして、「大山氏は、少なくとも民衆に石を与える人ではない。けれども大山氏の「政治哲学」は、多くとも民衆にパン屑以上のものを与えるものではない[65]」と評した。

このような多大なエネルギーを投入しての山川の批判について、のちに荒畑寒村は、「大山郁夫君の民主々義論は、完膚なきまでにその超階級的、協調主義的、改良政策的性質を剔抉駁撃せられた」と述べている[66]。荒畑もまた、山川と同じ「社会主義の立場」に立っていたため山川に好意的になった面はあるが、ここで山川、そして大杉が指摘した問題は本質を衝いており、やがて大山自身に、克服せねばならない課題としてのしかかってくるのである。

## 三　デモクラシーの「世界の大勢」の確信

一九一八年の初めごろから大山の思想は、一段と民衆を意識して展開される。一つには、大山自身が述べていたように、新聞記者として「書斎を出て」「直接に社会事象にふれ」たことによるものと思われるが、ロシアでは前年にロシア十月革命がおこり、また一八年早々には、ウイルソンが一四カ条を発表して、「世界の大勢」がいっそうデモクラシーへと前進していったことも大きな影響を与えていよう。この時期の大山の論文につけられた「世界に於ける政治の民衆化傾向及び其特徴的諸現象」（前掲）、「現政局の行詰まりと混沌情態とを救済すべき民本主義の使命」（『大学評論』一九一八年一月）、「転換期に瀕せる民衆政治――英独二国に於ける政治的傾向に関する考察――」（『新小説』一九一八年二月）といった題名からも、日本では官僚政治の厚い壁が立ちはだかっているにもかかわらず、世界的な民衆の時代の到来の気運を実感しはじめたことによって、希望を抱き、デモクラシー実現への決意を漲らせている心情がうかがわれる。

大山は、「憲政に依つて実現せんとする目的」と称して次のようにいう。

それは民族国家の真正の要求たる国家の統治関係の倫理化でなければならぬ。単に我国の統治関係のみならず、現代世界の各国の統治関係は、その複雑なる外殻を擺脱して、その核心を剔抉する時は、畢竟するに優勝群（若しくは征服階級）が劣弱群（若しくは被征服階級）の上に課したる抑圧関係の上に基礎を置いて居るものである。而かも不祥なる血の洗礼若しくは国内的革命に依るに非らずして、国民的自覚より来れる社会的、政治的機会均等主義の実現に依つて、斯の如き統治関係の上に改造を加へ、その抑圧関係（即ち力の関係）を倫理関係に引き直ほすことが、立憲政治の終極目的であらねばならぬ。(67)

以前からの国民的「共同利害観念」創出という主張の延長線上に、自由競争の結果生じた「優」「劣」の関係に「改造」を加えるという構想が打ち出されており、ここにはすでに、のちの大山の「社会改造」論の原型が見てとれる。ただしこの「改造」は、資本主義的支配関係を根源的に否定するのではなく、あくまでそれに修正を施そうとするものであった。(68)

大山に、より大きな影響を与えたのは、ロシア革命よりもむしろアメリカン・デモクラシーであった。それゆえ同年一一月、連合軍の勝利により第一次世界大戦が終結したことは、デモクラシーが国際社会の普遍的原理となりつつあることに対する確信を強める役割を果した。彼は、「世界が今日に於て既に到達して居る国際的社会の現勢は、その国内に於てアンデモクラチックな政治の行はるる国家を仲間入りさせることを肯じないであろう」と述べて、国際社会のデモクラシー化の一定の達成を認めると同時に、その一員である日本もまた、民本化を推進すべきことを主張する。(69)さらにウイルソンらの提唱によって国際連盟さえ具体的日程に上りつつある今日、ひたすら「国民思想の均一化」を固守し、言論思想の自由に圧迫を加えようとする「官僚系思想家」に対しては、「固陋なる鎖国主義思想」との非難を浴びせた。(70)

ここにも明らかなように、「世界の大勢」に取り残されては「一等国」たりえないとの意識が、一面においてデモクラシー推進への意欲を掻き立てているにはちがいないが、しかし、日本の民本化の必要はたんに外部の圧迫によってのみもたらされたのではけっしてなく、「要するに我国民の意識せると否とは問はず、その内部生活上の衝動より来れる必要――即ち自主的必要」であることを力説する。(71)後述するように大山は、日本もまたけっして「世界の大勢」の例外ではないことを、民衆の動向のなかからしだいに実感しつつあったのである。

他方、ロシア革命に対しては、あくまでアメリカン・デモクラシーに全幅の期待をかける立場を堅持した。なぜならば、「資本主義の弊害は、法制上の方面に於てはデモクラシーの政治組織を実現すること、及び聡明に考量せられたる社会政策的立法を制定することに依り、又道徳上の方面に於ては社会的奉仕の観念を鼓吹する等のことに依つて之を矯正する事の方が、資本主義の産業その物を破壊して、却て角を矯めて牛を殺す結果を見るよりは、余程有効であり、且つ気の利いたものであるべき筈」であると考えたからである。(72) 当時の限られた情報と知識のなかで彼は、「過激派」のプログラムは分配問題のみを視野に入れ、生産問題を閑却しているといった批判も行っているが、(73)「民族の精神的団結は、資本対労働闘争などの表面的風波の基底を貫通して居る力強き流れである」と考えている大山にとって、とりわけ是認しがたかったのは、資本と労働の対立を自明の前提とすることであった。彼にはそれは、「一般の人間の本性の純真に対するの侮辱」なのであった。(74)

このような認識は、吉野作造のとった立場と共通するものをもっている。吉野もまた、「若し従来の資本家が如何に貪欲であつたとは云へ、彼等も我々と同じ人類である。彼等と我等との間には何処かに血脈相通ずる者があつて、説き且つ訓ふれば何時かは解る時があるだらうといふ精神主義の立場を持する者に取つては何うしても相手方の撲滅といふ過激手段には出で得ない」(75) と述べ、それよりも「政治的民本主義の徹底」に期待をつなぐべきことを主張した。(76) 大山・吉野ともども、まだマルクス主義を十分理解しておらず、その誤解によるところも少なくなかったと思われるが、「人間の本性」に限りない信頼をおく〝理想主義〟〝精神主義〟の立場からは受け入れがたいものと映ったのである。

また、大山は、「過激派」は「物質本位」であって、「豹には竟にその全身の斑点を消すことが出来ないと同じく、過激派の革命の幻術も、全国人口の七八割を占めて居る無学の農民を瞬く間に賢明にすることも出来なければ、彼等の「暴力の福音」も、一朝にして全国の階級的差別の痕跡を掃蕩し去ることも出来ないであろう」(77) とも述べている。ここにも「無学」であれば政治の担い手とはなりえないとの、「哲人主義」の立場が貫かれている。

しかしながらやがて彼は、革命政府が旧ロシアの侵略主義を破棄し、公開外交主義・民族自決主義・無賠償無併合主義を提唱したことについては、「将来の国際協同主義の基調たり準備手段」であると冷静に評価し、政体の如何を問わず民衆に立脚する政治には、「人道的情調の閃めき」があると認めるようになる。(78) 前述のごとき第一次世界大戦後のデモクラシーの潮流のなかで、彼は民意に立脚しているか否かを政治形態の最も重要な判断基準に据えていく。したがって革命政府の場合も、官僚専制を打破し、「政治の民衆化」を推進した点において、「世界の大勢」との共通性を認めえたのである。

大山はまた、革命政府の将来の見通しについても、それほど大きな誤りを犯していない。少なくとも当面は、「過激派」すなわちボルシェヴィキが勢力を維持するとの判断のもとに、アメリカの革命政府に対する対応を柔軟であるとして高く評価した。(79)

したがって彼は、シベリア出兵に対しても絶対反対論ではなかった。アメリカに伍してシベリアに経済的進出を行うことをも奨励していた。しかし、陸軍や外相本野一郎らの進めようとする全面出兵論については、日清・日露戦争のときとちがって「冷静な」国民の同意を得られないこと、および列国の猜疑心を煽り、「日本の今後の国際的地位は益々困難を極むることになる」ことを理由に、反対論を唱えた。(80) これは、吉野作造、(81) そして臨時外交調査会のなかで原敬や牧野伸顕らのとった態度と近似しており、要するに、アメリカを中心とする国際的秩序のもとで如何なる選択をすることが日本にとって得策かという観点によっていた。本来大山が排斥すべきはずの「功利主義」が、外交政策においては貫徹していたのである。(82)

一方国内では、一九一八年八月、全国に及ぶ米騒動が発生する。大山はのちに、「米騒動の時の大阪、京都の市街戦のような騒ぎには、深入りしすぎて生命を落とすところだった(83)」と、渦中に身をおいての記者としての奮闘ぶりを回想している。

その結果彼が得た米騒動像は、官僚政治の失敗がもたらした当然の帰結としてのそれであった。政治行動に倫理性を求める大山からすれば、米騒動は本来、けっして首肯しうるものではなかった。彼は次のように述べている。

我等は、今回の米騒動の背後に於て、我国民性の一の特徴たる躁狂性が著しく活躍したことを忘れてはならぬ。我国民の躁狂性は、常に彼等の団体的示威運動を化して群衆的暴動とならしむる危険の甚だ多きものである。（中略）兎も角我国民が此欠点を多大に有して居ることは、従来屢ば市民大会などの各機会に於て的確に証明せられたものであつて、今回の米騒動は更に又その一新例を加えたものである。(84)

それゆえ彼の米騒動についての論文「米騒動の社会的及び政治的考察」（前掲）では、「生命を落とす」ほどに接近して米騒動の取材を行ったという割には、騒動時の民衆の様子などが具体的に描かれていない。彼の関心は、「群衆的暴動」である米騒動に新たなデモクラシー発達の可能性を見いだすよりも、米騒動の誘因となった寺内官僚内閣の失政を糾弾することにあったのである。

したがって大山は、〝国民性の欠陥〟を指摘してはいるものの、米騒動に立ち上がった民衆を難詰することはしなかった。前に労働者の立場を擁護したのと同じ論法で、「彼等に立憲的に行動する権利を与へずして、只立憲的に行動する義務のみを課するは、国家的不道徳と謂ふべきものである」(85)と述べ、米騒動に立ち上がらざるをえなかった民衆への一定の共感を示した。このような主張は、ほかにも『万朝報』や『日本及日本人』にも見られるように(86)、多くの論者に共通しており、また当時の他の民本主義者や新聞の社説等に比べて、とりたてて卓見であったとはいえない。しかし大山は、さらに続けてこう述べる。

現行の選挙法は、選挙資格を与ふるに際して、人を見ずして唯財産のみを見て居るのである。故に選挙権を有せざる徒が、或る場合に於て人らしく行動せずして猛獣らしく狂乱しても、唯之に対して法律上の制裁を加へ得るのみであつて、国家的道徳上より之を責罰することが出来ないのである。斯くの如きは正に是れ、国家生活上の一大不備と謂はねばならぬ。故に我等は将来の社会的不安を除く手段の一としても公民教育の普及並に発達を謀るべきことを主張し、而して公民教育の第一歩として選挙法の改正を絶叫せざるを得ないのである。(87)

ここに彼が米騒動をきっかけにして、「国家的道徳」を保持する必要から普通選挙の緊要性を再確認していく様が見てとれよう。彼によれば、道徳は国家が一方的に民衆に要求するものであってはならず、国家の側もまた国民が「道徳的」であるための保障を行っていかなければならないのであり、そのために当面まさに選挙権の拡張がなされねばならなかった。すでに見たようにこの彼の道徳主義は、ともすれば民衆に対する抑圧に転じる危険性ももっていたが、この立場こそがその後も大山の、民衆への接近を可能にしていく鍵となるのである。

ところがこの米騒動からもまもなく、大山が記者生活に終止符を打つきっかけとなった事件がおこった。いわゆる「白虹事件」であり、この事件は、大山の思想面でも転機をもたらす要因になったと考えられる。

寺内内閣は、シベリア出兵や米騒動に関する新聞報道について、これまでにない厳しい弾圧姿勢で臨んだことから、新聞社側はこれに抗議すべく立ち上がった。同年八月一七日に、大阪朝日・大阪毎日の両者が発起人となり、大阪市公会堂に五三社の代表一七三名が集まって近畿記者大会を開催、次いで同月二五日には、大阪ホテルで関西八六社連合の寺内内閣弾劾記者大会が開催され、出席者一六六名が内閣弾劾を決議した。(88)周知のように白虹事件は、その模様を報じた八月二六日の『大阪朝日新聞』夕刊の、「白虹日を貫けり」と昔の人が呟いた不吉な兆しが黙々として肉叉《フォーク》を動かしてゐる人々の頭に雷のやうに閃く」とあるなかの、「白虹日を貫けり」の一句が新聞紙法違反に問われ、発売禁止処分となったことに端を発したものである。さらに九月九日、大阪朝日新聞社はこれ以外の一五の記事をも含めて起訴され、一二月四日、大阪区裁判所において、新聞紙法第四一条の安寧秩序紊乱の罪により、編集兼発行人の各資格において山口信雄が禁固各一月、原稿担当者大西利夫が禁固二月の判決を受けた。またこの間に社長村山龍平が右翼に襲われるという事件も起きている。(89)

この事件の結果、一〇月一四日、村山が社長を引退して上野理一に代わり、一〇月一五日、編集局長鳥居赫雄(素川)と社会部長長谷川万次郎(如是閑)が責任をとって退社した。そして一〇月一七日、花田大五郎・丸山幹治とともに大山もまた、同社論説班を希望退社することとなった。(90)

大阪朝日に入社した当初は、大山は東京に居住して、執筆した原稿を大阪に送っていた。のちに事実上の労農党本部となる豊多摩郡戸塚町上ノ台(現新宿区高田馬場)に新居が完成したのは、一九一八年の春ごろであった。(91)しかし彼は、東京にいて原稿を郵送するのでは不便を感じるようになったため、それからまもなく単身で大阪の今津に下宿し、論説記者の仕事に打ち込んでいたのである。(92)それだけにこの弾圧に対する怒りもことのほか強かったみえ、同年九月一二日に東京で開催された寺内内閣弾劾全国記者大会では、「この大会の席における最も勇ましい演説は、デモクラシー選手たる大山郁夫氏の演説である」と山川均が記すほどの活躍であった。(93)

大山は、退社を決意したときの心境を振り返って、以下のように語っている。

朝日とすれば、私のシベリヤ出兵についての論説事件では私を擁護してくれたのだが、村山龍平氏がフンドシでさらしものになった事件(右翼による村山社長襲撃事件をさす——引用者)までくると、一応社の反政府方針を鈍くせざるを得なくなった。

鳥居、長谷川等がやめるということになった。私は何もいわれなかったが、当然やめるべき事態だった。私も、私の一生を決定した朝日の論説記者をやめようと思った。残り惜しかったが、この一年間に、私は自分の進むべき一生が決定されたことに大きな感謝を抱いている。(94)

記者時代をとおして決定された「自分の進むべき一生」とは、大山のその後の生涯が語っているように、〝民衆とともに歩むこと〟であったにちがいない。またこの間に、生涯を通じての最も親しい友人となる櫛田民蔵と出会ったことも、記者時代をいっそう貴重なものにした。(95)

それだけに、退社のあと彼は深い失意に陥っていた。いつも前向きの彼が、このときばかりは「傷ける心を抱いて大阪から東京に帰りました」と自らそうした心情を吐露しており、しかもこのころ日本で猛威を振るったスペイン風邪に罹ったため、約一ヶ月間「呻吟の間に日を送」ったという。(96)しかし病床で新聞を読んでいると、第一次世界大戦を機に、「世界の形成が変化しつつあることが手にとるように見えた」(97)といい、大山はこのブランクを跳躍台に、新たな思想的段階の一歩を踏み出していく。

(1)　一九一八年四月段階での大山の月給は一五〇円であった。これは編集局では鳥居局長に次ぐ高給で、長谷川如是閑・丸山幹治・花田大五郎らもこれに及ばなかった。また、二〇〇円の臨時賞与を受けているが、二〇〇円以上を支給されたのは局内で一七名のみであった（大阪朝日新聞社社史編纂室記録。同室松尾英亮氏のご教示による）。

(2)　前掲「寺内内閣の弾圧時代」。

(3)　「政党界の近状と我国憲政の前途」（『中央公論』一九一七年二月）一～二頁。

(4)「世論政治の将来」(『新小説』一九一七年一月)二三頁。
(5)前掲「政党界の近状と我国憲政の前途」一〇～一一頁。
(6)同右、一一頁。
(7)同右、一五～六頁。
(8)同右。
(9)「政党の試練期」(『新小説』一九一六年一一月)一二頁。戸陵隠客の筆名。
(10)「元老を謳歌せよ」(同右)六頁。戸陵隠客の筆名。
(11)「露国革命の教訓」(『新小説』一九一七年四月)一二～一四頁。戸陵隠客の筆名。
(12)『原敬日記』第四巻、一九一七年三月二三日の条(一九八一年、福村書店)二七三頁。
(13)「国論の統一と臨時外交調査会」(『新小説』一九一七年七月)、および「臨時外交調査委員会の政治的価値と之に対する加藤氏及び犬養氏の態度」(『中央公論』一九一七年七月)。
(14)「総選挙戦に参加して」(『新小説』一九一七年五月)五八頁。三宅雪嶺・尾崎行雄らも、金沢で永井の応援演説を行った(永井柳太郎伝記編纂会『永井柳太郎』一九五九年、勁草書房、一三六～一三七頁)。
(15)林宥一「第二編　市制・町村制下の社会(明治・大正期)」(『金沢市議会史』(上)一九九八年)五一六頁。
(16)前掲「総選挙戦に参加して」五九頁。
(17)同右、六四頁。
(18)前掲『永井柳太郎』一三七頁。
(19)「岐路に立てる我国の憲政」(『大学評論』一九一七年四月)三九頁。
(20)吉野作造「世界の大主潮と其順応策及び対応策」(『中央公論』一九一九年一月、松尾尊兊編『吉野作造集』一九七六年、筑摩書房)二一〇頁。
(21)大山は、この論文の末尾で次のように述べて、その苛立ちを表明している。「国際社会の観念が著しく現実性を帯び来つた現代に於ては、何れの国家と雖も世界的時代精神を無視して安全で居ることがあり得ない。唯玆に一つ怪しむべきことは、我が遣外特使（石井子）や、大使（珍田子）が遠い外国に於てデモクラシーに共鳴する外交的演説をして居る間に、本国に於ける国民は依然として官僚政府を戴き、その宣誓的善政主義の余沢に均霑しつゝ嶮嶋して居ることである。我等はその間に何か海底電線と新聞紙との存在を忘却したる或る時代錯誤が行はれ居るのではないかとの疑惑を深めざるを得ないものである」（前掲「デモクラシーの政治哲学的意義（その三）」一九一七年一一月、八六頁）。

(22)「デモクラシーの政治哲学的意義」（『大学評論』一九一七年七月）六三〜六四頁。
(23) 同右、六五頁。
(24) 同右、六九頁。
(25) 同右、六五頁。
(26) 前掲「デモクラシーの政治哲学的意義（その二）」（一九一七年一〇月）五九頁。
(27) 前掲「デモクラシーの政治哲学的意義」六八頁。
(28) 前掲「デモクラシーの政治哲学的意義（その二）」五九頁。
(29) 松本三之介「VI　政治と知識人」（橋川文三・松本三之介編『近代日本政治思想史II』一九七〇年、有斐閣）一六八頁、および藤原前掲『大山郁夫と大正デモクラシー』六四〜六六頁。また、山田央子「〈シヴィル〉と〈ポリティカル〉の境界——明治日本における〈自由〉観再考」（前掲『比較の中の近代日本思想』）は、明治前半期の「〈自由〉観」を分析した上で、当初民権運動の思想において「シビル」に対する「ポリチカル」の自由の優位が決定づけられていたのではなく、むしろその通俗化の過程のなかで変容していったとし、そうした二者択一的理解の淵源をリーバーとブルンチュリに遡って明らかにした研究である。
(30) 前掲「デモクラシーの政治哲学的意義（その二）」六三頁。
(31) 同右、六六頁。

(32) この部分は、「現代人の心理と国家思想」(『新日本』一九一七年一一月)とほぼ同一の内容である。
(33) 前掲「デモクラシーの政治哲学的意義(その三)」(一九一七年一一月)八五頁。
(34) 同右、八四頁。
(35) 同右、八二頁。この部分は、一九四八年、大山の存命中に編まれた『大山郁夫全集』(第四巻(中央公論社)所収の同論文では削除されている。
(36) 喜田は、民族自決運動の高揚を前にして、「新附の諸民族をして、将来完全なる同化融合を遂げしめ」ることを求めて、「日本民族」が「一個の完全なる複合民族」であることを主張した(鹿野政直『近代日本の民間学』一九八三年、岩波新書、一六九頁)。
(37) 前掲「デモクラシーの政治哲学的意義」五六〜六〇頁。
(38) 「国家生活と共同利害観念」(『新小説』一九一七年二月)三七頁。
(39) 同右。
(40) 「岐路に立てる我国の憲政」(『大学評論』一九一七年三月)二六頁。
(41) 同右、二七頁。
(42) 河上肇『貧乏物語』(一九四七年、岩波文庫)一三三頁。
(43) 同上、一二九頁。
(44) 「現代公共生活の諸相」(『新小説』一九一七年一二月)一五頁。
(45) 同右、一四頁。
(46) 「政治思想の混沌時代」(『中央公論』一九一七年一〇月)九頁。
(47) 同右。
(48) 「永田警保局長の近業を読む」(『大学評論』一九一八年二月)三七頁。戸陵隠士の筆名。
(49) 前掲「現代公共生活の諸相」一四頁。

(50) 河上前掲書、一二六頁。
(51) 「世界に於ける政治の民衆化的傾向及び其特徴的諸現象」(『中外』一九一七年一二月) 三六頁。
(52) 前掲「国家生活と共同利害観念」三九頁。
(53) 鳩蛇評人「好紳士吉野君と大山君」(『大学評論』一九一八年一月) 九三頁。
(54) 室伏高信「思ひ浮ぶまゝに」(同右) 八六頁。
(55) 同右「現代の政論家と大山郁夫 (現代新人評論)」(『新小説』一九一八年一月) 八一頁。
(56) 前掲「思ひ浮ぶまゝに」八七頁。
(57) 北昤吉「吉野博士と大山君」(前掲「政治学者としての吉野博士と大山氏」) 八八〜八九頁。
(58) 前掲「現代公共生活の諸相」一三頁。
(59) 大杉栄「飛行術的言論家」(『文明批評』一九一八年二月、大沢正道他編『大杉栄全集』第二巻、一九六四年、現代思潮社) 二一四〜二一八頁。
(60) 同書は一四編の論文からなるが、そのうち大山批判を中心においているものは、「沙上のデモクラシー――大山郁夫氏の民本主義を評す」、「ロンビンソン・クルウソーの政治哲学」、「現実を離れた『理想政治』」、「民本主義の機会均等論」(以上、初版)、「民を本とせざる民本主義」、「賢哲の思想と衆愚の生活」(以上、増補六版に追加) である。
(61) 前掲「賢哲の思想と衆愚の生活」(『山川均全集』第二巻、一九六六年、勁草書房) 八一頁。
(62) 前掲「ロビンソン・クルウソーの哲学」(同右) 一四頁。
(63) 同右、一八〜一九頁。
(64) 同右、二五頁。
(65) 同右。
(66) 荒畑寒村「山川均論」(『改造』一九三一年一月、「単行書解題」『山川均全集』第二巻) 四一七頁。

(67)「憲政三十年の獲物」(『中央公論』一九一八年三月)九九頁。
(68)ここにも明らかなように、大山はしばしば、ドイツ留学中に学んだオッペンハイマーやグンプロヴィッツの群闘争説の用語を使っているが、この段階ではそれは、現状の「優」「劣」の「統治関係」を説明するために用いたにすぎず、それを否定して「倫理関係に引き直ほす」ことにこそ真意があったのである。
(69)「国際生活上の新紀元と日本の政治的将来」(『中央公論』一九一九年一月)一三八頁。
(70)「世界の大勢と国民思想統一問題」(『大学評論』一九一九年一月)二三頁。
(71)前掲「国際生活上の新紀元と日本の政治的将来」一三九頁。
(72)「露国過激派の実勢力に対する過小視と其政治思想の価値に対する過大視」(『中央公論』一九一八年五月)一一頁。
(73)同右、九～一〇頁。
(74)同右、一三頁。
(75)吉野作造「民本主義・社会主義・過激主義」(吉野『社会改造運動に於ける新人の使命』一九二〇年、文化生活研究会出版部)一八〇～一八一頁。
(76)同右、二七五頁。
(77)前掲「露国過激派の実勢力に対する過小視と其政治思想の価値に対する過大視」五頁。
(78)前掲「国際生活上の新紀元と日本の政治的将来」一三三頁。
(79)「米国の対露政策の成功」(『中央公論』一九一八年五月)。
(80)「出兵の経過を顧みて日米の対露外交を批判す」(『大学評論』一九一八年九月)一八頁。
(81)詳しくは、松尾尊兊「解説」(前掲『吉野作造集』)四七一～四七二頁を参照。
(82)大山は、後年、「私が書いたシベリヤ出兵の論説ではとうとう朝日を発禁にしてしまい、当時、二万円の損害を与えたといわれた」と回顧している(前掲「寺内内閣の弾圧時代」)。大山自身は、「寺内は必要以上の軍隊をシベリヤに送りシベリヤに日本軍の基地を着々と築いていた。この間の消息を朝日の一青年記者がシベリヤから通信で送ってきた。その通信にもとづいて私が日本軍の侵略意図をバクロした論説を書いたのだった」と述べて、もっぱら出兵に反対したことを強調しているが(《新聞記者時代》「〝シベリヤ出兵〟論説で発禁処分――支那浪人に裸にされた村山龍平氏――」・『新聞協会報』一九五二年八月一八日)、それは「必要以上」の軍隊であった点に反対したのであり、出兵を全面的に否定するものではなかったと思われる。しかしそれも、全面出兵を推進しようとする寺内内閣からすれば、それを妨害する「危険思想」にちがいなかった。

(83) 前掲「寺内内閣の弾圧時代」。
(84) 「米騒動の社会的及び政治的考察」(『中央公論』一九一八年九月)九一頁。
(85) 同右。
(86) 井上清・渡部徹編『米騒動の研究』第五巻(一九六二年、有斐閣)二三七～二三八頁を参照。
(87) 前掲「米騒動の社会的及び政治的考察」九一～九二頁。
(88) 〈座談会〉「日本における自由のための闘い　時代と新聞――大阪朝日筆禍事件回顧」(『世界』一九五四年七月)一七三頁。
(89) 朝日新聞大阪本社社史編修室編『村山龍平伝』(一九五三年、朝日新聞社)五〇三～五二五頁。
(90) 大阪朝日新聞社『月報』第一〇号(一九一八年一〇月)(朝日新聞大阪本社社史編纂室所蔵)。
(91) 植田清次「若き日の大山先生」(前掲『伝』付録「大山先生の思い出」)三～四頁、および大山宛書簡(前掲『大山郁夫関係資料目録』所収)の住所より。
(92) 植田前掲回想文、四頁、および『伝』八四頁。
(93) 山川均「賢哲の政治と衆愚の政治」(一九一八年九月、『社会主義の立場から』所収、『山川均全集』第二巻)七六頁。
(94) 前掲「〝シベリヤ出兵〟論説で発禁処分」。

(95)「著しい過渡期の表情——一番影響を受けた櫛田民蔵」(『新聞協会報』一九五二年八月二五日)。また大山は、のちの回想のなかで、鳥居素川のことを、自分たちに先んじていち早く新聞に口語体を採り入れた点、社説で「イブシ金のやうな名文句」を放ち「情操の高かった」点を、高く評価している(「クレオパトラの鼻から示唆された一つの時事閑話」・『日米新報』一九三七年一月九日)。
(96)「国家生活の前途と日本国民」『青年雄弁』一九一九年二月)一五頁。
(97) 同右。

# 第三章　「社会改造」の追求

## 第一節　「知識階級」論の提示と民衆文化創造への着目

### 一　デモクラシー実現に向けての再出発

大山の新たな出発は、長谷川如是閑とともに総合雑誌『我等』を創刊することからはじまった。創刊は、大日本帝国憲法発布三〇周年に当たる一九一九年二月一一日であった。

同じく大阪朝日新聞社を退社した鳥居素川・丸山幹治・花田大五郎らはまもなく『我等』を離れ、『大正日日新聞』を創刊して『大阪朝日新聞』に対抗する論陣を張ろうとしたのに対して、(1)大山は、如是閑や井口孝親らとともに、あくまで総合雑誌に、社会に向けての自由な発言の場を築いていく途を選んだ。(2)

『我等』編集の中心は如是閑であったが、大山もまた編集兼発行兼印刷人となり、如是閑の「傾向及批判」に対して大山は「海内及海外」欄、すなわち内外の時事批判を毎号執筆して『我等』の片腕となった。我等社創立の資金は、鳥居の知己であった神戸の実業家勝田銀次郎の寄付二万円に負うていた。編集事務は当初、井口が担当し、(3)大庭柯公が原稿依頼などの渉外を担った。営業事務ははじめは丸山が行っていたが、『大正日日』創刊以後は、如是閑や丸山と新聞『日本』のころからつき合いのあった古荘毅が当たった。

我等社事務所は、当初は伊豆富人の借家の二階で、本郷区東片町におかれたが、伊豆の『大正日日』入社によってそこを引き上げ、神田区鎌倉町の政教社の建物に同居することとなり、やがてそこは、東大の学生であった蠟山政道や本田喜代治・北岡寿造、そして画家の柳瀬正夢らが出入りして知性の交流の場となった(4)。また大山らよりやや遅れて一九一八年四月に大阪朝日を辞め、同志社大学教授となっていた櫛田民蔵も、この年六月に同志社をも辞任して、九月から『我等』の編集に参画するようになった(5)。

『我等』創刊の時点では、大山と如是閑は思想的にほぼ同じ位相にあったと見てよい。創刊号に掲載された如是閑執筆の「『大阪朝日』から『我等』へ」という長大な論文は、創刊に際しての決意表明に当たるもので、その主張はこれまでに検討してきた大山の主張と基本的に一致する。すなわち、「近代の国家集団の生活に於て道徳的に肯定せらるゝ国家」であらねばならず、「其の政治が、啻に人民の意志を尊重し、其の意志の参加を原則として認めてゐるばかりでなく、政治の実際に於て、有効に参加せしめ得る組織を持つた国家でなければならない」と考えられていた(6)。それはふたたび如是閑のことばを借りて言い換えれば、「憲政を完備せしめて、これによつて人民多数の要求を貫徹せしむるといふ秩序的方法を建立」することにほかならず(7)、国家と、国民ないしは「国家集団の生活」との間に道徳的関係を求め、それを当面立憲主義の枠内で実現しようとする立場は、両者に共通していた。立憲主義に期待をかけていたことは、『我等』の創刊日をあえて憲法発布満三〇周年に合わせたことにも表れている。そうして大山が、国内のデモクラシーをそのまま国際社会にも敷延していたと同様に、如是閑もまた国外のことは国内の「演繹」であるととらえていた(8)。それゆえ大山は、如是閑のこの主張に「全幅の同意を表し、共同責任を取る」ことを諒承したという(9)。

「我等」と銘打ったことは、たんに大阪朝日退社グループの同志的結合を意味するのみならず[10]、自分たちの主張が当然、広く国民に共感を得られるとの自信、また得られねばならないとの思いによるものといえよう。如是閑の述べる「我等は、公の機関である大阪朝日新聞に於て我等の採つた立場が、現在の日本に於て、我等と思想傾向を同うする多くの人々の、現に抱懐してゐる見地に基礎した立場であつて、今の時代に、勢力ある機関に依つて、其の立場からの主義主張を国民に鼓吹することが、我が日本の前途を安固にし、これに昌栄を持ち来す途であることを確信してゐるものである」[11]との一節に、それが漲っている。

『我等』の「編集室」は、創刊にあたり、次のような決意表明を行っている。「『我等』はドコまでも質を重んずる雑誌でありたい」[12]。同時に、「『我等』は、主義精神に於て、『我等』自身のそれを宣伝する使命を有つてゐるから、『我等』自身の立場は何處までも鮮明ならしめなければならないが、同時に『我等』と同一傾向内又は或る近接点を有する傾向内に於けるものは、多少の懸隔を有つてゐるものでも、それが『我等』自身の主義精神に余り強い矛盾感を与へないものであるならは、これを紹介することが、同人雑誌としても、同人だけの執筆から成り立つたものでない限り、妥当な態度であると思ふ」（係）[13]とも述べて、前述のような立場を核に据えつつ、思想言論の幅広い共同戦線を築いていくことをめざしていた。

『我等』は、同年四月の『改造』、六月の『解放』に先駆けての創刊で、それらや『中央公論』などに比べて学術的色彩をやや強く持ちながら、それらとともに、ロシア革命・米騒動・第一次世界大戦の終結とつづくなかで露顕してきた従来の資本主義支配体制のひずみ、社会運動の台頭といった激変しつつある社会状況に正面から向き合っていくこととなるのである。

伊豆富人によれば、『我等』の定価は一部二五銭で、「はじめは一万二千ばかり印刷したが、多少の返品もあり、のちには七千部ぐらいで安定した」という。[14] 第八号までは月二回発行していたが、同年七月一日の第九号から月刊となる。『改造』の方は、創刊当初は『我等』と同じくらいの部数で伸び悩んだが、第四号以後急速に売れはじめ、『中央公論』の当時の発行部数一二万を凌駕する勢いであったという。[15] やはり『我等』は、『改造』や『中央公論』など出版人の発行する雑誌とは異なり、あくまで如是閑と大山の個人雑誌的色彩を持ちながら、知識人の思想界における統一戦線を細々と希求しつづけた雑誌といえるだろう。同時にそれは大山にとっては、如是閑や櫛田らとの交流をつうじて、自己の思想・学問を問い直し、変化させていく場ともなった。

ところで大山もまた民本主義者の多くがそうであったように、第一次世界大戦が連合国側の勝利に終わったことを「専制主義が全敗して民本思想が徹底的に勝利を得た」ものととらえ、したがってそれに伴う「思想上の或る種の変革は、日本にも来る」[16] ことを予見して、それに希望を託した。もちろんその前途には、自分を新聞界から身を引かねばならぬはめに追い込んだ「憎むべき」「官僚思想」という厚い壁が立ちはだかっていることは認識していたが、[17] アメリカン・デモクラシーを理想化するこの時点での大山には、連合国側の勝利によるデモクラシーの「世界の大勢」は、「愉快な事」[18] という表現も飛び出すほど希望のもてるものと映った。そこには、社会進化論の場合と同様、「世界の大勢」に身を任せるオプティミズムが見てとれる。この段階になると、大山の社会進化論への言及やそれの援用は姿を消しているが、代わって受容された「世界の大勢」としてのデモクラシーという見方も「大勢」に委ねるという点では、社会進化論の延長線上に位置していたと考えられる。

デモクラシーの「世界の大勢」への期待をいっそう確かなものとしたのは、原敬を首相とする政党内閣の誕生であった。大山は自らが原内閣に対して「普通以上の注意を払つて居る」のは、「世界の政局自身が国際的デモクラシーの方向へ一大進転を試みんとして居るこの際に於て、花々しく政党主義の旗幟を掲げて産れ出たる内閣であるからである」という。そうしてそれは、「暫らく政友会の過去に於ける政治的罪悪をも見逃がし、且つ現内閣成立前後の変則的過程を咎めることをも跡廻しとする程までの寛大なる態度を以て、只管その前途の成績を見守つて居る」[19]というほどの期待のかけようであった[20]。それは裏返して見れば、この政党内閣に希望が持てないとすれば、そもそも立憲主義の枠組の是非から問い直さねばならないこととなるわけで、原内閣に立憲主義存続の是非が委ねられていたとすらいえた。また、原内閣の掲げる四大政綱(教育の刷新、産業の振興、交通機関の整備、国防の充実)や、南北妥協の実現をめざす対中国政策にも、彼は基本的に賛成であった[21]。

彼の民衆認識も、さらに変化の兆しを見せていた。それを促した大きな要因の一つは、普選運動の高揚であった。彼は、一年前の状況と対比しながらこのようにいう。

一年前の今頃に於ては、無論国民は選挙権の拡張を要求したにはしたが、併し其拡張の程度如何と云へば、現行法に於ける納税資格の拾円と云ふのを、或は五円とか、或は三円とかに切り下げる事を主張するに過ぎずして、普通選挙の問題に至つては、国民の一部に於て之を論ずる者はいくらか存在もし、且、又之がために実際運動をさへ起す者がありもしたのは事実であるが、一般国民としては、大体に於て、少なくとも甚だしく熱心にはならなかつたのである。(中略)然るにその時よりわづか一年を経た今日に於ける実況がどうであるか。(中略)若し今日に於て普通選挙の主張及びその運動に対して、絶対の自由を許した上で、それに関する国民の一般投票を募らうものなら、恐らくその大多数は、普通選挙を可とするといふ結果を示すであらう。即ち此点よりして、普通選挙は今日に於ては、殆んど国民の輿論となったもの——若しくはならんとしつつあるものと断定するも、恐らくは大過ないであらう。同様の事は、多少の程度に於て、言論思想の自由の一層確実なる保障とか、集会結社の自由の一層進んだ拡張とか云ふが如き問題に就ても亦、謂ひ得らるるものと思ふのである。斯の如きは云ふ迄もなく、何れも皆国民の政治的自覚の標識とみるべきものである。[22]彼のいうように、一九一九年初めの第四一議会下の普選運動は、これまでにない全国的規模となり、都市中間層・学生・労働者をまきこんで、集会や示威運動を伴って展開された。[23]普選運動は当該時期を代表する運動の一つであったと同時に、国民の政治参加というデモクラシーの大前提を要求する運動であったから、自他ともに認めるその主張者である大山が、芽生えつつあるさまざまな社会運動のなかでもとりわけこの運動に注目するのは当然であった。しかし彼の思想の展開は、その後もどちらかというと、率先して新たな改革の方向を提起し運動を牽引する役割を果すというよりは、現実の運動の成長を追認し、それをバックアップしていく役割を担うものであり続けた。

日本の社会運動史上、ふつう一九一九年は、民衆騒擾の段階から社会運動組織化の時代に踏み出した起点とされる。大山もまた、この一九一九年の普選運動に、「国民の政治的自覚」という点から、かつての憲政擁護運動のころの段階との「非常なる性質上の相違」を見いだしていた。すなわち「閥族官僚に対する反抗気分といふ階段をずつと通り越して、端的に憲政的手段に依つて、将来の社会的再調節事業に対する国民の参加権を増加せんとする要求にまで迫つて居る。上に述べた普通選挙の要求や、言論、思想、集会、結社の自由の拡大の要求の如きは、只その玄関口に相当するものであつて、その奥には更に他の多くの要求が包含されて居るのである」という。[24]この運動には、国民の立憲政治への参加によって、言論思想のなどの自由にとどまらず社会政策をも実現していく可能性が見えると映ったところが彼の共鳴を呼び起こしたのであり、それは言い換えれば、即自的に憲政擁護運動に参加した民衆の場合とは異なり、普選を要求している国民と国家との間に道徳的関係が保持されているということにほかならなかった。

このように民衆の著しい成長を認めたことは、当然、「英雄」認識にも変化をもたらし、彼は「『偉人出でよ』とか、『英雄出でよ』とかの永遠の叫びを続けながら、徒らに宛てにならないものを宛てにして待つよりは、寧ろ国民全体が自ら奮起して、その緊張せる努力に依つて、当面の社会的再調節問題、及び国際的改造問題に対する健全なる輿論を作ることに努めることが必要でなければならぬ」と述べるにいたっている(25)。

もう一つの変化は、一九一八年四月に行ったウイルソンの対独開戦宣言を引き合いに出しながら、「独逸帝国の有して居た様な政体の下に於ては、独逸政府と独逸国民とは宜しく之を区別して考ふべきものである(26)」との見方をとるようになったことである。つまり革命以前のドイツのような専制的政体のもとでは、国民の意思が政府に反映しておらず、したがって政府と国民を一体と見なすことはできないというのである。

大阪朝日弾圧事件にふれて次のようにもいう。「私共が我国の官辺よりの圧迫を受けることは、尚ほ忍ぶことが出来る。けれども私共に迫害を加へて喜んで居る者が、日本国民中より出たかと思へば、私共はキリストの十二人の弟子の一人であり乍ら、キリストを裏切つたイスカリオテのユダの話を思ひ浮べないでは居られない」。しかし「迫害を加へ」た人々は「彼らの本心よりするのではなく、官僚思想の傀儡となり、奴隷となり、間諜となつてするのであ」って、憎むべきは彼らではなく、「彼等を使嗾する官僚思想こそ憎むべきものである」。さらにいう。「私共はデモクラシーの主張者であり、そしてデモクラシーは民衆に対する信任信頼と云ふことを度外して考へられないのであります。そして私共に迫害を加へた彼等も亦、民衆の一部分を構成するものである。故に私共は彼等を憎まずして、寧ろ彼等を教化しなければならない(27)」と。ここからも、国家の支配層と民衆を峻別するとらえ方がしだいに形成されつつあったことがわかる。

そうして信頼すべきはずの民衆のなかに存在する「官僚思想の傀儡」となる者を「教化」するために、啓蒙運動が必要となる。大山によれば、そのような者がいて啓蒙運動を展開せねばならないことは、「運動の障害と見るよりも、寧ろ之を私共の運動の試金石と見なければならぬ」のであった[28]。周知のように、一九一八年一二月二三日、福田徳三と吉野作造が中心となり、黎明会が民本主義的知識人を広く糾合して結成された。大山は会の結成後、メンバーに加わっており[29]、それも、自己のなかでのそのような意義づけによるものであろう。

## 二　「国民」像の崩壊

このように、第一次世界大戦終結をはさんで徐々に変化を来しながらも、いまだ『我等』創刊当初はデモクラシーによる立憲主義の枠組のなかに身をおいていた大山を、さらに根底から大きく揺さぶったのが、一九一九年以後急成長をはじめた労働運動であった。友愛会の急激な発展に明らかな労働運動の高揚と、労働者階級の量的増大は、労働問題をにわかに浮上させ、また同年一月にＩＬＯが設立されたことも、それにますます拍車を賭けた。

大山は、そのような変化を、衝撃として受けとめたことを次のように告白する。

> 少なくとも我等自身は、新しく生じた眼前の諸事象の教訓に依つて、我等が従来持つて居た社会観及び政治観、並にそれらを基調として立てゝ居た人生観の上に、幾多の修正を施すべき必要を感じて居るものである。我等は我等が従来是等の方面に於て辿つて来た思想上の傾向を少しでも変へる必要を感じては居ないが、同時にその傾向を更に突き詰めて行く必要を感じて居る結果として、我等が従来持つて居た学説の各部に或る種の修正を加ふべき必要に迫られて居ることを、率直に告白せねばならぬ[30]。

依然、個人と社会の調和をめざして、それを維持するための倫理的紐帯を求める姿勢は不動であったが、その社会の構成員は従来のように「国民」として一体に括ることのできるものではもはやなくなっていた。このころから大山の論文のなかに、「国家」や「国民」という語が用いられなくなっていき、それらに替わって「社会」や「階級」という用語が登場するようになる。労働問題の台頭を前にして、依然「共同利害観念」を保持し続けていくためには、その解決策を提示することが大山にとって必須であった。

したがって大山にはそのような労働問題の台頭は、自らを含む「知識階級」がどうあるべきかという問いかけとして受けとめられた。そもそも「知識階級」という呼ばれ方それ自体に示されているように、高等教育の普及によって、高学歴の新中間層が集団として出現してきており、「知識階級」論は、労働問題の台頭と表裏一体となって浮上してきた、この時期の思想界の主要なテーマの一つでもあった。この問題に対する大山の取り組みは、一九一九年三月号の『我等』に書いた論文「労働問題と智識階級」を嚆矢として「知識階級と労働者」（同上、一九一九年九月）、「労働問題の文化的意義」（同上、一九一九年一〇月）、「文化要素としての労働者」（同上、一九一九年一一月）等々、一九二〇年前半まで続き、この間の大山の主題の一本の軸をなしていく。

大山が労働問題について繰り返し強調するのは、労働者には「人間であるといふ意識があるのに、人間らしく活きて居るといふ事実がない」という点であった。(31)この「人間らしく活きる」という価値基準は、のちの大山の「社会改造」論を支える太い柱となるのである。彼によれば、この状態から脱するには、資本家と労働者が「対等の人と人として向ひ合」わねばならない。その前提となる資本家と「足並を揃へる準備」が労働組合であると大山は考えていたが、(32)実際には、労働運動側の強い要求にもかかわらず、労働組合公認への壁は厚かった。一九一八年に労働組合法制定が現実的施策として意識されるようになって以後、政府はしばしばその法案の起草答申を求め、議会にも提出したが、ついに実現を見ぬまま日中全面戦争へと突入し、戦後を迎えたのであった。(33)

大山は、「知識階級」は生活問題において資本家階級よりも労働者階級と共通の利害関係をもっており、(34)したがって労働者の人間性を回復するために、「労働者の真の要求に対する同情者」とならねばならぬと主張した。[35] すでに従来の「国民」像は崩壊し、二大階級の対立を前提とした上で、「知識階級」は労働者階級の側に与すべきであるとの位置づけがなされていることが読みとれる。

しかし彼によれば、「両者間の密接なる相互的接触が、今後の社会的新機運を作るに足る程の効果を挙げ得るまでの程度に実現せられるのは、知識階級からどしどし労働者仲間に向つて進んで行つて、直接間接に実際上の各種の労働運動を帮助する人々が、盛に輩出するやうになつた後のことでなければならぬ」という。その点から、「官私の二三の大学の一部の教授及び学生の間に於て、小規模ながらもさうした傾向の生じて居る」ことが高く評価された。それは一九一八年一二月に東京帝国大学に結成された新人会や、それよりやや遅れて翌年二月に早稲田大学に成立した民人同盟会の動きをさしていた。

大山自身、それらを傍観していたのではけっしてない。彼は、黎明会が吉野作造を介して新人会と密接なつながりをもっていたことから、[36] 新人会ともかかわりをもち、一九年一月三〇日の最初の講演会では、星島二郎、麻生久とともに演壇に立って「新人の意識」と題する講演を行っている。[37] またのちに触れる「民衆文化の原理」と題する大山の講演記録も、新人会の創立一周年を記念しての第一回学術講演会のときのものであった。早稲田大学の学生運動に対しても、大学に復帰してのち深い結びつきができていくが、これについてはのちに述べることにしたい。

しかしながら、大山が注目し、行動を共にしていった学生たちのこのような運動が、知識人としての役割の確固たる自覚の上になされていたものとは必ずしもいえない。彼らはむしろ「青白きインテリ」ということばに象徴される自虐的なまでの「自己否定」によって、労働者との一体化に努めていったのであった。[38] 大山はどうかといえば、先に見たような「知識階級」独自の役割を見いだすことによって、比較的それからは免れていたように見える。しかしながら、はたして指導者意識や優越意識から完全に自由でありえたかという点は、疑問なしとしない。大山自身、「知識階級の人々が、指導とか誘掖とかの名の下に於て、労働者仲間を自己の勢力の下に置く目的でそれを幇助して掛かる様なこと」に対しては警告を発しており、その点に無自覚だったわけではない(39)。しかし、いみじくも大山が用いる「同情」ということばが、良心的であっても、むしろそれゆえの偽善性の一端を垣間見せてはいないだろうか。大山は、「猫の要求するものが小判でなく、豚の要求するものが真珠でないことも、同時に段々判つて来た。否、労働者を猫に見たてたり、豚に見たてたりするのは、自らを労働者以上に標置することを常としてきた諸階級の習慣的考へ方であつて、(中略)彼等は小判を与へられるよりも、真珠を与へられるよりも、まず人間らしく活きねばならぬのである」と述べる(40)。こうして「猫」や「豚」を否定しての「人間」であることの証として構想されていくのが、後述の「民衆文化」論なのであった。

この時期の大山のテーマのもう一つの柱は、国際連盟問題をはじめとする国際関係であった。彼は第一次世界大戦後の国際関係を、「旧国家主義」と「新国家主義」の二つの拮抗と見なした。前者は「国際的猜疑に固着する見地の上に立脚して居る」立場、すなわちこれまでの帝国主義世界に支配的であったパワー・ポリティックスを指している。後者は「率直に国際的諒解を求める見地の上に立脚して居る」もので、国際協調主義を意味する。大山は、後者が支配的になっていくことを望み、「それを実現するのが、国際連盟の本然の使命たる創造的事業の要部分でなければなら」ぬとして、その成立を熱望した(41)。それは、「国際間に於ても亦、各国家の自由を保障する一種の政府を必要とするのである」と述べるように、これまでの「国際的無政府状態」を脱して国際協調主義を実現していく上での中枢の役割を、国際連盟に期待していたからである(42)。

ところが現実には、すでにこのころからアメリカ側から国際陸海軍の保有に反対論が出されるなど、国際連盟は「骨抜き」となる兆候が見えていたが、大山の国際協調主義実現への確信は、願望と一体となって堅持されていた。それを支えていたのは、「組織せられた民衆が、人道的要求を触感する様になる」というやや根拠に乏しい楽観論であった(43)。大山は、「国際協調主義を支持するものは、各国に於ける民衆でなければならぬ。それは単なる民衆ではなくて、目ざめたる民衆でなければならぬ」と述べるが(44)、そこでは大山の期待と願望が、現実の民衆の姿とないまぜになっていた。「ねばならぬ」と「である」、すなわち当為と現実が、こと民衆に関しては彼のなかで一体になっていたのである。

ただしこの段階の大山にあっては、「『労働者に祖国なし』といふ主義が、如何に民族主義の前に参敗したかといふことは、開戦以来の各交戦国の社会主義者の戦争に対する態度に依つても証明せられたことである」と述べてインター・ナショナリズムには否定的な見解が示されており、やはり「民族主義」こそが国際的デモクラシー実現の核となるべきものと考えられていた。また一国内におけるデモクラシーと国際的デモクラシーの関係のとらえ方についても、一九一七年に「デモクラシーの政治哲学的意義」を書いたころから基本的に変わっていない(45)。

しかも、中国問題に対しては、依然「民族主義」は適用されなかった。山東半島の日本の権益について、「支那の感情」や「諸外国の好意」を損なうことを一方で警戒しながらも、その維持を当然と見なしていた(46)。アジアでもすでに三・一運動、そしてそれに続く五・四運動と、民族運動が成長を遂げつつあったが、大山のそれについての言及はまったくなく、それほどにアジアの問題は大山の視野に入りにくい位置にあったのである。

なお、これまでの大山の思想展開から、そして大山がこの時期改めて、ウイルソンやこの年一月に亡くなった元アメリカ大統領セオドア・ルーズヴェルトを礼讃している(47)ことにも明らかなように、ここで大山が普遍的原理として力説しているデモクラシーとは、依然アメリカン・デモクラシーであった。[48] しかも国際協調主義が失敗に終わるならば、「悪くすれば、恐るべきボルシェヴィズムの害毒に侵され易き状態を現出するのが落ちであるかも知れないといった危険に瀕せんとして居るものとも見られないではない」[49]といった文言が随所に出てくるように、ボルシェヴィズムに対する嫌悪感とそれが蔓延することへの危機感が背後にあったことも事実である。しかしながら大山が、前述のような民衆認識の下に、二大階級対立を前提としながら民衆を主体とした社会を構想していくとき、それは期せずしてしだいにアメリカン・デモクラシーから離脱していくこととなる。

## 三 「社会改造」宣言

「労働問題」と「知識階級」論を軸とする国内問題と、国際協調主義という以上の二つの柱の上に打ち出されてきたのが、大山の「社会改造」宣言であった。これまでに見たように、すでに一九一八年の段階で資本主義的統治関係に「改造」を加える必要が述べられており、そこに「社会改造」論の萌芽が現れていたが、その主張が前面に出てくるのは、やはりこの一九一九年以後の段階のことで、大山の「社会改造」のマニュフェストともいうべき論文が、一九年八月号の『我等』に発表された「社会改造の根本精神」である。[50] この論文は、直接に時事問題を扱うことの多いこれまでの論文のスタイルとは異なっており、この時点の彼の「社会改造」論を縦横無尽に展開したものとして重要である。

まずここで注目すべき点は、大山が、「一時あれほどまでに我国の読書社会の注意を鐘めて居たデモクラシーの思想が、その論点が未だ討究され盡くされもせず、またそれに対する理解が徹底もしなければ、普及もしない間に、早くも既に幾分流行り廃たりの気味となり、時としては嘲弄の材料としてさへ用ひられる様になり、『改造』とか『解放』とかいふ別の標語が、それに代用せられんとして居るやうな模様が見える」ことを憂い、[51] そのような「移り気の早い連中」に対して、「諸君はデモクラシーと改造の精神とを全然別個の観念として取扱つて居るのか。諸君はデモクラチック・プリンシプルに依るもの以外の改造を認めやうとするのか」との反問を投げ掛けているのである。[52]そして次のようにいう。「我等の立場から見れば、一切の改造は、デモクラチック・プリンシプルに依るのでなければ、全然無意義である。それ故、我等が改造を説く時は、常にデモクラシーを以てその前提として居るのである。我等は、この二つのものを以て全然無縁のものと見るのでなく、一方を発端と見れば、他方を完成と見、一方を花と見れば、他方を実と見るのである」[53]と。

ここで彼自身が述べているとおり、この時期、これまでのデモクラシーは急速に「改造」ということばに取って代わられ、前述の雑誌『改造』の創刊をはじめ、「改造」を表題に用いた書物や論文が氾濫した。しかし、たとえばその一つである生田長江・本間久雄著『社会改造の八大思想家』（一九二〇年、東京堂書店）を紐といて見ると、そこにはマルクス、クロポトキン、ラッセル、トルストイ、モリス、カーペンター、イプセン、エレン・ケイという実に様々な思想の持主が並んでいる。[54]「改造」とは、米騒動後に顕在化してきた様々な社会の矛盾に気づき、その解決方法を模索するあらゆる人々の動向をさしており、改良主義から革命思想までの混沌として未分化な状況を意味していたと考えられる。

そのなかで大山は、どのような考えをあたためていたのか。彼はまず、自らが主張するそのような「デモクラチック・プリンシプル」による改革は、「破壊を以て始まるものであるが、建設を以てその目的として居るのものである」ことを強調する。[55]そうして次の一節は、大山のデモクラシー論の、そして「建設」なるものの意味するところを、より具体的に我々に示してくれている。

デモクラシーは、それが政治的方面に現はれる時は、一般民衆の政権参加を要求し、経済的方面に現はれる時には、少くとも労働者の産業経営上の共同参加権を要求し、その他の一般社会上の方面に現はれる時には、社会の各員の社会的出発点の平等を要求するものである。さうして、政治的デモクラシー、経済的デモクラシーに共通の点は、社会に於ける各種の特権階級を否認して居ることである。しかしながら、この否認は、特権階級の撤廃そのものを以て目的として居るものでなく、それが撤廃せられた跡へ、別の新たなる社会状態を築き上げんとして居るものである。さうして、その新たなる社会状態は、デモクラシーの精神に依れば、必然的に、民衆の自由なる協調を以てその存立の根拠とするものでなければならぬ。(56)

ここに明らかなように、「破壊」のあとに来るべき「建設」とは、「民衆の自由なる協調」による社会を打ちたてることであった。彼は、「真正のデモクラシーの目的とするところは、社会的個人格の精神生活の自由発展である。「人間らしく活きる」といふことは、畢竟このことを指して居るのである」と述べる。(57) これまで見てきたように、米騒動、そして第一次世界大戦終結を機とする民衆運動の急成長を前に、国民を一体と見る彼の国家的結合の構想は破綻し、それがいまや民衆世界に取って代わられたが、やはり国民ないしは民衆の精神的自由を重んじる立場はここでも一貫していた。しかも、「デモクラシーの概念中にある個人は、自己を小宇宙として孤立する個人ではなくて、社会と不可分関係に結び附けられて居る個人である」(58)との考え方も不変であった。精神的自由を前提としつつ、いかに民衆の共同性を培っていくかということが、常に大山の重要課題であった。

では、大山のこのようなデモクラシー論の立場から批判さるべき「デモクラチック・プリンシプルに依るもの以外の改造」とは何か。そしてデモクラシーを「流行り廃たりの気味」とするような動きとは具体的に何を念頭に置いていたのか。抽象化されたこの論文の主張を、そのまま時局の動向に即して述べたのが、一カ月前に同じく『我等』に発表された論文「現代議院政治の試金石」であった。その意味で、この両論文は一つの対をなしている。

ここで大山が繰り返し嘆いているのは、「昨日まで熱叫した普通選挙の要求を、今日となつてケロリと忘れて仕舞」っていることであった。[59] 彼はあくまで、「如何なる国家に於ても、国民が社会改革上に於て、健実なる憲政上の様式に依ることに見切りを付けて、革命的直接行動に依つて一挙にその目的を達成せんと計るやうになるのは、原則としては、立憲政治が時代の要求する社会改革を遂行する力のないことを明瞭に証明した場合に起る現象でなければならぬ」ことを主張する。[60] なぜならば彼は、以下のような考えに立っていたからである。

我国民の物質生活が甚しく乱雑不整理の状態にあると同時に、その精神生活が著しく沈衰停滞の状態に在ることは、余りに明白に我等の眼前に展開せられて居る事実である。（中略）右の国民生活上の欠陥が、単に普通選挙制の採用といふが如き事のみに依つて救へるものでないことは、初めから判り切つた話である。しかしながら、右の欠陥は、それを一刀両断的手段たる急激なる国内革命とか、階級戦争とかに依つて救ふことが論外であるものとすれば政治上の方面に於ては、どうしてもそれを平和的革命の別名を有する憲政的様式に依つて救ふ外はなく、さうして、それを憲政的様式に依つて救ふべきものとせば、まづ政治上に於ける国民精力の総動員の唯一の手段たる普通選挙制の採用から差し掛るより外はないのである。[61]

「真正のデモクラシーは、或る固定したる理想世界を描かない」[62] と主張する大山の構想を、制度に収斂させてしまうことは思想の矮小化のきらいを免れないが、この時点での彼は、普選による立憲主義に再度期待をかけるべきことを強く訴えていた。同時にそれは、これまでにも見てきたようなボルシェヴィズムに対する批判と通底していた。彼は、革命のおこりうる社会の病根の存在を認めながらも、それに対する方策はあくまで「内科的療法」、すなわち「国内の法律秩序を根本的に改革して、一般民衆をして最も公平且つ不偏に、その恩恵に浴せしめるように仕向けること」でなけばならなかった。[63]

このような姿勢は、吉野作造にも顕著に見られ、吉野は、「若し従来の資本家が如何に貪欲であつたとは云へ、彼等も我々と同じ人類である。彼等と我等との間には何処かに血脈通ずる者があつて、説き且つ訓ふれば何時かは解る時があるだらうといふ精神主義の立場を持する者に取つては何うしても相手方の撲滅といふ過激手段には出で得ない」として、「過激主義」に断固反対し、「政治的民本主義」と「社会主義」の両立を主張した。[64] 大山はこれほど明確には述べていないが、やはりともにキリスト教的ヒューマニズムから出発した両者の人間観には、共通するところが多かったと思われる。

## 四　「民衆文化」論の提唱

そうしてこのような「社会改造」論と表裏一体のものとして主張されたのが、「民衆文化」論であった。まだ一九一九年段階では、のちに大山自らも認めるように、彼の「民衆文化」概念は多分に曖昧であった。

一九一九年三月号の『我等』に掲載された「民衆政治と国民文化」は、大山の考える政治の主体が、「国民」から「民衆」へと変化していくちょうど過渡期のもので、そこでは、「一国に於ける政治生活を始め、一切の社会生活が民衆化するに従つて、国民文化は勢ひ民衆文化にならなければならぬ」[65]と述べられており、「国民文化」の延長線上、さらには以前に見た「文化国家主義」の発展の上に「民衆文化」論が構想されている。したがって「民衆文化」という概念も、やはり究極、民衆精神の外的表現であるという以外に何ら具体性を帯びたものではなかった。[66] しかしながら、「現状の下に於ては、民衆生活は幾多の罪悪を示して居るにも拘らず、その根柢に於ては、他の何よりも道徳的のものであつて、従つて将来の国民文化は、国民内の民衆文化でなければならぬものである」[67]と述べるように、「民衆文化」を打ち出したことの意図は一言でいうならば、来る社会の主体となるべき、最も「道徳的」生活を営む民衆の人間らしさを取り戻し、その存在意義を確立することにあったといえよう。

それからまもなく、大山は、次のように述べている。

デモクラシーの主張者等が、その政治上の要求と共に、その産業上の要求を高唱し、従つて労働問題に関して発言する傾向を次第に顕著に示すやうになつた事実に関する前段の説明を、更に簡約して、一言にしてこれを盡くせば、この事実は、政治と生活の関係が、彼等の意識中に於て、一層その痛切の度を加へた為めである、といふことが出来やう。(68)

すなわち、それはほかならぬ「デモクラシーの主張者」の一人である大山自身が、政治を「生活」の視点からとらえる姿勢を明確にするに至ったことでもあり、その生活から迸る精神こそが「文化」なのであった。

このように「文化」概念それ自体の転換をはかることに加えて彼は、「文化的要素としての労働者達の貴き素質」として、「労働者達の信念の鞏固と、その敢為の気象の偉大とは、無学なる彼等の言説をも、学識を看板にして鼻の尖に下げて居る知識階級の人達のそれよりも、一層力あるものとする」ことと、「感情の自然の儘の流露」、「人間性に立脚する平等感の彼等の理解に入り易い可能性のあること」をあげ、(69) 彼らを「民衆文化」の担い手の中核に位置づけた。さらに労働者を「文化価値の創造者」、資本家を「文化価値の享有者」と位置づけて両者の価値の転倒をはかることをも行っている。(70) それは、すでに鹿野政直の指摘にあるように、(71) これまで非文化的存在と見なされ、蔑視の対象となることすら少なくなかった労働者階級を文化の主体的担い手と位置づけた点で画期的意義をもっている。

しかし、民衆をたんに生活の視点からとらえるだけでは事足りず、何故にあえて「文化」なるものを持ち出してこなければならなかったのか。その点についての大山の答えは、次の一節に示されていよう。

我等が現今盛に行はれて居る労働問題の論争を通観して最も不満足を感ずる点は、その唯物史観から来る論調に在るといふよりも、寧ろその文化主義的背景の欠乏に在るのである。換言すれば、それに於て、労働者群の物質条件を充実し、その日常生活を安易にすることばかりを終極目的であるかの如く説き立てられてあつて、労働者の生活を民衆文化生活に関連して考へられて居ない点に在るのである。労働者を労働力掠取者の鉄鎖から解放することは、無論必要である。けれども斯くして得たる労働者の時間及び精力の余裕を、民衆文化の創造、乃至、向上に関する直接行動若しくは補助的行動に振向けるのでなければ、結局其時の労働者が今日の資本階級の如き遊惰階級となり、そこに毎日豚のやうな安逸を貪る無数の群衆の蠢動を見るに終るであろう。(72)

すなわち、「文化」は労働者の人間性回復の証として位置づけられているのであり、それなくしては労働者の真の復権はありえないと考えられていたのである。ここで展開されている唯物史観に対する批判は、これまで行ってきたそれの延長線上にあり、大山が民本主義を主張していた時期に、「生の創造」と称する自発的かつ能動的な精神を重視する立場から、個人が「環境の奴隷」となるとの理由で唯物史観を拒否したのと主旨はほぼ同じであって、その意味では「個人」「国民」が「民衆」あるいは「労働者」に置き換わったにすぎない。ちなみに、ここでいうところの「民衆」とは、のちの大山のことばを借りるならば、「現在の社会制度の維持を不利とする側にある」(73)人々の総称を意味していた。

そのなかでのかつてに比べての大きな相違点は、以前は個人の能動的な精神の尊重が、国家的結合を維持するという目的達成のための手段にすぎなかったのに対して、いまや労働者の人間性回復それ自体が目的となっていることにある。もちろん大山は、労働者階級ないしは民衆を「社会と不可分に結び附けられて居る」存在としてとらえていたから、「民衆精神」との置換も可能な「民衆文化」はまた、民衆という集団の紐帯の役割をも果し、ひいてはそれが民衆運動を牽引していく原動力でもあらねばならないと考えられていたと思われる。しかし労働問題は、もはや社会統治の手段として視野に入れるだけで収まりきるものではなく、それだけで独立の位置を占めるに至っていたのである。

周知のように民衆文化論は、突如この時期に浮上してきたものではなく、『早稲田文学』一九一六年八月号に掲載された本間久雄の「民衆芸術の意義及び価値」にはじまって、以来民衆芸術論として加藤一夫[74]、川路柳虹[75]、大杉栄[76]らによって議論されてきた前史をもっている。そしてそれらは吉見俊哉によって、①民衆芸術の「民衆」とはいかなる人びとを指しているのか、②「民衆芸術」とは民衆の「ため」の芸術なのか、それとも民衆「による」芸術なのか、の二つの論点に集約されている[77]。

第一の点についていえば、米騒動後に提出された大山の「民衆文化」論は、そもそも労働問題の浮上に促されたものであったことにすでに明らかなように、その中心は労働者階級であり、せいぜい彼らと「生活問題」という点から共通の利害関係に置かれている「知識階級」を包含するにとどまるもので、けっして無限定に用いられていたわけではなく、労働者階級を主体とする人々の変革の契機をつかみとろうとの意欲に支えられていた。そうして「民衆文化」の重要性を説くことにより、文化の担い手としての労働者の価値の復権をはかったのである。

したがって第二の点についても、大山はけっして民衆の文化的教化を意図したのでもなく、主観的には民衆「による」文化の創造を説いていたことは疑いない。しかしながら、そこには知識人の高みからの観念的性格が抜きがたくつきまとったことは否定できず、それがゆえの民衆の理想化がなされたことも否めない[78]。それはいうなれば、ありのままの民衆では充足しえず、そこに新たに文化の創造者であり担い手としての理想型を付与せねば受容しえないということでもあったのではなかろうか。先にも述べたように、「民衆文化」の具体相がまったく述べられていないのも、それが、〝あるべき〟観念の産物であったからにほかならない。彼の「民衆文化」論は、一面で、かつての、個々人に「人格」の陶冶を求める知性主義への反省から生み出されたものであったにはちがいないが、ここにおいても、依然としてそれが、「民衆」という集団に要求されていたのである。

大山は、一九二〇年八月におこった大本教弾圧事件に関わって大本教の教勢拡大についても言及しているが、たとえばそれに対する見方にも、彼の観念的な民衆観の一端が現れている。彼はその現象を「迷信の流行」と称し、その原因は「その社会が一種の変態的状態に陥つて居るため」であるとして、「迷信に対する最も有効なる牽制法は、思想の研究及び知識の追求を出来るだけ自由にすることである」という処方箋を述べるにとどまった。(79)この事件は、後述の森戸事件と並んで思想・信仰の自由に対する国家権力による圧迫という点から知識人たちの関心を集めたが、大山の論文と同じく『我等』に掲載された長谷川如是閑の方が、「迷信」として切り捨ててしまった大山よりも、大本教にすがらざるをえない民衆の心理に内在してとらえようとの契機を、いくらか強くもっていたと思われる。如是閑は次のように述べている。

溺れるものが藁をも摑かむ如くそれが彼等の未熟な智力の判断で、不可思議であるといふことだけで彼等はそれにシガミつく。大本教は、その混沌たる慾望にやゝ組織立つた満足を与へんとすることによつて、大勢のものにシガミつかれたのである。(80)

このような大山の弱点をついたのが、民衆娯楽論を研究する社会学者の権田保之助であった。権田の批判は、必ずしも大山ひとりに向けられたものではなかったが、大山の「民衆文化」論もそれの小さからぬ位置を占めており、批判は、「民衆の文化か、民衆の為めの文化か」(『大観』一九二〇年六月)、「社会改造と文化主義」(『雄弁』

一九二〇年六月）、「民衆文化主義の展開——大山郁夫に対する私の『誤解』について——」（同上、一九二〇年八月）の三論文において展開された。[81]

権田自身の立脚点は、民衆娯楽は「学者が書斎で捏ね上げた抽象的概念の産物ではなくて、社会生活が街頭より自然に生み出した具体的事物の産物」であらねばならぬ[82]、と述べていることに示されるように、あるいはまた、「私達は何処までも「事実としての民衆娯楽」を突き詰めて、その処に始めて制作を樹てねばならぬ[83]」と述べているように、具体的な数字や統計をも駆使して民衆娯楽の実態を子細に把握することに徹するものであった。

そのような立場から、権田は、「民衆文化主義」に対して酷評を浴びせた。とりわけ次の部分は、大山のそれを念頭において展開されたものと思われる。

惟ふに、其の名の美はしくして、其の内容の空漠たるもの、此の『文化』といふものに勝るものを多く見ない。『文化』と云ふもの程、訳の解らない、正体の知れないものは、滅多に無いのである。『文化』と云ふものは畢竟するに、知識階級が其の自惚れから作り上げた『お化け』に過ぎないものである。（中略）彼等は実に『文化』といふお化けの様な概念で、労働運動や社会改造が行はれ、夫れが達成せられ得るものと考へて居る。甚しく低級なる楽天家に非ずんば、極めて不徹底なる低徊趣味者である。[84]

たしかにそれは、大山がいかに民衆に誠実であろうとしても、否それゆえにどうしても払拭できずにいた「同情」と、そしてその裏返しとして陥りがちな、いたずらに対象を理想化してしまう傾向を、鋭く抉り出したといえよう。それゆえ大山は、これまでのように知識人としての一般的立場におさまりきっていることはできず、珍しく「私」の立場から次のように応戦した。[85]

事実上、私自身はまたどん底生活に陥つて居る筋肉労働者ではないから、経済上の直接的個人的利害の圧迫から、生きるか死ぬかの心持で民衆の解放運動に参加しようとして居るとは、私が偽善の仮面を冠ぶるのでない限りは、言い得られないことである。唯、私は、私が民衆といふ大きな組織の一部であることを、私自身の個人的体験から意識することに依つて、始めて真剣に民衆の解放運動に参加しなければならないといふ衝動を感じるのである。(86)

それは、「知識階級」の立場から、「知識」に与ることのできない労働者階級との間にある溝を必死で埋めようとするあがきと苦悩の表明であった。

その点権田の方は、「事実としての民衆娯楽」は、「知識階級」の手を借りずとも民衆のなかから創造されるものであり、「知識階級は詰まらぬもので、決して社会改造なぞいふ芝居は打てぬものである。知識階級が其の空しい虚名である知識階級といふ名称を棄て去つて、自分達を労働階級と一つにすることによつて、初めて社会改造のお仲間入りが出来る」(87)と考えていたから、大山のように煩悶する必要は生じなかった。しかし権田の主張にも、はたして「知識階級は詰まらぬもの」と言い放ち、知識人としての役割規定をまったく否定し去って、ひたすら労働者階級との一体化をはかるのみでよいのか、果してそれが現実に可能なのかという問題は残る。

周知のように、当該時期の「知識階級」論は、米騒動以後の社会運動の高揚と、ロシア革命以後のマルクス主義の流入を背景に、高等教育を受けてきた人々や学生たちが、社会変革にいかにして関わるかという自らへの問いかけと不可分であった。したがって、そこにはたえず社会変革の契機を見出そうとする問題意識が貫かれていた。それに対して権田のように、「知識階級」なるものは所詮「虚名」であるとしてその存在意義を否定し去ってしまうとき、それは同時に、そうした展望をもつことをも否定してしまうことを意味した。

かたや吉野作造は、一九二一年にアナルコ・サンジカリズムの台頭とともに噴出した知識人排斥論に対しても、以下のように述べて「知識階級」固有の役割を堅持した。

労働運動は労働者の運動であるけれども、自分の利害に直接関係ある問題については、兎角判断が一方に偏し易いので、階級的利害を社会全体の進歩の上に如何に調節すべきかは、寧ろ局外者の公平なる判断に待つを必要とする事がある。此点に於いて労働階級が如何に発達をしても、彼等が階級的利益の伸張と共に、又社会全体の発達に貢献するの責任を果さんとするには、何うしても知識階級の批判を待つの必要があり、知識階級また労働者をして常に正しき道を歩ましむる為めに不即不離の関係を取つて、間接の援助を提供するの責任がある。(88)

大山の場合には、すでに見たように生活の視点に立つことによって、労働者階級を「知識階級」よりも「文化」的優位に位置づけたため、「知識階級」は労働者階級にいくらかでも接近する努力をしなければその負い目は払拭できなかった。それに対して、ここに明らかなように吉野は、「専門家」と「監督者」の峻別を維持しつづけていたから、「知識階級」は負い目を感じることなくその地位にとどまりえることとなる。無産階級運動に対する両者の姿勢の分岐は、すでにここからはじまっていたのである。

大山の「民衆文化」論は、権田がその論旨の一貫性のなさを、論文「民衆文化主義の展開」のなかで指摘し、それにとまどいすら禁じえなかったように、たえず微妙に変化し、時として矛盾をも来した。そのこと自体また、大山の苦悩と動揺の現れでもあったにちがいない。にもかかわらず、そのなかで依然一貫しているのは、繰り返し述べてきたように、精神生活と物質生活は密接な関係にあることを承認しながらも、前者を後者の反映であるとすることには疑義を呈し、「精神」という独自の領域に固執し続けたことであった。(89) それはほかならぬ、即時的ではなく常に対峙的であることを民衆に求める、彼の姿勢の現れでもあった。

大山が、自己の考えの再点検を余儀なくされたもう一つの要因は、一九二〇年二月、原内閣の第四二議会解散による普選の否定であった。原敬の普選拒否の理由は、「漸次に選挙権を拡張する事は何等異議なき処にして、又他年国情こゝに至れば所謂普通選挙も左まで憂ふべきにも非らざれども、階級制度打破と云ふが如き現在の社会組織に向て打撃を試んとする趣旨より納税資格を撤廃すと云ふが如きは実に危険極まる次第にて、此の民衆の強要に因り現代組織を破壊する様の勢を作らば実に国家の基礎を危ふするものなれば、寧ろ此際議会を解散して政界の一新を計るの外なきかと思ふ」というものであった。しかも法案を否決するのではなく、議会解散に踏み切ったのは、政権の安定をはかるというねらいのみならず、「単に之を否決したるのみにては今後一年間此問題を以て国民に鼓吹し、而して次の議会には一層猛烈なる運動となるべく」との認識によっていた[90]。

大山はすぐさまこの問題を採りあげ、「普選実現の主張は社会組織の内部に満ちて居る生命の力の流動に響応する変化なり改造なりを、合法的政治手段に依つて実現しようといふ要求を代表して居るものであつて、社会的進歩促進の根本的政策としては、これ程穏健な種類のものは、断じて外にない」[91]にもかかわらず、官僚政治に代わる政党政治もまたこれを破綻に導いてしまったとして、激しい怒りを示した。既成の支配体制や政友会の基盤を守ることに何らこだわりをもたない大山にとっては、かねてからの主張どおり、目下考え得る最も穏健な手段が普選実施にほかならなかった。そうであるがゆえに、早くも立憲政治や普選に見切りをつけたラディカリストたちに抗して彼が懸命にそれを擁護してきたにもかかわらず、しかもそれが成立時にあれほど期待をかけたにもかかわらず、その政党内閣自らの手によって葬られてしまったのである。彼は、「我国の政治的将来は、どういう方向に進まうとして居るのであるか。我等は一歩々々と暗い絶望の世界へ追ひ遣られつゝあるのではなからうか」との不安の念を吐露せずにはおれなかった[92]。

さらに、「立憲政治に関する先進国と称すべき」はずのアメリカさえもが議会政治の行き詰まりを来しはじめているとの認識が、ますます彼を議会政治に対する不信へと駆り立てていった。「現今の様に、社会問題、若しくは民衆生活との現実問題が政治の枢軸となつて来た時代に於て、議会政治が見苦しきまでの無能力を表白して、世上の不信用の標的となりつゝあるのは、東西両半球を通じての現象であると見える」[93]と。ここに長年彼がモデルとしてきたアメリカン・デモクラシー像は、完全に崩壊してしまったといえよう。

そのような怒りと失望のなかで大山は、アメリカン・デモクラシーに代わる政治制度を模索して、「現今各立憲国で行はれて居る代議制度の基礎の上に立てられた議会政治以外の新政治組織は、地方政治に関しては格別、国家政治に関しては、世界大戦の時までは、総括的に実施せられたものがなかつた。しかし、大戦は意外にもロシアに於てソヴィエット政府といふ新政治組織を産んだ」[94]と述べ、かつては敵意と憎悪の対象であったソヴィエト政府にも関心を注いでいく。『我等』一九二〇年四月号の「編集室から」には、「大山君は、過激派の文化について、研究的のものを次号に発表すべく腹案中です」と報じられたが、すでにこのとき大山は、「万一過激派の思想が危険なものであるとすると、それの伝染を防ぐためにも、之を研究することが益す必要であることは、伝染病菌の場合と少しも異るところがないのである」[95]と記しており、これまでの先入観を捨ててそれにのぞむ決意を明らかにしていた。

折からちょうど、連合国側がソヴィエト政府承認に向けてシベリア撤兵を行う趨勢になりつつあるときでもあった。無論これに対しては、彼は、ともかくも日本の「浪費を避ける」というプラグマティズムの立場から、撤兵が妥当であることを主張した[96]。

ソヴィエト政府については、「現在に於けるプロレタリアートの政府の唯一の実例であるところのソヴィエト政府の下に於て、民衆教育的施設に関してどういふ方針が立案せられたかを知ることだけでも、民衆文化の問題に興味を持つて居る人々に取つては、直接間接に非常に利益の多いことであらうと思ふ」(97)と述べて、当初はあくまで制度の面ではなく、「民衆文化」という自己の関心にひきつけて何らかを学びとろうとしていた。

が、まもなく彼は、ソヴィエト政府に、より好意的姿勢を示すようになる。「この政府の政治上の実験が今後着々成功の実を挙げる様にでもならうものなら、それはロシア以外の諸国の政治組織の上にも大なる影響を及ぼさないでは置かないであらう。目下日日の新聞紙上に掲げられる外電を綜合して判断すれば、新ロシア内の反過激的諸派が既に全く跡を絶つた今日に於て、ソヴィエット政府の困窮は国内に於ける民衆の不平に基いて居るのではなくて、寧ろ外国からの封鎖や圧迫から来て居るものゝ様に見受けられることだけは、たしかである」(98)という部分に明らかなように、民衆に立脚した政治が行われていることへの確信を強めつつあった。

『我等』一九二〇年一〇月号に、バートランド・ラッセルの「労農ロシアを訪う」を大山自らが翻訳して紹介していることも注目される。ラッセルのそれは、けっしてロシア政府やレーニンに好意的ではないが、詳細でかつ冷静な観察にもとづくもので、その点が大山の関心を呼んだのであろう。(99)

このような彼の変化は、内外の政治情勢の推移に加えて、再び櫛田民蔵との交流の機会が増えたことも一因となっていたと思われる。一九二〇年一月、前年末発刊の雑誌『経済学研究』創刊号に掲載された東京帝国大学経済学部助教授森戸辰男の論文「クロポトキンの社会思想の研究」が、無政府主義を宣伝しているとの理由で発禁となり、森戸と、同雑誌の発行人であった大内兵衛が起訴されるという、いわゆる森戸事件が起こった。そうして前年九月から東大経済学部で講師を務めていた櫛田は、同年四月、同教授会の態度を不満として東大をはじめとする教職を辞し、大原社会問題研究所の嘱託(まもなく正式の研究所員となる)に転じるとともに、(100)再び我等社の同人ともなったからである。[101] 櫛田は、その発禁となった『経済学研究』にもマルクスの『共産党宣言』第三章を訳載するとともに、『我等』にも「マルクス学における唯物史観の地位」（一九二〇年一〇月）を発表するなど、マルクス主義に対する認識はすでに深かった。

この森戸事件に際しては、『我等』も森戸支援を惜しまなかった。森戸辰男自身も『我等』の奮闘ぶりを、「森戸事件は、ひろくジャーナリズムの関心を呼び、しかも圧倒的に、森戸・大内擁護、学問の自由擁護という形をとったのですが、とりわけ『我等』は最初から最後まで、首尾一貫、先頭に立ってこの目的のために筆陣を張ったのです」と讃えている。[102]『我等』には早速「思想言論の自由」の特集が組まれ、如是閑・吉野作造・三宅雪嶺、そして大山らが論陣を張った。なかでも吉野の「言論の自由と国家の干渉」と題する論文は、「国家は吾々の共同生活の一方面を指して言ふにすぎない」[103]との多元的国家論の立場に立ったものであった。後述するように多元的国家論はそれからまもなく、中島重『多元的国家論』（一九二二年、内外出版）をはじめ、如是閑・大山らによって主張されるようになるが、吉野のそれは先駆的なものであったといえよう。

吉野は、「共同生活の統括原理」は「命令、服従といふやうな低級の、水臭い関係を飛び越えて、今日はもつと自由な道徳的な且つ人格的な所に基礎を置きつつあり又置かねばならぬといふ事になつてを」り、「強制組織」であるところの国家は「第二義的な所に落ち来らざるを得ない」ことを、思想言論に対する国家の干渉排除の論拠とした。そして「放縦と自由の識別」という問題に対しても、それを国家に委ねるべきではないとの立場をとり、「人格としての人間の発達を信ずるといふ、楽天的人生観」によることを宣言したのである。[104]

ここで吉野が述べる「共同生活の統括原理」は、大山が「社会改造」の基本理念として求めてきたもの、すなわち「民衆の自由なる協調」ときわめて近い。しかしながら大山にはまだ、この段階では、国家と社会の区別は明確には意識されていなかった。大山は、同じこの特集における「社会科学に於ける研究の自由」と題する論文[105]で、「学術研究の成果の社会化」という観点から、大学と社会とのあるべき関係を問い直すという論法をとり、本来は両者が密接であらねばならないにもかかわらず、大学における研究及び研究発表の自由の限界の存在、そして政府の干渉に対する大学の屈服、といった事実がそれを阻んでいるとした。また、「学術それ自身の立場から離れて、国家の立場から考へても、国家組織の批評は、たとへ否定的の批評にしろ、さうしたものゝ出ることは、国家組織の上に現はれる各種の弊害を除き去つて、国家自体の生活を安固にすることを謀るために、極めて歓迎すべきことでなければならぬ[106]」とも述べているが、吉野に比べて、自由擁護のための論理的説得力の弱さは否定できないだろう。しかしこの事件が、大山をしていっそう国家権力に立ち向かう契機になったことはまちがいない。

大山はまた、この森戸事件のおこる前年一〇月から一九二一年八月までの間の六回にわたり、ヴェーナー・ゾンバルトの「無産労働階級の研究」("das Proletariat")の翻訳を『我等』に連載している。最初の四回は、順調に毎月掲載されたが、一九二〇年一月を最後に「訳者の都合で」一旦途絶えていた。ところが「諸方から惜しまれる声が聞えて来るので」復活することにしたという[107]。しかしながら結局それもまた、一九二一年七・八月と続いたのみで中絶したままとなってしまった。ちなみにゾンバルトについては、第一章で見たように、大山はすでにシカゴ大学留学中に彼の作品に触れており、以後それまでの間、大山がゾンバルトから得た知識は、現実社会の変革に応用されることのないまま彼のなかであたためられていたのであった。そうしてこの時期に、社会変革のあり方を試行錯誤するなかで、再度それが顧みられることとなったのである。

この一連の翻訳の仕事もまた、そもそもは、「殊に労働問題が喧しくなつて来た今日に於ては、それが我等の省察の材料として役立つ点も亦決して少くはない。その上我等は、労働階級の明日の凱歌を聴く前に、その今日の苦痛に就いて知らなければならない」(108)との動機に発していた。著者ゾンバルトのねらいは、「全体としてのプロレタリアー階級の本質を認識すること」(109)にあり、生活実態を詳細に伝えることによって、労働者階級がいかに人間性を喪失させられてしまっているかを訴えたものであった。それは一八九〇年代の日本における横山源之助らのルポルタージュの類いを想起させるもので、そこに登場する労働者階級は〝哀れむべき対象〟ではあっても、変革の主体としてはとらえられていなかった。大山が翻訳を中絶させてしまったのも、あるいは、大山自身がしだいにマルクス主義に近づいていくにつれて、そのようなゾンバルトの作品に当初ほど魅力を感じなくなってしまったことが一因になっているかも知れない。

## 五　女性解放運動への支援

一方、このような大山の民衆観に示される社会的弱者への関心は、女性にも及んだ。平塚らいてうをはじめ、市川房枝・奥むめおらによる新婦人協会結成の動きが、再度大山の女性問題への関心を呼び覚ます引き金となった。

一九二〇年二月二一日、新婦人協会結成を前にして、東京神田のYMCA会館で「新婦人協会第一回演説会」が開催された際に、大山は、大庭柯公・植原悦二郎らとともに演壇に立ち、「婦人の政治的能力」について講演している(110)。周知のようにこの演説会は、女性の政治結社加入・政治集会参加を禁じた治安警察法第五条の撤廃をめざして開かれたものであったが、その直後の第四二議会解散によって、らいてうらが提出した請願書は、衆議院では参考送付、貴族院では審議未了となってしまった。そのため、これに抗議すべく、三月四日、再び神田のYMCA会館で「思想家の時局観」と題する演説会が開かれることになり、ここでも大山は講師を務めた。

そして同年三月二八日、東京上野の精養軒で新婦人協会の発会式が行われた際には、大山も、出席者七〇名中男性二〇名の一人として列席し、大庭柯公とともに、「自信を以て邁進せよ」との激励の賛辞を贈ったという。[111] また結成後も、同年七月二五日より一週間にわたり、同会政治法律部が女性のみを対象に開いた政治法律夏季講習会においても、「近代政治及社会思想発達史論」というテーマで、総計九時間にわたる講演を行うという協力ぶりであった。[112]

「現代は解放の時代である。久しく因はれて居たものが、放たれようと焦せつて居る時代である。さうして放たれようとする希望の実現が、段々近いて来た時代である。この風潮に乗じて、まづ第一に猛然続いて奮起したのは、婦人解放運動である。第四階級の解放と、婦人の解放とが完成せられた時に、人類の新時代は始めて開けるであらう」[113]と述べるように、社会的弱者の立場からの「社会改造」を模索する大山にあっては、「第四階級」に次ぐ社会的弱者と見なされる女性を解放の主体と位置づけることに何ら躊躇はなかった。

さらにその年の暮れに発表された「婦人の商品性とその人間性——女子教育に関する一考察——」(『婦人公論』一九二〇年一二月)では、「婦人の人間性」を阻むものとして「婦人の性の商品化」現象を指摘し、それを作り出してきた日本の良妻賢母主義を突いて、より女性問題の本質に迫っていく。大山によれば、「その一生の(性の——引用者)買手若しくは飼主の満足を売るために、その全生活をこの目的に適応させ」ている「一般の婦人達」もまた、「『自己』のための生活を持たない」ということにかけては、売笑婦とまったく同一であった。それゆえ「婦人の人間性の承認の要求!——そこに婦人運動の核心もあれば、そこに女子教育の急所もある」という。[114] 大山は、女性がそのような状態から脱却するためには経済的独立が必要であるということにも言及はしているが、それはこの論文の主題ではなく、中心はまさに「婦人の人間性の承認」という点にあった。ここにも、物質主義一辺倒を是としない大山の立場が貫かれている。またこれは、大山が結婚した当初、論壇で女性の精神の自由な発達を阻む家族道徳を撃ち、私生活においても妻を〝対等の人格〟として尊重することを宣言して以来の一貫した姿勢であった。そこに流れるヒューマニズムの精神は、男性知識人、そしてマルクス主義者もまた、多くは見落としがちであった女性の問題に目を向けさせ、彼の社会的弱者への関心を支えてきた。と同時に、ここでもまた「人間性の承認」という抽象的なものの前に、具体的な制度的改革に対する視点を弱める傾向があったことも否めない。

ただし、彼のこの問題への関心はその後も持続され、その女性解放論もまた、彼の「社会改造」論の進展に伴って、それと歩調を併せつつ変化していった(115)。

(1) 結局、大阪朝日や大阪毎日の地盤にくい込むことはできずに経営難に陥り、一九一九年一一月に創刊してからわずか半年後の二〇年六月一三日に鳥居は退社し、八月一四日には大本教に売却された(長谷川如是閑著作目録編集委員会『長谷川如是閑――人・時代・思想と著作目録』一九八五年、中央大学出版部、五八頁)。

(2) 鳥居は、如是閑と大山の『大正日日』への協力を期待していたが、取締役を務める神戸の鉄成金勝本忠兵衛から「赤」として排斥されたため、二人の入社がならなかったともいわれている(同右)。

(3) ただしこの年五月に欧米に留学。一九一九年八月から一九二二年まで、ドイツ、及びニューヨークからの葉書計一二通が大山のもとに届いている(『目録』Ⅵ(ウ)――(A)9②〜⑬)。井口は、大山に『我等』の送付を依頼し、それが送られてくるのを待ち望んでいた。また『我等』はニューヨークにも読者を持っていたようで、井口の葉書は、「昨日(ニューヨークにある――引用者)日本の書物屋を訪ねたら「我等」はもう二部しか残つてゐませんでした。当地に務めてゐる多くの若いビジネスマンも「我等」の供給するやうな思想に対して心からの渇望を持つてゐるやうです」と伝えている(同上、一九一九年八月二一日(③))。
(4) 長谷川如是閑著作目録編集委員会編前掲書、六〇頁。
(5) 「櫛田民蔵年譜」(大内兵衛・向坂逸郎監修『櫛田民蔵 日記と書簡』一九八四年、社会主義協会出版局)八二三頁。
(6) 長谷川如是閑「『大阪朝日』から『我等』へ」(『我等』第一巻第一号、一九一九年二月一一日)七頁。
(7) 同右、一五頁。
(8) 同右、九頁。
(9) 同右、四七頁。田中浩は、「『我等』という雑誌の性格つまり立場と方法は圧倒的に如是閑色によって彩られている、といってよい。このため大山は『我等』発刊後七年目頃から離脱していく」(「評伝 長谷川如是閑」(中)・『世界』一九八六年一月、二四六頁)と述べ、すでに両者の思想的差異をこの時点から認めているが、これは大山の思想の誤認であると考えられる。
(10) 後年如是閑は、「我等」の名前の由来について、「なんという名前にしようかというときに、大山君がドイツのなんとかという雑誌の名前から「我等」にしようといって…」「あれは大山君と二人で「我等」だからね」と答えている(「大正デモクラシーと文学――雑誌「我等」のころ」(長谷川如是閑、(聞き手)丸山真男・紅野敏郎)・『文学』一九六四年一一月、六九頁)。
(11) 前掲「『大阪朝日』から『我等』へ」四頁。
(12) 「編集室より」(『我等』一九一九年二月)。
(13) 同右、一九一九年四月一日。
(14) 伊豆富人の証言(長谷川如是閑著作目録編纂委員会編前掲書、六一頁)。ただし創刊号は、予想以上の好評で再版に付された(「編集室より」『我等』一九一九年三月一日)。
(15) 関忠果他編『雑誌『改造』の四十年』(一九七七年、光和堂)一七、及び四五頁。

(16)「国際生活の前途と日本国民」（『青年雄弁』一九一九年二月）一七〜一八頁。
(17)同右、二六〜二七頁。
(18)「憲政三十年の祝賀」（『我等』一九一九年二月一一日）二頁。
(19)大山は、米騒動時にあえて傍観の態度をとり闘わずして政権を手に入れた政友会を次のように批判していた。
「政友会が『熟柿』を手に入れたといふことは、同党が闘はずして政権に有り附いたことを暗示するものである。我等は政友会の獲物が『中原の鹿』でなくして、単に一個の『熟柿』であつたことを、同党のために遺憾とするものである。寺内内閣在任期間を通じて政友会は必ずしも、少なくとも『中原の鹿』に似たるものを射るべき機会に事を欠かなかつた。殊に最近に於ける米騒動の後こそは、政友会がその『多数党の威力』を適当に行使すべき時ではなかつたか」（「今次政変の誘因経過及び帰結に関する考察」・『中央公論』一九一八年一〇月、五八頁）。
(20)《評論》「原内閣の施政方針に対する批判」（『中央公論』一九一九年二月）九五頁。
(21)同右、九八〜九九頁。
(22)「世界的背景の前に立てる我国の憲政」（『大学評論』一九一九年二月）二六〜二七頁。
(23)松尾前掲『普通選挙制度成立史の研究』一四一〜一四二頁。
(24)前掲「世界的背景の前に立てる我国の憲政」三〇頁。
(25)同右、三三頁。
(26)前掲「国際生活の前途と日本国民」二〇頁。
(27)同右、二六〜二七頁。
(28)同右、二七頁。
(29)田中惣五郎『吉野作造——日本的デモクラシーの使徒』（一九五八年、三一書房より一九七一年に復刊）一九八頁。黎明会は二〇年八月まで存続し、月一回の黎明講演会が一〇回催されたが、大山はそのうち二回講演を行い、『黎明講演集』に収録されている。

(30)　「社会的傾向としての政治家及び文芸家の接近」（『我等』一九一九年四月一五日）一七頁。
(31)　《海内及海外》「労働問題と知識階級・当局者の労働組合観」（『我等』一九一九年三月一日）二頁。
(32)　同右、三頁。
(33)　詳しくは、三輪良一「第六章　労働組合法制定問題の歴史的位置」（安藤良雄編『両大戦間の日本資本主義』一九七九年、東京大学出版会）を参照。
(34)　「知識階級と労働者」（『我等』一九一九年九月）三五頁。
(35)　前掲「労働問題と智識階級・当局者の労働組合観」二頁。
(36)　伊藤隆『大正期「革新」派の成立』（一九七八年、塙書房）四四頁。
(37)　「新人会史年表（一九一八―一九二九）」（石堂清倫・竪山利忠『東京帝大新人会の記録――現代思想史の源流を創る』一九七六年、経済往来社）三六八頁。
(38)　丸山真男「近代日本の知識人」（『後衛の位置から――『現代政治の思想と行動』追補』一九八二年、未来社）一〇五頁。
(39)　前掲「知識階級と労働者」『我等』一九一九年九月、三七頁。
(40)　前掲「労働問題と知識階級・当局者の労働組合観」二頁。
(41)　《海内及海外》「骨抜きの国際連盟（か）」（『我等』一九一九年三月一日）五〜七頁。
(42)　「民族主義と国際主義――その講和会議に於ける曲折」（『我等』一九一九年三月一五日）一九頁。
(43)　前掲「骨抜きの国際連盟（か）」六頁。
(44)　前掲「民族主義と国際主義」三頁。
(45)　前掲「民族主義と国際主義」六〜九頁。
(46)　《海内及海外》「内田外相の外交態度の声明」（『我等』一九一九年六月一日）。
(47)　「米国の代表的公民ローズヴェルト」（『我等』創刊号）。

(48)　一九二二年六月五日、京都大学学友会主催の「名士招待講演会」で如是閑と大山と河上肇が講演を行い、その際に河上は、政教社の『日本及日本人』に対して、その政教社の二階で出している『我等』は『西洋及西洋人』であるといみじくも評したという（大久保利謙「河上肇に関する憶い出三つ」『河上肇全集』第一巻《月報》二一、一九八三年九月、一四頁）。普遍性を追求し、「世界の大勢」と足並みをそろえることに力を注ぐあまり、アジアへの視点を欠きがちであった大山ら『我等』同人たちの性格を見事に言い当てていよう。

(49)　前掲「骨抜きの国際連盟（か）」七頁。

(50)　大山自身も次のように述べて、この論文を自己の「社会改造」論の出発点に位置づけている。「私は既に、私達の雑誌『我等』の八月号に於て、『社会改造の根本精神』と題する一篇を発表してから、爾後月を趁うて毎号その趣旨を布衍した論文を載せつゝ、現に尚ほそれを続けて居るのである」（「改造思想発生の原理」・『日本及日本人』一九二〇年一月、六一頁）。

(51)　「社会改造の根本精神」（『我等』一九一九年八月）三一頁。

(52)　同右、三二頁。

(53)　同右。

(54)　宮島新三郎・相田隆太郎著『改造思想十二講』（一九二二年、新潮社出版）でも、マルクス、ベルンシュタイン、コール、ラッセル、クロポトキン、レーニン、ウエルズ、カーペンター、モリス、ケイ、ガンジー、バルビュスが取り上げられており、やはり多様な思想を包含していた。

(55)　前掲「社会改造の根本精神」三〇頁。

(56)　同右、三三頁。

(57)　同右、三四頁。

(58)　同右。

(59)　前掲「現代議院政治の試金石」一四頁。

(60)　同右、一六～一七頁。
(61)　同右、一二頁。
(62)　「社会改造の根本精神」三五頁。
(63)　「政治家の新たなる苦悩」(『我等』一九一九年四月一日) 四九頁。
(64)　吉野作造『社会改造運動に於ける新人の使命』(一九二〇年、文化生活研究会) 一八〇～一八一頁。
(65)　「民衆政治と国民文化」(『我等』一九一九年三月) 一九頁。
(66)　大山は、「文化といふ現象は、時代精神の表現である」と説明している (「民衆文化主義と自分＝権田保之助氏の批難に答ふ」『我等』一九二〇年七月、三七頁)。
(67)　「社会的傾向としての政治家及び文芸家の接近」(『我等』一九一九年四月一五日) 一九頁。
(68)　前掲「知識階級と労働者」三三頁。
(69)　「文化的要素としての労働者」(『我等』一九一九年一一月) 二六～二七頁。
(70)　「労働問題と教育問題との交錯＝文化価値創造の上に於ける労働者の貢献」(『我等』一九二〇年一月) 一五頁。
(71)　鹿野政直「解説」(『大正思想集』II、一九七七年、筑摩書房) 四四六頁。
(72)　前掲「労働問題の文化的意義」二三頁。
(73)　「社会制度と社会思想」『我等』一九二一年一月号一六頁。
(74)　加藤一夫『民衆芸術論』(一九一九年、洛陽堂) に収録。
(75)　川路柳虹「民衆及び民衆芸術の意義」(『雄弁』一九一八年三月)。
(76)　大杉栄「新しき世界のための新しき芸術」(『早稲田文学』一九一六年一〇月)。
(77)　吉見俊哉『都市のドラマトゥルギー――東京・盛り場の社会史』(一九八七年、弘文堂)。
(78)　この点について、鹿野政直は、民本主義の提唱とともに浮上してきた「民衆」は、「知識層にとっての〝他者〟であっただけに、多分に善意や願望の自己陶酔を内包して、文化創造の泉ともみなされ」たことを指摘する (鹿野

『近代日本思想案内』一九九九年、岩波文庫、一六八～一六九頁）。
(79)《海内及海外》「内務省の迷信取締」（『我等』一九二〇年九月）七九～八一頁。
(80)長谷川如是閑《傾向及批判》「大本教と現代」（『我等』一九二〇年九月）八四頁。
(81)第三論文「民衆文化主義の展開」で権田は、「私があの二つの論文を書いた時には、明らかに夫れと名を記しては置かなかつたけれども、私の議論の有数なる対照物の一つとして、大山氏の『民衆文化主義』を目標として居たのである」と告白している（四五頁）。
(82)「序」（権田保之助『民衆娯楽問題』一九二一年、同人社書店、『権田保之助著作集』第一巻、一九七四年、文和書房）一六頁。
(83)「序」（権田保之助『民衆娯楽の基調』一九二二年、同人社書店、同右書）二九〇頁。
(84)前掲「社会改造と文化主義」六〇頁。
(85)大山が自己の心情を語ることはきわめて少なく、たとえば、前述の「文化」理解の変化についても、彼も変化があったにもかかわらず、自分自身の変化としてはふれずに、あくまで「デモクラシーの主張者等」一般の傾向として論じているのであり、同様の傾向は随所に見られる。それは自身の思想的変化に対して、大山が無自覚であったためか、意図的に一般化して自己のことには触れなかったのか、明らかではない。
(86)前掲「民衆文化主義と自分」四三頁。
(87)前掲「民衆文化主義の展開」五六頁。
(88)「プロレタリアートの専制的傾向に対する知識階級の感想」（『中央公論』一九二一年九月、前掲『吉野作造集』）二八一頁。
(89)「民衆文化の社会心理的考察」（『中央公論』一九二〇年七月）一八頁。
(90)『原敬日記』一九二〇年二月二〇日の条。この事情についての詳しい指摘は、松尾前掲『普通選挙制度成立史の研究』一八二～一八三頁にある。

(91)　「議会解散の一批判」(『我等』一九二〇年四月) 一八頁。
(92)　同右、二二頁。
(93)　《海内及海外》「ウイルソンの議会批難」(『我等』一九二〇年七月) 七七〜七八頁。
(94)　同右、七八頁。
(95)　《海内及海外》「過激派政府と連合国」(『我等』一九二〇年四月) 九〇頁。
(96)　前掲「過激派政府と連合国」八九〜九〇頁。
(97)　「民衆文化の帰趨と教育」(『我等』一九二〇年五月) 一六頁。
(98)　前掲「ウイルソンの議会批難」七八頁。
(99)　同誌の「編集室から」のなかで大山は、「お断りするまでもなく、私達は、ラッセルの労農ロシア観に盡く同意するものではありませんが、色々の意味でこの旅行記を有趣味なものであると同時に、有益なものだとも思ひます」と記している。
(100)　前掲「櫛田民蔵年譜」八二三〜八二四頁。
(101)　「編集室から」(『我等』一九二〇年五月)。
(102)　森戸辰男『思想の遍歴(上)——クロポトキン事件前後』(一九七二年、春秋社) 一六九頁。
(103)　吉野作造「言論の自由と国家の干渉」(『我等』一九二〇年三月) 三三頁。
(104)　同右、三五、及び三八頁。
(105)　大山は、同年二月一〇日、東京神田青年会館で開かれた黎明会主催の森戸事件講演会において、同じタイトルで講演を行っている(『大正日日新聞』一九二〇年二月一二日、森戸前掲書、一一七頁)。
(106)　「社会科学に於ける研究の自由」(『我等』一九二〇年三月) 三〇頁。
(107)　ゾンバルト(大山郁夫訳)「無産労働階級の研究」(V)(『我等』一九二一年七月) 三三頁。
(108)　同右(『我等』一九一九年一〇月) 五一頁。

(109)　同右、五三頁。
(110)　『市川房枝自伝《戦前篇》』(一九七四年、新宿書房)五八〜五九頁。なお、ここではすべて大山の肩書が早稲田大学教授となっているが、後述するように大学復帰が実現するのは一九二一年のことであるため、誤りである。
(111)　同右、五九頁。
(112)　同右、七七頁。
(113)　《海内及海外》「第四二議会と婦人参政権問題」(『我等』一九二〇年四月)八六頁。これは執筆の時期から推して、おそらく、前述の三月四日の講演内容をほぼそのまま文章化したものと思われる。
(114)　前掲「婦人の商品性とその人間性」九〜一〇頁。
(115)　彼はその後も、女性問題の雑誌にしばしば寄稿しているが、それらは基本的に、「婦人の隷属的地位」は「私有財産制度とその起源を一つにしてゐる」という事実から、「婦人解放問題は、結局社会組織の改変の問題に関連するものである」(「婦人の社会事業に欠けて居るもの」・『婦人と労働』第三巻第一号、一九二五年一月、九頁)というところに収斂するものであった。したがって、一九二〇年代前半の婦人参政権獲得運動の盛り上がりに対しても、彼はそれを、かつての「所謂賢母良妻主義の教育方針の下に圧へつけられて、服従の美徳(?)を何よりも大事なものと教へ込まれ、それをまた尤も千万のやうに心得て居た」状態に較べて、「我国の婦人界の一般的目ざめから派生したもの」として「注意深き観察に値ひする」とは認めているものの、次のように述べて、むしろそれの無意味さを説いた。「議会はその資本主義の本山でもあれば、牙営でもあります。それ故に、婦人たちが、議会を通じて婦人の解放を完成しようとか、婦人の地位の向上を謀らうとか考へてゐるのならば、それは根本的に間違つた考へだと言はなければなりません」(「婦人参政権獲得の前に」・『婦人新報』一九二二年三月、五〜六、及び九頁)。

## 第二節　資本主義のイデオロギー暴露

### 一　「制度の改造」論への転換

ところが、一九二一年になるとそのような大山の思想に大きな変化が現れる。一九二一年一月の『我等』に載せた「社会制度と社会思想」と題する論文がその出発点となるもので、[1] そこでは次のように述べられている。

「人心の改造」は結局「制度の改造」を経て到達するより外に途のないものである。そして「制度の改造」が「人心の改造」——若しくは或る意味に於ける社会教育に依つて達せられないものだとすると、徹底的階級闘争が到底免れないものだといふことになるのである。[2]

経済決定説への疑問から唯物史観を拒否し、物質には還元しえない精神の領域、すなわち「民衆文化」の必要を強調したかつての立場から、少なくとも表面上、一転しての変化である。彼の場合、自ら明確にしないまま思想の変化を遂げていくのを常とするのであるが、ここではそのような変化の大きさゆえに、「私自身も、曾て一時は多少かういふ考えに影響せられたこともあるが、しかし、その後の考察は、直ちに私をしてこの陥穽から脱却することを得しめたのである」[3] との自己批判をも伴わざるをえなかった。

大づかみにいえば、一九一〇年代から二〇年代の思潮は、一九二〇年前後の「制度の改造か人心の改造か」という論争を経て、文化主義ないしは精神主義から物質主義へと転換していったといえ、大山の歩みもまさにそれと軌を一にしていた。一九二〇年九月号の『中央公論』において、「物的社会改造より心的社会改造へ」という特集が組まれたことも、それを象徴的に示していよう。そこに起用された論者たちの多くは、むしろ趨勢に反して、も、「今日の社会改造運動は、どちらかと云へば、精神的方面よりも物質的方面に流れて来てゐる[4]」と感じられたからにはほかならなかった。

大山が思想の転換を明確に表明したのは、このように一九二一年の初頭であったが、それに連なる要因は、一九二〇年の段階から見いだしうる。

その一つは、議会に対する失望の深まりであった。一九二〇年八月に発表された論文「呪はれたる第四三議会」は、議会、なかんずく衆議院を構成している政党に対する不信を余すところなく表明したもので、そこでは、「今日ほど我国民が議会に対して幻滅の悲哀を感じて居ることは、過去に於てその例のなかつたことである」とまで言い切っている。ところが、「それは必ずしも、今の議会が過去のそれより『悪化』した訳といふのではない。唯それは、今日の議会が外部の社会に於ける進歩に順応することが出来なかつたためだといふことは、公平な立場からは認めなければならない。それは、国民の立場からいへば、悲しむべきことである。しかし、議会がそれだけ時勢に後れたのは悲しむべきことであるが、同時に時勢がそれだけ議会を超越して前へ進んだことは、喜ぶべきことであるに相違ない[5]」とも記しているように、大山によれば、この時期、議会の側に失望を生む特別な原因があったというわけではなく、急速な民衆運動の成長が、依然醜態をさらし続けている議会・政党との乖離をいっそう進行させたからであった。それだけに抜本的な「議会改造」が必要であるにもかかわらず、「議会改造の最後の手段は愚か、その入り口の手段たる普通選挙権に対する民衆の要求さへ、今は議会に於て無理無体に阻まれて居る[6]」と認識される状態にあって、議会という制度それ自体に対する懐疑が生じざるをえなかったのである。

そうして、「民衆が議会に全然絶望したとしたら、その結果はどういふことになるであらう？　その時は、民衆自身の行くべき道を発見するであらうか？　若しそれを発見し得るものとすれば、その行くべき道といふのは何であらう？」[7]と、噴出する疑問を次々に投げかけていくが、とりあえず、「『議会否認』の声は、まだ民衆の世論といふ程度までには進んで居らないやうであるが、しかし、少なくとも議会政治が深刻なる懐疑の標的とせられてゐる範囲に非常に広まつて来て居ることだけは事実である」との認識にとどまった。[8]彼にとって、議会という合法的に民意を汲み上げる手段を断たれることの危機感は、それほどに強かった。

もう一つは、教育の問題であった。「社会改造」において「民衆文化」の重要性を訴えた大山が、それを創造する力となる民衆の教育に注目することは当然の成り行きともいえた。彼は、一般民衆が「彼等が産業組織や政治制度の多くのものに向かつて取つて居るほどの否認的態度をそれ（教育制度――引用者）に向つて取つて居ないやうではないか。もしさうだとすると、これはどう説明していいものだらう？」と述べ、現行の教育制度を否定の対象に据えることの重要性を訴えた。[9]しかし、民衆がそれに立ち向かうことができず、「教育の前に盲目的に拝跪することのある」のは、大山によれば、それが支配階級の独占物として「秘密」にされてきたからである。「過去から現在に至るまでの歴史について考へてみれば、如何なる国に於ても、ある時代の文化は、常にその時代の支配階級の庇護の下に発達した跡を示して居る」のであり、[10]「斬ういふ風に、各時代の支配階級が文化開発のためにする努力の裡には、必ずその時代の社会組織の維持を図るといふ目的が含まれて居るものである。それ故、各時代の支配階級が文化開発のために行つて居る教育政策の根抵には、常に治平の要道といふべき意味が重要なる地位を占めて居るのである」。[11]つまりここで彼は、これまで観念的に「民衆文化」と対置させてきた「ブルジョア文化」について、それがどのように成り立ちえているのかを分析して見せた。持論の「民衆文化」の創造ということを、どうすればそれが実現できるのかというところまで突き詰めていくためには、文化創造の前提となる広義の教育について考えてみる必要があり、まずは現行の教育を俎上にのせることになったのである。

その結果、「ブルジョア精神の指導の下に、若しくは我国の場合に於ける如く封建的精神とブルジョア精神との混合物の指導の下に、或る特殊階級が現在の社会組織を維持する目的を以て経営して居る教育」は、とうてい「社会的進歩に対する主要なる刺激力の一つ」と見なすことはできない。そうなりうるのは、「それが或る特殊階級の功利的目的のために利用されるのでなく、民衆精神の指導の下に、民衆全体のために経営せられて居る場合に於てでなければなら」なかった[12]。そのためには「真の意味における就学機会均等の実現」という教育の解放が行われなければならず、「それは結局、資本主義の撤廃といふところへ落ち附くものである」と考えられた[13]。

ここでは「就学機会等の実現」と「資本主義の撤廃」との先後関係は明言されてはいないが、おそらく「就学機会均等の実現」のためには、まず「資本主義の撤廃」がなされなければならないと考えられていたことは明白であろう。多様な可能性を含みつつ曖昧模糊としたまま提示されていた「民衆文化」論が、しだいに、制度の変革とかかわる具体的なものとして示されていく過程であった。

その後も彼の教育に対する関心は持続され、前掲「教育上の迷信及び迷信破壊」(一九二〇年一〇月)に次いで、前掲「婦人の商品性とその人間性——女子教育に関する一考察」(同上)[14]、「新聞紙と社会教育＝社会教育の意義に関する一考察(前篇)＝」(『我等』一九二〇年一一月)[15]「二種の社会教育観＝社会教育の意義に関する一考察(後篇)＝」(同上、一九二〇年一二月)と、教育を主題にした論文が書き継がれている。

一方、「民衆文化」論については、一九二〇年七月に発表された「民衆文化の社会心理的考察」(前掲)を最後に「民衆文化」ということば自体が用いられなくなっていった。ところが、前掲「二種の社会教育観」は、その前篇の論文で用いた社会教育という概念について掘り下げて追及したものだが、ここでは、社会教育観には支配階級のそれと民衆の側からのそれの二種があるといい、そのうち民衆の側からのものについて次のような説明を与えている点に注目せねばならない。

民衆の側から出た社会教育観は、民衆の実生活の必要から湧き出でたものである。それは、現在の社会制度を維持して居ては彼等に生活上の向上が絶望的だといふ事実に対する彼等の自覚から生じたものである。それは、新しき社会生活の創造のために民衆自身が訓練をすることを、その使命とするものである。[16]

これは、かつて彼が「民衆文化」に対して与えた説明とあまりに酷似していることに驚かされる。たしかに「民衆文化」は、以前よりも「社会改造」のための手段としての位置付けをいくらか明確にもった「社会教育」に取って代わられている。しかし具体的に挙げられているのは、「労働者の場合に於いては、労働組合の経営とか同盟罷業の実行とかいつたもの」で、一般民衆の場合には「一般民衆の実生活そのものが社会教育機関とせられなければならない[17]」という漠然としたものであって、別段「民衆文化」論の段階に比べて、新たな方策が提起されているわけではなかった。だからこそ、この民衆の側の「社会教育」もまた、「その影響の及ぶところは、主として現在の社会制度の維持を不利とする側にある民衆の間ばかりのことであつて、現在の社会制度の維持に依つてゐる側の――すなはち支配階級の側の――若しくは経済的立場からいへば、資本階級の側の人々に対しては、かうした民衆の社会教育的宣伝は、原則としては、殆んど何等の効果をも及ぼすことができないのである[18]」との絶望的観測を示さざるをえなかったのである。

そうなれば行き着くところは、冒頭で述べた「制度の改造」であった。ただしこれまで見てきたように、そして大山自身も、「被支配階級たる民衆の側から、ある種の教育上の目的を以て、その現実生活上の体験から自然に迸ばしり出でたる社会改造思想を宣伝するといつたやうなことは、民衆の政治的社会的目ざめを促進し普遍化する上からいつて、単に極めて有効なだけではなく、同時に極めて必要なものでもある。私は此事を認識するに於ては、決して人後に落ちないつもりである」(19)とことわっているように、「人心の改造」の必要をまったく無視した「改造」論ではありえなかった。この点についてては、後に述べることにしたい。

## 二　「現実生活」からの視点の獲得

こうして「制度の改造」の優越性を主張するに至った大山は、続いて、これまでの自己の立場を清算するために、「社会思想に於ける理想主義の弱点」(『我等』一九二一年一月)という論文を著した。そこでは冒頭で、社会問題を取り扱う論客には今なお、「物的改造より心的改造」を主張する「理想主義」が優勢であることを指摘したあと、自己を顧みて以下のように述べる。

しかし、私自身にしたところで、今でこそ、こんなことを他人事のやうに言つて居るものゝ、私に過去を振返つて眺めてみると、矢張一種の理想主義の立場を、それも可なり永く守つて居たものであつた。そして、私が特別に社会問題に対して深き注意を払うやうになつてからでも、或る期間はこの立場から離れ切ることが出来なかつたのであつた。(中略)けれども《ママ》。その後私の社会問題に関する考察が次第に現在の私の立場の方へと展開して居る間に、この点に関する私の態度も何時なく段々変化して来だしたのであつた。で、結局私は、従前に於ける私の理想主義が到底破綻なしには把持し果ほせる《ママ》ものでないといふことに気附くやうになつたのであつた。そして私はそこから更に出直して、遂に一種の現実主義ともいふべき現在の立場へやつて来たのであつた。さうなると、曾て私が或る疑惑を以て対して居たマルクス派社会主義の唯物史観も――無論私の自己流の解釈に依つてゞではあるが――今の私には何の無理もなしに受け容れられることが出来るものになつたのである。(20)

これは自己批判にちがいないが、そこには以前に大山が権田保之助の批判に直面したときほどの苦悩と葛藤は見られない。先にも見たように、その変化はまさに「段々」にというべきもので、マルクス主義のある書物にふれて思想が一転したというのでもなかった。教育に焦点をあてつつ現実社会の分析を進めるなかで、しだいに「理想主義の弱点」を自覚することになったという、いわばなし崩し的な変化である。(21)

では、ここで大山が批判・克服の対象とする「理想主義」とは何か。一言でいうならば、それは、「観念・思想が空極に於て人間社会のあらゆる事件の進行を決定する主力であり、従つて人類の歴史の進行を決定する主力であると考へて居る」ことであった。(22)それのもつ欠陥は、「超然主義の立場からアプリオリに仮設せられたものであり、従つて現実主義生活を離れて捏つちあげられたものである」点にあるという。(23)「無産階級」の台頭により、経済的貧困という「現実生活」の問題が眼前に大きく立ちはだかり、それの前に、「観念・思想」の無力さを痛感せざるをえなかったのである。

「現実生活」からの視点というのは、彼が「民衆文化」論を主張しはじめたころからすでに一貫しており、ことさら新しい視角というわけでもない。そして彼自身も、「かういふ(「理想主義」の立場をさす――引用者)超越的文化概念に反対して、曾つて私は、私自身のコンシーヴして居る通りの『民衆文化』の主張を提出したのであるが、それについては、私は今玆でこれ以上の何事をも附加へていふ必要がない位度々、私の意見を従来に於て発表して来た」(24)と述べ、さらには自分自身の思想の変化の最後の到達点を、一九二〇年七月の『中央公論』に掲載された「民衆文化の社会心理的考察」に求めるなど、(25)「民衆文化」論も当該時点の立場の同一線上に位置づけられていたのである。ところが客観的には、前述したように、思想的変化の新たな段階は明らかに、一九二一年初めに「制度の改造」が「人心の改造」に先立つべきことを明言した時点に求められる。彼自身がいうように、「民衆文化」論への着目は、社会変革の担い手としての「民衆」の発見であり、その点で、大山の思想的変遷の上では、「制度の改造」を優先したこと以上に大きな転換点であることはいうまでもない。しかし、「理想主義」の克服という観点に立つならば、「民衆文化」という概念を用いること自体、まだ「観念・思想」に価値を置く考え方を払拭しきれておらず、「理想主義」をひきずっていることの証であったはずであり、大山はその点に無自覚で、それを否定の対象に含めていなかったことが、一面でその後の彼の思想的特徴となって現れることとなる。

## 三　閉塞状況下における『政治の社会的基礎』の骨格の成立

それから一か月後に発表された論文「社会観察に於ける科学的態度」（『我等』一九二一年三月）では、政治学者としての大山の代表作として知られる『政治の社会的基礎』（一九二三年二月）のモチーフがすでに提示されている。一言でいうならばそれは、「国家は道徳性（Sittlichkeit）の体現」であるとして「国家の『単一性』（Einheit）」を説く「国家主義者」との全面対決を意図したものであった。(26) それが第一には、「支配階級が国家主義を高唱したり愛国心を鼓吹したりする(27)」行為に向けられたものであることはいうまでもないが、同時に、一九一八年以前の大山自身の思想を全否定することでもあった。しかしここでは、改めて過去の自己の立場が顧みられることはなかった。なぜならば彼は、少なくとも評論活動を開始するようになった時点から民衆に共感を抱き続け、「国家主義者」と対峙してきたとの自己認識に立っていたからであろう。

国家の「道徳性」を粉砕するために彼が提示したのは、「科学的態度と科学的方法」であった。それは、これまでにもしばしば述べられていた「実生活そのもの」からの視点であり、明らかに唯物史観を意識していたと思われるが、この論文ではこの点について開陳されることはなかった。「この一文は、社会進化に対する科学的解釈の試みの一つである唯物史観に関する私の態度を充分に陳述した上でなければ完結したものといふことが出来ない」[28]としつつ、今後の課題として留保されたのである。

この論文の意義は、むしろもう一つの、「国家の『単一性』」を否定するために群闘争説が示されたことにあろう。大山は次のように述べる。「我々の立場から見れば、昔から今まで、国家の内部には様々の闘争群が相対立し来つたものであるが、是等の闘争群は、結局優勝群と劣敗群とに色別が出来るものであつて、そのうち、優勝群は政治的支配の手段を壟断することに依つて、常に劣敗群を経済的に絞取して居たのである」。そしてまた、「国家主義者等の色眼鏡の掛けられてある眼に国家の自然的な単一性と見えるものは、実は決してそんなに自然的な性質のものでなくて、右の優勝群の実力を以て劣敗群の反抗を圧服することに依つて維持せられて居るものに外ならないのである」[29]と。

群闘争説は、これまでにも大山の論稿のなかにごく断片的に登場していたが、そこでは、それに全面的に依拠して国家論が展開されるというものではけっしてなかった。それがここで前面に押し出されてきたのは、それこそが「国家の『単一性』」を粉砕するにあたって最も有効な理論と考えられたからであろう。群闘争説は、政治を赤裸々な権力闘争と見る立場によるものであり[30]、その点は、彼の以下の現状認識とも合致していた。

政党政治の腐敗が最もよく証明せられた時に、政党政治が最も強大になつてゐるといふ事実は、政治上に於ける『力』は『道理』を超越してゐるものだといふことを説明してゐるものである。それ故に、政党政治の『力』に対抗し得るものは、『道理』でないことは明かである。それは、矢張り他の『力』でなければならない[31]。

はたして大山が、従来の政治における道徳を重視する立場から、力本位の立場へと一八〇度の転換を遂げたか否かについては検討の余地が残されているが、ともかくも主観的には、腐敗した政党政治の下では道徳主義はもはや効力をもたないゆえに、力によらなければならないと考えられていたことが読み取れる。

群闘争説を採用したもう一つの理由は、「優勝群」を「資本階級及びその附庸的諸集団から成立つて居る支配階級」、「劣敗群」を「無産労働階級」に当て嵌めるとき[32]、眼前に聳立していた二大階級という現象も、矛盾なく説明してしまうことができるためであろう。実際に「群闘争」とはいっても、この段階の大山においては二大階級以外の集団は登場しない。

しかも群闘争説は、マルクス主義と比較検討した上で採用されたわけではなかった。大山は、一九二〇年夏（八月一〇日執筆）の段階でも、「社会主義の学説の大宗だと聞いて居る肝腎のマルクスの『資本論』などには、まだ碌々手を着けないで居る」ゆえ、「私はまだ、私が社会主義の学説の全部を肯定し得るか、得ないかをさへも知らないで居る[33]」ことを正直に告白していたし、この時点でも、ラッセルのボルシェヴィズム論を引きながらも、「労農政府の実際上の施設を直接に見聞したことのない私達は、むしろ謙遜なる聞き手の態度を以てそれに対しこそすれ、権威ある批判者の眼光を以て、それに臨むことが出来るものではないから、私は今茲にその当否を論じようとはして居ない[34]」と、それについての判断を留保した。あくまでマルクス主義よりも優れたものとして群闘争説に依拠したのではなく、むしろ、大山の学んだ範囲内で当面現状分析に有効な道具となりうるとの理由から群闘争説が採用されたにすぎなかったと考えられる。

ここで打ち出された以上のようなモチーフの上に、『政治の社会的基礎』ができ上がるが、その前に大山は、「新社会倫理の基礎」という副題のついた一連の作品を書き上げている。それらは、『我等』の一九二一年四〜九月に連載されたもので、この一連の論文を書いた動機は、「議会政治の現状を中心として、現実政治の諸相を無視するすべての絶対的超越的理想主義の無意味なることを述べやうとしたところに在るのである[35]」という。

そこでは、「議会政治の理想型」と、資本階級の利害のみを代弁しているにすぎない「現実の議会政治の形式」との背馳が明らかにされるとともに、その現状を支えるための愛国心の宣伝、官僚主義教育、そしてさらには「高遠な『理想』」を掲げる政治的デモクラシーにもとづく国家観さえもが、現実には資本階級の「財力的『征服』のための機関」を擁護しているにすぎないことが執拗なまでに暴露されていた。同時に、先の論文「社会観察に於ける科学的態度」で確認しえた群闘争説と、さらに、あらゆる社会現象は「物質力の基礎」を離れては解釈しえない、との立場も貫かれており、すなわち優勝群である資本階級が、「財力」という「物質力」によって「征服」しているのが今日の資本主義的社会組織というわけである。ここに「社会観察に於ける科学的態度」の論文で深められることのなかった唯物史観に対する自己の見解が、より明確に提示されていることを確認できよう。ほぼ同じころ彼は、「社会的若しくは経済的要素が人間の社会生活上の諸事象、殊にその文化生活現象の方向を決定する最終の主力である」[36]といい、あるいはまた、「我々は、現実生活上の必要が各種の声言とか理想とかを導くものであつて、各種の声言とか理想とかが現実生活上の必要を導くものでないといふ、唯物史観の解釈から当然に生れて来なければならない論拠の正当なものである」[37]と述べている。

彼は、既存の政党によって担われる限り議会は資本階級の利害の反映であるから、それに期待することはできず、個人の自由に基礎づけられた国家統合という理想もありえないとし、なかんずく政党こそが議会主義を破綻に導いている根源的な要因であるとした。彼は次のようにいう。

　議会主義否定を主張する如何なる理論よりも更に有力に議会主義のあらゆる欠論を暴露する力を示してゐるものは、議会主義の実行の最も発達した形式であるところの政党政治そのものである。[38]

そしてここでも、「当初に於ては、政党政治に対する世人の期待なり同情なりが、不当に大きかつたものだつたが、しかし、原内閣成立以来の政党政治の実験上の成績の結果、かういふ期待は全然裏切られ、従つて斬ういふ同情は全然失墜せられたのである」[39]と、原内閣にかけた期待の大きさとそれゆえの落胆の深さを表明している。ところが、それではどうすればよいのかいう点になると、その前後に書いた論稿のなかでも議会主義に代わる「第二の啓蒙運動」の必要性がいわれているのみで、その内容は具体的に示されなかった。[40]

第四二議会解散以後台頭してきたアナルコ・サンジカリズムに対しても、大山は注意を向けてはいたが、即座にそれに賛同しうるものではありえなかった。とはいえ、一九二一年二月の『大観』[41]に「政治否定の傾向」という論文を寄せていることからも、それへの関心のほどがうかがわれる。そのなかで、我が国の各政党が普選問題に対して「ああした欺瞞的態度」をとった以上、政治否定の傾向の出現は「論拠そのものは外部の力でそれをどうともすることができないものであ」り、「それは、時代の必然的産物の一つなのである」とも述べられており、そうした潮流への一定の共感が示された。[42]しかし彼は、やはり普選、そしてそれを通じての議会制度へのこだわりを捨てきれずにいた。彼の本来の主張は、「我国の議会制度がどういふ形式で現はれるにしても、私は現今叫ばれて居る普通選挙を一度は完成することが最も順当なことだと考えて居るのである」[43]という部分に示されていよう。観念論を否定して唯物論へと近づきはしたものの、「社会改造の根本精神」（前掲）で展開された大山の思想は、暴力に訴えることを好まず、合法的手段を旨とする倫理主義の立場をとるという点では不変であった。

ところが普選に期待を託そうにも、政党内閣自らの手で当面その望みは断たれ、しかもそれによって普選を要求する運動の主体も力を失ってしまっていた。大山もまた、そうした状況に引きずられて普選への展望を喪失しており、それに代わる何かに当面の妥協点を見いだして、そこに希望をつながざるをえない状況に置かれていた。彼は、「私は、現在ロシアで行はれて居るやうなソヴィエット制度やイギリスのギルド・ソーシアリスト等が提唱してゐる通りの生産者議会及び消費者議会の連立の制度などを取合はせたものゝ中に、将来の議会制度の姿が暗示せられて居るやうに考へるのである」[44]と述べるが、これらもまた、あくまで議会制度の一種の改良形態として関心が注がれていたのであり、議会制度への執着はことのほか強かった。

それらのなかでも大山が注目したのは、ギルド・ソーシャリズムであった。大山は、イギリスのギルド・ソーシャリズムの提唱者でありイギリス労働党の指導者として知られるG・D・H・コールの主張の一部を紹介して、産業自治権を資本階級から奪還しようとの要求を理論化しえているという点を高く評価する。[45]あるいは、「ギルド・ソーシアリズムに於ける職能代表の提案」が、当該時期の議会制度における地方代表に代わりうるか否かはまだ「容易に決せられない問題」であるとしながらも、「しかし、それが将来の社会生活に於て最も重要なる制度の一つとしての地位を獲得するに至るであらうといふことだけは、我々には疑う余地のないことのやうに思はれるのである」[46]と述べて、そこに一筋の光明を見いだしていた。

この頃は、ギルド・ソーシャリズムが注目を浴びた時期であったが、ほぼ同じ時期に長谷川如是閑もまた、「労働の同類を以って集まる」、「即ち職業組合のような性質の集団が、如何なる集団よりも、最もまず個人の実生活に触れたものである」という点からサンジカリズムとギルド・ソーシャリズムの二つを挙げた上で、「後者は、生産以前の生活事実もしくは生活事実に比較的交渉の薄い集団の事務に触れた制度として国家を認めて、この種の国家と組合との対立に解決を求めている点で、現在の国家との妥協の余地がある」、「いずれにしても、現在の国家が、個人の最も重大な生活事実に触れることの困難は、どうにかして解決しなければならないとすると、ギルド社会主義のごときは、その妥協的態度について、甚だ有望なものに数えねばならない」[47]として、ギルド・ソーシャリズムに好意的評価を示した。労働者の自治によってなる職能組合に、個々人の「生活事実」と乖離していたずらに肥大化してしまった国家に替わり得るものとしての期待がかけられたのであった。

大山は、この時期ほかにも相変わらず数多くの時評を含む論稿を書きつづけた。しかしながら、それらはすべての社会現象が究極資本主義社会制度の欠陥に帰着させられるのみで、「改造」の将来に展望を見いだし得ていないために、面白みを欠く平板な叙述が続いた。その一連のなかで、大山は次のようにいう。

彼等（「改革者」をさす――引用者）は、流動する社会の生活が順当に進転しなければならないものならば、まづその第一歩として、その進路を塞ぐ現在の固定した社会制度が破壊されなければならないことを考へる。それは建設のための必要なる前提である。否さういふよりは寧ろ、その破壊自身もまた、建設であり創造であるといふ方が正しいのである。そして、その破壊の跡に果して理想的の新社会制度が樹立せられるか否かは、それは次の問題である。それを考へて躊躇してゐては、際限のないことである。社会革命は、まづ第一段には、将来の善を持来すことよりは、寧ろ現在の悪を除き去ることでなければならない(48)。

かつて彼は、「建設」を伴う「破壊」でなければならないと繰り返し説いてきたにもかかわらず、いまや「破壊自身もまた、建設であり創造である」と述べており、そのように位置づけなおすことによって、「建設」や「創造」の展望をもちえないことを無意識のうちに正当化してしまっているのではなかろうか。そしてこうも述べる。「幸にも、現代は、すべての方面に関して、現実暴露の時代である。幻想破壊の時代である」と(49)。ここに自ら語っているように、当該時期の大山の力点は、ともかく資本主義のイデオロギー暴露を行うことに注がれていた。彼は、労働党を組織するには「我国に於ては、あらゆる条件が欠けて居る。で、たとへ、労働党が組織し得られるとしても、当分のうちは、それは大した政治的勢力となることが出来ないに決まつてゐる(50)」と述べており、実際に運動の側もそうであったが、大山もまた同様に、いまだ無産政党組織への展望も打ち出せないでいた。にもかかわらず、そのような彼の支えとなっていたのは、いずれは〝優〟〝劣〟の関係が逆転して無産階級が勝利するという、社会進化論による楽観主義であった。後述するように大山は、グンプロヴィッツに依拠することによって、社会進化論の立場から群闘争を考えていたのである。学生時代に学んだ社会進化論は一時期表面上からは影を潜めていたが、基層において維持されていたそれが群闘争説と結びついて再度浮上してきたと考えられる。

## 四　「科学としての政治学」の提示

このような一種の閉塞状況のなかで、新たな「社会改造」の方法を模索しつつ大山は、「理想主義」の対極にある「現実主義」の立場からの社会観察の方法を樹立していった。それが大山の政治学者としての代表作として知られる『政治の社会的基礎――国家権力を中心とする社会闘争の政治学的考察――』（一九二三年二月、同人社）である。同書は一九二一年七月から二二年一一月までの間に『我等』『中央公論』『解放』『大観』に発表した論稿（ただし収録にあたり一部修正）から成っている。

同書は、いわゆる政治学の方法論を述べた序論と、現実政治の分析を行った第一～三篇とで構成されており、序論は全体の約三分の一を占める。巻頭言にあたる「校正を了へて」のなかでも「政治学を、正当なる意味に於ける〝科学〟としての地位に引き据ゑること」（iii頁）の必要性が繰り返し強調されているように、この本のねらいは現状分析よりもむしろ「科学としての政治学」の方法論の定立にあった。

彼が意図していた方法論は、やはり「校正を了へて」のなかで、最も端的に述べられている。「一ト口に言へば、著者は一切の政治現象を、最も広い意味での社会現象の一面を示現するものとして取扱つてゐるのである。この立場から出発して、著者は、一切の政治現象の上に働く〝社会法則〟を探求することを以て、〝科学としての政治学〟の、最重要の、そして、最終的の、仕事だと見てゐる」（iii頁）。換言すればそれは、「若し今後の政治学が、国家生活及び政治現象を、その赤裸の姿に於て究明しようとしてゐるものとすれば、それは、無論、直接には、それが〝科学〟としてのその役目を適当に果たす所以になるのである」(.iv頁)という。つまり政治現象をより広く社会現象として把握し、それをあるがままにとらえて、そこから「社会法則」を導き出すことが「科学としての政治学」であらねばならないというわけである。以下にそれを具体的に論じた「序論　現代の社会的傾向と政治学との交渉」の内容を検討していきたい。

まず第一に大山は、「第一章　現代の政治の主潮とその破綻」と「第二章　政治思想に於ける理想主義及び理知主義の陥穽」を通して、「その対象の本質を、そのあるがままの姿に於て認識する」(四頁)ための前提作業として従来「〝であるもの〟と〝であらねばならぬもの〟とを混同」(九頁)してきたところの国家観、すなわち法治国家思想、ヘーゲル流の理想主義的国家観、功利主義的国家観を俎上にのせ、それらの〝非科学性〟を暴露していった。たとえば次のようにいう。

一定の国家の一定時に於ける法的秩序は、決して人間生活の超越して存在する或る指導原理に依つて導かれてゐるものではなくて、それは国家生活上の或る内部的必要に促されて発生して来たものである(一〇～一一頁)。

そしてその「内部的必要」とは、究極「私有財産制の維持」という「現在の各資本国家の支配階級の支配的目的と離るべからざる関係に立つてゐる」ことを強調する(一〇～一一頁)。単一体としての国家の意志なり権力というものは実は存在しないのであり、それらは「支配階級の意志なり権力なりである」(一四頁)という点が大山の最も言いたい点であったと思われる。

それに付随して「文化主義者」にも批判が及ぶ。一つは文化を「精神生活」と見なす際に、そこに「一種の神秘的意味」を込めていることであり、もう一つは、「現在の社会生活に於て見られるやうに、階級別の厳存している場合に於ては、各人はその生活上の様々の関係から、自己が属してゐると考へてゐる階級の生活に立脚した意識——即ち所謂階級意識——に浸潤してゐるのを常とする」にもかかわらず、実際には「各人の実生活を超越した或るアプリオリ若しくは先験的指導原理に依つて導かれてゐる」と考えられていることであった（二二〜二三頁）。すでに見たように、これら自体がかつての大山自身の立場と重なり合う点が少なくなかった。そして大山はこの著書のなかでも、それぞれの「階級意識に立脚してゐる社会生活の理想」、すなわち「ブルジョア文化」と「プロレタリア文化」の存在を認めてはいる（二四頁）。しかし彼が「理知主義」の陥穽を指摘して、「人間の社会生活を支配して来たものは利害関係」であって、「理知は、それが利害に奉仕する時には、その極めて有力なる武器となるものであるが、それ自身で利害を支配することが出来るものではない」（四五頁）と述べているように、生活上の直接の利害関係、ないしは経済関係を第一と見なすようになった大山にあっては、もはやそれらに優越するものとして文化が主張されることはありえなかった。その意味で、自らの内に抱え込んでいた「文化主義」も精算されたといえよう。

第二に、支配階級は、さらに第一で見たような国家観を維持していくために「〝広告の心理〟をその宣伝に利用するやうになつて来た」のであり、それらを「社会心理現象」として取り扱わねばならないとする（六〇頁）。それについての大山の説明はこうである。「或る特定時代の特定社会に於ける支配階級が宣伝に努力する諸概念は、その時代に於けるその社会の組織の根柢を構成する制度及び秩序の維持のために役立つ種類のものである。この点に於て我々は、概念の宣伝と支配及び権力との関係といふ一個の社会心理的現象に出会はすのである」（六二頁）。すなわち支配階級は、ストレートに権力を押し出すことはせず、「常にその権力を押し隠して、その宣伝する諸概念を合理的に見たり、或ひはそれらを道徳的に仮装したりすることに努力する傾向を示すものである」(同上)から、そのための巧みな「宣伝」をも見逃してはならないというのが、彼のいう「社会心理的現象」の把握というわけである。

第三に、次いでそれに対抗する「現代のプロレタリアートの解放運動」に論が進められるが、なかんずくそうした「解放運動の根源的動機となつたものは、どこまでもプロレタリアートの生活事実であつて、そしてその生活事実は資本主義的経済組織が生んだものでこそあれ、解放の理論が生んだものではないのである」(七五頁)ことを強調している点に注目すべきである。彼によれば、「生活事実」に目覚めたプロレタリアートがその「実感」から運動にたち上がるのであり、その観点から大山は、「マルクスやエンケ《ママ》ルスが、プロレタリアーの解放はプロレタリアー自身の手に依つて企てられなければならないという趣旨を強調したのは、極めて有力な主張だといわなければならない」(七八頁)と、マルクスやエンゲルスの理論に賛意を表する。その一方で、「形而上学的抽象概念から出発したもの」であり「演繹的」(八六頁)なものとして念頭におかれているのは、いわゆる空想的社会主義のことであって、けっして日本におけるマルクス主義のあり方が意識されていたわけではない。マルクス主義は、まだ批判や分析の対象にしうるほど熟知していなかったという方が、むしろ正確である。

そもそも大山のマルクス主義への接近の仕方は、それに魅了されて自己の世界観を一変させてしまうのではなく、あくまでも当該時期の自分の思想に魅きつけて合致する部分を採用するというものであった。彼は、「言ふまでもなく、階級闘争といふものは、階級的利害関係の根拠の上に立つてゐるものである。そしてこの階級的利害関係の衝突及びそれから出て来た征服被征服の関係が、歴史の進展の動力なるものであるといふのが、社会進化の階級闘争的説明の核心をなしてゐるものである」と述べるように、「階級闘争が社会進化の真の――そして最奥の――動機である」との前提に立っており（八九頁）、マルクス主義における階級闘争を社会進化論として理解していたのである。それは、次の一節にも如実に示されている。

無論我々は、一方に於ては、この〝階級闘争〟といふ言葉の中に顕在的の階級闘争と共に潜在的の階級闘争も含まれてゐるものと解釈しなければならないし、また他方に於ては、共産党宣言中のその部分に関する注釈にも現はれてゐる通りに、この言葉は記録せられた歴史の範囲内に於てのみ、その全的適用が許されるものと解釈しなければならないことは事実である。それからまた、この場合に於ても、階級闘争といふよりも寧ろ社会群間の闘争といふ方が、一層適切なる説明様式だと考へられるといふことも、恐らく不当ではあるまい。けれども、これだけの制限をその上に置く時には、右の階級闘争を基点としての社会進化の説明は、人類の社会生活の歴史上の現実相の根本的事実に最も直接に触れた科学的説明だといふことが出来るのである（八一〜八二頁）。

以上からも明らかなように大山の「科学としての政治学」は、(一)「社会的若しくは政治的行動の単位」が集団からなること（一四二頁）、(二) そしてその諸社会群の闘争による社会進化の法則が貫かれていること、(三) その場合の社会進化は、自然現象とは異なり「必然的に社会心理の媒介を通して行はれるものであること（一〇四頁）、の三つを基本的柱として組み立てられていた。

彼はこの仕事を通じて、二大階級の闘争とみるマルクス主義に対して、社会群間の闘争と見るべきであるとの修正を施したことになる。彼によればそれら無数の社会群は、経済的種類、宗教的種類、などの様々の利害関係によって成っている（一四四頁）。彼の依拠する群闘争説の考え方によれば、「血族の異同意識」に立脚する民族闘争の段階から次第にブルジョアジーとプロレタリアートの階級闘争の段階に移ってきたのだという（一一八頁）。

しかもそこに貫徹している社会進化の法則は、スペンサーのごとく社会進化の「径路とか順路」を見るのみであってはならず、「さうした径路を辿らしめる動機を探らう」とすることが「法則」の発見であり、いわゆる社会心理学的アプローチたりえるのであった（一三二頁）。

しかし「民衆文化」論などのこれまで見てきた主張にも明らかなように、そして現代の諸群間の対立のなかで、「最も目立つて居るもの」は「〝階級的征服〟」であると大山自身述べ、続いて「この階級的征服の結果は、依然として政治的意味に於ては階級的搾取被搾取の関係であつて、しかもそれは現代国家内に於ける政治的闘争の中心となつて来て居るものである」（一四六頁）と記しているように、二大階級を主要な要素と見ることに彼自身異論はなく、ここでもマルクス主義と群闘争説との違いを重大視していないことがわかる。大山によれば、征服群と被征服群との闘争の結果、前者が権力を行使するようになり（一一三～一一四頁）、したがって現在の「〝権力の組織〟」である国家は権力を握っている社会群に過ぎないと見なされていた（一四九頁）。そのような状態のなかで、そうした「階級的支配被支配及び階級的搾取被搾取の関係」の全体的撤廃を掲げるのは、プロレタリアートの運動にほかならないのであった（一六五頁）。「民衆文化」論の段階では、「民衆」の含意するものは、労働者階級を中核としつつも「知識階級」や新中間層をも含む、非特権的諸階層が想定されていたのが、ここに至ってしだいに、労働者・農民からなる「無産階級」に〝純化〟されていったといえよう。

以上のような大山の「科学としての政治学」が大きく依拠していたのは、自ら告白しているように（一二六、及び一三五頁）、グンプロヴィッツやラッツェンホーファーといったオーストリア社会学派の人々であった。そして彼はいう。「政治学を、それ自身広義の社会科学の中の一部門を構成する社会学の一分科と見ることには、異論が可なり多いやうである。けれども私自身は、さう見るのが正当であると考へる」と（一三二頁）。それはすでに見たように、自然法学説と理想主義的国家観の二つを主たる流れとするところの従来の政治学、すなわち国家学説に対する対決を意味した。(51)

たしかに大山のこの「科学としての政治学」は、「実在の社会事実を赤裸々に暴露」したものであって、「その道徳的若しくは美的価値に依つて肯定若しくは否定を決せらるべきものではな」かった（八二頁）。しかし、それでは大山はかつての道徳重視の立場からまったく転換を遂げえたのかというとそうではない。彼が国家という存在に官民や階級の対立を超越した倫理的結合体としての期待をかけなくなり、また階級間の融和もありえないとの認識に立つようになったことはこれまでの経緯から明らかであるが、闘争の具体的方法として普選を揚棄してしまったわけではないことは、のちの、すなわち普選運動が再度高揚してくるなかでの大山の著作に明らかである。また大山が多大な期待を寄せるところのプロレタリアートの集団に対する視点はどうであったかというと、それに対しては、「赤裸々」な分析を欠いたまま、そこに階級対立撤廃への可能性が託されていった。そうしてこの時点では、そもそもまだ彼自身の展望が切り開けないがために、プロレタリアートの運動の具体的な方向性についてはまったく論及がないが、基本的な姿勢としては、その一集団における「集団的意志」に着目し（一五五頁）、それを社会心理学として分析対象にすることこそが自然現象とは異なる社会現象たるゆえんであるとするもので、ここにかつて物質還元論を否定し精神重視の立場を表明した――それが「民衆文化」論であった――ことの痕跡を見ることができるのである。そこではやはり、プロレタリアートの集団に対して〝かくあるべき〟の立場から観察がなされていたことは否めないだろう。

一方、現状分析の第一～三篇の方は、それぞれ「第一篇　社会生活と政治現象」「第二篇　国際政局の進展」「第三篇　現代日本の政治生活」からなるのであるが、とりわけ第二篇で国際関係に大きく紙幅を割いて論及していることが、これまでどちらかというと国内問題に対する発言の多かった大山においては注目される点といえよう。第一次世界大戦後、パリ講話会議、ワシントン会議が開かれ国際協調主義が基調となっていくなかで、この論稿執筆のねらいは、その国際協調主義の欺瞞性を暴き出すことにあった。彼の結論は、「〝国際協調主義〟は、〝正義〟〝人道〟を基礎とする〝国際道徳〟に立脚してゐるものだとは説明せられてゐるが、しかし、現代諸国家の支配階級に依つて唱へられてゐる〝正義〟とか、〝人道〟とか、〝国際道徳〟とかいつたものは、表面上は絶対且つ永久不変の真理の上に立脚してゐるもののやうに思はれてゐるが、しかし内実は、私が既に屢々繰返した通りに、それは現代諸国家の支配階級の〝集団的安全〟の意識の上に基礎づけられてあるものとしか考へられないのである。そして、〝国際協調主義〟といふものもまた、畢竟するに、この範囲内に落ちて来てゐるものに外ならないのである」というものであった（三二七頁）。すでに見たように国家主義が資本家階級のイデオロギーにすぎないことを暴露したと同様に、ここでも大戦後の国際社会の主潮となっている国際協調主義が結局各国の資本家階級の利害を擁護するためのものであることを明らかにしたのであった。

しかし、かといってここでもやはり大山は、まだ即座にその対極に位置するものとしてソヴィエト国家を位置づけえたわけではない。「反資本主義的立場に在る労農政府の成り立ちが、世界の諸国の民衆の前に一種の魅力を掲げた様な観を呈しているのは、全然理由のないことではないのである」（三九九頁）としながらも、「が、科学的公平の立場からいへば、労農政府が採つて居る共産主義政策の実績は、成功とも失敗とも、今日のところでその総合的判決を下すのは早計である。（中略）労農政府の共産主義政策は、一個の実験としては非常に大なる価値を持つて居るものであるが、その本質的価値の有無大小は、その成績を持つて知るより外ないのである」と述べて、明確な判断を保留している（四〇〇頁）。大山のこの国際関係への関心は、同年の彼の著書『民族と階級』（一九二三年六月）に継承されていく。

大山のこの『政治の社会的基礎』という著作は、国家を相対化し、「社会事実」にこそ第一義的価値があるとした点で、たしかに従来の国家学としての政治学という学問史の上に大きな衝撃を及ぼしたと思われる。彼は、国家を至上の価値としての位置から引きずりおろし、諸社会集団の構成要素の一つにすぎないとする多元的国家論＝プルーラリズムの立場を既存の国家学に対置させたのであった。そうしてそれは、「科学としての政治学」の樹立であり、吉野作造らの東京帝国大学の国家学の系統に対して、実証学派の流れに位置するものとして、従来の政治学史のなかでも着目されてきた。(52) ただし、政治学という学問領域を超えて見るならば、当該時期には、同様の問題意識に根ざした試みが叢生していた。そもそも同じく政治学者の杉森孝次郎も、『国家の明日と新政治原則』（一九二三年）のなかで、「社会の発見」という一章を設けて第一次世界大戦が「社会を発見せしめた」ことを論じているし、(53) 社会学においても、新明正道らによって国家は社会の一部にすぎないことが説かれていた。(54) さらには長谷川如是閑もまた、大山と同様の問題意識を自己の著作のなかで示していたのであり、大山の『政治の社会的基礎』に先立つこと二年、一九二一年に弘文堂から刊行された『現代国家批判』がそれである。(55) 如是閑はこのように述べている。

わが国の現状を見ると、国家に関する考察は、ややもすれば、意識的または無意識的に、ある目的に支配されがちであって、そうして、一般の間に、生活事実としての国家というものに対するありのままの認識が欠けています。（中略）生活の事実としての国家は、それこれにかかわらず、機構的の進化をとっている。空想的な国家の固定的の構造と、この現実の進化の事実とが、かなり顕著な勢いで撞着している現代において、私たちのとるべき態度は明瞭です。私たちが求めなければならないものは、国家の神話学（Mythology）でなくして、国家の博物館（Natural History）であるといわねばなりません。[56]ここに明らかなように、如是閑もまた、「人間に聖人がないように、国家にも道徳国家はない[57]」と断言し、「生活事実としての国家というもののありのままの認識」の必要を力説していたのである。そればかりか群闘争説に依拠して現在の国家を優勝劣敗にもとづく征服国家と見なしている点、しかもそれを決して肯定的にとらえるのではなく、将来においては「社会的協同」の上になる社会を理想として構想している点など[58]も、大山と一致していた。そうしたことを鑑みると、大山の「科学としての政治学」は、彼独自の思想的営意というよりはむしろ、我等社の活動を通じて如是閑との思想的・学問的交流のなかから生まれた成果というべきであろう。

そうしてそれは、これまでにも繰り返し述べてきたように、議会主義に展望を見いだせなくなった閉塞状況のなかでの、資本主義のイデオロギー暴露の過程の産物だったのであり、大山の思想的展開の到達点ではなく過渡期の、現状を分析する一つの試みとして提起されたものであったことを、再度強調しておきたい[59]。

私生活の面ではちょうどこの『政治の社会的基礎』収録の論文を書いていた最中の一九二二年四月に、当時中学生だった息子の一義が学校での事故による脳膜炎で急死するという突然の不幸に見舞われている[60]。またその前後大山は、流感に罹ったり背中に癰ができて入院し手術を受けるなど、軽度の肉体的故障が相次いだときでもあった。実母すみゑが亡くなったのも、一義死去の前年七月のことであった[61]。

しかしその一方で、すでに一九二一年四月一五日には早稲田大学教授への復帰が実現し[62]、研究に打ち込む環境は整っていた。ところがかつてのように研究室にこもって学問に専念することはもはや大山自身が満足しないばかりか、周囲もまた許すところとはならなかったにちがいない。彼は如是閑らとともに、講演のために全国各地を奔走した[63]。それは『我等』主催の学術講演会のほか、地方の有志による思想研究グループや青年会のなどの招きに応じたもので、そのような小さな集まりをも、その自発性に意義を見出すがゆえにかえって大事にしたものと推測される。

このように多忙をきわめるなか、大山は、執筆活動にも精力を注いだ。復帰後しばらくは、一九一七年にいわゆる早稲田騒動で大学を辞職するまでの時期と並んで、大山の生涯において最も学問的に充実した一時期であったといえるであろう。

『国家学』と題するガリ版刷りの二一〇頁からなる冊子は、その間の彼の大学での講義の内容をうかがい知ることのできる貴重な史料である。(64) 冒頭に「大山教授述」とあり、本文中にはしばしば「(大山氏同意見)」といった注記がはいっており（三六五頁）、しかも末尾に「附言」と称して「予（大山氏）氏の原稿の校正に於ては充分の期間なかりしを以て疎漏の点多々あり読者の判断に待つ」（三七三頁）と記されていることから、講義内容を受講者の一人が文章におこし、それに大山自身が一通り目を通したものと思われる。最後には、一六題におよぶ試験問題も付されており、講義の足跡を生々しく伝えている。

この講義が行われた時期は、前述の『政治の社会的基礎』との内容的類似点が多いことから、それを執筆していたのとほぼ同時期であったと考えられる。すなわち兼近輝雄も指摘しているように、(65) 本文中に「(大正十一年二月発行『我等』大山氏論文参見)」（三六八頁）とあり、かつ試験問題中にも「(『我等』二月号参照)」とあることから、早稲田大学復帰からまもない一九二一年ないしは二二年にかけて講義がなされたもので、その終了は二二年二月以後であったと推定できよう。

この冊子は以下のような構成からなる。

第一編　国家社会に対する種々の見方

第一章　自然法学的見解と近代科学的見解
第二章　理想主義的見解
第三章　理想主義批判
第四章　科学的見解の樹立
第五章　自然科学の影響
第六章　墺太利学派の貢献

これを一瞥しても明らかなように、内容は基本的に『政治の社会的基礎』と一致しているが、このもとになった講義は政治学を専攻する大学生を対象としたものであることから、『政治の社会的基礎』よりも専門的な叙述のスタイルとなっている。また、第一編のみしか存在しないといった構成の乱れも見られる。

やはりここでも彼は、六章中の二つの章をさいて、「国家現象に関して或指導原理を発見させんとする」（三〇七頁）「理想主義」の粉砕に力を投じた。第五章でしばしば紹介がなされているイエリネックの学説もまた、彼によれば、結局は「国家の目的を論ずるに至り忽ち理想主義に陥りたり」（三〇八頁）といわざるをえないものであったが、(66)かつて大山をも深くとらえた「理想主義的国家観」の存在は巨大であり、その呪縛から解き放たれて国家から社会を分離して見せることは、それほどに大山にとって多大なエネルギーを要する作業なのであった。このような、紛砕のための多くの力の投入は、その対象の占める位置の大きさの証左にほかならなかったのである。

この講義のなかでもまた、「余輩も唯物史観的見解を有するものなり」（三三二頁）と明言する大山は、社会生活の進化の過程を社会心理学的に説明するオーストリア学派の説を「唯物史観に対する補助的説明」（同上）として評価しており、なかんずくオッペンハイマーの学説に学ぶところが大であったとみえて、それへの論及にかなりの紙幅が費やされている。しかしながら彼にとって決定的に同意できない点も存在した。それはオッペンハイマーが「社会に国家の政治組織がなくなりて後には社会生活のみ残りそこに初めてcooperationだけの社会となるならん」（三四二頁）と主張する点であった。大山はこの点を批判して次のようにいう。「又Oppenheimerの如きも此の点より楽観的の嫌あり。而して如何にして斬る社会が出来るや、又如何して此迄の社会の弊害を除くことが出来るやと云ふ点に付ては吾人は之等社会主義的の楽観はなし得ざるものなり」（三四三頁）。さらに続けてこうも述べる。

Oppenheimerは又将来の社会に付き甚だ楽観的態度を取るものなるが之を科学的に観察せば将来事が如何になるやと云ふことを定むる社会科学の立場より其帰納の結果として只単に理想を述ぶるものにあらずして必然性を加味せしめることに由て彼等の立場は明らかとなるものなり。乍併現在斯くあるにより将来もかくあるべしとするは理想を説くことにして科学者の立場に反するものなり。（中略）Oppenheimerの将来のこと即ち予定の部分は此必然性を欠くに由り科学的と云ふ能はず（三四四頁）。

ここに明らかなように大山は、すでに見た〝実証主義〟あるいは「科学としての政治学」の立場から、オッペンハイマーが将来の予測を行っていることに異議を唱える。たしかに政治分析は帰納主義によらねばならないとする大山の立場からは、そのような将来の予測は首肯しえないものであったにちがいない。

しかしながら彼の違和感は、そこにとどまらず、さらにオッペンハイマーが「共同連帯」による社会の到来を予想して国家の消滅を説いた点にも向けられていたのではなかろうか。大山は、いかに現実の資本主義国家のイデオロギー暴露を行おうとも、やはり根本において国家や政治からは自由になりえておらず、この点において、しばしばギルド・ソーシャリズムなどの「社会的協同」への共感を示した如是閑とは、表面的には当該時期の主(67)

張に一致点が多くとも、本質において相違があったと考えられる。

(1) 藤原前掲『大山郁夫と大正デモクラシー』一三二頁。
(2) 前掲「社会制度と社会思想」一六頁。
(3) 同右。
(4) 本間久雄「生活享楽・個性伸長」(『中央公論』一九二〇年九月)一〇〇頁。
(5) 「呪はれたる第四三議会」(『我等』一九二〇年八月)一七〜一八頁。
(6) 同右、一五頁。
(7) 同右。
(8) 「教育上の迷信及び迷信破壊」(『我等』一九二〇年一〇月)三四頁。
(9) 同右。
(10) 同右、三六頁。
(11) 同右、四一頁。
(12) 同右、四八〜四九頁。
(13) 同右、四七頁。
(14) この論文については前章でふれたが、そこで述べたように、まだ「人間性の承認」に主張の力点が置かれており、大山の視点の揺れを示していた。さらには、女性という二大階級に還元しえない対象であったことも、大山の認識を「人間性」という認識にとどめ置いた原因ではないかと考えられる。
(15) ここでは社会教育機関の一つと一般に見なされている新聞を採り上げるが、現状ではこれも「皆資本主義的経営の下に於て作られて居るばかりでなく、これらの新聞紙はいづれも皆、我国現在の諸政党と同じく、資本階級の利益の代表者であり、その擁護者である」(前掲「新聞紙と社会教育」一七頁)から、社会教育機関としての役割を果しているとはいえず、したがってここでもまた、「社会改造が完成して無階級社会が実現せられた後」でなければ新聞が社会教育機関となることはありえないとの結論が導き出される（同上、一九頁）。

(16) 前掲「二種の社会教育観」三一頁。
(17) 同右、三二頁。
(18) 前掲「社会制度と社会思想」一六頁。
(19) 同右、一六頁。
(20) 前掲「社会思想に於ける理想主義の弱点」二〇～二一頁。
(21) 大山は、「どういふ理由で私の立場がさういふ風になつたのであるかを説くことは、私が次ぎに当然企てなければならない仕事である」と述べているが（同右、二一頁）、実際にその後もこの点について明確な開陳はなされなかった。
(22) 同右、二三頁。
(23) 同右、二五頁。
(24) 同右、三一頁。
(25) 同右、二一頁。
(26) 前掲「社会観察に於ける科学的態度」二八頁。
(27) 同右、二八頁。
(28) 同右、三五頁。
(29) 同右、二八～二九頁。
(30) 丸山真男「政治学入門（第一版）」（丸山『戦中と戦後の間』みすず書房、一九七六年）四三六頁。
(31) 《海内及海外》「歳晩の政界」（『我等』一九二一年一二月）九一頁。
(32) 前掲「社会科学に於ける科学的態度」三〇頁。

(33) 前掲「民衆文化への疑義について」二五頁。
(34) 前掲「社会観察に於ける科学的態度」二一頁。
(35) 「議会政治破綻の社会的原因＝『新社会倫理の基礎』の中篇＝」(『我等』一九二一年五月) 三六頁。
(36) 「『島国根性』に関する一考察」(『解放』一九二一年四月) 四六二頁。
(37) 「社会生活と議会政治との背馳＝『新社会倫理の基礎』の前篇＝」(『我等』一九二一年四月) 五一頁。
(38) 《事件及思潮》「第二啓蒙運動と議会主義」(『大観』一九二一年四月号) 二二五頁。
(39) 同右。
(40) 同右、二二六頁。
(41) 大山は、この号より同誌に毎号執筆することを承諾した (『大観』一九二一年二月、一三一頁)。
(42) 前掲「政治否定の傾向」一三〇頁。
(43) 同右。
(44) 同右。
(45) 前掲「議会政治破綻の社会的原因」三五〜三六頁。
(46) 《事件及思潮》「政党政治家の自己暗示」(『大観』一九二一年五月) 一三三頁。
(47) 長谷川如是閑『現代国家批判』(宮地宏編集解説『長谷川如是閑集』《近代日本思想大系一五》筑摩書房、一九七六年) 二二六頁。
(48) 《事件及思潮》「改革者の悲哀」(『大観』一九二一年一〇月) 一四〇頁。
(49) 《海内及海外》「内務省と青年団」(『我等』一九二一年一〇月) 八八頁。
(50) 《海内及海外》「新政党計画の夢」(『我等』一九二一年一二月) 九三頁。
(51) 大山は、イエリネックの学説をも国家肯定論を含有するものとして批判の俎上に載せた (前掲『政治の社会的基礎』一二二頁)。

(52) 蠟山政道『日本における近代政治学の発達』(実業之日本社、一九四九年、〈叢書名著の復興〉七、一九六八年、新泉社) 一二五～一三五頁、等。

(53) 杉森孝次郎『国家の明日と新政治原則 (社会国家への主張)』(一九二三年、早稲田大学出版部) 九一頁。そのなかで杉森は、「社会を見るの急要は、国民と民族が多くの人の多くの場合に於いて偶像であることを知るためにも切実だが、階級戦の解決策としても最大要件だ」(九八頁) と述べて、「階級戦」が現代世界の大問題となっていることを指摘する。またその際に、「資本主義撲滅の勇将コール氏も、最近の一著に於いて、プとブ (「プローリテーリアン」と「ブールジワ」の略——引用者) の解釈と新釈とを必要事として試みてをる」(九九頁) と述べており、大山と同様、コールの説に一面で依拠していたことがわかる。

(54) このような当該時期の「社会の発見」については、有馬学『「国際化」の中の帝国日本』〈日本の近代四〉(小学館、一九九九年) でも詳しく論じられている。

(55) これも大山の場合と同様、『我等』などに発表した論文を集大成したものである。

(56) 「自序」(前掲『長谷川如是閑集』) 一九六頁。

(57) 同右、二九四頁。

(58) 同右、三三三頁。

(59) 従来の、政治学史の観点から当該時期の大山に論及したものの大半は、この『政治の社会的基礎』という著作のみを採り上げて、それがあたかも大山の学問的到達点であるかのごとくに、スタティックに論じる傾向が強く、それでは、大山の思想の全体像が見落とされるのみならず、当該作品の意味づけや評価すらも見誤る危険性を孕んでいる。そのなかで中野実は、プルーラリズムという観点から当該時期の大山政治学に着目するが、やはりそうした従来の研究のあり方を批判し、次のように述べる。すなわち、当該時期の大山の作品が比較的体系性をもってまとめ上げられているためにこれまでの政治学史の研究では、「大山政治学の位置づけが専らこの時期の作品に限定して試みられている傾向があ」り、「大山がいかにして「近代」政治学を止揚しようとしていたか、あるいは大山の思想・理想上のシフトを最終的に規定していた知的リアリティは何であったかという問題、つまりは実証分析に媒介される大山における「科学」と「価値」の不断の緊張が意味することを理解しえず、ために平板な位置づけに終らざるをえない」と（中野『現代国家と集団の理論』一九八四年、早稲田大学出版部、九五～九六頁）。

(60) まもなく『我等』の執筆・編集に復帰した大山は、「編集室から」に次のような挨拶を寄せている。「私の長子一義を失ひましたに就て、どこへも御通知をあげないで内輪だけで葬儀を営みましたのですが、皆様から色々御同情の御言葉を下されたのを深く感謝してゐます。其混雑やら何やらで稍々疲労を感じて其後暫く静養してゐましたが、もう恢復して、学校へも出て居る様な次第ですから乍憚御安心を願ひます。然し本号では海内及海外を一回だけ休まして貰ひました」（『我等』一九二二年六月）。淡々としか語られていないだけに、むしろ奥に秘められた悲しみの深さのほどがしのばれる。

(61) 詳しくは黒川前掲「年譜」を参照。

(62) 『教授会議員名簿　早稲田大学』《早稲田大学大学史編集所蔵》。

(63) 黒川前掲「年譜」を参照。

(64) 人名の綴り等に誤りが多いため、ここではこれを訂正し、かつ片仮名を平仮名に改めた『大山郁夫著作集』第五巻（一九八八年）収録のものから引用する。以下すべて『著作集』の頁を示す。

(65) 兼近輝雄「解題」（前掲『大山郁夫著作集』第五巻）三八六～三八七頁。

(66) イエリネックの著作の邦訳で「国家学概論」と題する原稿が、大山家に残されていた（『目録』Ⅰ（ク）7）。これは大山の名で行われたものであるが、筆跡は大山とは異なっており、そこに大山自身が書き込んで推敲をしている。早稲田大学出版部の名入り原稿用紙三〇八枚（五四〇字詰め）に及ぶ大部なもので、おそらくこのころに出版を予定して翻訳を行ったのであろう。ただし出版された形跡は見当たらず、刊行は実現しなかったものと思われる。

(67) たとえば、前掲『現代国家批判』三三三頁。

## 第三節 理論の実践化の試み——大学擁護運動の展開

### 一 学生運動への共感と支援

一九一九年以後の大山の変化は、これまで見てきた思想・学問の領域だけではなく、実践運動との関わりのなかにも顕著に認められる。民衆の台頭、そして労働問題の浮上を目の当りにして「知識階級」の役割を考え続けてきた大山にとって、「知識階級」が社会的実践にいかに関与するかという問題は、もはや回避することのできないものとして眼前にあった。ことに一九二一年に再度大学人に復帰して以後は、折から急成長を遂げつつあった学生運動にどう向き合うかということが、自己への大きな問いとしてのしかかることとなった。

そもそも大山は大学復帰以前から、学生たちが将来の「知識階級」となるべき存在であるにもかかわらず、その大方が政治に対して無関心であることを慨嘆して止まなかった。彼は、青年学生に対しても、「彼等が学問とか芸術とかに払つて居る注意を、更に政治の方にも振向けんことを要請せんとして居るのである(1)」と訴えていたのである。それだけに以下に見るような、政治に目覚めた少数の学生たちの運動が存在することを知るやいなや、それに自らも積極的に関わっていったのは当然であったといえよう。

その最初のきっかけとなったのが、新人会に次いで早稲田大学において結成された民人同盟会との結びつきであった。それは、当時早稲田大学の学生であった高津正道らを中心に一九一九年二月二一日に組織されたものであり、すでに早稲田大学教授に就任していて、大山とともに民人同盟会の指導にあたった北沢新次郎の回想によれば、同会の内部は二派に分かれており、「一方は山川均君、堺利彦さんに教えをこいに行く人たち、他方は高橋

（清吾――引用者）先生や大山先生および私のところへ来る人たちがあった」という。(3) 前者のグループがボルシェヴィズムに、そして後者が、大山らのいまだマルクス主義には純化されていない混沌とした社会主義の思想に共感を覚えていたグループであったといえよう。後者の人々は、結成からまもない一九一九年一〇月ごろに民人同盟会を脱退して建設者同盟を組織しており、(4) 残る前者は、学外に「暁民会」(5) を組織する一方で民人同盟会の組織を維持していったが、それも一九二一年一一月に高津らが、「暁民共産党事件」を起こしたとして退学処分となったことを機に、結局消滅してしまった。(6)

大山が早稲田大学復帰後に関わりを持つようになったのが、そのようにしてできた建設者同盟であり、さらに、一九二一年六月に「純然たる早大学生の団体として」(7) 結成された早大文化会であった。それらの団体への大山の関与の一端をうかがい知るものとして、彼が大学に戻ってまもない一九二一年春ごろに、伊達保美・片上伸・植田好太郎・山川均・山川菊栄・布施辰治・佐野学・北沢新次郎とともに、建設者同盟主催による研究会の講師を引き受けていたという記録が残されている。(8) 建設者同盟の顧問を務めた北沢の回想によれば、「新人会は、マルクス主義を基盤に、「人民の中に」というスローガンを持ったが、民人同盟会から分かれた建設者同盟の思想的背景は、共産主義でもサンディカリズムでもなく、具体的には労働組合や農民組合を中心に――とは言っても必ずしも労働組合主義ではなかった――無産階級の団結によって、新社会を建設してゆくというものであった」(9) といい、そのような会の雰囲気であったがゆえに、マルクス主義者よりもむしろ大山の方に、メンバーの心をとらえうる余地が存在していたのである。

早大文化会では、大山は同僚の佐野学・猪俣津南雄とともに、週一回ずつ研究会を指導した。そうして一九二二年春に行われた文化会主催の一週間にわたる春季講習会でも講師の一人を務めた。(10) ふたたび北沢は、その文化会について次のような評価を与えている。すなわちそれは、建設者同盟とは異なり、「暁民会から引き継がれたものであろうが、はじめから山川均・堺利彦らと近かったとされることであり、また指導を受ける教授も、大山郁夫はマルクス主義者ではないが、猪俣津南雄・佐野学はマルクス主義を標榜していた。ギルド社会主義の紹介者北沢新次郎に指導されて出発した建設者同盟よりは一歩左に、しかもより統一された色彩で存在したことになる」[11]と。実際に、すでに見たように、群闘争説という迂回をしながらではあったが、大山自身もしだいにマルクス主義への共感を深めつつあったときであり、それゆえ、ここに伝えられているように、組織のなかでも浮き上がった存在とはならなかったと思われる。むしろそうした猪俣や佐野らとの交流が、しだいに大山をマルクス主義に接近せしめていく一要因ともなったであろう。

大山は依然学生の間に大きな影響力をもち続けており、それは以下の事件の推移からも明らかである。

## 二　軍事研究団事件・研究室蹂躙事件と大学擁護運動の開始

大山が以前にもまして学生運動との結びつきを深め、かつ大学擁護のための運動の陣頭にまで立つようになったのは、一九二三年中に相次いで早稲田大学でおこった二つの事件をきっかけとしていた。一つは軍事研究団事件であり、もう一つはそれが誘因となっておこった佐野学と猪俣津南雄の研究室蹂躙事件で、それは第一次共産党事件の発端となったことでも知られている。

早稲田大学には、事件がおこる少し前の遅くとも一九二三年五月五日には早大文化同盟が結成されていた。それは、前年七月に創立された日本共産党の影響下にある学生連合会（F・S）の呼びかけの下に誕生したものであり、大山はその会長に就任していた。[12]

一方その年の四月ごろから、早稲田大学では、同大学の教授である青柳篤恒を中心に、軍事研究団なる団体結成の動きが本格化しはじめる。第一次世界大戦後、デモクラシーが高揚するなかで軍縮の進行と軍部批判が表面化する一方、宇垣一成陸相のもとで総力戦体制の構築を念頭においた国民の精神動員に意が注がれるようになるが、団長青柳のもとに、「国民的国防の実現」（「早稲田大学学生軍事研究団設立趣旨」）を学生に訴えるこの団体は、まさにそれを推進していく上での先駆をなすものであった(13)。そしていよいよ軍事研究団の発団式が挙行されることとなった五月一〇日から一二日にかけて、軍事研究団と、それに反対する文化同盟・雄弁会が激しく衝突するという事件が起きた。とりわけ反対派による抗議の学生大会が開かれた一二日には、流血事件も発生した(14)。

この間、大山がいかなる思いでこの事件を見守っていたのかについては、直接に彼自身のことばでは語られていない。しかしながらこの事件の直後、母親の死去によって反対派学生の指導に当たれなくなってしまった北沢に代わり、大山は、学生の要望に応えて反対派の陣頭に立っていくのである(15)。愛国心を煽り軍国主義を浸透させようとする動きに対して、彼が強い危機感と反発をもったであろうことは、これまでの思想的推移からいうまでもないが、反対運動に立ち上がる学生を前に、もはや傍観者のままでいることはできないまでの憤怒と、反対派学生への共感が涌きあがってきていたのであろう。

『東京朝日新聞』（一九二三年五月一五日）の伝えるところによれば、五月一四日に大山は、佐野学とともに、安部磯雄・内ケ崎作三郎ら学内教授一八名に呼びかけて事件の対策を協議し、とりあえず一致をみることのできた二項目のみを声明として発表した。その声明は、一つは、軍事研究団を純粋の学術的研究団体とは認めないこと、二つめは、軍国主義思想の宣伝に利用される懸念のある団体の存続を希望しないという内容であり、教育・研究の場である大学が軍国主義思想の宣伝に利用されることを否定する原則的立場を示したものであった(16)。折からその翌一五日、軍事研究団は「母校に累を及ぼさんことを恐れ」るとの理由により、解散を表明した。

ところがこれを受けて、かえって軍事研究団を支持する学生の動きも活発となる。急遽結成されたと見られる学内学生団体中央倶楽部が、「社会主義を宣伝し、之が誘導をなす猪俣・佐野・北沢・大山四教授の解職」と「文化同盟其他一切の社会主義的色彩を帯びる団体をして解散せしむる事」を決議しており、また一八日には体育部有志が大学当局に対して、「赤化宣伝」をする文化同盟に解散を命じるよう勧告を行うという動きも見られた(17)。

このようなかで文化同盟もまた、五月二〇日、ついに自ら解散する途を選んだ。その理由は、大山の語るところによれば、「もし外部の圧迫が加はれば加はる程、存続する理由とこそなれ、解散の理由にはならぬ。けれ共、此の事件の為に学校を騒擾化すると大変と気遣つた(18)」ためであった。両者はゆくりなくも大学への配慮という同じ理由で解散に至ったことになる。

ところが事はこれでは収まらず、翌六月五日、猪俣津南雄と佐野学の研究室が、治安警察法第二八条の嫌疑によって司法官・警察官により捜査を受け、いわゆる第一次共産党事件へと発展していったのである。このことは早稲田大学内のみにとどまらず、広く自由主義的知識人をも巻き込んで批判の声を呼びおこした。六月二六日、早稲田大学雄弁会主催により大学擁護講演会が東京神田青年会館で開かれ、三宅雪嶺・福田徳三、そして大山が演壇に立った。三宅・福田両者の応援は、大山との黎明会以来のつながりによるものと思われる。大山の演題は「大学の使命とその社会的意義」で、その内容はまもなく同じ題で青潮社出版部より単行本として出版された(一九二三年七月)。この事件を契機として、以後大山は、学問の独立・研究の自由擁護の観点から「科学」なるものの意味を追及しはじめることとなる。

### 三　「科学の人生価値」の追究

前述の講演をまとめた冊子『大学の使命とその社会的意義』は、この段階における大山の考えがもっとも体系的にまとめられたものとなっており、そこではこの一連の事件に対して、一つは事件のおこった当の早稲田大学の教授としての立場から、もう一つは「一般大学及びその他の学術上の研究団体並びに学術研究に従事するすべての個人の立場から」（六頁）向き合うものであったことが明らかにされている。

前述したように研究室蹂躙事件の投げかけた問題を、「研究の自由」という普遍的な主題としてとらえた大山は、まず学問研究の「暗黒時代」とされた西洋中世にまで遡り、さらに近代資本主義社会に至るまでの歴史的考察を試みた結果、「科学といふものが、いつの時代に於ても、その本質に於て、支配階級の態度と相容れない或物を持つて居る」との結論に到達する。なぜならば「未知の世界へ向つての探求の歩みである」科学は「本質的に進取的のものである」のに対して、「特権擁護に終始」し「殊に社会組織に関しては、現状維持に繋るものである」支配階級は、「どこの国でも、いつの時代でも、その根本に於て保守的のものである」からである（一五～一六頁）。確かに近代において資本階級は、自然科学の保護奨励を行いその発達を促す役割を果してきたが、それも「結局は利潤本位の打算の範囲を出でるものではない」（一九頁）。また、こと社会科学に対しては、「初めから敵意を示したのであ」り、「少くとも、社会科学が『科学』の名に値ひするやうになつてからは、――若しくは他の言葉を以て言ひ表はせば、社会科学が自然科学に於ける客観的帰納的方法を自体のうちに取り入れるやうになつてからは、――資本階級は、極度に注意深き警戒の眼をその上に光らせるやうになつた」（二一頁）という。

彼の述べるところによれば、「科学はそれ自身に功利的目的とか政策的意味とかを持つてゐないにせよ、科学的知識の進歩は、必然的に人生に幸福を齎らし、社会の進歩に貢献するものである。（中略）そして、これが所謂科学の人生価値もしくはその社会的意義の根抵をなすものであ」った（二二頁）。具体的には「自然科学の人生価値もしくは社会的意義は、物的環境の改善にあ」り（二七頁）、他方社会科学は、「自然科学の応用から生じた物的環境の改善の恩恵としての物質的富を、支配階級若しくは独占の手から解放して、それを全社会のものとする結果に導かうとしてゐる」「社会的環境の改善」という点に「人生価値」があるという（二九頁）。そして「科学が終局において民衆の武器である」ともいう（三二頁）。

このように「科学の人生価値」を明確に提示した上で、彼は「科学に於ける研究の自由の合理的根據」という本題にはいっていく。それは三点にわたって整理されていた。第一は、これまで述べてきた科学の「人生価値から」して、研究の自由を要求する当然の権利を持つてゐるものでもあれば、その研究の自由を圧迫するすべての外部的勢力に対して挑戦する当然の義務を持つてゐる」ことでもある。第二は、「科学は一のシステムをなしてゐるのであるから、それ自体のどの部分の研究を妨げられても、その全体に影響を及ぼさない訳には行か」ず、したがって「科学はそれ自身の本質から研究の自由を要求する理由を持つてゐるものである」という。そして第三には、「科学は、その中心生命である研究（research-work）といふものゝ本質からも、外部からの圧迫を排除する必要を持つてゐる」とした（三六〜三七頁）。

そもそも第二・第三は、その論拠がやや説得力を欠いており、大山がもっとも力説したのは、いうまでもなく第一の点であった。ここに明らかなように、大山の「社会科学の研究の自由」擁護論は、「科学」というものの本質にまで溯って説き明かすという、もどかしいまでに原理論的方法をとった。しかも彼の批判は、けっして蹂躙事件後の共産主義者の検挙という点にまで及ぶことなく、あくまで学内の研究室蹂躙事件に限って展開された。それは、権力に直接攻撃の矢を放つよりも、そうすることの方が長期的視野に立つならばより説得力をもち、有効な武器たりうると判断されたからであろう。さらにはそうした戦術的意味合いを超えて、次のような理由があったと考えられる。すなわち、大山自身かつてまずは、「文化」の真の創造者であり担い手は民衆であるということを自己確認しながら「社会改造」を訴えていったと同様に、ここでもまた「科学」は常に民衆の味方であり、「科学」を擁護しうるのは民衆の外にないということを自己確認していく作業を必要としていたからでもあろう。そこに「知識階級」のひ弱さを見ることは容易であるが、自ら自分の立場を「理想主義」と称し、即自的な民衆運動に対して否定的な立場から出発した者がここに至るまでには、それだけの回路を必要としたのである。

このような大学擁護運動の経験をもとにしながら、彼の関心は、社会運動と学生の関わりをめぐる問題にも及んでいく。彼は、「世外に超然として高踏的態度を持続するのを学者の本分だと考へて居る手合ひ」に対しては、「学者の頭脳の化石は、一層捨て場のないものである」[19]との厳しい批判を浴びせていたから、それとは対極にあって、一連の事件のなかで圧迫に抗して闘う学生に深い共感を寄せていたことはいうまでもなかろう。

しかしそれにはあくまで、「その基礎を大学生たち自身の立場の上に据ゑ」ている限りにおいてであるとの条件が付与されていた。大山はいう。学窓を飛び出して社会運動・労働運動に挺身していく学生に対して、「私自身の態度は、当初から肯定的ではなかつた」[20]と。なぜならばそれは、第一に学生としての地位と両立しない、第二に犠牲のみ多く、何らの効果が伴わない、第三に専門の『社会運動家』になって行きそうな危険がある、からである。すなわち「私の立場から言へば、各人の社会改造の叫びは、各人が現実社会若しくは現実人生に於て占めてゐるところの――若しくは、占めようとしてゐるところの――その現実の地位から挙げられる場合だけ、最も合理的でもあり、また最も有効である筈である」[21]との考えによっていた。

実際に早稲田大学でもすでに、民人同盟会のメンバーであった高津正道が退学処分となり、高瀬清もまた同じ一九二一年一〇月、社会主義運動参加を理由に退学を命じられていた[22]。大山はこのような状況に少なからず心を痛めていたにちがいない。彼の考え方は、「社会改造を叫ぶ各人は、改造された社会に於ても存在の理由のあるべきものと見做され得る業務を持つて居るべきだ[23]」という主張に端的に現れているように、あくまで知識人はその独自の立場・役割を放棄すべきではないとの、ある種の確固たる分業論に立っていた。それは、「民衆文化」論において展開された「知識階級」論の段階から、ここに至って、「知識階級」の負い目を克服する端緒を見いだしたことを意味するものと考えられる。少なくとも「民衆文化」論を提唱したとき以来、彼が提起していたいかに民衆と「同化」するかという課題に対し、自分なりの回答を出すことに向けての第一歩が、こうして踏み出されつつあった。

そして大山自身もまた、「私は、あゝした場合に、早稲田大学の一教授としての私の行くべき道と、『我等』に論陣を張つてゐる一人としての私の行くべき道との間に、何等の矛盾のなかつたことを喜んだのであつた[24]」と述べて、初めて街頭に出た「青白きインテリ」の様相を垣間見せつつ、「理論と実践の統一」をなしえたことの満足感と感動を率直に表現していた。

このころから、後述するいわゆる「学生運動の大衆化」とともに、大山に対する学生の支持も急速に増大していった。当時、早稲田高等学院に在学しており、「学部（大学部をさす――引用者）の建設者同盟、社会科学研究会と呼応して学院内に文化思想研究会を組織した」という長島又男は、この軍事教育反対運動で大山に初めて接し、運動の陣頭に立つ大山に心惹かれていったことを回想している。長島は、「私達は先生の御臨講を屢々お願ひし、それによつて社会科学の正しい眼を開くとともに、社会運動に対する大きな勇気を得たのであります」と語っている。また、「学園内における先生に対する学生の支持は圧倒的であり、先生の講義はいつも超満員の盛況であつたことを覚えてをります。（中略）先生の「政治の社会的基礎」なる著書は、当時社会科学の何たるかを知らぬ学生の書棚にも飾られ、この書を読まないものはなかつた程でありました」とも述べており、大山の人気が絶大であったことをうかがわせる。[25]

当時明治大学の学生で、大山を生涯師と仰ぎ続け、その後の大山の運動を背後から支えた田部井健次が、大山に師事していくのもこのときからであった。[26]

自ら大学擁護運動の指導者となって闘った大山の、前述の六月二六日の講演は、学生たちに大きな感銘を与えた。当時第一高等学校の学生であった菊川忠雄は、次のように述べている。

吾々は、大山郁夫氏の熱弁には、しばく接したが、この日のそれは、後年新党組織準備会の大会に於ける『我等の行く所戦場であり、墓場である』の熱弁にも比すべきものを見た。或は、大山氏の生涯に於ける、支配階級の圧迫に対する最初の抗議演説としての当夜の熱弁は、後年のそれよりも、生一本の所、人を打つものがあつたといえよう。（中略）この大山氏の熱弁の終るとき、全学生の間には、擁護すべき学問の殿堂は今や既に影薄く移りつゝあるを見た。そして、この支配階級の手によつて『無学の中心』として絞殺されんとする学校内に、新しき学校の創造をも目標とする社会科学運動の出発を考へてゐたのである。[27]

大山に対する学生の人気は、どちらかというと彼の社会科学理論そのものよりも、その誠実でかつ情熱溢れる人間性に由来していたといえるだろう。マルクス主義に対する見識という点で見るならば、佐野学や猪俣津南雄の方がはるかに深かった。

そしてその直後の一九二三年六月に、大学擁護運動を大山と共に闘った学生との間に、早稲田大学社会科学研究会結成の話が持ち上がったが、それからまもなくおこった関東大震災等の混乱によりしばらく延期とせざるをえなかった。[28]しかし翌年五月、軍事研究団事件一周年を記念してついに社会科学研究会結成が実現し、大山はその会長に就任することになったのである。この間は、「半公然たる読書会で進」んだといわれている。[29]毎土曜日、大山の自宅で有志学生約一五名と、大山の『我等』掲載論文や『政治の社会的基礎』を読んだ、と当時早稲田大学に聴講していた石垣綾子が回想しているのも、おそらくその活動と重なるものであろう。[30]

結成された早稲田大学社会科学研究会は、「(イ) 社会科学に徹底すること (ロ) 日本の現状に精進すること (ハ) 会員をひろく集めること」の三つを主な目的に掲げ、当初から約三〇〇名の会員を擁して出発した。同研究会が企画した「研究コース」の第二学期分は、たとえば次のとおりであった。

社会科学概論 (大山郁夫)
エンゲルス『空想及び科学的社会主義』(平林初之輔)
ヴェブレン『有閑階級論』(出井盛之)
リカード『経済原論』(北沢新次郎)
ジムメル『貨幣哲学』(二木保幾)
日本経済発達に関する調査 (高橋亀吉)
労働問題調査 (北沢新次郎・木村盛)
農民問題調査 (小野武夫)[31]

これらに見る限り早大社研は、まだ純然たるマルクス主義者の集まりではなかった。しかしながら学生連合会は、一九二四年九月一四日の第一回全国大会において学生社会科学連合会と改称し、またこのころ、関東・関西の各大学・専門学校・高等学校に「社会科学」「社会問題」を冠した研究会が簇生していることに明らかなように、マルクス主義の影響のもと、学生のなかに急速に「社会科学運動」が根づいていった。[32] これまで見てきたように、大山自身もまだマルクス主義に対する理解は決して十分に深まってはいなかったが、そのような状況のもとで、しだいに社会科学運動の陣頭に押し出されていったのであった。

それにつれて、当然ながら大山は権力から危険視される存在となっていった。関東大震災時に、朝鮮人や社会主義者ばかりでなく吉野作造までもが、軍部によってあやうく暗殺されるところであったことはすでに知られているが[33]、大山の身にもやはり次のような〝人災〟が降りかかったのである。

大山は震災発生の前から、妻子を連れて千葉県の平館に避暑に出かけており、地震発生時には千倉の駅前にいた[34]。彼の身に危険が及ぶことは、はた目にも十分予測可能であったようで、当時早稲田大学総長の地位にあった高田早苗は、大山の身の安全を気づかって、自分の名刺に次のような添書をし、大山が無事東京の自宅に戻れるよう、早稲田大学の卒業生の森下国雄を千倉の大山のもとに派遣したのである[35]。「早稲田大学校友森下国雄千葉県千倉に於当避暑中なる親戚の安否を確かむる為に罷趣候通過御許し願上候　沿道警備諸官[36]」。

大山一家はその甲斐あって、無事、東京都豊多摩郡戸塚町の自宅に帰り着いたが、事件が起こったのはそれからのち、九月七日のことであった。同日昼間、陸軍将校が自宅に押し寄せ、大山と、彼の自宅に寄宿していた田部井健次を、落合の憲兵隊屯所に連行した。二人はそこで夜まで監禁されていたが、将校が自宅から拘引する際に、周囲を五〇名もの憲兵隊が取り囲んだことから、付近の民衆が騒ぎ出し、新聞社が異変を察知して大山の行方を探しはじめたため、陸軍は大山暗殺を計画していたにもかかわらず、大山たちは危害を加えられることなく夜九時頃に帰宅を許されたのであった[37]。

大震災直後から「朝鮮人暴動説」の流言が広まり、民衆・官憲の手による朝鮮人の大量虐殺が行われ、官憲が流言を否定する方針に転じた九月三日以降は、数は朝鮮人に比べて圧倒的に少ないものの、迫害は社会主義者にも及んだ[38]。亀戸事件発生が九月三日、大杉事件が九月一六日であり、この大山拘引事件もそれら一連の事件のなかに位置するものといえよう。ただし、大山自身がこの事件について言及したものは見当たらない。『我等』の編集同人としてすでに大山と深い親交のあった河上肇も、大山の「不在中には戒厳部から家宅捜査をされ、入京の時にはつけ剣の兵士五名にとりかこまれて居られたさうです。あの温良な君子をどういう風に考へたものか」と記し(39)、『我等』の編集室も、「大山君は震災前房州の平館に避暑中でしたが帰らうとして千倉停車場に来る時に震災に遭つてそこに十日ばかり野営して帰京」した(40)、とあいまいな情報を提供するにとどまっている。

(1)　「民衆政治と国民文化」(『我等』一九一九年三月一日)六頁。

(2)　高橋清吾は一九一八年にコロンビア大学留学を終えて帰国、その後早稲田大学の教員となってC・A・ビアードの政治学などを日本に紹介した。詳しくは吉村正「第六章　高橋清吾――ポリティカル・サイエンスの開拓者」(吉村『政治科学の先駆者たち――早稲田政治学派の源流』一九八二年、サイマル出版会)、内田満「V　高橋清吾とC・A・ビアード」(内田前掲『アメリカ政治学への視座』)を参照。

(3)　北沢新次郎『歴史の歯車――回想八十年』(一九六九年、青木書店)一一六頁。

(4)　明確な月日は不祥。詳しくは建設者同盟史刊行委員会『早稲田大学建設者同盟の歴史――大正期のヴ・ナロード運動』(一九七九年、日本社会党機関紙局)三九頁、を参照。

(5)　この研究会には、大山も佐野学とともに講師として出席していたという(北沢前掲書、一二二頁)。浦田武雄は、暁民会に「猪俣津南雄・大山郁夫も近づいてきた。(中略)僕らが行ってオルグしたわけです、学者は組織的なうごきを自分からはやらなかったから」と語っている(《座談会》「『暁民共産党』と第一次日本共産党――近藤栄蔵をめぐって」・同志社大学人文科学研究所編『近藤栄蔵自伝』一九七〇年、ひえい書房、四六四頁)。この時点の大山は思想的には彼らと異なっているが、「社会改造」の可能性をさぐるという大枠において一致していたためメンバーの勧誘に応じたものといえよう。

(6) 北沢前掲書、一二二頁。
(7) 前掲『早稲田大学建設者同盟の歴史』一六五頁。
(8) 前節で見たように、この時期には大山の関心はしだいに「民衆文化」論から離脱しつつあったはずであるが、そのときの演題は、「民衆文化に就て」であった（同右、六七〜六八頁）。
(9) 北沢前掲書、一一七頁。
(10) 同右、一六五〜一六六頁。
(11) 同右。
(12) 早稲田大学大学史編集所編『早稲田大学百年史』第三巻（一九八七年、早稲田大学出版部）三一二頁。なお、顧問は佐野学・北沢新次郎・猪俣津南雄が務めた。
(13) 同右、三二一頁。
(14) 詳しくは、同右書、参照。
(15) 北沢前掲書、一三〇頁。
(16) 前掲『早稲田大学百年史』第三巻、三三一頁。
(17) 同右、三三四〜三三五頁。
(18) 大山談話、『東京朝日新聞』一九二三年五月一一日。
(19) 『大学の使命とその社会的意義』（一九二三年、青潮社出版部）三五頁。
(20) 「大学生運動の新展開及びその社会的意義」（『改造』一九二四年九月）一〇五頁。
(21) 同右、一〇六頁。
(22) 前掲『近藤栄蔵自伝』四五八〜四五九頁。
(23) 前掲「大学生運動の新展開及びその社会的意義」一〇六〜一〇七頁。
(24) 「大学の使命に対する青年学生の態度の変遷」（『我等』一九二三年八月）九頁。

(25)　長島又男「大山郁夫先生」(『世界文化』一九四六年五月)一五〇頁。
(26)　田部井健次氏ききとり。
(27)　菊川忠雄『学生社会運動史』(一九四七年、海口書店)一七九～一八二頁。
(28)　「大学生運動の新展開及びその社会的意義」(『改造』一九二四年九月)一一二頁。
(29)　菊川前掲書、二一八頁。
(30)　石垣綾子氏ききとり。
(31)　菊川前掲書、二一八頁。
(32)　同右、二一五～二三〇頁。
(33)　松尾尊兊「解説」(松尾編・吉野作造『中国朝鮮論』《東洋文庫　一六一》一九七〇年、平凡社)三七四頁。
(34)　大山聰氏ききとり。
(35)　森下国雄(一八九六年生まれ)は、東京における大学雄弁会の親睦団体丁未倶楽部に所属しており、一九三六年には衆議院議員に当選している(有馬前掲『「国際化」の中の帝国日本』二七頁)。
(36)　『目録』Ⅰ(ケ)7。
(37)　田部井健次『大山郁夫』(一九四七年、進路社)八～二九頁。
(38)　姜徳相『関東大震災』(一九七五年、中公新書)。
(39)　一九二三年九月二一日櫛田民蔵宛書簡(『河上肇全集』第二四巻、一九八三年、岩波書店)一三一頁。
(40)　「編集室から」(『我等』一九二三年一〇月)。

# 第四章　「知識階級」としての使命の実践

## 第一節　「政治行動」の重要性の提起

震災後、大山はチフスに罹って入院し、(1) 同年暮れごろまで執筆活動もほとんど休止状態にあった。その間に政治情勢は大きな変化を遂げつつあった。震災の翌日に成立した第二次山本内閣は普選実施声明を発表し、翌年一月一日、そのあとに清浦奎吾が首班に命じられると、各政党は第二次護憲運動に立ち上がっていった。一方、無産階級運動の側も、山川均が「無産階級運動の方向転換」(『前衛』一九二二年七・八月(合併号))を発表して以後、「政治」への歩み寄りが進行した。さらにはサンジカリズムの凋落もあいまって、日本労働総同盟はしだいに議会主義に転じ、一九二三年一二月一八日には知識人を主体とした政治問題研究会が発足する。

かつては、労働党を組織するにしても「我国に於ては、あらゆる条件が欠けて居る。で、たとへ、労働党が組織し得られるとしても、当分のうちは、それは大した政治的勢力となることが出来ないに決まつてゐる」(2) との悲観的観測に立っていた大山も、無産階級勢力のなかで「政治」が脚光を浴びるに至ったそのような状況を「新しき現実」と称し、無産階級の「政治行動是認」への転換に大きな希望を見いだしていった。(3) かつて第一次世界大戦後のデモクラシーの発展を「世界の大勢」によって確信していったと同様に、ここでも彼は、イギリスのソヴィエト政府承認という事実を、「革命のシンボル」ロシアと「保守の代表者」イギリスの「接触」と見なし、そのような世界的な「新しき現実」の進展が「彼等の建設的な意志と希望とを誘発した」[4]と述べて、世界史的な動向との共通性を見いだしている。それは「政治行動是認の態度」が揺るぎないものとなってほしいという彼の強い願望の現れであると同時に、前にも指摘したように、それを「世界の大勢」と重ね合わせることによってより強い確信を得るという、ある種の楽天性をも示していた。

同年六月には、政治問題研究会が政治研究会（略称政研）に発展改組することになり、無産政党結成に向けて、いっそう現実的な動きが進行していった。大山も、布施辰治・賀川豊彦・安部磯雄・島中雄三・黒田寿男・青野季吉・高橋亀吉らとともに創立委員の一人としてそれに参画していく。[5]政治研究会の「設立の趣旨」は、「政党組織への一の準備段階として本会を創設した」と謳っているが、[6]その背景には、本来無産政党樹立を目的としつつも、無産政党結成にあたり知識人グループにイニシアティブをにぎらせまいとする日本労働総同盟の反対によって政研がそのまま無産政党の母胎となることは否定され、とりあえず「調査と研究」、「無産民衆の政治的教育と団体的訓練」促進の役割にとどまらざるをえなかったという事情があった。[7]この点について大山もまた、「単なる調査のための調査とか、研究のための研究といつたやうな贅沢物は、無産階級のためには、断じて必要のないものであ」り、政治研究会が「現実的な適用を具備したもの」となるべきであるとの考えを率直に表明した。[8]そして彼は、以来、組織運動や地方での講演会・懇談会に奔走したようすが政研の「執行委員会報告（第二回）」（一九二五年四月一九日）[9]からうかがわれ、そうした積極的な関与をとおしてしだいに政研において重要な位置を占めるようになったと考えられる。一九二五年四月一九日の第二回全国大会では、彼も中央委員の一人に就任している。[10]

この間に大山が行ったのは、普選実施を前にして「政治行動」へと動き出した無産階級勢力の動向を中心とする政治過程を観察し、「政治行動」の意義を学問的かつ原理的に説き明かす作業であった。大山の学術的代表作として知られるもうひとつの著書『現代日本の政治過程』（一九二五年、改造社）は、それらの作業の集積と、後述するクラッベの学説紹介を雑誌『我等』（一九二四年五・六・八・九月）に連載したものからなっている。[11]

そこでは、なにゆえに無産階級にとって「政治行動」が必要なのかが明らかにされていく。無産階級勢力の「政治行動」への転換を促す大きなきっかけを作った山川均とは、「政治行動」すなわち無産政党結成を緊要とするという点では一致を見ながらも、山川がソヴィエト権力を念頭に置きつつ、無産階級がブルジョア政治に対抗して革命をめざすための手段として「政治運動」の必要を説くに至ったのとは大きく異なっていた。大山は「政治」の必要性について、以下のような説明を与えている。

凡そ或る社会的目的の達成を企図する運動といふ運動は、――必然的に多数人の協同行動の上に立脚するものであるが、この多数人の協同行動は一種の社会的結合を前提とするものであり、この社会的結合は一種の組織の上に可能にせられるものであり、この組織は一種の統制を要求するものであつて、そして、この統制の内容を構成するものは、実に一種の政治の様式及び運用に外ならないからである。[12]

大山にあっては、「現代の政治生活に於て、最も有効に主張され表現されてゐる利害関係は、常に例外なく、組織化されたるそれであるところの集団的利害関係――階級的利害関係もそのうちの一つである――なのである」[13]という一節にも端的に示されるように、政治が常に集団という見地から立論されていた。

さらに大山は、同じく人間の「共同生活」の「社会的統制」の重要性に着目した、G・D・H・コールの理論を援用しながら、「政治」について次のような定義を与えている。「政治」とは「或る一定の主義の上に依る社会的統制を目標として、或る一定の社会的組織若しくは秩序に向つて、肯定的（擁護的）に、若しくは否定的（破壊的）に働き掛けるところの、人間の集団的行動に交渉してゐるもの」(14)であり、「政治行動そのものは、苟しくも人類の社会生活が存続する限り、決して不必要になる筈のものではない」(15)と。そうして自らは、無政府主義者のように「権力組織のない社会の下に於ては、人間の協同生活が順調に行はれるものだ」というような「楽天的社会観」に立てるものではないとし、仮にそれを承認するにしても、「さういふ議論は単に、さういふ社会に於ては、人間性の相互的調和に依つて、社会的統制が権力の行使なしに、破綻なく行はれるものだ、といふやうなことを意味するに過ぎないものであつて、従つて、その場合においても我々は、社会的統制の概念から離れ去ることが出来ないのである」(16)という。

あくまでも集団の共同性を維持するためには、「組織」と「統制」が必要であるとするその考え方は、論壇に登場したころには国家と国民の「道徳的」関係の必要を主張し、第一次世界大戦後、階級対立を前提として考えるようになっても、「自由なる協調」による社会を理想として掲げ、無産階級内における倫理的紐帯を不可欠のものとしてきた特徴をそのまま継承したものである。すでに見たように、かねてから大山は、そのような共同性を保持するための制度的措置として、普選の実施とその下での議会主義を主張してきたのであったが、そのように倫理性を尊重するがゆえにここでも、「社会的統制」が強制的権力的に行われることは回避せねばならなかった。しかしながら「社会的統制」を支える「社会哲学」は、「結局、その核心に於て価値の問題を含んでゐるものであるから、一人が掲げるそれが、万人の承認を得ることが出来ないのは、いふまでもないこと」であった。したがってできるだけ多数の支持を得、「社会的動揺」を最小限に押し止めるためには「自由討議」は不可欠であり、「政治上の自由主義」に期待がかけられることとなる。(17)

そのような彼の政治哲学は、政治研究会のなかでも無産政党の「政治綱領の概要」として具体化された。それは、同年一一月上旬、政治研究会から平林初之輔とともに無産政党綱領の私案作成を委嘱されて、翌一二月に提出したもので[18]、その内容は一言でいうならば、民主主義の前進をはかるという基本姿勢に拠っていた。たとえば多額納税議員や元老の廃止は謳われているが、貴族院・華族そのものの廃止は主張されていない。また、軍備縮小が謳われており[19]、植民地についても、対華二十一箇条要求の廃止はいわれているものの、全般には「自治を前提」とするもので、放棄論を主張したわけではなかった。しかし、日ソ国交回復や国防問題を議会に付することを挙げるなど[20]、従来からの大山の主張と一致する点も多く、この「概要」には大山の意向がほぼそのまま反映されていると見てよいであろう。

大山は普選実施後の「無産階級の政党若しくは諸政党」について、「憲法政策の方面」については自由主義を、そして経済政策についてはイギリス労働党のごとき「社会主義的根拠からの社会改造案」を採るであろうとの見通しを明らかにしていた[21]。それは、無産階級の「政治行動」と「経済行動」についての、次のような位置づけにもとづいていた。「経済行動」は労働階級が「彼等だけに依つて組織される勢力を後楯として、一本立ちになつて資本階級側の勢力に直面して、それに向つて挑戦し抗争することに終始する」という「どこまでも生一本の階級的行動の範囲」を出ないものであったが、片や「政治行動」の方は「それが現在既存の国家組織内に於て、現在既存の政治機関及び政治手段を通じて行はれるものである限り、実際上純粋に階級的行動としての形式を以て終始することが出来ない」とする[22]。すなわち、「政治行動」においては、可能なかぎり「知識階級」をはじめとする新中間層などの現体制の恩恵に与らない諸階層をも包含して担い手の幅を広げ、「既存の政治機関及び政治手段」を通じて変革を行うことが自明の前提とされており、しかもすでに見たようにそれを漸進的に行おうとするものであった。

それは一つには、ともかくも無産政党を誕生させるべく弾圧を免れることへの配慮がなされていたためと考えられるが、それに加えていまだ無産階級の運動は、ようやくかつての「政治否認」から「政治行動」へと向かいはじめたばかりであり、「無産階級政党組織の暁には、当然それに基礎的地位を占めるべき、組織されたる労働者たちの人力及び物質力は、どう見ても、決して十分だとはいへない状態にある」[23]という認識が根底にあったことも看過しえない。それゆえ大山は、現在の無産階級の「政治行動」は、「無産階級以外の社会的諸集団からの援助支援をも無視することが出来ない」[24]と考えていた。当面できる無産政党は、「労働階級」を中心として「知識階級」等のそれに共鳴する集団からなるものとして広く構想されていたであろうことは、すでに彼が「知識階級」の就職難問題などを例にあげつつ無産階級の問題との同根性を強調してきたことからも明らかである。[25]

また彼によれば、「政治行動」には「破壊的働き掛け」と「肯定的働き掛け」の二つの側面があり、前者は階級的差別のない社会を実現する段階において、「経済行動の上に置かれてある諸目的に、政治的表現を――出来得べくば政治的効果をも――与へることの必要の意識から出て来るものである。これは、特に労働階級の場合に在つては、その経済行動に依つて達成しようとするその本来の諸目的の社会的妥当性を、単に厳格なる意味に於ける労働階級――若しくは更に広き意味に於ける無産階級――に属する人々に向つてのみならず、その他の諸階級に属する社会的諸集団をも包含する一般大衆に向つても有効に訴へ得るために、非常に重要な意義のあるものである」[26]と述べていることからも見てとれよう。無論、大山にあっては、「無産階級政党の社会進化上に於ける意義」という論文の表題にも示されているように、それらはあくまで社会進化の一過程であり、その段階にとどまることを最良とするものではなかった。そのことはのちに述べる大山の無産政党に対する認識の変化からも明らかである。

大山がこの段階では「純粋階級行動」を構想していなかったことは、以下のような政治学の枠組みに依拠していたこととも照応していた。すなわち、資本階級対無産階級という図式を基本的な対抗関係と見なしつつも、それらはそれぞれ「その内部に於て相互的に相反発し合つてゐる諸多の特殊利害関係の上に立つ諸集団の抱合」であり、換言すれば、無産階級政党及び諸政党の台頭という事実も、「広い見地から立言すれば、右の集団過程の進行の途上に顕はれた一現象」にすぎぬとする多元的国家論に立っていたのである。[27] 大山は、オランダのライデン大学の国法学者クラッベの多元的国家論に対して、二大階級対立を重視しないことに不満を抱きつつも強い関心を寄せ、『我等』に連載してその学説の批判的紹介を行っている。その一方、マルクス主義に対しては、「階級対立の見地から、近代国家生活に於ける統治関係を闡明することに依つて、政治学説に対しても、一の新らしき出発点を指し示してゐることは事実であるが、しかし、各階級内に於ける各種の諸集団の連立の関係、及びこれらの諸集団の発生・成長・離合・集散の関係が持つ政治的意義を、少なくとも我々の目的に役立つほどの程度には、解説してゐない[28]」という観点から批判を投じ、いまだ一定の距離を保っていた。

このように大山は、普選実施を前にして無産階級の採るべき行動を社会進化の過程のなかに位置づけるという作業を行う一方で、一九二四年一二月には、同年四月に内閣直属の機関として発足した文政審議会に学校教練制度が提案されたことに対する反対運動をも展開し、現実社会との緊張関係をいっそう強めていった。はじめに述べたように社会科学の擁護というテーマは、すでに大学擁護運動をとおして彼のなかに強固なものとしてあり、社会科学の現実への適用の重要性を主張してきた大山にとって、その運動の意義を積極的に認めうる以上、自らが運動の陣頭に立つことは当然であった。

すでに一一月の段階で学生社会科学連合会（一九二四年九月一五日に学生連合会が改称）の間でも反対運動はおこり、早稲田大学新聞学会主催[29]の「軍事教育批判講演会」において、一一月一〇日、大山は三宅雪嶺、長谷川如是閑とともに演壇に立った[30]。あるいはまた、一一月二一日には政研主催により、吉野作造、賀川豊彦、蠟山政道、布施辰治らとともに「政治思想講演会」の講師を務める計画も発表されており、このことからも実際に運動の場において様々な思想的立場の人々が未分化なままに戦線を組み得ていたことがわかる[31]。前述の大山の広範な共同戦線論も、そのような現実をふまえて構想されたものといえよう。

大山の批判は、教育への軍国主義イデオロギーの浸透を図ろうとする軍部と文部省当局の企てに対して、民衆の主体的意識・創造性を重視する立場から、「今までさへ大に不足な我国民の創造的活動能力が一層減退することにな」ることを憂えたものであった[32]。彼によれば、従来行われてきた「官僚式パターナリズム」による学校教育は、「学徒の精神的生活機能の上に、一定の鋳型を置くもの」にほかならず、それが濃厚に表れたのが「軍国主義偏重教育」なのであった[33]。彼は、軍事教練反対論を展開するなかで関東大震災時のことを想起して、「無政府主義と共産主義とを混同するやうなことや、社会主義者や労働運動者を国賊と見做すやうなこと」を行う「軍人の常識」を俎上にのせ、「若しそれを疑ふ人々があるならば、昨年の震災直後の或る機関に於ける或る種の諸事件を振り返つてみるがいい」と述べているが[34]、おそらくそこには前述の自らの体験も重なり合って、いっそう軍部への警戒心が強く作用したものと思われる[35]。

教育が危機に瀕しているというそのような状況認識のなかで、彼は国家と社会の分離を前提に、支配階級が「功利的政略的に行ふ」「国家的教育」とは区別されたところの「人類生活史上から見た『本来』の教育[36]」である「社会的教育[37]」を護ることの重要性を再認識していく。

その点から大山の目にとまったのが、教員組合運動としておこった啓明会や、沢柳政太郎の率いる教育擁護同盟などの活躍であった(38)。あるいはまた、一九二三年ごろから大山と政研で深いつながりのあった平林初之輔や土田杏村・青野季吉らによって、プロレット・カルト論が盛んに論じられていたことも刺激となっていたと思われる。大山は、「我々は常に、既存の社会制度の下に於ける我々の生活の裡にも、来るべき新時代若しくは新社会の生活の萌芽の隠されてゐるのを見る。殊に教育の場合に関しては、我々は、現代のそれの裡にも、少くともそれが、その基礎をなしてゐるところの支配階級文化から解放されさへすれば、そのまま来るべき新時代もしくは新社会の教育——プロレット・カルトの概念などに依つて髣髴と示唆されてゐるところの——の中へ移入され得べき、或る貴重な人間的教化の基礎的条件が包蔵されてゐるのを見逃すことが出来ない(39)」と述べて、社会変革の担い手の主体的精神という観点から再度〝文化〟にも着目し、「新社会」建設への可能性を模索していった。

なお軍事教練は、学生の側でも前述の軍事教育批判講演会の二日後の一一月一二日、都下の大学専門学校学生有志によって全国学生軍事教育反対同盟が結成されるなど(40)反対運動の高揚がみられたが、結局一九二五年四月一一日より中等学校以上の諸学校で実施されることとなり、国民の精神動員が徐々に進行していくことになる(41)。

(1)「編集室から」(『我等』一九二三年一一月)。

(2)《海内及海外》「新政党計画の夢」(『我等』一九二一年一二月)九三頁。

(3) 民本主義を掲げる政治学者として出発した大山にとって、後述する労働農民党の「我等の輝ける委員長」となったことが生涯の大きな転機となったことはいうまでもない。しかしながら委員長時代の彼には、無産政党運動に結集した同時代の人々の、「純情は情熱と猪突的勇気」ゆえに「運動の尖端に立たしめられて仕舞つた」看板にすぎぬ

（麻生久「大山郁夫のスケッチ」・『祖国』一九二九年四月、五八頁）といった評価がつきまとい、大山が運動に果たした役割の大きさとは裏腹に、彼の無産政党論が独自の研究対象とされることは少なかった。以下本章は、知識人としての大山がいかなる内的必然によって実践運動に乗り出すという選択を行ったのかという点をも含めて、彼の無産政党論の全体像、すなわち一九二三年に無産政党結成が現実的日程に上りはじめて以後、一九三二年にアメリカに亡命して日本を去るまでの期間を、思想のみならず実践活動の面にも着目しながら明らかにしようとするものである。その間において一貫しているのは、人間の政治行動は倫理によって支配されるべきであるとする世界観を背景に、非共産党的立場にありながらもコミュニストをも組み込んだ合法的な共同戦線をつくっていくことをめざした点にあり、そのような大山の構想と実践は、近代日本の社会運動史の上に、少なくとも思想史的に重要な意義をもつと考えるからである。

（4）「新しき現実の夢」（『政治運動』一九二四年四月）七頁。
（5）社会文庫編『無産政党史史料（戦前前期）』（一九六五年、柏書房）九三頁。
（6）麻生久『無産政党とは何ぞ――誕生せる労働農民党』（一九二六年、思潮社）一一六～一一七頁。
（7）「解説」（法政大学大原社会問題研究所編『《無産政党資料》政治研究会・無産政党組織準備会』一九七三年、法政大学出版局）四七三頁。
（8）「政治研究会の進むべき道」（『政治研究会会報』第一号、一九二四年八月）三頁。
（9）前掲『《無産政党資料》政治研究会・無産政党組織準備会』、三三～三四頁。
（10）同右、一三頁。
（11）同書は、『東京朝日新聞』（一九二五年七月一二日）の「新著週評」に、植原悦二郎により、「『現代日本の政治過程』――大山郁夫氏の新著を読む」と題して紹介された。植原は、いくつかの批判を投げかけながらも、「可なり根強い哲学的の背景を与え、然も実際の事実をとらへて、詳細にこれを解剖し科学的にこれを検討研究せるものであつて、近頃まれに見る文章である」と賞賛している。

(12) 「現代政局の上に作用する政治意識の種々相及びその将来への展開」(『中央公論』一九二四年四月)一四九頁。
(13) 同右、一六七頁。
(14) 「無産階級政党の社会進化上に於ける意義」(『改造』一九二四年一二月)一九頁。
(15) 同右、九頁。
(16) 同右、二〇頁。
(17) 前掲「現代政局の上に作用する政治意識の種々相及びその将来への展開」一八五〜一八六頁。
(18) 前掲『《無産政党資料》政治研究会・無産政党組織準備会』五二〜五八頁。なお「経済綱領の概要」は高橋亀吉が作成した。
(19) この点について大山は、「国家制度が存続する限り、国防事業の無視することが出来ないのは、判り切ったこと」と述べている(「我国の教育界が直面する一緊急問題——所謂軍事教育問題を中心として——」・『中央公論』一九二四年一二月、三九頁)。
(20) 大山は、第五〇議会において国防問題が論じられたことを積極的に評価した(「新政治意識の発生と無産政党問題」『中央公論』一九二五年五月)。
(21) 「政党合同問題の社会的背景」(六)(『東京朝日新聞』一九二四年一〇月八日)。
(22) 前掲「無産階級政党の社会進化上に於ける意義」八〜九頁。
(23) 「普通選挙と無産階級政党」(『我等』一九二四年一二月)一九〜二〇頁。
(24) 同右、三六頁。
(25) 「大学生運動の新展開及びその社会的意義=『社会科学の人生価値』=」(『改造』一九二四年九月)。
(26) 前掲「無産階級政党の社会進化上に於ける意義」一五頁。なお後者は、「階級的差別のない社会的組織及び秩序が維持され」るために必要であるとの位置づけを与えられていた(同右、二三頁)。
(27) 「普通選挙と無産階級政党」(『我等』一九二四年一二月)一六〜一八頁。

(28) 前掲「現代政局の上に作用する政治意識の種々相及びその将来への展開」一六五頁。
(29) ただし背後で早稲田大学社会科学連合会が動かしていたといわれる（菊川前掲『学生社会運動史』二七四頁）。
(30) 前掲『早稲田大学百年史』第三巻、四一八頁。
(31) 『政治研究』第二巻第三号（一九二四年一一月）二四頁。
(32) 「既成政党の矛盾——減師問題の一面」（同右）二六頁。
(33) 前掲「我国の教育界が直面する一緊急問題」二八頁。
(34) 「学生生活と軍事教練」（『政治研究』第二巻第三号）三〜四頁。
(35) 大山は、関東大震災時の一連の出来事については他にも、「朝鮮人及び労働者等の遭難事件や、甘粕事件」をあげて、「或る黒手の陰が跳梁跋扈した幾日間でもあつた。それは、短期間でこそあつたが、まさに暗黒時代でもあり、恐怖時代であつた」と述べている（前掲「現代政局の上に作用する政治意識の種々層及びその将来への展望」一三九頁）。
(36) 前掲「我国の教育界が直面する一緊急問題」二八頁。
(37) 大山によれば、それは「あらゆる意味に於ける協働者としての生活上の相互接触の間に於て、極めて非形式的に、極めて自然的に、極めて隠微的に、しかも極めて確実に、極めて現実的に行われるもの」との定義が与えられた（「教育の社会性と国家性——教育界当面の重大問題としての軍事教育計画」『我等』一九二四年一一月、一五頁）。
(38) 前掲「我国の教育界が直面する一緊急問題」三一〜三四頁。
(39) 同右、一四頁。
(40) 菊川前掲書、二七四〜二七五頁。
(41) 詳しくは、由井正臣「軍部と国民統合」（東京大学社会科学研究所編《ファシズム期の国家と社会》一『昭和恐慌』一九七八年、東京大学出版会）を参照。

## 第二節 「無産階級倫理」の定立

さらに大山の危機感をいっそうかき立てたのが、翌一九二五年三月の治安維持法の議会通過であった。これについて直接主題にしたものだけでも三つの論文があり(1)、彼の危機意識の深さのほどがうかがわれる。

大山の治安維持法批判の特徴は、「その列挙されている項目が、どうにでも解釈され得るやうな漠然とした種類のものである」点、なかんずく「国体を変革し」という文言の危険性を突いたことにある。大山は次のように述べる。

たとへば、「国体の精華」とか、「金甌無欠の国体」とかいふ場合に用ひられてある「国体」のやうに、一般に以心伝心的に領会《ママ》されてこそは居るものの、誰れにも承認され得るやうにそれを明確に定義づけることが出来ないやうな言葉として用ひられてあるものとしなければならないのである。かうした言葉が該法案の最も主要な部分に挿入されてゐるといふことは、それに無限の危険性を附与してゐるものでなくて、何であらう！(2)。

しかも解釈に当たるのが法文を適用する側であり、それゆえこの法案は「言論・集会・結社に対する絶大なる脅威」になる(3)ことが予測された。

議会における野党議員や治安維持法そのものに反対する星島二郎・清瀬一郎は、政府原案の「国体若ハ政体ヲ変革シ」のうち「政体」概念の曖昧性のみを問題にして、「国体」概念への正面からの批判はほとんど行わず、「「国体」という言葉的魔力に眩惑」されてしまっていた(4)。また労農団体の反対運動は、「政体」「私有財産制度」などと同列に「国体」という字句の曖昧性も指摘してはいたが、(5)「国体」に力点を置いた批判がなかったという状況を考えるとき大山のそれは注目に値しよう。(6) もちろん大山も、当該時期のマルクス主義者と同様、戦術的には天皇制を闘争の対象と位置づけていたとはいえないが、少なくともそれを冷徹にとらえていたことの証左ではあろう。

治安維持法がこのように危険きわまるものであったにもかかわらず、一九二二年に過激社会運動取締法案が上程されたときと比較しても全般に批判が微弱であったことは、さらに大山に苛立ちを覚えさせずにはおかなかった。大山はそれを以下のように表現している。「我々から見て、いかにも奇怪に堪へないことは、この際治安維持法案に対して、新聞雑誌の側や、一般の学者論客たちの側から、少数の例外を除いては、反対の火の手が殆んど挙げられなかつたり、偶ま挙げられても、それが極めて気の抜けたものであつたりしてゐることである(7)」と。そうして、「たとへ普選が今議会を通過したとて、あとに治安維持法案が控へて居ては無産階級は自由に政治上の活動を為すことが出来ないのである(8)」と述べて、それが当然普選実施後の無産階級運動にとって大きな障害となることを予想した。

同じ第五〇議会で可決されたその普選法も、欠格条項等に関する枢密院の修正を経て骨抜きになってしまったことが、大山を落胆させた。彼は、「婦人参政権や、大選挙区制及び比例代表制が後日の問題として保留されるのは仕方がないとするにしても、(9)（中略）無産者及び薄資者に向つて幾多の不利益を課してゐるやうな諸条件が、何程かは取り除かれる位のことを希望してゐたのである」と失望をあらわにしている。(10)

一方また、民衆が既成政党に利用される可能性を十分に秘めていることをも認めざるを得ず、彼はそれを「無邪気な民衆」と表現した。(11) 続いて、「普選の実施と共に選挙権を得る限りの無産階級の大衆の部分が、初めから全然既成諸政党に背を向けるやうなことは、到底望み得られないことである(12)」とも述べるように、ここでいうところの「無邪気な民衆」は無産階級と同義に用いられており、この時点での無産大衆の政治的判断能力に対しては、彼はいまだ懐疑的であった。しかし、民衆の可能性に絶対的な信頼を寄せる大山は、「無産政党が極めて微弱な勢力から出発しなければならない」にもかかわらず、「可なりの楽観的態度を取つて居る」[13]と自ら公言した。なぜならば、今後に於ける階級意識の増進と無産階級本意の政治的知識の普及に期待が持てるからであるといい[14]、やはりここでもそれを支えているのは、民衆の創造的精神への限りない信頼であった。

そのような民衆の精神のありように着目する姿勢は、普選と治安維持法に先立って同年一月に調印された日ソ基本条約に対する評価の仕方にも表れている。彼は、「侵略的帝国主義の自然的終息の機運の前駆」の可能性を日ソ基本条約の締結に見いだすとともに、「多年不自然に抑塞されてゐた両隣国民の経済的及び文化的接触が久しぶりに再開され、従つてその親隣感情が深められて行く端緒が得られたもの」と評した[15]。すなわち狭義の政治的観点からではなく、民衆の意識・感情のレベルから条約の締結を評価し、かつそこに「一種の人道的意義」を見いだすのであった。依然彼にとって政治は、たんに力の対抗による赤裸々な権力闘争であってはならず、倫理的正当性を与えられるものでなければならなかったのであり、それを付与しうるのはほかならぬ民衆であった。

普選・治安維持法成立に伴う前述のような状況への危機感を、彼は、「現下の我国の政界が無限の混沌状態を示して居ることは、誰れの眼にも紛れやうのないほど明瞭に映じてゐる」[16]と表現した。そのような認識が、普選実施を控えて今まさに誕生しようとしている無産政党の意義や役割について、原理的なところから考察するという試みに向かわせたと考えられる。

無産階級運動におけるマルクス主義の影響力がしだいに強まるなかで、このころから大山もマルクス主義に関する文献を、自らの学問体系に摂取するために従来よりもいっそう積極的に読みはじめており、そこで直面した課題が、マルクス主義における「必然」と「自由意志」の関係を明らかにすることであった。大山は、「必然」と「自由意志」のディレンマを次のように述べる。

我々は、苟しくも我々が因果律の関係を通じて一切の社会的事実を観察し整理することを必要とする立場を取る限りは、社会科学上に於ける我々自身の立場として、いづれかの決定説を取ることから免れる訳には行かない。がしかし、他方に於て我々が、社会史及び社会過程の実際的研究――若しくは、今少し広い立場からいふと、社会科学の研究――の必要を意識せしめられるのは、或る意味に於て、若しくは或る程度及び範囲に於て、我々が社会過程の今後の進行の上に意識統制を行はうとする際に役立つところの一種の指導原理をそこに――若しくはそこから――発見しようとする意図が、それの根本的動機をなしてゐるものだといふことは、実際上拒めない事実である。[17]

この問題に対して彼は、両者は結局「相互的に楯の両面をなすものだ」[18]としつつも、「我々は寧ろ、飽くまで我々の意識的統制の目的を達成することの一点の上に、全力を集中しようとするものである」[19]との決意表明を行い、その役割を無産政党に求めていく。社会変革に向けての民衆の主体的精神を重視する大山にとって、民衆が「決定説」に服してしまうことは断じて許し得ないものであった。彼によれば、支配階級が民衆一般に薦める道徳的教訓も盲目的服従を強いるものとして批判の対象とせねばならないことはもちろんであったが、それよりもここでは、本来期待を賭けうるはずの「進歩的社会思想」に啓発されてきている人々が、「社会科学の方面から来るところの、必然の認識に即する各種の決定説に対する間違った態度から、我々の社会的行動に於ける意識的努力の必要及び価値を軽視する誘惑に晒されてゐる」ことが、よりいっそう問題なのであった。[20] 具体的には、無産階級勢力内の左派、すなわち徳田球一・野坂参三・渡辺政之輔らコミュニスト・グループを念頭においての発言であったと考えられる。

もう一つの課題は、前述したような「無邪気な民衆」を前にして、いかにして彼らの「政治教育」を行っていくかという問題であった。彼らにとって今必要なのは、「政治教育を中心とする啓蒙運動」であり、また無産大衆が一般公衆の支持・後援を得るために必要なのは、「無産政党の道徳的存在価値を示す」ことであると考えられた(21)。ここにも倫理によって政治を動かしうるとするリアリズムを欠いた彼の〝理想主義〟的世界観が反映されており、「物質偏重主義」を嫌う大山は、「いかにも、無産階級のイデオロギーに於て、物質上の財物の分配の公平が熱心に主張されてゐることは事実である。けれども、それはそれ自身の裡に社会倫理的基礎を含んでゐるものである」ことを強調する(22)。そうして「唯物史観上の常套語の繰返し」、つまり「外郭の模索」ではなく内面に肉薄せねばならぬとし(23)、「新政治意識の倫理的基礎」を探ることに力を注いでいく。

大山の「教育」に対する考え方は、前章で見た「社会教育」論の延長線上にあったが、そこで大山が問題にしたのは、「政治教育」の根本方針が、当面議会政策を前提とした合法主義に則っていることに対して、やはり左派からの非難が生じていることであった。大山は、無産階級の「政治行動」、そして議会政策もまた「或る地点に於て必要とされる一種の手段にすぎない」としつつも、「苟くも議会政策が必要とされる間は、それは、それの範囲内に於て、合法的若しくは立憲的外形を取るより外に途がない(24)」との考えを基本にもっていた。この点をめぐる大山の、左派への反批判の語調は、以下のようにいっそう厳しいものであった。

> 彼等（「所謂少数左翼派の人々」をさす——引用者）が実際上に於て行動意思を欠き、単なる口舌の雄として立つことに甘んじて、高見の見物的態度から、眼前の現実的諸関係の下に於て実行し得られる限りのことを実行することを以て、直ぐ次の将来への進一《ママ》歩の段階としてゐるものを見下して、口の税の掛らないままに、

恣まに嘲声罵声を浴びせかけて居るのを見るときは、毫も彼等に好意を持つ気にはなれないのである。彼等は口に革命的言辞を唱へてゐながら、一見極めて危険の地点に立つてゐるやうに見えるが、しかし実は彼等の高見の見物の地位こそ、極めて安全なのであり、一種の高踏的隠遁の場処である。そして、そこに避難して空虚な壮語に陶酔してゐる彼等は、実質上に於て、無産階級の政治行動の妨害者でこそあれ、それの促進者ではあり得ない。[25]

彼自身が、「政治研究会が今春四月に挙げた全国大会に於て、それが従来行つて来た研究調査及び政治教育事業以外に、無産政党促進運動の具体的計画の第一歩として、労働組合及び農民組合への交渉開始を決議した」[26]ことに言及しているように、この時期に政研は無産政党組織準備委員会の一員として労働組合や農民組合に働きかけて、それらの無産政党への組織化に努めていた。彼もそのような活動をとおして、右のような問題に逢着することとなったのであろう。当面の合法的政治運動として議会政策主義を推進していかねばならないにもかかわらず、それが軽視ないしは否定されることに対する一貫した批判であった。

この段階で彼が得た結論は、「無産政党運動の直接目的は、その言葉の表面上に現れてゐる通りに、無産階級の手に政権を獲得する目的を以て政党を組織し、維持し、拡充し、活用して行くことに依つて、無産大衆の階級的利害を、議会を通じて合法的に代表し主張することの上に存してゐるのである」というものであり、さらにその終局目的は、「無産大衆の階級生活に基礎づけられた社会観に依拠する社会改造にまで進み続けて行くといふこと」であらねばならないとするものであった。[27]あくまでも無産政党は、過渡的段階としての階級的大衆運動という位置づけを与えられており、その際に重視されねばならないのが、「人間の意識の創造力」[28]にほかならなかった。それを体現する無産政党が最大の威力を発揮するためには、政治意識を「行動規範」にまで高めること、すなわち「行動規範の倫理性」を提示することが求められるのである。その基準は、すでに「社会改造」論を主張しはじめた段階から一貫しており、「我々に与へられるすべての行動規範の倫理性の程度は、それが我々の生活意識に適合してゐるか否かに依つて決せられる」[29]というものであった。したがって、とりわけ「人類生活の遠き過去から堆積して来た一切の不公正の階級的負担者である無産階級」の解放こそが、人類の解放と同意語となるという点も不変であった[30]。

このようにして大山がたえず政治意識と「科学」性という点に注目しつつ行ってきた、無産政党運動に倫理的根拠を与えるという学問的営為は、「無産階級倫理の基調」(『早稲田大学政治経済学雑誌』一九二五年一〇月)という論文となってひとまず結実し、そこではマルクス主義者が自己の立場を称する際に用いていた「科学的社会主義」という用語も、大山自身の立場を示すものとして採用されるにいたる。ここではもはや群闘争説は陰をひそめ、「全世界を通じて無産階級運動に対して最も偉大なる促進力として働いてゐるイデオロギー的要素は、マルキシズムから流れ出てゐるそれを以て随一とする」[31]と断じるようになっていた。それは、いかに内部に問題を抱えていようとも、ともかくも無産政党結成を現実のものとしつつあるという無産階級運動の著しい成長によって、二大階級対立を前提とした無産階級の運動こそが他の諸集団にも優る社会変革の推進力であると認識するようになったためと考えられる。水平社も、左派の青年同盟が階級一元論の立場から無産階級の一員として無産政党結成を目ざしていたこと、かたや女性解放運動は、いまだ婦人参政権を獲得するだけの成熟度合いに達していないと大山の目に映っていたことなども、大山が諸集団の対立を軽視し、群闘争説から遠ざかっていった一因であろう。

さらにそれに加えて、彼が従来から唯物史観に対する批判の中心としていた物質主義一辺倒という点を、カール・カウツキーの説をたたき台としながら、「生物学派」と称されるクロポトキンの学説を「補充物」として一部採り入れたことも、マルキシズムを受け容れることを可能とした大きな要因であった。マルキシズムの倫理観と生物学派の倫理観は根本的に矛盾するものとはいえず、道徳的衝動の根源は生物学派の主張する社会本能に求められるが、社会本能の表現及びそれの活動範囲の推移を決定するものは、マルキシズムのいうように社会経済的諸条件であると結論されている。[32] それはすなわち、民衆の能動的精神の意義づけを再確認する作業にほかならず、「私は、唯物史観は機械観的に解釈すべきものではなくて、それは寧ろ社会心理上の問題として解釈すべきものだといふ見地を取つて居る[33]」との立場は、如上のような説明によって維持されていたのである。

そうして大山はそのようなある種の理想主義的世界観を背景に、無産階級運動は建設的運動であり新社会建設のための大衆運動であること、またそうであるがゆえに「倫理方面の闡明及び強調が、必然的にそれに伴はざるを得ない[34]」ことを再度強調した上で、「ブルジョア的自由主義」の道徳や「伝統的封建道徳観念」に代わるものとして「無産階級倫理」を打ち立て、その普遍的支持を獲得していくことをめざしたのであった。

これまで見てきたように、群闘争説に依拠しながら二著をまとめ上げ、それらを通じて国家学からの政治学の自立化をはかった大山が、その後に挺身していった無産階級運動の世界を席巻していたマルクス主義は、そもそも「学問の垣根を取っ払う方向にある」ものであり、それと大山が築いてきた政治学の間には、さまざまな矛盾と齟齬があったという指摘が、丸山眞男によってなされている。すなわち、第一に、政治の消滅に対する否定的態度であり、第二に、先に述べた社会集団の多元性という問題であり、第三には、社会心理というものの重要性の指摘であり、それら大山の政治学のもつ特徴がマルクス主義と合致しないということの指摘がなされる。[35] 大山にあっては、そうした矛盾と齟齬をかかえていたにもかかわらず、そもそも彼が打ち立てたとされる政治学自体が、繰り返し述べてきたように、無産階級の解放の道筋を得るための試行錯誤の一成果に過ぎず、大山自身、それを固守することに対するこだわりはきわめて希薄であったと考えられる。「科学の人生価値」ということばで表現していたように、学問が実践的であることを至上命題としてきた大山にとって、自らの政治学がアカデミズムの分野で、政治学の樹立として評価されることはほとんど関心の外にあったし、彼自身の実践運動への関わりが深まれば深まるほど、実践運動への学問の従属の傾向も強まり、急速にマルクス主義に接近していったと考えられる。

（1）「神経衰弱的法案」（『我等』一九二五年二月）、「呪われたる治安維持法案」（『改造』同年三月）、「治安維持法案の本質」（『朝鮮公論』同年三月）。
（2）前掲「呪われたる治安維持法案」三一二頁。
（3）同右、三一三頁。
（4）奥平康弘『治安維持法小史』（一九七七年、筑摩書房）五二〜五九頁。
（5）大坂順一郎「治安維持法反対運動（下）——一九二五年一月〜三月」（『日本史研究』第一一九号、一九七一年五月）一〇頁。
（6）なお、「私有財産制度の否認」についての規定に対する批判は、「新政治意識の発生と無産政党の前途」（『中央公論』一九二五年五月）において全面的に展開している。
（7）前掲「呪われたる治安維持法案」三〇七〜三〇八頁。
（8）前掲「治安維持法案の本質」一九頁。
（9）大山は、婦人参政権の重要性を説いてはいるが、「団体的訓練と、社会意識との欠乏は、我国の婦人たちの痼疾として、——我国男子たちも、この点に関しては余り威張つた口を利けた義理ではないが、——その範囲が極めて普遍的であり、またその根性が深刻である」（「婦人の社会事業に欠けて居るもの」・『婦人と労働』一九二五年一月、七頁）という理由によって、性急に実現を望むことは困難と判断していた。

(10) 前掲「新政治意識の発生と無産政党の前途」二〇頁。なお、その過程で枢密院の果たした役割について、「既成政党が――若しくは既成諸政党に依つて組織されてゐる内閣が、民衆に対する気兼ねから、本来したくて堪まらない或ることをなし得ないで逡巡してゐるときには、枢密院が必ず横合ひから出て来て、一切の非難をそれ自身の上に引被つて世話を焼いてくれるのである」（「既成政党に対する枢密院の機能」『政治研究』第三巻第三号、一九二五年三月、三二頁）と的確に評した。

(11) 前掲「新政治意識の発生と無産政党の前途」三六頁。

(12) 同右。

(13) 同右、三八頁。

(14) 同右。

(15) 同右、二三頁。

(16) 「政治過程の盲目的進行に対する意識的統制の必要及びその目標」（『改造』一九二五年四月）一一〇頁。

(17) 同右、一一五～一一六頁。

(18) 同右、一一八頁。

(19) 同右、一二一頁。

(20) 同右、一三二頁。

(21) 前掲「新政治意識の発生と無産政党の前途」四〇頁。

(22) 同右、四一頁。

(23) 「無産政党運動の基調としての新政治意識＝『新政治意識の倫理的基礎』続編＝」（『改造』一九二五年八月）五頁。

(24)　「新政治意識の倫理的基礎――序論　無産政党運動に附帯する政治教育上の重要問題」(『改造』一九二五年七月)一八～一九頁。
(25)　同右、一九～二〇頁。
(26)　同右、一二頁。
(27)　同右、二〇頁。
(28)　同右、二八頁。
(29)　前掲「無産政党運動の基調としての新政治意識＝『新政治意識の倫理的基礎』続編＝」二三～二六頁。
(30)　同右、三二頁。
(31)　前掲「無産階級倫理の基調」六四頁。
(32)　同右、六三頁。
(33)　「政治的旧勢力への最初の一撃――無産政党出現の機運と政治的雰囲気の廓清」(『中央公論』一九二五年九月)一〇三頁。
(34)　前掲「無産階級倫理の基調」六四頁。
(35)　丸山眞男「大山郁夫・生誕百年記念によせて」(一九八〇年一一月二〇日における大山郁夫生誕百年記念講演会の講演記録、『丸山眞男手帖』第一号、一九九七年四月)。

大山のこのような思想的推移は、同時に実際の運動の場においても徐々に左派的立場への接近をもたらした。ここでまず、政治研究会の動きを追ってみたい。

## 第三節　単一無産政党の希求と「現実主義」批判

政研内部ではしだいに左派が台頭し、一九二五年一〇月七日に開催された第三回臨時全国大会では、左派の主張する「無産政党組織大綱」が決定されて左派が主導権を握り、それを不服とする高橋亀吉・三輪寿壮・島中雄三ら右派と称される一〇名が政治研究会を脱退する結果となった。その「大綱」は、非立憲的機関の撤廃や弾圧立法の廃止、植民地の放棄などを掲げた急進的なものであり、これに対して島中は、高橋と大山が作成した綱領私案が全く無視され、当初の「ソーシャル・デモクラシイー」の立場が失われていることを不満として、それに抗議する文書「我等の立場を声明す」を発表した(1)。しかし葬られた綱領私案の作成者である当の大山は、むしろそのような政研の変化を支持し、同年一〇月一三日の第一回中央委員会では中央委員長に選出されて、政研の指導者的地位を与えられていったのであった(2)。

その後無産政党の結成に向けて、総同盟を中心とする右派と、評議会、コミュニスト・ビューローらの左派との対立がいっそう深まり、右派は左派排除の具体化として政研除外を要求したが、その過程で政研の方は、中央委員長である大山が発言したものは見当たらない。唯一、同年一一月二九日に総同盟が脱退声明を発表した際に、政研中央委員会の決議にもとづいてそれを阻止すべく、鈴木茂三郎・佐野文夫とともに政研加入のための「積極的勧誘運動」の使者の役割を担ったことを知るのみである(3)。しかしながら結局、政研は規約上も無産政党への加入は不可能となり、総同盟の脱退と評議会の「自発的遠慮」のもとに一九二五年一二月一日、農民労働党結成に至るが、[4]大山が無産政党問題について記したのは、その農民労働党が即日禁止となって以後であった。

農民労働党が解散させられたことに対する彼の驚きと落胆の様子は、「実に意外中の意外中」[5]であったとの表現に示されている。彼によれば農民労働党は、「世間の眼には、少なくとも大体上、中間諸団体から構成されてゐたものとして映じてゐた」はずであり、しかも「その時与へられた状況の下に於て望み得られる限りの最善のものであつた」からである。[6]実際に農民労働党の綱領は、内務省による弾圧の可能性にも配慮して「只管左傾的色彩を避け」たもので、当事者たちも弾圧を回避できるとの確信をもって結党に臨んだのであった。[7]それゆえにこそ大山は、そこに政治上の自由主義が支配階級の手によって没落に瀕しているという厳しい状況を見て取り、[8]それだけにまた、無産政党の再起に強い希望を託した。「それ（労働農民党を指す——引用者）は一旦挫折したが、しかしそれの将来に於ける再起は、如何なるものもこれを阻止することが出来ないであらう。少なくとも我国の無産階級が議会否認の基礎の上に立てられた従来通りの直接行動主義に復帰しない限りは、若しくはそれが更にそれ以上に不祥なテロリズムの方向に追い詰められない限りは、それは将来——おそらく近き将来——に於て、万難を排して不可抗の勢ひを以て抬頭するであらう」[9]と。「不可抗の勢ひ」への依拠は、これまでにも見てきたように彼の楽天的世界観の現れであるとともに、生活意識に密着した無産階級の運動こそが全人類の解放を実現するという自らの理論への確信と、運動を担う無産大衆の可能性への信頼に支えられたものであった。

そのような大山に、次いで課題としてのしかかってきたのは、再度の挑戦によって翌一九二六年三月五日に結成された労働農民党が、日本労働組合評議会・政研・無産青年同盟・水平社青年同盟の左翼四団体を排除し、右派・中間派のみによって構成されていたことから、その「門戸解放」を行い、左派から右派までの共同戦線党である「単一無産政党」を実現させることであった。労働農民党は、結成後も「門戸解放」問題をめぐって組織が紛糾し、そのために活動が停滞に陥るというありさまであっただけに、同年前半における大山の著述活動は、この問題にエネルギーの大半が費やされた。

単一無産政党実現をめざす大山にとって、左派が右派の幹部の腐敗堕落や「労働貴族振りの傲慢を罵倒」すると、右派も左派の「過度のセンチメンタリズムを嘲り」あるいは「ロシア共産党の手先といった烙印」を押すなど、相互に感情論による対立を深めていることは、きわめて「忌まわしいもの」であった。[10] しかしながら彼の批判は、すでに述べたようなマルクス主義的方法論の摂取に伴い、以前よりも左派に好意的となっており、右派の方に厳しかった。また実際の運動の場においても、すでに左派はこの段階で無産政党結成という点において一致しており、むしろ農民労働党結成にあたって右派が大山の率いる政研排除を主張してきたことを考えるならば、そのような姿勢をとったことは首肯しうる。

この間に大山は「現実主義」批判を展開しているが、[11] それは右派を標的としたものであった。彼によれば、「現実主義とは、決して、我々の終極目標に頓着なく、与へられたままの現実に盲従することを言ふものではなくて、寧ろ反対にそれは、我々の終極目標に向かつて確実に視線を結びつけながら、同時に我々の周囲の現実的関係を顧み、それに立脚しつつそれを突破することを指すもの」でなければならなかったが、「現実無視」の「左翼小児病」を非難している右派の側に、「与へられた現実に対する盲目的態度に深入りしつつある」傾向が見られたからである。[12]

「現実主義」という点では、これまでの分析からも明らかなように、無産階級運動の成長に追随して自己の思想を変化させていく大山もまた、一種の「現実主義」に違いない。彼は自らの拠り所とする「現実」を「新しき現実」と称して、自己の立場を「所謂「現実主義」」と峻別してはいるが、[13] 彼の場合には、山川均や福本和夫らのように、無産階級運動を「方向転換」させて「現実」とは異なる新たな方向に牽引する役割を演じることはなかった。しかし大山のそれは、常に無産階級運動の合法的な最先端部分に着目し、それを核としながら共同戦線を作り上げていこうとするものであった。したがって、「我々の終極目標に向つて」進もうとする勢力が育っているにもかかわらず、それを妨害して無産階級運動の水準を引き下げる方向に作用する右派の「現実主義」は、とうてい許し難いものだったのである。

右派に対してそのような批判が投じられる一方で、かたや「左翼の過ちは、その目標を見失ふことよりも、寧ろその足元を注意しないところに存してゐた」とされる。すなわち「左翼」は、あくまでその本質においては大山の立場との一致を見るものであり、「我々は屢々、左翼側の諸分子が、官憲及び公衆から故意若しくは偶然に投げかけられたところの、あらゆる邪推と、悪声と、攻撃との下に於て、不断の健闘を続けて来たことに対して、充分の敬愛――時としては深き感謝をさへも――を捧げたくなる気分に誘われたこともある」とも述べている。[14] すでにここに、左翼の運動論に批判はあっても究極のめざすところが一致しているため、小異には目をつぶって行動を共にし運動の右傾化阻止に努める、のちの労農党中央委員長時代の大山の基本的な姿勢が現れている。

一九二六年三月、大山は、市村今朝蔵・黒田寿男・鈴木茂三郎・大森義太郎・有沢広巳・山田盛太郎・太田嘉作とともに月刊雑誌『大衆』を創刊した。有沢をはじめとするそのメンバーらの回想によれば、創刊にいたる背景には政研の左派内部における日本共産党グループとの対立があったことがいわれるが、[15] 少なくとも大山に即して見るかぎり、すでに見たような彼らに対する批判は堅持されていても、それ以上に感情論をも含む決定的対立をそこに見ることは当を得ていないだろう。[16] 大山にとって「無産団体中の一部分が、自己を安全の地位に置かうとする意図から他の一部分に対して共産党呼ばはりをして、それを社会的に不当に傷つけようとする風潮さへ見えるのは、苦々しきことの限りであ」り、そのような「部分的団体意識もしくは団体的利己を克服すること」こそが、無産政党運動の危機を乗り切るために必須と考えられていたのである。[17] 大山の意図は、『大衆』への結集によって、中間派を含む広範な共同戦線を作り上げることにあったといえよう。事実、一九二六年の秋ごろまでは、大森義太郎・山田盛太郎・野呂栄太郎・山川均・堺利彦・加藤勘十・麻生久ら、コミュニストからいわゆる中間派まで、多様な執筆陣を擁していたのである。

同年四月二六日、大山は、鈴木茂三郎・黒田寿男とともに政研中央委員会を辞めることとなった。その背後には、前述の左派内部の対立が伏在しており、それに加えて鈴木らは政研が労働農民党の圏外に置かれてしまったことから政研解体を主張したが、それが容れられず、対立を決定的なものとしたのであった。しかしながら大山の辞任については『無産者新聞』が、大山は解散には反対しており、したがって「右両君（鈴木・黒田をさす――引用者）が辞任せる以上中央委員会を辞する外なし、といふ全く別箇の理由による」[18] ものであることを明らかにしているように、共同戦線の実現をめざして共に闘ってきた同志が辞任する以上、自らが中央委員として残ることは、『大衆』グループの結束を乱すことになるとの判断によるものであったと考えられる。大山は『大衆』発刊のための資金作りを行ったり、編集会議に自宅を提供するなど、「当面の問題」欄や論文の原稿執筆以外にも積極的に関わっており、彼にとって『大衆』グループの存在は、共同戦線を築いていく上の重要な拠り所であった。「大山郁夫氏は近くに「大衆」の発行部数を三萬にするとの意気込みで全力を大衆社にそそぐさうなが《ママ》、せめて一萬五千位にはしたいと云つたら、叱られた」[19] という「編集室より」に記されたエピソードは、そのような彼の意気込みを余すところなく伝えている。

しかしながら、大山の単一無産政党主義は、無産階級陣営の内外の要因によって、実現の可能性を阻まれていかざるをえなかった。

（1）麻生前掲書、一五九～一六六頁。
（2）前掲『《無産政党資料》政治研究会・無産政党組織準備会』一〇三頁。
（3）同右、一〇九頁。
（4）農民労働党結成過程について、詳しくは、「解説」（同右）を参照。
（5）「農民労働党の解散と支配階級心理」（『中央公論』一九二六年一月）一三三頁。
（6）同右。
（7）前掲「解説」（『《無産政党資料》政治研究会・無産政党組織準備会』）四八六頁。
（8）前掲「農民労働党の解散と支配階級心理」一四三～一四六頁。
（9）同右、一五四頁。
（10）「現実主義の陥穽――第二次無産政党組織上の障害への警戒」（『改造』一九二六年三月）一九頁。
（11）前掲「現実主義の陥穽」、「所謂『現実主義』の唯物弁証法的解釈」（『大衆』一九二六年五月）等。
（12）前掲「現実主義の陥穽」二四頁。
（13）同右。
（14）同右、二二頁。
（15）鈴木徹三「解題」（法政大学社会問題研究所編《社会運動史料機関紙誌篇》『大衆』（四）一九七六年、法政大学出版局）四七五～四七六頁に紹介されている。
（16）この点については、鈴木徹三もまた、鈴木茂三郎が『大衆』創刊後に共産党グループへの勧誘があったことから、『大衆』のメンバーは、「決定的な対立者」ではなかったとの指摘を行っている（同右、四七八頁）。
(17)「無産政党運動の危機」（政治研究会機関誌『大衆教育』第七号、一九二六年一月）。
(18)『無産者新聞』第一九号（一九二六年五月二二日）。
(19)（鈴木生）「編集室より」（『大衆』一九二六年六月）。

## 第四節　理論と実践の統一

前述のような事情から政治研究会を脱退した大山は、同時にそのころから労働農民党分裂の可能性を現実的なものとして受けとめ、それへの危機感を表明するようになる。大山はそれを、無産政党の「新たな一難局」、すなわち「無産階級の陣営内に於ける分裂的傾向の深刻化的現象」であると称し、その原因を、「時としては、同じ無産階級運動の列上に於て、それの或る一派が特に終極目標への着眼を強調するに反して、或る一派が特に個々の場合のための策戦を重要視することを主張するために、そのことから延いて無産階級の陣営内に於ける或る程度の分裂が醸もし出される、といふやうな場合が、決して稀れにでなく起るものである」という点に求めた(1)。そこでは、長期的視野での目標の達成を求める立場、すなわち「より大なる、若しくは、より遠き(或る意味に於ける)現実」と運動の即時的効果を求めるそれと、「より小なる、若しくは、より近き(或る意味に於ける)」現実との対立として整理されており、大山自身は両者の「弁証法的統一」の必要を説きながらも、実際には以下のように述べて前者の重要性を強調した。

無産階級運動の理論に於て、さうした個々の場合に於ける当面の現実の社会関係の様々の状態、関係、及び動きの科学的認識及びそれらに処するための対応策の研究が無視されては、それは最早その或る現実性を失つたものになる。といふことは、たしかに一面の真である。が、それと同時に、無産階級運動の理論が、個々の各場合の当面の現実社会関係ばかりを凝視することに熱中する余りに、それ自身の終極目標から瞬間でも眼を離すことがあつては、それは或る他の現実性――そして或る意味に於て、より大なる現実性と呼ば

れ得るそれ――を失ふこととなり、従つて、それは同様に最早純粋の無産階級理論の名に値ひしないものとなるのである。(2)

大山はこのころから、以前にも増して左派への共感を鮮明にしていくのであるが、それは「無産階級意識の熾烈な燃焼」(3)こそが重要であり、そこにこそ彼が普遍主義的なものとして打ち立てた「無産階級倫理」が存在しうると考えたからであった。

さらに、当該時期に、かねてから大山と関わりの深かった学生社会科学研究団体等への弾圧が相次いで行われたことも、彼の危機感を増大させ、そのことがいっそう彼をして根源的なところからの変革を求める方向に向かわせたと考えられる。そうしてこの経験を通じて、大山のマルクス主義者としての立場が、より明確になっていくのである。

一九二六年は、前年一二月の京都帝国大学社会科学研究会メンバーらの多数検挙、京大教授河上肇らの私宅等の一斉家宅捜索など（いわゆる京都学連事件）に続いて、その第二次検挙に始まり、四高社研会員、東大・九大学生及び卒業生らへの弾圧が相次いで行われた。なかでも京都学連事件は、前年に公布された治安維持法の最初の適用であった。さらに五月には、文相から「生徒の左傾思想取締に関する件」という内訓も発せられた。(4)

このいわゆる京都学連事件に対して、一九二五年一二月二四日、早速、京大法学部教授一同と経済学部教授団からそれぞれ意見書が発表された。前者は、警察の犯罪捜査手続きの不法性をも批判していたが、両者に共通するのは、警察のとった処置が大学における研究・教育の自由を妨げるものであると主張する点であった。経済学部教授団の意見書は、「真に研究の自由を得んとすれば材料の蒐集が自由でなければならぬ。従つてその中には世の謂ゆる危険思想に関連するものもまた包含されねばならぬ」とし、さらにその発表についても、「その主張が往々世論と相容れざることあるは寧ろ当然である」[5]と述べており、そこではいかなる思想にもとづく研究であってもその自由が確保されねばならないという普遍主義的な自由擁護論が繰り広げられた。

　この問題は多くの知識人の関心を引き、吉野作造・安部磯雄・長谷川如是閑・山川均・櫛田民蔵ら自由主義者からマルクス主義者までが、それぞれの立場から自己の見解を表明していた[6]。なかでも吉野は、大学における研究・教育の自由の擁護という点に的を絞り、その点から論陣を張った。周知のように吉野自身は共産主義の主張に共鳴する者でなかったが、しかし共産主義とそれから連想される「無政府主義」や「凶暴なる直接行動」とはあくまで区別されるべきもので、治安警察法第二条が「私有財産制度の否認並に其の実行の協議」を取締りの対象としていることの不当性を主張した[7]。さらに吉野は、「然らば真に恐るべきは実は共産主義そのものではない、之を実現するが為に執らるる所の手段に在るのだ」とし、「第三インタアナシヨナルの戦術が公安妨害の誹りを免れ難きものなるは云ふまでもあるまい」と述べたが[8]、それはあくまで、あえてそれらと峻別することで研究・教育の自由を護るという効果をねらったものと考えられる。

　それに対して大山の主張は、学生の社会科学研究がマルクス主義を基調とすることの正当性を正面切って世に訴えるものであり、そのような大枠の点で、すでに櫛田民蔵や山川均らのマルクス主義者と一致していた。そうしてそこでは、現行の法秩序との抵触をどう乗り切るかという点については、ほとんど関心の外にあった。

　大山は、彼が常に採る手法であるが、改めて「社会科学」とは何かという問題を立て、自然科学をも含む科学一般の起源と発達にまで溯って論を展開する。それによれば、「科学は本来社会生活の一産物であるが、しかしそれは同時に、諸生産力の発達へのそれ自身の参加を通して、社会的進歩の促進力として作用することに依つて、社会生活に貢献する必然的傾向を持つてゐるものであ」り、それが「科学の社会性」と称されるものであった[9]。

ここに示されている、社会科学はマルクス主義によるものでなければならないとの確信は、「無産階級倫理」を説いたころに比べてよりいっそう堅固なものとなっていた。大山は次のように述べる。

彼等（学生――引用者）の研究の進むに従つて、現実社会生活の科学的認識の出発点でもあり、中心点でもあり、帰着点でもあるものは、資本主義の本質の徹底的解剖及び把握であることを悟るやうになつたのである。この点に於て最も多く現実的効果を挙げてゐるものは、今日までのところ、マルキシズムを措いて外にない。(10)

そこでは、たとえばマルクスとエンゲルスが著した『ドイツ・イデオロギー』や、ブハーリン著の『史的唯物論』、マルクスによる『神聖家族』などをはじめマルクス主義に関する文献が夥しく引用されており、社会科学研究が危機に瀕するなかで、その抵抗の機軸とするためにも、この時期に彼がいっそうマルクス主義の理論研究に没頭したことがうかがわれる。(11)

そのようなマルクス主義への傾倒ゆえに、大山は、労農党分裂という単一無産政党の破綻に直面しても、「歴史的必然の法則」に依拠することによって、無産階級の将来についてきわめて楽観的でありえたと考えられる。イーリーの社会進化論から学問的出発を遂げ、その後も一貫して進歩主義の立場をとってきた大山にとって、社会的生産力の発達との関わりにおいて社会の進歩が行われることを説くマルクス主義の考え方は、受け容れやすいものであったと考えられる。

一九二六年一〇月二四日に開かれた労農党第四回中央委員会において、総同盟等の右派が脱退し、労農党はついに分裂に至るが、その直後に書いた論文のなかで、大山は次のように述べる。「社会科学圧迫問題」に見られたように、支配階級側は「どんどんと反動化しつつあ」り、もはや「絶望的な頽廃状態」にあるが、「無産階級の前途の展望はそれに反して、少くとも無産階級自身によつては、希望に輝いてゐるものと見られてゐる。今日の社会に於て、全体的に最も多望なる将来を約束されてゐることを感じてゐるものは、実に無産階級を措いて外にないのである。(中略)この意味に於て我々は、決して単一無産政党主義の前途を悲観することが出来ないのである」[12]と。大山の思想の基底には常に、時の経過に伴う社会の進歩への信頼が存在しており、将来における無産階級社会の到来は「歴史的必然の法則」なのであった。

そのような楽観論は、前述の「社会科学圧迫問題」への対応にも現れていた。大山は学生社会科学研究団体への弾圧に対する知識人の対応を、「無批判的批判の批判——学生検挙事件に対する批判に於ける或る傾向の代表的見解の検討」と題して俎上にのせているが、その力点はもっぱら、社会科学をマルクス主義と同義と考えない立場を批判することにあり、治安維持法体制下の厳しい状況のもとで研究の自由を確保するために、いかに非マルクス主義者と共同戦線を築くかという観点は見られなかった。むしろ大山は、「要するに私は、学生たちの社会科学研究に対する局外者たちの言葉は、如何に同情に充ちてゐるやうに聞えるものであつても、それが理解の伴はない同情である限りは、学生たちは社会科学の名に於て、それを峻拒すべきである、という一事である。社会科学は理解の伴はない同情の支援を頼みにして立たなければならないほど、その基礎の薄弱なものではないのである」[13]と述べて、他の立場との提携や支援がなくとも、マルクス主義の立場のみが〝正義〟として存立しうることへの自信をみなぎらせていた。

ひいてはそれが、現実のものとなった労農党の分裂を肯定的にとらえるという方向にすら向かわせることとなった。大山は次のように述べている。

我々は、従来絶えず同党の煩累の種となつてゐた或る一部の右翼諸分子がその分裂を機として、それから離れて行つたことが、どれほど同党を浄化したものであつたか知れないことを知つてゐる。(中略) それ故に、総同盟の脱退は、労農党にとつては、一種の厄払ひとしての意味があるものとさへ、いふことも出来るのである。(14)

彼にはこの労農党の分裂が、「単一無産政党主義に致命傷を与へた」とは受けとめられなかった。「何人も歴史的必然の法則に反逆することは出来ない」のであり、むしろ「性質の浄化」すなわち「無産大衆の階級的政党として行動する自由を、従前に於て曾て見られなかつた程度に持つことが出来るやうになつた」ことにより、「同党がより強大な、より確固な、より有力な組織としての雄姿を以て我々の眼前に現はれるであらう日も、さして遠い将来のことではあるまい」と考えられていたのである。(15) いかに共通点を見いだして戦線を拡大するかということよりも、「正義」のもとに純化することのみに関心が向けられていた。

山川均もまた大山と同様、この時点では労農党の分裂を否定的に受けめることはしなかった。山川にあっては、それは、「単一無産政党は、無産大衆を階級的政治運動に動員するところのスローガンなのである。無産大衆は、単一無産政党を実現しようとする努力と闘争そのものによって、無産階級の階級的政治運動に進出する。単一無産政党は、この実現に意義があるように、同時にそれを実現せしめようとすることに、その実現に劣らぬ重大な意義があるのである」(16) というように、単一無産政党主義はたんなる目的ではなく、階級闘争に無産大衆を結集せしめるための手段であるとして正当化されたのである。「単一無産政党主義」は無産政党運動を担う人々の共通のスローガンではあったが、それを希求してきた彼らにあっても、労農党の分裂はやむなしとする空気が濃厚であったといえよう。山川・大山ともに、無産政党の初めての船出でゆえに、「階級的政治運動」たりえねばならないとの意気込みが強く、それが排外主義に向かわせたものと考えられる。

すでに労農党分裂の直前の一〇月一七日には、右派が日本農民党を結成し、さらにやがて社会民衆党（一二月五日結成）が誕生することとなったが、その間に大山は、それらの無産政党は「『小市民階級的臭味』を強烈に伴ふものに相違ない」とし、その点を批判して次のように述べる。

> 我々は、無産政党中に、小市民階級の人々をも包容する余地も必要も多くあることを認めることにかけては、決して人後に落ちるものではないが、しかしそれは、無産階級の立場を正当と認めた上で、小市民階級からそこに来り投ずる人々に関連していふのであつて、従つてそれは決して、無産政党の主張を小市民階級の極限された社会観にまで引き下げよ、といふことを意味するのではないのである。[17]

ここでは少なくとも大山が、無産政党のあり方の是非を判断する上において、それを支える人々の属する階層以上に意識の側面を重視していたことが明らかであろう。この点についてはさらにのちに大山自身によって、より整序化されて説明されることとなる。

周知のように大山は、知識人の立場にありながらも無産政党の成立と発展に限りない情熱を注いできた者として、同年一二月一二日、左派として再出発することとなった労農党側から請われ、杉山元治郎にかわってその中央執行委員長に就任することになったのであった[18]。大山の委員長就任については、「とにかく、先生の委員長就任は当時の大事件でした。長谷川如是閑さんは極力反対するし、好意ある反対もたいへんでした。それだけに、大会で「委員長大山」が発表せられたときは協調会館の満堂が、まさに沸騰しました[19]」との細迫兼光の回想にあるように、大山の周囲には強い反対もあった[20]が、当の大山にあっては、すでに軍事研究団事件や大学擁護運動に関わる時点で〝街頭〟に出るという一つのハードルを越えており、今回の委員長就任はすでにそのことの延長線上でしかなかった[21]。

日本共産党が労農党を、その書記局を通じて影響下に置き、それを共産党の合法活動の場と位置づけていたことについても、大山はまったく無頓着であったと考えられる。鈴木茂三郎が、大山から中央執行委員長に就任する際に相談を受け、大山のその後を心配して早速細迫兼光と会談して、「共産党は人を利用して、骨の髄までしゃぶって、不用になるとスリ切れた草鞋のように捨てるが、大山にたいしては絶対にそういうことのないようにしてもらいたい」と申し入れたと回想している[22]ことからも明らかなように、労農党と日本共産党との密接な関係は、無産階級運動に深く関わっていた人々が、けっして知り得なかった事実ではなかった。ところが大山にあっては、自己の無産階級の解放理論ないしは政策において齟齬を生じないかぎり、日本共産党と進んで行動を共にしうるのであって、感情的なレベルでの批判や敵意を持ち合わせていないのはいうまでもなく、この時点で、鈴木が憂えたような「利用」されるという可能性を疑うことなど思いも及ばなかったのではなかろうか。大山はそれほどに純粋であり、そのような意味での政治的感覚をまったく欠いていたともいえよう。

大山自身が、「無産政党問題に関する私のすべての見解は、原則論的に、この労働農民党が現在取つてゐる立場によつて条件づけられることは、いふまでもないことである。といふのは決して、私が特に労働農民党の現在の立場に即しての偏頗な見地から当面の問題を観察しようとしてゐる、といふやうなことを意味するものではない。私は極力、さうしたことを避ける。だが、私が、他の誰れにも拘束されないところの、私自身の自由意志の命ずるところに従つて、敢て労働農民党に参加したのは、同党の現在代表してゐる立場こそ、私の理解してゐる通りの、真の意味に於ける無産政党が、日本の無産階級の現段階に於いて、当然のことゝして取らなければならない立場である、と思惟したところから来てゐるものである[23]」と述べているように、以下に見る労農党の方針との基本的な一致は、大山の無産政党論における理論的根拠によるものであった。

大山にとって、中央執行委員長としての労農党活動への参画はまさしく「理論と実践の統一」の実行にほかならず、「知識階級」としての使命を果たすことでもあった。彼は、委員長就任の翌一九二七年二月、労働農民党全国遊説第一隊として山形に出掛けたのを皮切りに、その後全国各地を遊説して回るとともに[24]、そのなかで自らも「これほどの充実した生活は、既往に於て私は知らなかつた。真に労働農民党気分だ！[25]」と記している。

しかしながら委員長就任直後に大山が直面したのが、大学教授という立場との両立の可否をめぐる問題であった。彼が所属する早稲田大学側は、同じく早稲田大学教授であった安部磯雄が社会民衆党委員長に就任するに際して講師となったように、大山にも同様の途を採ることを求めた。その間大山自身も、講師という中途半端な形で留まることは断固拒否したものの、恩師である高田早苗総長への気遣いから、一旦は辞意を表明するといった揺れを見せていたが、結局は学生の留任運動に動かされ、あくまでも大学という学問研究の場と無産政党運動との架橋という「理論と実践との統一」の原則を貫くために教授留任を主張し、結果としていわゆる「大山事件」と称される一大事件を学園内に引き起こして、学生の間から退学処分を出すという犠牲をも生じさせることとなったのであった。

『早稲田大学新聞』は、一月一七日の以下のような大山の談話を発表した。

私は大学教授が政党に加入することが理論的には存立するものと考えてゐるが実際上に種々なる困難が生ずるが私は十三日（一月一三日に大学にて高田早苗と会見――引用者）までは出来るだけやつて行くつもりであつた　然るに安部磯雄氏が突如講師になられた事を根拠として一切の客観的状勢を把持し、教授及び講師の地位を抛つことに決心した。[26]

実際に大山は、彼の所属する、一月一四日の政経学部教授会（ここで安部の講師としての留任も決定した）には、総長に辞表を提出した旨を述べ、その了解を求めているが、手続き未了のために採決が行われなかった。さらに一八日には、大山が高田を自宅に訪問し、やはり辞意が変わりないものであることを伝えている。[27]このころから学生を中心に留任運動が起こり、その後大山はまもなく辞意を翻してあくまで政治運動と教授の両立の原則を主張するに至ったと見られる。一月二三日、今度は高田が大山の自宅を訪問した。大山は高田への恩義を伝え、「暗涙を浮かべ」[28]たが、やはり「終に妥協点を見出せず」という結果に終わったという。[29]

結局大山は、一九二七年一月二六日に開かれた政経学部の緊急教授会の決定によって教授辞任に至った。[30]しかし彼にとって自らの去就はさしたる問題ではなく、彼自身、「今度の問題は私の辞職云々というよりも、寧ろ教授の政党加入の無条件承認の原則確立にあったのでそれは早大のみならず全学界の問題であるが理論と実践との関連及び研究の自由の確立を建学の精神とする早稲田が全学界のためにこれを完成しやすい地位にあり且つその使命を持つものと思った」[31]と語っているように、「理論と実践の統一」という普遍的問題を世に問うことこそが彼の意図するところなのであった。彼が一旦辞意を明らかにしたあとに、学生の運動が起こるや翻意したのも、理論上は両立可能であるが、現実には不可能に近い、しかし学生の間に自らの問題に関わってそれを社会に訴えようとする気運が熟しているのを感知した以上、それに同調しないわけにはいかないという社会的使命感にもとづく選択であったといえよう。[32]

この問題に対しては、安部磯雄のように、「如何なる政党と雖も（大学教授の――引用者）加入は自由であ」るという原則を前提としながらも、従来大学において「病気以外には絶対無欠勤主義」をとってきた自己の主義を貫けないとの現実的判断から講師になるという対応が現にありえたし、[33]また吉野作造によって、教師の政党加入はそもそも治安警察法第五条で禁じられており、かつ現実的にも両立は困難であるとする見解も表明された。[34]しかし大山にあっては、「早稲田の学徒に与ふ」と題する早稲田大学を去るに際しての告別演説（一九二七年二月一〇日に行った演説をもとに改稿）のなかでも、「学園内における学術思想闘争」は「学園外に於ける階級闘争を反映したもの」であると述べているように、二大階級対立の機械主義的な適用がなされるとともに、さらに「私の立場から見れば、早大に於ける私の政治学上の理論の研究と、党に於ける私の政治上の実践とは、相互的に疎通し連関し合つてゐるものであるから、従つて双方が相互的補償の関係に立つ可能性のあるものとさへ思へたのである」[36]とも語っており、自己の政治学は実践に関わることによっていっそう深まるとの確信すらもっていたのである。[35]元来大山の政治学研究は、留学を終えて論壇に登場したころから実社会に対する批判分析という手法をとり、現実との強い緊張関係のもとに行われてきたが、もはや彼にとって、たとえ書斎にこもる時間を大半失うことになろうともそれは重大な損失ではなく、無産政党運動に挺身することがそれを補って余りあるものとして、学問研究の連続線上に位置づけられていたのである。

同年六月に発表した論文「無産政党論」は、さらに「知識階級」の役割について以下のように述べて、無産階級とともに運動を担いつつ、無産階級が明確なる階級意識をもちうるように誘導することを期待したものであった。

我々はまた、無産階級の「社会的存在」から生じた漠然たる階級心理を、明確なる階級意識に——最後に熱烈なる全無産階級的政治闘争意識に——まで高めることの上に於て、或る重要なる特別の任務を行つて来もし、且つまた現に行つても居るところの、或る特殊の集団及びそれに属する諸個人の存在を無視してはならぬ。それはいふまでもなく、無産階級解放の戦線上に参加するところの、戦闘的インテリゲンツィアの群れを指していふのである。[37]

かつて大山が「民衆文化」論を構想したときに直面した「知識階級」としての煩悶は、こうして実践運動に挺身することにより、すなわちマルキシズムにおける「理論と実践との弁証法的統一」という回答をもって〝解決〟を見たのであった。

このように大山自身において「知識階級」問題が解消されたことは、「知識階級」のあり方をめぐる他の選択肢に対する非寛容の態度を生じさせる結果となった。前述の吉野作造と、そしてそれとほぼ同趣旨の堀江帰一の大山に対する批判に対して、大山は「自由主義のファシズム化的傾向——吉野作造君及び堀江帰一君の早大事件批評を読む」と題する論文において反批判を展開しているが、そこではそもそも両者の批判を当人の意図以上に敵意に満ちたものとして受けとめてしまっていた。そのなかで学問と実践の関係に限定して見るならば、「彼等（吉野や堀江ら「新自由主義を唱導する人々」をさす——引用者）の所謂『研究』は、実践から分離されたそれ」であり、「それ故に彼等の意味に於ける社会科学の研究の自由の擁護は、例の文部省の役人たちが、学生たちの社会科学研究に関連して、『研究はいいが実行はいけない』などと言つてゐる常套語の趣旨と、相距ること甚だ遠くないのである」、すなわち「精々通り一遍の小ブルジョア式常識論以上に一歩を出てゐるものでない」[38]として、直接実践運動に参加することなく行われる研究は、真っ向から否定し去られてしまうのであった。



（1）「所謂『現実主義』の唯物弁証法的解釈」（『大衆』一九二六年五月）一二、及び一八頁。
（2）「無産階級政治運動上に於ける理論闘争の諸条件の形成過程」（『中央公論』一九二六年五月）一一一〜一一二頁。
（3）同右、一八頁。

（４）詳しくは、京都帝国大学学生運動史刊行会編『京都帝国大学学生運動史』（一九八四年、昭和堂）を参照。
（５）『帝国大学新聞』一九二六年一月一日。
（６）その主張内容については、前掲『京都帝国大学学生運動史』（八二〜九八頁）に分析されているが、マルクス主義の立場から裁断してしまっており、かつ個々の主張に対する理解もやや正確さを欠いている。
（７）吉野作造『無産政党論　附学生と思想犯』（一九二九年、みすずリプリント）一四、三〇二〜三〇三頁。
（８）同右、三〇四〜三〇五頁。
（９）「科学の社会性――社会的進歩の促進力としての科学の本質に関する或る考察」（『中央公論』一九二六年九月）二二頁。
（10）「社会科学圧迫問題と無産階級の任務」（『大衆』一九二六年一〇月）四〜五頁。
（11）この点については、大山が「科学の社会性」という論文（前掲）を執筆するに至った動機について、自ら「初め私は、本稿を起す動機を、最近に於ける所謂社会科学圧迫問題から得た」と記していることから明らかである（前掲「科学の社会性」二七頁）。
（12）「労農党の分裂が暗示する無産政党運動の前途」（『中央公論』一九二六年一二月）一三一〜一三二頁。
（13）『改造』一九二六年一二月、一三二頁。
（14）「無産政党の諸分派の対立関係及びその前途の展望」（『大衆』一九二六年一二月）一一頁。
（15）同右、一五五頁。
（16）「労働農民党の『分裂』」（『改造』一九二六年一二月）六九頁。
（17）前掲「無産政党の諸分派の対立関係及びその前途の展望」一五〜一六頁。
（18）軍事研究団事件――大学擁護運動のころから大山に師事し、大山の自宅に書生として住み込んでいた田部井健次氏からの聞きとりによれば、大山との交渉にあたったのは稲村隆一であった。なおこの間の経緯については、同党の書記長として大山と活動を共にすることとなる細迫兼光も次のように記している。

当時はすでに右翼幹部は労働農民党を脱退して、社会民衆党、日本労農党を結成していて、それまでの委員長杉山元治郎氏も、日労党へ行くことが、ほぼ、既定の事実だったので、実はあとの委員長選定にこまっていました。それでかねてから浅沼稲次郎君や三宅正一君らが先生の学校(早稲田大学をさす―引用者)からの引出しに努力していましたが、浅沼君や三宅君は日労党へ行きましたので、労農党委員長就任への説得主力は稲村隆一君だったといわなければなりません(細迫兼光「われらの委員長」・《『伝』付録》「大山郁夫先生の思い出」一七〜一八頁)。

(19)　同右、一八頁。

(20)　丸山眞男は、「父(丸山幹治をさす――引用者)から聞いた話ですが、如是閑さんは、そもそも大山さんが政治運動に入ることに非常に反対だった。父も反対していました。大山さんは典型的な大学教授であって、およそ政治に向かない。正しいことと間違ったことしか知らない、と言うのです。如是閑さんは如是閑さんで、有名な「断じて行わず」がモットーですから、反対なのはよくわかります」と述べている(「如是閑さんと父と私――丸山眞男先生を囲む座談会――」・前掲『長谷川如是閑――人・時代・思想と著作目録』二八九頁)。『大衆』グループの仲間であった鈴木茂三郎もまた、大山の委員長就任には反対したが、稲村隆一が強くそれを推し進めたと述べている(鈴木徹三「解題」・法政大学大原社会問題研究所編《日本社会運動史料　機関紙誌篇》『大衆』(四)、一九七六年、法政大学出版局、四九一頁)。

(21)　この点について大山は、次のように語っている。「学園外に於ける私の活動は、段々と私を無産階級運動の戦線へ駆り立てて行つた。もとより、私の学園内に於ける活動と、学園外に於けるそれとは、私に取つては異つた二つのものではなくて、同じものゝ二つの異つた現はれにすぎないのであつた。(中略)かくて、大正一二年の軍事研究団事件に際して私が初めて研究室を出て街頭に立つた時代を一画期として、その頃から私は、無産階級の解放運動の戦線に一歩進出を試みることを決意した」(「早稲田の学徒に与ふ」・『改造』一九二七年三月、二〇頁)。

(22)　鈴木茂三郎「自伝」(大内兵衛・向坂逸郎編『鈴木茂三郎選集』第二巻、一九四五年、労働大学)一四〇頁。

(23)「無産政党論」（大宅壮一編『社会問題講座』第一三巻、一九二七年六月、新潮社、『大山郁夫著作集』第七巻）二三三頁。
(24) 詳しくは黒川前掲「年譜」を参照。
(25)「『労働農民党の旗の下に！』」（『改造』一九二七年一〇月）六六頁。
(26)『早稲田大学新聞』第一一七号（一九二七年一月二〇日）。
(27) 同右。
(28) 後日大山は、「高田総長は、個人的には私の永年の恩人である。（中略）この老高田総長を向ふに廻はして挑戦するが如きことは、私には情誼上なすに忍びないことであった」（前掲「早稲田の学徒に与ふ」二七〜二八頁）とも語っている。
(29)『早稲田大学新聞』第一一八号、一九二七年一月二七日。なお学生らの留任運動の経過と「大山事件」については、早稲田大学大学史編集所編『早稲田大学百年史』第三巻、三九二〜四〇八頁を参照。
(30) 大山の辞任は、同意一四票、不同意一票、白票一票で決定した（『早稲田大学新聞』第一一八号）。
(31) 同右。
(32) 田部井健次によれば、辞任を勧める長谷川如是閑に対して大山は、「この問題では、いま、学生が必死に戦つてゐるのだから、今更ら僕が辞表を出すといふやうなことは絶対に駄目ですよ、もし、いま僕が辞表を出したら、学生たちの面目が丸つぶれになつてしまふではないですか」（田部井前掲『大山郁夫』七六頁）と語ったという。
(33)『早稲田大学新聞』第一一七号。
(34) 吉野作造「大学教授と政党員との両立不両立」（『中央公論』一九二七年三月、吉野『現代憲政の運用』一九三〇年、《みすずリプリント一五》）。
(35) 前掲「早稲田の学徒に与ふ」二〇頁。
(36) 同右、二二頁。

(37)　前掲「無産政党論」二五六頁。

(38)　「自由主義のファシズム化的傾向――吉野作造君及び堀江歸一君の早大事件批評を読む」（『改造』一九二七年五月）三一、及び一六頁。

## 第五節 「小ブルジョア的」価値観の排撃

大山のそうした批判の背後には、彼がマルクス主義に深く傾倒するにつれて、そして労農党委員長として無産政党運動に深く関わるなかで同時に持つに至った「小ブルジョア的」なるものへの否定的見解が存在していた。吉野・堀江両者に対する批判のなかで、続けて次のように述べる。

彼等のデモクラシーの主張の本質内容は、外界の社会的状勢の不断の発展に相応する自己発展を実現することを拒否したが故に、最近数年間に異常の速度を以て進展した無産階級側の社会的政治的思潮との間に不可測のギャツプを生ぜしめるに至つたものであるが、今や、これらの両側の間に存する絶大の矛盾こそは、実に、彼等の旧態のままに固定してゐる社会的政治的立場を著るしく反動的のものとして、更らにまたファシスト的のものとさへも、我々の眼底に映ぜしめるやうになつたものに外ならないのである。

彼によれば、小ブルジョアジーを支持者とする自由主義は、「ファシズムの予備軍の無限の貯蔵庫ともなつてゐる」と認識された。(1) こうして共同戦線を組む範囲は、ますます狭められていったのである。

大山のこのような姿勢は他の無産政党にも向けられ、実際に彼は、「わが労働農民党の攻撃の鋒先」として「既成諸政党」と「わが党以外に無産政党と自称している三つの政党」の二つを挙げた。(2) それは労農党の方針に即応したものであり、一九二六年から二七年にかけて無産階級運動を席巻した福本イズムの強い影響下にあった労農党もまた、大山を委員長に迎え左派として再スタートを切るに際して創刊した『労働農民新聞』では、たとえば、「エセ無産政党を攻撃して進む――無産者戦線の攪乱に汲々たる裏切幹部の陰謀を撃破せよ」との見出しを掲げて他党攻撃を行っている。そこでは、「真に無産大衆の利益を擁護し、その大衆的政治的結成として発展しつゝあるのは我が労働農民党の外にない。而して労働農民党は現在まで、農民党、民衆党、日労党の階級的裏切りを暴露し、之と闘争することによつて、その水準を高め、基礎を確立し得た如く、将来に於ても、彼等の仮面を剝ぎ、その指導下にある大衆を戦ひとることによつて真に階級的大衆的単一政党たる使命を果し、その発展を果たし得るのである」[3]といみじくも述べているように、労農党にあっては、他党を激しく貶めれば貶めるほど自らの「階級的正道」を勝ち取ることにつながるものと認識されていた。

労農党委員長就任直後の大山の無産政党理論は、前述の「無産政党論」と題する論文に示されており、大山はそのなかで、無産政党の基本的構成要素として、工業プロレタリアートと農民のほかに、「「中間的諸階級」とか、「過渡的諸階級」とかの如き――に属する諸分子をも包容することを妨げない」とし、さらには「無産政党の標識として問題になるものは、それの構成諸要素が純粋に無産大衆だけから成立してゐるか否かの上に存するよりは、寧ろ、それがそれ自身の目的として把握し、且つそれ自身の機能として実践してゐる政治行動もしくは政治闘争が、純粋に無産階級的であるか否かの上に存するものである」と述べる。[4]すなわち、無産政党の中核に位置するプロレタリアートと農民に加えて勤労生活者等の中産階級を含みうることを是としながらも、あくまでもそれらの「現実的諸要求」に迎合することなく「無産階級意識」を貫くべきであるとするもので、すでに見た一九二六年前半の段階からの立場をより明確に言い換えたにすぎない。彼によれば、それこそが「全無産階級的政治闘争」となりうるもので、「全無産階級の歴史的地位に即する社会的全任務への意識によつて促進され、指導される行動」なのであった。[5]彼はそこに階級を越えた普遍的価値を見いだし、それを達成するための「完全なる統一的指導」[6]の役割を無産政党に求めていく。

それゆえに、そのような「全無産階級の階級的諸利害を本位」とした「指導的任務力」を果たしえない無産政党は「エセ無産政党」（傍点——原文）として排撃されることとなる。(7) 大山はそれを以下のような論理によって正当化した。

かかる事態（多数の無産政党の群立が常態となっている事態をさす——引用者）の下に於ては、単一無産政党主義の実現は、それらの諸政党の漫然たる合同に従つて成就され得るものではなくて、それらの諸政党のいづれかの立場若しくは主義が、現実的に他の諸政党のそれらを克服しつくした後に於て、始めて期待され得るものである。で、その際に、全無産階級的政治闘争の立場が単一無産政党の形態に於て具現されなければならないものとすると、その立場を代表する政党は、組合主義的もしくは折衷主義的政治闘争の立場を代表する他の諸政党の本質を理論的及び実際的に暴露し克服し、正しき階級意識に眼ざめたる党員たちを、それらの諸政党の指導者たちから分離せしめることによつて、単一無産政党主義の方向へ進むことを以て、その重要なる任務の一つとしなければならないのである。かくして、その全無産階級的政治闘争の立場を代表する政党の行動の尖端は、常に支配階級の陣営に向けられるだけでなく、同時に、無産階級内部の非無産階級的諸部分にも向けられるのである。(8)

ここには、一九二六年から二七年にかけて無産階級運動に大きな影響力をもった福本イズムの「結合の前の分離」の考え方が見てとれる。そこには、「彼らはいわゆるエセ無産党のみを敵として戦っておるのではあるまい、彼らはブルジョア階級と戦っておるのではないか」(9)との堺利彦の批判や、吉野作造が、「尤も無産階級運動に於ける現実主義と絶対主義との思想上の対立は到底免れない運命だらう。併し最後の目標を百里の遠きに置いても一挙に之に達するを不可能と観て、一旦現実の許す範囲に歩を進むることを以て満足しようと云ふのなら、実際行動の方策に於て両派間に全然妥協の出来ぬこともあるまい[10]」と述べたような、真に闘うべき目標のために、小異を捨てて大同につくという現実主義的な発想はもはや存在していなかった。

大山のそのような考え方は、以下のような日本資本主義の現状認識と、そのもとでの無産階級の任務についての位置づけにもとづいていた。彼は、「日本の資本主義は、未だ曾て完全に自由主義の時代を経過したことなしに、既に早くも帝国主義の段階に転入して行つた結果として、ブルジョア的立憲主義の発達の下に於ても全然死滅に至らなかつた封建的専制主義が、今や寡頭的金融資本と結び附いて、新たな意義と力とを得て、現実的に威圧的活動を再開するやうになつて来てゐる」との認識をもっていた。それゆえ彼もまた、「かかる形勢の下に於いて、目的意識的に全無産階級的政治闘争の立場を取つてゐる無産政党としての労働農民党の出現もまた、或る意味に於いて必然的現象に外ならないものであるが、しかし、この政党すらも、現段階に於いては、ブルジョア・デモクラシーの獲得にその絶大の努力を集中する必要に迫られてゐるのである」とし、「かういふ訳で、日本の無産階級の政治運動の最尖端にある―もしくは最左翼を構成する―ものとして、前衛党の地位を占めてゐる労働農民党も、現段階に於ては、大衆党もしくは共同戦線党として行動としてゐるのである」と述べて[11]、「大衆党もしくは共同戦線党」としての側面を認めてはいた。しかしながら次のように主張することにより、自由主義が不完全であったがゆえに必要とされるブルジョア・デモクラシーの獲得という課題よりも、やはり「全無産階級的政治闘争の立場」を上位に置き、「階級的」たりうることを最優先して他党に対して排撃的態度に陥っていったのである。

だが、労働農民党は、単に大衆党であり、共同戦線党であるばかりでなく、それは更らに階級的大衆党である。それは、同党が全無産階級的政治闘争の立場に終始してゐることから来る当然の帰結である。それ故に、労働農民党は、大衆動員のために一般大衆に呼び掛ける場合に於ても、曾て全無産階級的立場を離れたことはないのである。この点に於て、労働農民党は、特に農民の特殊的諸利害関係を強調してゐる日本農民党や、「勤労階級」本位の政治を標榜してゐる社会民衆党などの列から、遠くかけ離れてゐるものである[12]

しかしながら、ここにその一端が示されているように、結果的には福本イズムとの一致を見ながらも、「大衆」に臨む姿勢という点において彼は、福本イズムに見られる、「大衆」から遊離したところでの理論闘争に終始し、前衛党が一方的に大衆を指導するべきであるとするそれとは異なっていた。彼の場合には、福本イズムの担い手である東大新人会出身者たちのような冷徹なエリート主義とはちがって、「大衆」に対する信頼と愛情を軸に、〝共にある〟ことをめざして、「民衆文化」――「社会教育」――「無産階級倫理」と、一貫して社会変革を担う主体となるべき民衆の意識の変革に希望を託し、その方法を模索してきたのであった。しかしながら大正デモクラットに共有されていたそうした温かい感性的なヒューマニズムと進歩主義による楽観的観測は、民衆に対するリアルな認識を欠いたある種の理想主義となり、抽象的な「無産階級意識」に期待をかける結果、左翼的立場のみを唯一絶対のものと見なして、表面に現れた主張においては福本イズムと一致していったと考えられる[13]。すなわち、当初から民衆に超越的姿勢をとっていた福本イズムと、民衆に接近し、それに期待を託すがゆえに、民衆の実態から距離のある民衆像を抱いていった大山とは、そこから構築される運動論において、結局一致を見ることとなったのである。

先にも見たように、大山自身もこの頃から、他の無産政党に対して「わが党を裏切つた」「エセ無産政党」といった中傷を浴びせるに至るのであり[14]、無産階級運動という政治の場に深くコミットすることによって、他党の排撃が目的と化し、労農党独善論に陥っていった。一九二七年に出されたコミンテルンによる「日本問題に関する決議」（いわゆる二七年テーゼ）によって福本イズムが批判され、労農党が同年一一月以後、これまでの日労党に対する排撃的態度から、無条件合同を提唱する態度に転じたのに伴って[15]、大山もまた同年一一月二八日の講演会では、早速、「無産諸政党の合同問題」が重要となるに至ったことを述べているが[16]、ここにおいても、独善的という点では本質的に変化はなかった。このように大山の思想・行動は、政治の論理に強くかつ直接に規定されていったのであった。

前述の吉野作造と堀江帰一の批判も、両者の意図を越えて、無産政党間の抗争対立の一環として、すなわち社会民衆党の立場からの労農党への挑戦として受けとめられてしまったのである。大山は両者の批判を、「無産階級政治戦線の一翼をなすものと見られてゐる社会民衆党の関係者である吉野堀江両君の側から、同じく無産階級政治戦線の他の一翼をなすものと見られてゐる労働農民党の関係者である私の側へ向つて投げ掛けられたものと見るとき、最早それへの応答は、必ずしも純粋に個人的意義に止まるものと見做されるべきでなく、そこに或る程度の社会的意義が発生して来るものである」と見なし、さらには「我々のデモクラツト（吉野と堀江をさす――引用者）が、如何に無意識の間に（恐らく）、私が属してゐる労働農民党を、――恐らくそれが左翼党であるといふ理由で(?)、――単にブルジヨア諸政党からだけでなく、同時に他の意識的右翼側の無産諸政党からさへも厳重に区別しようと努力してゐるかを見て取ることが出来るやうに感じるのである」とも述べる[17]。そこには、思想内在的な理解よりも、政治の立場を優先させてしまっていることが見てとれる。

すでに見た「小ブルジョア的自由主義」がファシズムの温床になっているとの認識は、彼をして、さらに非マルクス主義的価値の一切を断罪していく方向に向かわせた。彼は、かつてその一員であった黎明会同志に対しても、「無産政党に向つて、似非非学術的理論を振り廻はして、様々とケチをつける役割を引受けるやうになつてゐる[18]」との批判を浴びせた。あるいはまた、武者小路実篤の「新しき村」についても、「階級闘争の熱火の裡から逃避し」たものであるとして、マルクスとエンゲルスがドイツ社会主義に対して行った人道主義批判の文言を援用しながら、武者小路らの人道主義の欺瞞性を暴露することにもっぱら力を注いだ[19]。前述したように、「知識階級」の煩悶をすでに自分なりの方法で〝克服〟していた大山にとって、たとえ批判を込めてであるにせよ、それを「知識階級」論の観点から理解しようとする動機は、「小ブルジョア的自由主義」粉砕という強い使命観の前に、もはや完全に消え失せているかにみえた。

「ぼんやりした不安」と称して芥川龍之介が自殺を遂げたことも、「知識階級」の煩悶を象徴するものとして、社会に衝撃を与える事件であった。『中央公論』も早速、「芥川龍之介氏の『死』とその芸術」という特集を組んで大山にも寄稿を求め、大山はそれに応じて「実践的自己破壊の芸術」と題する一文を寄せたものの、そこでは、「氏の住してゐた世界」は「小ブルジョア的イデオロギーのそれ」であり、芥川は「最後まで意識的もしくは無意識的に、ブルジョア文化の肯定者（或ひは讃美者）として終始した」ことを指摘し、「私から見れば、畢竟ブルジョア芸術の、さし迫まつた行詰まり及び破綻の一面を反映してゐるものに外ならないものだ」と述べるにとどまった[20]。

これらに明らかなように、大山の論評はブルジョア的か否かですべてを裁断する傾向に陥り、実践運動に入る以前に比べて、マルクス主義的教条主義に陥るがゆえに感性が摩滅してしまっているのではないかとすら思わせるものとなっていった。

しかしながら大山は、前述の芥川龍之介の自殺に関わって、「我々のやうに、新社会の建設に立ち向つてゐるものの上にも、芥川氏の上にと同様に、封建時代が影を投げてゐる。のみならず、我々は更らに、ブルジョア社会の下積みになつて、その負担を骨身にまで感じてゐる。そして我々は、さうした状態の下に於て、絶大の矛盾をも最も直接に、最も現実的に、恐らく芥川氏以上に感じてゐる。けれども、我々の仕事は、芥川氏の場合のやうに、消極的にその矛盾に殉することでなくて、我々の積極的努力を以て、その矛盾を揚棄することによつて、新境地を現実に作り出すことである」[21]とも述べている。つまり自らも芥川が遭遇した苦悩を共有しながらも、あえてそれらへの共感や理解を切り捨てることによって、戦闘性を保持し無産階級運動を前向きに推し進めようとしたのではなかろうか。

同時期に大山は、河上肇とともに『マルクス主義講座』全一三巻の監修を行い、自らも二編の論文を執筆しているが、その一つが「民主々義批判」であった[22]。今回は多忙のためか未完に終わってしまっているものの、大山は過去にも自由主義批判やブルジョア民主主義批判をしばしば行ってきていた。今回のそれも、やはりブルジョア民主主義が「封建的専制支配」を打ち破る上で一定の重要な役割を果たしたことを認めつつも、「現代のブルジョア国家」の「政治的支配のジヤスティフィケーションの基礎」となっているとし、それをプロレタリアートの立場から徹底的に批判することを意図したものであった。「ブルジョア民主主義」を経由して当該時点の思想に到達した大山にとって、ブルジョア民主主義の徹底批判を行うことは、自己におけるそれとの決別を再確認し、自らの「無産階級意識」を奮い起たせる作業でもあったと考えられる。

彼はまた、『マルクス・エンゲルス全集』の刊行計画にも編集主任の一人として加わり、「小ブルジョア的」価値の粉砕とともに、マルクス主義の学術文化活動を積極的に担っていった。一九二八年初めにおこったこの計画は、結局同年九月には挫折してしまうこととなるが(本章補論参照)、彼は、労農党の遊説活動の合間をぬって、集まってきた原稿の校正を行うなど実務面でもかなりの労力を提供した。また、計画中止が決まってその声明文の草稿を執筆したのも大山であった。このように実現にこそ至らなかったが、コミンテルンの二七年テーゼ以後、日本共産党グループと労農派との対立が先鋭化しつつあった状況下において、大原社会問題研究所員を中心に、高野岩三郎・森戸辰男・大内兵衛・細川嘉六・宇野弘蔵・河上肇・長谷部文雄・大塚金之助ら、両派を糾合したメンバーによって、その対立を越えて刊行に向けての共同作業が試みられたことは注目されてよいであろう。

労農派との共同戦線という点では、その前身である前述の『大衆』グループとも、一九二七年一〇月の廃刊時点までつながりは維持された。その背景には、黒田寿男・鈴木茂三郎ら『大衆』同人が、労農党と日本労農党の合同による無産政党の統一をめざしながらも、基本的には労農党支持の立場をとり続けたという『大衆』同人側の歩み寄りの努力もあったが、大山自身も同年八月まで『大衆』にしばしば原稿を書き、協力関係を維持しようとする姿勢を示したのであった。

鈴木茂三郎の回想によれば、『大衆』が廃刊されるころの同人会議では、労農党の合同方針、選挙対策等の批判で議論が盛り上がったが、すると大山は、「党には私がゐますし、党の悪口はなるべく書かないで」と言って陰鬱になっていたという。しかし、さらに鈴木は、「思ひ出の多い最終の同人会議だつたと思ふ。関西の遊説から帰つた大山さんは、日労党の河野密君を、労農党の党員がやじり倒した模様を、愉快でたまらないといふ調子で話した。両党の合同の急務を説いてゐた僕たちは、暗然として聞いた」(23)と述べているように、大山自身、無自覚の内に党の立場が表出することとなっていったと思われる。そうして、鈴木や『大衆』が労農党の選挙協定批判を行うに至ったころ、すなわち『大衆』廃刊の直前ごろから両者の関係は途絶えていったのである。(24)

大山が委員長に就任して以後の労農党は、普通選挙法にもとづく総選挙を実行せしめるための議会解散請願運動や、「対支非干渉運動」などを展開してきたが、(25)ことに一九二七年九月から一〇月にかけては、全国二府三七県で府県会議員選挙が行われることとなったため、大山自身もその選挙対策と遊説活動に多忙な日々を送った。[26]

そうして翌一九二八年二月の普選第一回の総選挙に、大山自らが香川二区から立候補したことは、すでによく知られている。これについての詳細は、労農党や香川県の支持基盤等、大山をとりまく外的状況との関わりから考察した大西比呂志の詳細な研究[27]に譲り、ここでは大山に即して重要な点を述べておきたい。

まず大山の擁立が現実的日程に上ったのは、一九二八年一月八日、すなわち新任中央執行委員会第一回正式会議の二日目のことであり、そもそも彼は、「私自身は、少なくとも私が党の中央執行委員長としての地位におかれてゐる間は、立候補しない方が当然ではないかと考へてゐた」が、書記長細迫によって主張された「私（大山――原文）がアジテーターとしての特殊の能力を具備してゐることが私を無産党議員として資格づけるといふやうな、私としては肯定していゝのか判断のつきかねるやうな今一つの理由」によって立候補が決定していった。[28]

このような大山の消極的姿勢にもかかわらず、大山擁立が進められていったのは、一つには、日本共産党が労農党を通じて党イデオロギーを大衆に向かって宣伝する必要から、いま一つは、労農党・日農の組織維持のために、大山というアジテーターの資質をもっていると見なされる人物が求められたからであった。[29]それゆえに大山は、「既に党の決議を代表する中央執行委員会の決議によつて、私の香川県からの立候補が決定された以上は、一党員としての私は、最早私自身の個人的立場からそれに対して兎や角と口を挟むべきではなかつた」[30]との判断により立候補に至る。香川が選挙区として選ばれたのも、労農党を支える主要勢力となっている日農の最強の基盤であったからであり、大山はまさに日本共産党―労農党の支持層の拡大という使命を背負って、選挙に挑むこととなった。

大山は労農党委員長を退いたのちに、「私は、或ひは少し行き過ぎであつたかも知れないとさへ思はれる程度にまで、私自身の個人的意見の発表を慎んだ。（中略）それは畢竟、一個の『組織人』だといふ意識が私を強く支配したためであり、更らに党内に於て私が置かれてゐた地位から来る当然の責任として、殊にかうした方面に於て、私自身が党内の誰よりも真つ先に党の統制に服従し規律を厳守しようとする熱意に駆られたためであり、最後に最も重要なことは、どこまでも党と運命を共にしようといふのが私の最初からの決意であり、最後までの念願であつたためである」[31]と述べているように、自己の無産政党論と根本原則においての矛盾しないかぎりにおいては、一歩引き下がり、党の決定に従うのを旨とした[32]。そうすることが、「知識階級」である自己の使命と考えられていたのであろう。共産党の側の労農党に対する前述のような位置づけがある以上、それこそがまさに委員長大山に求められていたのであり、そのような双方の一致のもとに、「ただ担がれているお人好のロボットという評判」[33]ができあがっていったといえよう。

選挙運動中は、しばしば引かれる「これで大山氏が当選すれば、黙つて突立つてゐる、琴平神社の石燈篭でも当選するだらう」という長谷川如是閑のことば[34]や、大山自身が「大体のことは新聞紙にも報道されてゐましたが、事実はもつと深刻なものでした」と語るような「狂気じみた弾圧」が猛威を振るい[35]、結果は、定員三名をすべて既成政党が占め、大山は日農の組織票以上に獲得することができず最下位当選者に大差をつけられて次点に終わった[36]。この敗因については、共産党——労農党の側が、農民層のもつ実態や保守性をとらえきれず、そこから打ち出される方針は、彼らの生活実感から乖離したものとなり、さらには「農民、大衆を専ら教育、指導して、階級闘争の場に動員する対象とみなす党」に対して、農民の側が自らの生活実感から発する違和感を抱いたことに求める、大西の指摘がある[37]。大山個人に限って見るならば、すでに述べたように、農民をたんに階級闘争に動員する客体とみなすのではなく、彼らの主体的な意識にこそ着目しようとした。しかし、そのように民衆の意識の戦闘性・能動性に期待をかけるがゆえに、理想と現実を峻別することができずに民衆の実態をとらえそこない、結局農民大衆の心を十分にひきつけることができないという側面があったのではないかと考えられる。

（1）前掲「自由主義のファシズム化的傾向」二二一～二二三頁。
（2）「労働農民党の勝利に対する社会科学の寄与」（『早稲田大学新聞』一九二七年一〇月一三日）。
（3）『労働農民新聞』創刊号（一九二七年一月一五日）。
（4）前掲「無産政党論」二三五～二三七頁。
（5）同右、二五一頁。
（6）同右、二七三頁。
（7）同右、二六八頁。
（8）同右、二七六頁。
（9）「無産党合同の趨勢」（『改造』一九二七年一一月、『堺利彦全集』第五巻、一九七一年、法律文化社）四三一頁。
（10）吉野作造「無産階級に於ける左右両翼の対立」（一九二八年一一月、前掲『日本無産政党論』）二三五頁。
（11）前掲「無産政党論」二七八頁。
（12）同右、二七八～二七九頁。
（13）新人会から福本イズムに向かった人々の思考様式の特徴については、藤田省三「第一章　昭和八年を中心とする転向の状況」（思想の科学研究会編『共同研究　転向』（増補改定―上）一九七八年、平凡社）を参照。
（14）「労働農民党の勝利に対する社会科学の寄与」（『早稲田大学新聞』一九二七年一〇月一三日）、等。
（15）詳しくは、渡部徹「無産階級運動」（『岩波講座日本歴史』第二〇巻、一九六三年）一四一～一四二頁を参照。
（16）「社会科学と無産政党運動＝特に労農諸政党合同問題を中心として＝」（『太陽』一九二八年一月）。

(17) 前掲「自由主義のファアシズム化的傾向」一六、及び三〇頁。
(18) 「無産階級指導下の言論自由獲得闘争」(『文芸戦線』一九二七年八月)一二頁。
(19) 「マルクスによる『新しき村』評」(『大衆』一九二七年一月)六頁。
(20) 「実践的自己破壊の芸術」(『中央公論』一九二七年九月)九三〜九四頁。
(21) 同右、九五頁。
(22) この『マルクス主義講座』(政治批判社編集)は一九二七年一一月から一九二九年三月にかけて上野書店より刊行され、野呂栄太郎・中野重治・細川嘉六・佐野学ら気鋭のマルクス主義者たちを執筆陣に擁した。大山は、「民主々義批判」(第一三巻、一九二九年三月)のほかに、「激流に抗して」(第六巻、一九二八年四月に『改造』に発表したものを再録)と《資料》「労農政党合同問題と新党準備会の立場」(第一〇巻、一九二八年一〇月)を書いている。さらに「発禁改訂版」(その三)のなかに「協同組合論」を執筆することが予定されていたが(一九二九年一〇月中旬発行予定として、同年九月に刊行された「発禁改訂版」に予告が出された)、実際に執筆された形跡はない。なお同講座は労農党と緊密な関係を持ち、労農党の「中央執行委員会報告」(第一二巻)なども掲載された。
(23) 鈴木茂三郎「大山郁夫と僕等」(『文芸春秋』一九二八年三月、鈴木前掲「解題」四九一頁)。
(24) さらにこの点について鈴木茂三郎は、「自伝」のなかで、「中央執行委員長となった大山が、雑誌「大衆」が労働農民党にたいするあやまれる共産党の独占的な支配と方針について鋭く批判をくわえ始めた頃から、われわれから離れていき、昭和六年七月、大山の新労農党とわれわれの全国大衆党が合同するまで、離れたままであった」と記している(前掲『鈴木茂三郎選集』第二巻、一四〇頁)。
(25) 一九二八年四月に労農党が解散に追い込まれるまでの大山の主張、ならびに党の活動については、大山郁夫『闘争の跡』(一九二八年、世界社)にまとめられている。
(26) 詳しくは、黒川前掲「年譜」を参照。
(27) 大西比呂志「大山郁夫と第一回普通選挙――日農香川と労働農民党」(『早稲田政治公法研究』第二二号、一九八七年三月)。
(28) 「激流に抗して——労働農民党は香川県第二区に於て如何に選挙戦を戦つたか?」(『改造』一九二八年四月)四〜五頁。
(29) 大西前掲論文、八一〜八四頁。
(30) 前掲「激流に抗して」五頁。
(31) 「自己を語る」(『改造』一九三一年九月)三五頁。
(32) 実際に大山は、地元で活動する日農香川県連や労農党の人々の方針にいささかも異を唱えることなく、忠実に行動したという(大西前掲論文、一〇一〜一〇二頁)。
(33) 『伝』四七頁。
(34) 「編集部より」(『我等』一九二八年三月)。
(35) 《普選転戦記》「労働農民党は香川県において如何に戦つたか——記者と大山氏との対話」(『プロレタリア芸術』一九二八年四月)二四頁。時の田中義一内閣は、「その頃退官してゐた鬼之進の綽名のある山口織之進といふ選挙干渉の辣腕家をとくに香川県の警察部長に起用し」て、大山の当選を妨害したといわれている(長島前掲「大山郁夫先生」・『世界文化』一九四六年五月、一五〇〜一五一頁)。
(36) 衆議院議員選挙革正審議会『昭和三年二月執行 衆議院議員党派別当選者及得票数等ニ関スル調』、及び大西前掲論文、九四頁。
(37) 大西前掲論文、九七〜一〇〇頁。ただし、横関至の明らかにしたところによれば、この総選挙で労農党が一三、七二%を獲得した香川県は、無産政党の府県別得票率一位を占めており、労農党の総得票中に占める比率でも京都府に次いで二位となっている。横関は、この総選挙において、日本農民組合の組織率がゼロのところで労農党の得票率が一〇%以上であった町村が一三ケ村もあったことに注目し、そのような全国のなかでも堅固な支持が存在していたことの要因を、労農党が、「多面的な要求にもとづく日常活動を展開していた」ことに求めて、大西とはまった異なる評価を提示している（横関至「一九二〇年代後半の日農・労農党——先進地香川県の分析」（『歴史学研究』一九八〇年四月、のち同『近代農民運動と政党政治』一九九九年、御茶の水書房、所収）。

# 第六節　「大衆的日常闘争」の再興とその挫折

前述の選挙戦において日本共産党が労農党の候補者として共産党員を立て、また党のスローガンを公然と宣伝したことが政府・警察の危機感を煽り、いわゆる三・一五事件とさらには四月一〇日の労農党・全日本無産青年同盟・日本労働組合評議会・日農の解散という事態を引き起こした。大山は遊説先の鳥取で労農党解散の報に接し、「皮相な感慨を懐いて」東京に引き返したところ、その帰途の翌一一日に東京駅頭で暴漢に襲われるという事件に見舞われた。(1)

政府が解散という措置に出たことについて大山は、「旧労働農民党は労働者農民を基礎的構成分子とする大衆党でこそあつたが、しかし労働階級のみの前衛党である共産党とはその性質を異にするものであつた」と述べ、さらに「もとより旧労働農民党は、かゝる意味に於ける大衆党として、様々の主義主張乃至思想傾向の人々を包含してゐたのだから、その中には共産主義者も居た」ことは認めつつも、「しかし彼等といへども、大衆党と共産党との区別に対する明確なる認識から、旧労働農民党の大衆党としての本質を些かでも憂へるやうなことを決してしなかつたことは、我々がきつぱりと断言しうることだ」として、非合法共産党との本質的差異を強調した。さらに以下のようにも述べる。

当局はまた、労働農民党の綱領および政策が日本共産党のそれらと共通のものが多かつたなどゝ言つてゐるやうであるが、併しこの点に関しても我々は、たゞ漫然と共産党と共通のものがあつたか否かを問ふべきではなく、端的に労働農民党の綱領および政策そのものについて、それらが果たして大衆党として揚げ得られる限度を超えてゐたか否かを検討するのが当然だと主張する(2)。

あるいは次のようにもいっている。

当局は、また旧労働農民党が共産党の指導下にあつたといふやうなことを言ひ立てゝゐるやうだが、しかしそれもまた彼等の［強弁］にすぎないものだ。かりにそれが事実だとするも、苟も旧労働農民党の行動が合法的大衆党としての範囲の外に出ない限りは、それらは合法的に禁止され得る何等の根拠もないものだといはなければならないのだ(3)。

ここには確かに、再度の弾圧を回避するための戦術的な配慮がなされているにちがいない。しかしここで述べられていることは、是々非々主義のもとに、自らと大衆認識を異にする共産党とも、現実の方針・政策において一致する限り労農党を通じて行動を共にしてきた彼のプラグマティックな姿勢をそのまま反映したものであった。そうしてそのような姿勢が、「委員長の大山君は、一切非合法的方面との交渉を有たず、万事書記局任せにしてゐたが、その代り、書記局で立てたプランには、嘗て何の文句も言はず、総てその指図通りに活動した。さういふ仕組のもとに、大山君は「吾等の輝ける委員長」として、細迫君はまた「名書記長」として、互に脣歯の関係に置かれ、各々その機能を発揮してゐた(4)」と河上肇が述懐しているような、労農党内における委員長大山と書記長細迫兼光の役割分担を創り出していったのであった。しかし、それは同時に、大山が共産党の内情にほとんど無知であることを意味した(5)。

労農党解散の翌日夜、早速新党準備委員会が開催され、これまでと同様に委員長大山、書記長細迫のもとに再起を期した。あくまでも大衆的日常闘争を主眼に置く大山は、その会議の場においても、「暴圧の砲火の只中に新たなる党を獲得しなければならない」との所信を表明していた(6)。ところが日本共産党の側は、三・一五事件直前に打ち出した、大衆政党は労農の同盟であるとの方針のもとに、旧労農党の再建ではなく「全労農政党の合同」をめざして、旧労農党員のみならず他団体の構成分子・未組織大衆を加えた労農協議会の設立を主張し、それを通じて党の再建をはかろうとしていたことから、(7)その後大山は、それとの対立を避けるため労農党の再建をあからさまに主張することはせず、「旧労働農民党の形骸は縦し破壊し去られてゐようとも、その核心の実態は、――その生命は、――依然として存続してゐる訳なのだ。その実態――その生命――までをも絶滅しようなどは、地上の如何なる力にも不可能なことだ」(8)といったように、その「内部的生命力」への期待を表明するという間接的表現にとどめた。

全無産政党合同という懸案課題については、大山の態度も新党準備会のそれに基本的に合致しており、「無条件的合同」を掲げながらも、「闘争力増大のための合同をこそ主張すれ、闘争力喪失の危険を含む合同を唾棄する」(9)と述べて、そのスローガンが実際に果たす機能は旧労農党時代の他党に対する排撃的態度と変わりはなかった。しかし解散後、弾圧の強化により新党準備会の活動も困難となって、旧労農党傘下の勢力が減退していったことは否定できず、そのような状況に追い打ちをかけるように、労農派の主導のもとに旧労農党幹部を中心に地方無産政党がつくられ、また同年七月二二日には、鈴木茂三郎・黒田寿男ら旧『大衆』グループと、かつて労農党で行動を共にしてきた大道憲二、そして労農派の人々によって無産大衆党が結成された。(10)それに際しては、大山は「全国的統一の実現」を阻むものであるとして、いっそう厳しい批判を投げかけた。(11)前述したように、かつて大山は『大衆』グループや労農派との共同戦線に努めてきたのであったが、日本共産党と労農派との対立が激しくなっていくにつれて、組織人としての責任感と旧労農党――新党準備会への忠誠心を強くもつがゆえに、大山もまたそのような政治の論理にいっそう深く巻き込まれ、それらとの対立を決定的なものとしていったと考えられる。

そのような労農派グループの動きに対抗すべく、日本共産党は同年八月に合法政党結成へと方針を転換し、それに伴い九月以後は、新労農党組織準備会と称してしばしば幹部会が開かれた。そうして九月二二日には結党の時期が一一月末から一二月初旬と決められ、以後大山は、そのための遊説活動に奔走した。労働者農民党という党名を掲げた結党大会が実際に行われたのは、一二月二二～二四日であったが、これも新党準備会ともども、大会三日目に解散させられてしまう。(12)

この間に、日本共産党の再度の路線転換が行われていた。一九二八年七月に開催されたコミンテルン第六回大会の決議が、同年一二月の労働者農民党結党大会の直前に受け容れられ、プロレタリアの党は共産党一つしかありえず、それ以外の合法無産政党は社会民主主義によるものであるとしてそれを排撃する姿勢をすでにとっていたため、この結党大会自体も共産党からすれば、「共産党自身の大衆化のために宣伝舞台として最大限に、或は合法的手段をもつて、或は非合法的方法をもつて利用した」にすぎず、したがって解散という結果に至ったことも「その限りにおいて成功」と受けとめられた。(13) 日本共産党にとっては、合法的労農政党の存在は、「共産党の大衆化」の妨げになるものであり、それゆえ、解散からまもない一二月二八日には、党という形態をとらない政治的自由獲得労農同盟組織準備会（略称労農同盟）が結成され、大山も、旧労農党の書記局メンバーである細迫兼光・上村進・小岩井浄らとともにその全国準備委員会の一員として加わった。(14)

労農同盟は、「無産階級の刻々の必要に適応する各種のカンパニアを最も自由に、最も敏活に遂行し得るため」の組織であり、「闘争の過程に於て発展的に解消して行くべきものと規定」されており、(15) 実際の活動としては、「新党準備会の結党大会の強制解散にたいする抗議の意味において、抗議闘争の一つの組織として、政治的自由獲得労農同盟といふ組織に再組織し、闘争を遂行させる方針をとつた」。すなわち労農同盟は、「政治的自由獲得」という広範であいまいなスローガンのもとに、暫定的に「労働者と農民の左翼的エネルギー」を結集させるという過渡的性格しか与えられなかった。(16)

そのような労農同盟のもとでは、前掲『大山郁夫伝』も、「労農党時代はあれほど忙しく全国をとび廻っていた大山が、労農同盟になって以来、むしろ閑が多すぎるくらいで、外出するよりも書斎で静かに読書する日の方が多くなった。(中略)労農同盟という ほどんど非合法に近い組織の活動は、大山を自然浮きあがらせてしまったのである」と指摘するように、彼はほとんどそれに関わる著述を行っておらず、(17)それに言及のある数少ない二つの論稿においても、労農同盟を「現情勢の下に於て公然の舞台に活躍し得る戦闘的左翼の闘争体としては、おそらくその最高水準を示してゐる」ことを認めた上で、その下でいっそう「活発なる日常闘争が再開されだした」ことを評価するという、共産党―労農同盟の方針を追認する見解の表明にとどまった。(18)

大山が実はこの労農同盟のあり方について批判的であったことは、まもなく彼が新労農党を結成し、労農同盟を離れたのちに、彼自身が語る次のことばによって明らかである。

『労農同盟は闘争の過程に於て発展的に解消すべきものだ』といふ理論は、当時の客観的状勢の下にあつても、尚ほそれが内包する諸関係に就いて、且つその必然的帰結への見通しの下に於て、まだ〳〵徹底的に論及し抜かれなければならない余地を十分に存して於てゐたものであつたが、何にせよ、当時の事態の下に於ては、――尤も今日に於てもそれには大体変はりはないが――さうした種類の問題に対する大衆的討論が完全に封鎖されてゐて、一般的には理論の発展上空前の沈滞状態が出現してゐた結果、それは左翼陣営に於て、その漠然とした意味に於てのまゝで、殆んど無批判的に受け容れてゐたのであつた(19)

運動の渦中にこのような見解を決して明らかにしなかったのは、戦線を乱すことになるという配慮からであり、当面の状況の下においては、あえて異を唱えて路線の転換を迫るよりも、大山の希求する「戦闘的左翼の立場」=「真の意味に於ける無産階級的立場」[20]を維持するという基本方針において一致するかぎり、労農同盟の方針に従う方が、目的達成のためにより有効であるとの判断によるものであったと考えられる。

さらにまた大山は、「私等」という、後述する新労農党樹立の提案者上村進・細迫兼光をも含む複数形の表現ではあるが、次のようにも述べる。

顧みれば、昨年も漸く暮れに近づきつゝあつた頃、まだ新党準備会が『労働者農民党』の結成にいそぎつゝあつた際に、突如として左翼戦線の一角から、結党否定の華々しき意見書が与へられた。そしてその中に、次の如き一つの『主張』が書かれてあつた。『今日の力関係の下に於て作り得られる合法政党は、社会民主々義の政党以外のものではあり得ない。(略)私等も当時は、その『主張』を肯定してゐた。だが、今にして考へると、それは一つの大なる誤謬であつた。この誤謬の根源は、当時――今でもさうだが――私等が、新党準備会を解体して労農同盟に転形して行くことは我々としては正しい行き方であると、先づ最初に私等の根本態度を、さういう風に決めてゐた事実に関連があつたのだ。私等のこの根本態度は、右の『主張』の正否如何を吟味するまでもなく、全然別個の、より重大な――と、当時私等に思はれた――一の考慮から決定されたのであつた。で、私等の根本態度が一旦さう決定された以上は、殊に当時の多忙裡にあつて、私等は右の『主張』を精細に批判し検討する時間をも、差し迫つた必要をも、持たなかつたのであつた。[21]

ここでいう「より重大な一つの考慮」とは、先にも述べたように左翼戦線の攪乱を避けてコミンテルン・日本共産党の方針との一致をはかることにほかならないであろう。大山のなかにも、マルクス主義者たりえようとする以上、〝権威ある〟コミンテルンの決定ゆえに無批判にそれに従うという側面がなかったとはいえないが[22]、どちらかといえば、意図的に「考慮」したと考えるのが、大山のあり方に最も近いのではなかろうか。

そうして大山をしてそのような判断に至らしめた背後には、相次ぐ弾圧のもとで非合法状態を強いられ、十分な闘争が展開できないことによる焦燥と、そのもとでの右派・中間派勢力の伸張に対する強い危機感があった。さらにコミンテルン第六回大会決定のテーゼにもとづくいわゆる社会ファシズム論が、いっそう社会民主主義への警戒心を煽り立てることとなり、彼は、「我々は尚ほ、社会民主主義諸党および改良主義諸組合が、現在その日の出の勢ひを誇りが《ママ》に示して立つてゐる事実を見失はうとしてゐるものではない。のみならず、我々は更らに、彼等の盛時は、これから先きも当分続くであらうとさへ、予想してゐるのだ。或ひはまた、一般社会状勢の進展の模様によつては、彼等の勢力は今後しばらくは、一層著るしく伸張しないにも限らない[23]」と述べて、依然それへの批判に精力を注いでいく。

大山によれば、社会民主主義勢力の拡大は、帝国主義時代においてはプロレタリアートの戦線を破壊する役割を担うことの代償としてブルジョアジーの庇護を受けるため、当然であると説明された。しかしその一方で、彼は持ち前の楽観主義により、「左翼戦線の目ざましき再進出は、完全に決定的のものとなつた」と述べて、左翼の前途にも光明を見いだすのであったが、その根拠は、左右両翼諸団体の共同参加の下に行われた山本宣治追悼会演説会における「全労農大衆」の協力的態度といったきわめて微弱なものでしかなく[24]、やはり大山が苦悩の渦中にあったであろうことは否めなかった。

すでに見たように、香川選挙戦のときからやや兆候はあったものの、労農党時代には、少なくとも表に現れる方針においては共産党と矛盾を生じることはなかったが、一転して労農同盟のもとでは、見解の相違が大山の側ではしだいに自覚されつつあった。にもかかわらず、前述のような危機的状況のもとでは、左翼内部の対立を極力回避すべきであるとの判断によって、彼によって意識的に一致に向けての努力がなされてきたものと考えられる。

大山の日本共産党―労農同盟の方針との違いは、合法政党の形態をとるか否かという点にあった。そうしてその差異が表面化するのは新労農党樹立を宣言したときからであり、それを支える大山独自の運動論と、ひいてはその背後にある大衆認識が積極的に語られるのも、むしろこれ以後の段階においてであった。

しかし小岩井浄も、「最後まで新労農党を守った大山郁夫氏が、最初の話に関係がなかったことは確かである」(25)と語っているように、合法政党としての新労農党の結成を提案したのは大山ではなかった。それを言い出したのは河上肇であり、大山には、同年七月、河上の提案に共鳴した細迫兼光を通じて伝えられたが(26)、大山は、直ちにそれに賛成したわけではなかった。田部井健次によれば、「先生としては、新労農党の樹立によつて、左翼陣営にゴタ〳〵を巻き起こすことが、かなりいやだつたらしい」(27)。さらにまた、「大山は細迫に、共産党中央部との連絡はつかないものか、と訊いた」ともいわれており(28)、プロレタリアートの党はただ一つという方針を掲げる共産党との対立、そしてひいてはそれが左翼陣営内の足並みを乱すことになるかも知れないという懸念が、大山を躊躇させたと考えられる(29)。

しかし、細迫らの説得により新党結成を決意した大山は、田部井の回想にもあるとおり積極的にそれに取り組み(30)、事実、大山郁夫・上村進・細迫兼光の連名で同年八月八日に世に問うた『新労農党樹立の提案』（以下『提案』と略記）は、その文体からも明らかなように、大山の起草によるものであった(31)。したがって『提案』には、大山の考えがそのまま反映されていたと見ることができよう。

そこで大山が最も強調するのは、「大衆的日常闘争」を行うための「自分自身の恒常的政治的組織」を持つことの必要であり、それは先にも見たように、従来の労農同盟が「本質上一個の鞏固なる精神的結合であるに止まつて、何等の具体的な政治的組織ではなく、従つてそれには正式の決議機関が全然欠けてゐる」、つまり「大衆」の意向を十分に組み上げる回路をもたなかったという反省に立つものであった[32]。

そうして大山は、次のようにも述べる。

我々が大衆と共にある時のみ強く、大衆を離れては全然無力であることを知る以上、我々は、大衆の意志を常に我々の組織の指導部に反映させるための通路を開いておかねばならぬ。そしてそれは、完全なる党内デモクラシーの確立によつてのみ、なし得られるものであることは無論である[33]。

そこには、民衆を、前衛としての共産党によって指導される客体とみなすのではなく、あくまで変革の主体たらしめようとする彼の姿勢が如実に示されている。たしかに大山は、「知識階級」としての社会的使命観を強くもっており、これまで見てきたように、労農党委員長に就任したのもその一つの帰結にほかならない。しかし彼のそれは「大衆」に対する優越感とは異質であり、まさしく「大衆と共に」あることによって成り立ちうるものであった。しかも彼は、「大衆」の置かれた現実から出発しようとする姿勢をとっており、少なくとも主観的意図においては、「大衆」の実態とは遊離した知識人の観念の産物としての理論をよりどころに、方針を決定しようとする態度とは一線を画していた。『提案』も含めて新労農党時代に書かれた大山の文章は、けっして衒いではなく、このように彼が「大衆」を信頼し、「大衆と共に」あろうとする意気込みを、従来にもましていっそう彷彿とさせるものとなっている。

『提案』のなかでも繰り返し述べられ、かつ大山個人も、「私たちは新労農党樹立の提案中に、当面の客観的状勢との連関に於て合法政党の形態を取った労働者農民の戦闘的同盟として出現すべき新労農党は、その性質および任務から見てその組織形態上あくまで党内デモクラシーの基礎の上に立つ強力な独自の指導部を持ったものでなければならないものである、といふ趣旨を特に強調しておいた」[34]と述べる「党内デモクラシー」の原則は、労農同盟時代の反省に立ちつつ、上からの権威によって方針が決められるのではなく、党と「大衆」の意思を絶えず疎通させ、「大衆」を政治主体たらしめるために大山が不可欠と認識するところであった。そもそも『提案』も、「呼び掛けの形で出されたもの」であり、それは『提案』を一方的な上からの指令として出すのではなく、「全国の同志たちの間に於ける大衆討論」に付したいという意図によって支えられていた。[35] そうしてそこには、「もし万一それが私等の誤解であるならば、私等はそれを遠慮なく言つていたゞきたいのである」とか、「忌憚なく私等に打明けていたゞきたい」[36]というように、努めて異論を汲み上げようとする姿勢が示されており、左翼という大きな枠組みのなかに限ってではあれ、多事争論を認めつつ運動を推進していこうとしていたことが読みとれる。

そうして大山は、「プロレタリアートの党は唯一しかあり得ない」という理論を、「何等実践との関連なしに、唯だ漫然と振廻はす」――それは「抽象的一般原則が具体的事実を決定する」という「一種の観念論」とされた――のではなく、あくまでも具体的事実から帰納的に、すなわち大衆が合法政党を欲しているという実態に即して理論が打ち立てられねばならないとの立場を明らかにした。[37] 大山によれば、四・一六事件後の情勢の変化、すなわち第一に、弾圧による労農同盟の活動の行き詰まり、第二にその下で、東京市等の市町村会選挙闘争同盟や大阪市会選挙無産団体協議会のごとく、そして地方政党結成の動きに見られるように、大衆の間に合法的恒常的政治組織を求める気運が高まってきたことが、目下合法政党を樹立すべきであるとする理由であった。[38] なお別言すれば、このような態度は、大山が「科学としての政治学」として呈示したときの方法の実践にほかならなかった。

しかしそのように帰納主義の立場を貫こうとするならば、社会民主主義についても、アプリオリに「帝国主義ブルジョアジーの――意志を反映してゐる」[39]ものとして排斥してしまうのではなく、そこから導き出される一つの政策を、「具体的事実」から出発して検討して見る余地はなかったかとの疑問が再度生じてくる。彼の帰納主義は、あくまで「戦闘的」という大枠内において適用されるものであり、前にも述べたように、一面でそれが、現実追随に陥ることへの歯止めの機能をも果たしていたのであった。

以上に見たように、『提案』には、まさに「大衆と共に」運動を推進しようとする大山の立場が鮮明に打ち出されているが、同時にこの提案が共産党の方針との矛盾をきたすことは明らかであっただけに、左翼戦線の混乱と対立を最小限にくい止め、できるだけ多くの民衆の支持を獲得するための配慮が随所になされていた。すなわち一つには、労農同盟を頭ごなしに否定するのではなく、まず「当時の状勢から見て、我々としては、唯一の正しき行き方を選んだものであつた」ことを承認していることであり[40]、いま一つは、「起こり得る理論上の諸疑問への解答」という章を設けて、「A 新労農党の樹立は『プロレタリアートの党はたゞ一つしかあり得ない』といふ理論と矛盾しないか?」「B 新労農党樹立への発程は社会民主々義への転向を意味する虞れはないか?」といった想定される疑問に予め答えていることに見られる[41]。

しかし現実には、同年一一月一～二日結成に至った新労農党の道程は険しかった。大山が、「反対派の諸君が逸早く出した反対声明の多くのものは、私たちの提案の内容を理論的に克服しようと試みた前に、まづ個人としての提案者たちに向つて、あらゆる悪罵の雨を浴びせかけ、屡々虚構の事実に即して――私は断乎としてそれを言ふことを憚らない――人身攻撃さへ試みたのだ」[42]と告白しているように、大山らの危惧どおり、早くも共産党の方針を追認する立場からの批判・中傷が噴出した。しかも共産党の組織指導も、四・一六事件によって断絶状態に陥ってしまっていたため、プロレタリアの党は共産党のみとする方針の大衆への浸透が徹底しておらず、左翼勢力は、新労農党支持の是非をめぐり分裂した。(43)

一方ではまた、『提案』のなかでも、「全国各地の闘争的労農大衆が、或る種の政治闘争（略）に関する一時的必要に迫られて、心ならずも社民党や日本大衆党の如き右翼政党に応援したり、応援を求めたりする傾向が、――それればかりでなく、時としては地方政党を作らうと考へたりなどする傾向が――全国各地に於て濃厚に現はれだした」(44)ことを指摘しているように、三・一五事件以後、右派・中間派の進出が著しかったことも、(45)いっそう船出まもない労農党を苦境に追い込み、その機関紙『労働農民新聞』(46)が報じる華々しい運動の展開ぶりとは裏腹に、実際には、そもそも労働組合等の基盤が弱いという事情と左翼陣営内の分裂から、大きな勢力とはなりえなかった。

それは、一九三〇年二月に行われた普選第二回総選挙によって顕著となった。この選挙では、大山は東京五区（荏原郡・豊多摩郡・大島島庁管内・新島・三宅島・八丈島島庁管内）から立候補し、日本大衆党から立った加藤勘十をわずかに凌ぐ一九、三〇三票を獲得して、定員五名中最下位でかろうじて当選を果たした。(47)しかし、労農党は大山を含めて一四名の候補者を立てたが、大山以外はすべて落選で、得票率でも社会民衆党・日本大衆党の伸びが著しかったのとは対照的に、労農党は、前回の三九、四％（無産政党総得票数に占める割合）から一五、八％に減少した。(48)

そのようななかにあって大山の議会進出は、まさに合法闘争の実践の場を新たに与えられたことを意味した。議会内に労農党が一議席しか持っていないため、既成政党の妨害に抗して質問演説の機会を得ることは容易ではなかったが[49]、大山は第五八議会において浜口民政党内閣の社会政策、とりわけ失業対策についての[50]、第五九議会では小作法案に関する質問演説を行った[51]。なかでも、第五八議会における失業対策についての質問演説は、浜口内閣の行うそれが「焼け石に水」とでもいうべきものであることを暴露するにとどまらず、内務省管下に失業局を設け、その下に置かれた市町村の職業紹介所を通じて失業者の生活保障を徹底させること、失業局は全失業者に一日金一円五〇銭を支給すること、などの対案を極めて具体的に提示した[52]。労農党議員は大山のみであり、議会内においても無産政党に対する妨害と抑圧が強まっていただけに、彼のそのような抵抗は功を奏しえなかったが、そこに常に一貫しているのは、労働者農民大衆の日常的生活擁護の姿勢であり、それはまさに、具体的な生活事実から出発して闘争を行っていくという自己の主張を実践に移したものとして評価されてよいであろう。

加えて、共産党がしだいに陣容を立て直し、その指導力を回復していったのに伴い、労農党の内部からも、共産党の方針に即していわゆる「戦闘的解体論」と称される、革命のための「発展的」労農党解消論が台頭してきたことは、いっそう労農党、そして大山を苦境に追い込んだ。その発端が、一九三〇年八月におこった労農党大阪府支部連合会による解消運動であり、書記長でありかつ新労農党樹立の提案者であった細迫兼光がこれに呼応したことは、党内により大きな波紋を投げかけた。続いて同年一〇月一一日、河上肇の「労農同盟の革命的本質」（「革命」は伏せ字にされた）と題する解消論が『労働農民新聞』に発表された。さらにその次の号（一〇月二一日）には、上村進・神道寛次・河上肇の連名で、「労農党の発展的解消のために残された唯一の途としての戦闘的解体」が掲載されている。それらはいずれも革命を性急に求めるあまり、労農党の存在をその妨害物と見る点で共通していた。細迫や河上らのこのような変貌は、松尾尊兊が河上に与えた、「要はコミンテルン・日本共産党側の批判に服したのである。河上の政治判断の基準が、日本情勢の客観的把握ではなく、コミンテルンの教条にある限り、いかに新労農党の存在根拠を求めて努力をしても無駄におわるのは当然であった」[53]という評価に尽きていよう。河上は、それから二年後の一九三二年八月、日本共産党中央委員会から党員に推薦されて、翌九月、日本共産党に正式に入党するが、推薦されたことを知ったときの感動を『自叙伝』に記しており[54]、河上にとって、コミンテルン・日本共産党がいかに偉大な権威としてあったかを余すところなく伝えている。

そのような労農党解消論に対して大山は、従来からの「大衆的日常闘争」の意義を認める立場からの主張を繰り返すことによって応戦した。そうして、「解消運動は、断じて解消派の諸君が言つてゐるやうに、戦闘的労働者農民大衆の底からモリ〳〵と沸き上がつて来たものではなく、一部少数のインテリ諸君とその雷同者たちの無責任なる観念の遊戯の産物に外ならないのである」[55]と述べ、解消論が大衆の要求から乖離した観念の産物にすぎないことを強調した。

しかし『労働農民新聞』はその後、解消派と大山ら本部派双方がこれまでの『労働農民新聞』の〝正統的〟継承者を名乗ってそれぞれに発刊を続けるという混乱を呈し、結局解消派は、機関紙が「日和見主義的な役割を演ずる」ことになりかねないとして、一二五号(一九三〇年一一月二一日)をもって廃刊を宣言した(本部派は継続して発刊)。またその間、解消派は、「崩れゆく労農党の姿」と題する記事を二度にわたって掲載しており(一九三一年一一月一一日・一一月二一日)、そこでは、各府県でいかに労農党排撃論が湧き起こってきているかを詳細に報じた。その記事は、無論そのまま文字通りに受けとめることはできないが、とはいえ、解消派の離党によって党勢が衰退したことは否めなかった。『社会運動ノ状況』によれば、党員数は一九三〇年七月の六八五九人から、解消論の出現した後の同年一一月には五三五四人に減じ、そのなかでも六四〇人の解消派を抱えていたという[56]。

にもかかわらず大山自身は、思想面においては決して動揺を来すことなく、それをくぐり抜けることにより、むしろいっそう自己の立場の正しさを再確認していったとさえ思われる。彼は、一九三一年初めに、「イスクラ時代のレーニン」という論文を二度にわたって『改造』に連載しているが、それは、「正直に底を割つていへば、本篇は例の労農党解消問題に関して、河上氏一派と我々との間に闘はれた論争を切ッ掛けとして産まれ出たもの」であった。[57]そこでは、河上肇とレーニンの態度を対比しつつ、次のように述べられている。

一は大衆から離れて大衆に何等の責任を持たない書斎派的小ブル・インテリの極度に不動的な立場（?）である。一は大衆と共に動き、大衆と共に感じ、大衆と共に考へ、大衆と共に『××××』、大衆の行動の一点一画の上にも、さうだ！ その一勝一敗の機微の上にも、徹頭徹尾心の奥底から全責任を感ずる実践的理論家の確固不動の立場である。[58]

後者を体現するレーニンの立場は、同時に大山自身が目ざしてきたものでもあった。このように彼は、改めてレーニンを考察の対象にすえることによって、自らの立場こそがレーニン理論の実践であることを再度確信していったのである。

それと並んで大山にとって、「大衆と共に」闘い抜いた範としての存在が、労農党代議士として治安維持法改正反対の論陣を張ったために右翼のテロによって斃れた山本宣治であった。大山が山本を追悼して書いた文章や講演は数多く、そのなかで大山は、「私は、わが党を支持する大衆に送られて始めてブルジョア議会に入つたとき、何よりもまづ第一に、どこまでも彼の足跡を追うて、敵陣の中を進めなければならないとの決心を固めた」こと、そして彼が暗殺される前日に残した「山本宣治たゞ一人孤塁を守る。だが私は淋しくない。背後には大衆が支持しているから」という文言を思い浮かべながら議会闘争に挑んだことなどを告白している。[59] 大山もまたレーニンや山本の存在に激励されつつ、「大衆と共に」歩む姿勢、すなわち「大衆的日常闘争主義」に対する確信をもち続けたのであった。

そうした状況のもとで、かねてからの課題であった無産政党合同問題は急速に進展していった。一九三〇年一二月一九～二一日に開催された第二回労農党大会では、「労働者農民の闘争を最も有効にする為、労働者農民の反資本主義的勢力を結成する為に三党合同を即時結成するといふ大衆党の提案に応じ分裂せる反資本主義的勢力を統一すべきである」との議案を満場一致で可決した。(60) その後、社会民衆党本部は労農党の即時無条件合同の申し入れを拒否したが、翌三一年七月四日には、ついに労農党は、全国大衆党と合同推進派の社会民衆党の一部と合同して全国労農大衆党を結成し、労農党の歴史に幕を閉じることとなった。

それを機に大山は、自らに提供された顧問の地位をも辞し、「単に一介の平党員として」新党に参加する途をあえて選びとった。(61) 労農党から解消派が脱党していった後も書記長として最後まで大山と行動を共にした田部井健次によれば、「大山先生は、右の全国労農大衆党結成の際に、労農、大衆両党の幹部が、『新党の委員長は、どちらの党から出すか』といふやうなことで論争した、といふのを聞いて、『自分は、新党に於ては一兵卒として、戦ふやうにしたい』といふことを労農党の委員会に申し出」たという。(62)

これまで指導者としての使命観の旺盛であった大山が、突如としてこのような選択に踏み切ったことは何を意味するものであるのか。彼はいう。「もとより私は、最初からかうした効果を狙つて現在の地位に来たのではなく、刻々に転変してゆく客観的状勢の下に私の階級的良心の命ずる儘に動いた結果が、図らずもこゝへ来たのである」(63) と。この発言に以下の事実を重ね合わせて読むとき、大山がその合同のあり方に不満と失望を抱き、それが大山をして「一兵卒」としての参加という選択に至らしめたと考えられる。

大山は合同の際に、「我々が合同後の新党に於て、党の内外に向つて自由に無拘束に行ひ得る言論・行動の範囲を可なり広汎に保留した」ことを確認し、具体的には、「『我が国の異常に特殊的な当面の客観的状勢の下に於てのみ極めて狭く局限されたる存在理由を待つにすぎない労農政党は、決して永久に保持されるべき闘争形態ではなく、客観的状勢の刻々の変化に連れて一刻も早く労農政治闘争同盟のそれに転化せしめなければならないものである』との認識の基礎の上に立ち、合同実現の暁には、新党内の全戦闘的大衆との緊密なる協力の下に、労農政治闘争同盟の樹立の目標に向つて精力的に戦ひ進むべきこと」、そして「来るべき新党に於てはあくまで左翼的立場の厳守の確乎たる基礎の上に立ち、他党から新党に集り来る戦闘的大衆と固く腕を結び、その協力の下に合同を社会民主主義のための闘争の拍車たらしめるやうに努力すべきこと」を提示した旨を明らかにしている(64)。将来労農政治闘争同盟に転化すべきであるとの主張は、実際に、労農党が合同を決定した一九三〇年末の第二回大会の際に、大山が強調していたことであった(65)。

マルクス主義者を自認する以上、大山が将来における労農政治闘争同盟への転化の見通しをもっていたことは十分に首肯しうるものであり、彼が反対したのは、あくまでも即時解消論に対してであった。しかし、つい二、三カ月前に即時解消論に抗して労農党の擁護のために闘ったにもかかわらず、その直後に労農政治闘争同盟への転化の見通しがあることをあえて強調したのは、合同による右傾化を予知していたがゆえに労農党が決して合法政党の立場に安住するものではないことを示そうとしたものであり、左翼戦線を護り抜くためのぎりぎりの抵抗であったと考えられる。

にもかかわらず現実に成立を見た全国労農大衆党は、書記長には麻生久が就任し(委員長は不在)、旧大衆党系の主導のもとに合同が推進されていった。先に見た「刻々に転変してゆく客観的状勢」とはまさにそのような事態を指しているものであり、それゆえに大山は、合同後も以下のように述べて、新党の大勢に流されていくことへの抵抗を続けねばならなかった。

旧労農党の陣営から合同を通じて新党に参加した我々のすべては、単に党内デモクラシーの原則に即しての党内批判の自由を持つてゐるだけでなく、昨年末の第二回党大会以来絶えずあらゆる機会を利用し、今日遂に我々と合同して一体となつてゐるところの昨日の他党からも何等の異議を挟まれることなくして公然と規定し声明しておいたところの、新党内に於ける我々の諸任務を党の内外に於て自由に遂行することの上に、何等の支障をも見ないのである。[66]

以上から明らかなように、大山は自らの追求してきた合法左翼政党の立場を貫くことができなくなりつつある客観情勢を認識せざるをえず、そのことが「一兵卒」へ転身に至らしめたと考えられるが、しかし、根本的において自己の運動論が正しい方向であるとの確信はいささかも揺らいではいなかった。

そうして日本の解放運動の現状が「無産階級の果てしなき分裂と混乱」を呈しているにもかかわらず、「さういふときに、私の絶望から希望を取り返してくれるものは、大衆の正しき階級的本能と、それに対する私の絶対無限の信頼とである」と述べて無産階級の将来に希望を託した。さらに彼は、当面の「新党内の大衆間に於ける滔々たる左翼化的傾向」にも期待をかけていた。[67] そのような楽観主義によって将来の希望を失わなかったことが、苦境のなかでも決して現実追随に陥らず、左翼的立場を維持しえた大きな要因となっていたと考えられる。しかしながら彼は、もはや将来において再度政党を組織してその陣頭に立つといった構想は一切持ち合わせていなかった。大山は、そのような憶測が飛び交うことは「私を非常に不愉快にする」と言い、「私は今後いつまでも、名実共に一介の『平党員』として活動しようとしてゐるものであり、従つて将来わが党の無産階級戦線がどう進展しようとも、私が再び入つて一党の指導部の人となるやうな時期は、決して来ないであらう」と宣言した。[68]「大衆」

に必要とされている限りはすべてをなげうって運動の陣頭に立つが、自分の役目が終わったと認識するや、「大衆から委託された任務」[69]を「大衆」に返し、自分は「一兵卒」として実践運動を続けていく決意を固めていたのである。それは思想的には不動であっても、大山の掲げる「大衆的日常闘争主義」が展開できなくなった以上、やはり実践の面から見れば挫折であるにちがいなかった。

そうしてさらにファシズムの進行によって状況がいっそう厳しさを増し、大山が希望のよりどころとした「滔々たる左翼化的傾向」すらもわずかしか見いだせなくなっていくとき、大山は、自らの思想・運動論の正しさへの確信が強固なものであっただけに現実と妥協することなく、ひいては活動の場を失い、当面の打開策を求めて「亡命」という途を選び取ることになっていったと考えられる。

（1）「旧労働農民党の解散問題を中心として」（『我等』一九二八年七月）八〇頁。
（2）「労働農民党の解散とその再起への展望」（『改造』一九二八年五月）九六～九七頁。［ ］は『改造』論文では伏せ字となっており、再録の前掲『闘争の跡』（五七頁）から補った。
（3）同右。
（4）河上肇「自画像」一九四三年一〇月（「自叙伝」『河上肇全集』続第五巻、一九八五年）三四七頁。
（5）この点については、長谷川如是閑も、「大山君一派は非合法主義と結合してゐたにせよ、全く合法的に活躍する役割のみを負担させられてゐた一団であつて、連絡と云へば、戦術上合法的一面を有する共産党一派が、その合法性に関するかぎりにおいて大山君一派と連絡を保つてゐたに過ぎぬ」と述べたが、それが実情に近かったと思われる（同右、三四六頁）。
（6）『労働農民新聞』第四四号、一九二八年四月一九日。

（7）『無産者新聞』第一四六号、一九二八年四月一六日、及び渡部前掲論文、一四七～一四八頁。
（8）前掲「旧労働農民党の解散問題を中心として」八二頁。
（9）「労農政党合同問題と新党準備会の立場」（前掲『マルクス主義講座』第一〇巻、一九二八年一〇月）三五二頁。
（10）渡部前掲論文、一四八頁。
（11）「分裂主義を曝露した無産大衆党」（『労働農民新聞』一九二八年七月二一日）。
（12）『無産者新聞』・『労働農民新聞』による。詳しくは黒川・前掲「年譜」を参照。
（13）市川正一『日本共産党闘争小史』（一九四六年、暁書房）一七六頁。
（14）『労働農民新聞』一九二九年一月一二日。
（15）大山郁夫・上村進・細迫兼光『親愛なる全国の同志諸君の前に新労農党樹立の提案』（一九二九年八月八日）六頁。
（16）市川前掲書、一七六頁。
（17）『伝』二三三頁。但し、この間にも旧労農党時代に比べると少ないものの、同年三月五日に右翼によって暗殺された山本宣治の追悼演説や、労農同盟主催による講演などの活動も行っている。詳しくは、黒川前掲「年譜」を参照。
（18）「左翼戦線は如何に進出しつゝあるか？」（『改造』一九二九年五月）二一～二二頁。ほかに、「我々は過ぐる大会から何を学んだか！」（『マルクス主義』一九二九年二月）にも同様の評価による論及がある。
（19）「新労農党樹立の時期に直面して――その労働者農民の同盟としての性質および任務に関する一闡明」（『改造』一九二九年一一月）七三頁。
（20）前掲「左翼戦線は如何に再進出しつゝあるか？」一三頁。
（21）前掲『新労農党樹立の提案』四一頁。
（22）子息大山聰氏によれば、大山はやはりコミンテルンを「ロイヤリティー」として認識していたという（聞きとり）。

(23) 前掲「左翼戦線は如何に再進出しつゝあるか？」一七頁。

(24) 前掲「左翼戦線は如何に再進出しつゝあるか？」。

(25) 小岩井浄『冬を凌ぐ』一九三五年（岩村登志夫『日本人民戦線史序説』一九七一年、校倉書房）二〇五頁。

(26) 河上前掲「自画像」三二五頁。また大山自身も、「私たちは京都の同志河上から、即時この問題（労農同盟の前途の打開策をさす――引用者）の解決に努力する必要はないか？との激励的意味のこもつた問ひ合はせを受けた。それを契機に、私たちの眼から最後の鱗が落ちた。私たちの決意は、最終的に作られた」と語っている（「新労農党樹立の提案まで」『中央公論』一九二九年九月、一五一頁）。

(27) 田部井前掲『大山郁夫』五二～五三頁。

(28) 『伝』二三四頁。

(29) 河上肇は大山以上に日本共産党との関係に気を配っていたが、その河上は次のように回想している。すなわち河上は、「新労農党樹立の提案」を発表するにあたり、細迫兼光から「今一度大山君に会つて、共産党に対立するやうになる気遣ひはないか、どうか、そこのところをよく打診して見ろ」と言われ、大山に問うたところ、「もちろん同君は即座にはつきりと、共産党に対立するやうな気遣いは断じてない、そのことは提案書の中にも明記してある、と答えた」という。それで「私はただその一言で満足し、安心してそのまま踵を返へした」と記している（河上前掲「自画像」三二六頁）。直接共産党に通じる人物に確認を取りえていたか否かは明らかではないが、少なくともこの時点で、大山なりに共産党との折り合いはつくものとの整理ができていたのであろう。

(30) 田部井前掲書、五三頁。

(31) 河上肇は、後述する新労農党解体論をめぐって大山と決裂したこともあって、悪意に満ちた表現ながら、『提案』は「大山君と細迫君とが一通づつ別々に起草したのだが、大山君は細迫案のどの部分も殆ど取り入れず、結局、細迫、上村の両人をして自分の書いたものに署名をさせてしまつたのである」と記している（河上前掲「自画像」三四七頁)。河上によれば、それは、「今や非合法方面と完全に絶縁」した新労農党にあっては、かつてのように共産党との交渉・連絡役であった書記長細迫の補佐を必要としなくなったためということになるが(同上)、ほとんど大山の起草によるものであったことは事実であろう。

(32) 『提案』三六二頁。

(33) 同右、四〇二頁。

(34) 前掲「新労農党樹立の時期に直面して」七一～七二頁。

(35) 前掲「新労農党樹立の提案まで」一四一、及び一五五頁。

(36) 同右、三六六、および三六八頁。

(37) 同右、四〇三～四〇九頁。

(38) 現実に新労農党結成が進められる大衆的基盤があったことを、小岩井浄と彼が依拠する大阪市議選無産団体協議会――大阪地方政治対策無産団体協議会に着目して論証した研究として、岩村前掲書がある。

(39) 『提案』四一三頁。

(40) 同右、三六五頁。

(41) 同右、四〇三～四一三頁。

(42) 前掲「新労農党樹立の時期に直面して」六八頁。

(43) 詳しくは、渡部前掲論文、一五三～一五四頁。

(44) 『提案』三九二頁。

(45) 渡部前掲論文、一五五～一五六頁。

(46) 同右。大山も、一九三〇年八月一日に京都地方労働組合評議会が結成されたことを祝福し、「左翼労働組合の再建およびその拡大強化」が大きな課題であったことを述べている(「労働組合拡大強化への一巨歩――京都地方労働組合評議会創立大会に於ける祝辞演説の手稿」(『労働農民新聞』一九三〇年八月一一日)。

(47)　内務省警保局編『昭和五年二月施行第十七回衆議院議員選挙結果調』。
(48)　内務省地方局編『衆議院議員党派別当選者及得票数ニ関スル調』より算出。立候補に際しては、長谷川如是閑・櫛田民蔵・森戸辰男・三宅雪嶺・大塚金之助・大内兵衛・新居格が発起人となって講演会をつくり、選挙資金を募った（「大山郁夫講演会趣旨」（ビラ））。発起人となったのは、『我等』時代の同志や、ともに『マルクス・エンゲルス全集』刊行に携わったメンバーであった。
(49)　（無署名）「議会内闘争に就て」（『労働農民新聞』一九三一年二月一日）、及び大山「山宣と大衆」（『中央公論』一九三一年四月）二六九頁。
(50)　その全容は、労農党『労働者・農民の代議士大山郁夫は斯く叫ぶ＝第五十八議会における質問演説＝』（一九三〇年、春秋社）と題する冊子にまとめられた。
(51)　『労働農民新聞』一九三一年三月五日。
(52)　前掲『労働者・農民の代議士大山郁夫は斯く叫ぶ』二四〜二六頁。
(53)　松尾尊兊「解題」（『河上肇全集』第一九巻、一九八二年）四五七頁。
(54)　八月一三日に党員推薦の知らせを受けたときのことを、次のように記している。「「たうとうおれも党員になることが出来たのか！」／私は誰を相手にその喜びを語ることも出来ず、ひとり無量の感慨に耽りながら、遂に一首の歌を口ずさんだ。／たどりつきふりかへりみればやまかはをこえてはこえてきつるものかな」（「労農党解消後地下に入るまで」『自叙伝』、前掲『河上肇全集』続第五巻、四五三頁）。
(55)　「敗北主義者の解消論――大阪に於ける労農党解消運動の台頭およびその行方」（『改造』一九三〇年一〇月）八四頁。
(56)　大野節子「解題」（《日本社会運動史料　機関紙誌篇》『労働農民新聞』（二）、一九九四年、法政大学出版局）二八一頁。
(57)　「イスクラ時代のレーニン」（『改造』一九三一年一月）六九頁。

(58)　同右、七一頁。
(59)　前掲「山宣と大衆」二六八～二六九頁。
(60)　『労働農民新聞』一九三一年一月一五日。
(61)　前掲「自己を語る」四〇頁。
(62)　田部井前掲書、五七～五八頁。
(63)　同右、三九頁。
(64)　同右、三八頁。
(65)　「第二回大会を迎へて」(『労働農民新聞』第二五号、一九三〇年一二月一五日)。
(66)　田部井前掲書、三九頁。
(67)　前掲「自己を語る」四七、及び三九頁。
(68)　同右、四〇～四一頁。
(69)　同右、四五頁。

# 《補論》　マルクス・エンゲルス全集刊行計画をめぐって

一九一〇年代の終わりから一九三〇年代の初めにかけては、日本においてマルクス主義が社会科学として根ざし、急速に発展を遂げた時期であった。そうして一九二〇年代後半には、「『社会科学研究』が『マルキシズム研究』の同意義語として用いられるようになって来ている」(1)といわれるまでの地位を確立していった。

具体的には、一九一九年より高畠素之によって『資本論』の翻訳が開始され、一九二五年にそれが完成を見る。続いて一九二八年から一九三五年にかけて、改造社より全二七巻・別巻・補巻計三〇冊の『マルクス・エンゲルス全集』が刊行された。また一九三二年には、日本共産党の影響下にある社会科学者たちによって『日本資本主義発達史講座』全七巻が刊行され、労農派の人々との間に、日中全面戦争開始の頃まで長期間にわたって日本資本主義論争が展開されたことは、よく知られている。

そのような状況下にあって、少なくとも一九二七年以後大山が前述したようなマルクス主義者としての自己認識を保持していたことは、労農党委員長を務める傍ら、河上肇とともに、一九二七年一一月から一九二九年三月までに刊行された『マルクス主義講座』(全一三巻)の監修・執筆を行ったことからもうかがい知ることができる。また大山は、ほぼ同時期に、『マルクス・エンゲルス全集』の刊行をも試みようとしたのであった。結局それは途中で挫折するが、そのとき、その作業にかかわった人々の間に交わされた書簡や翻訳原稿がまとまって残されており、以下にそれらを用いて、その経緯を述べる。

最初に『マルクス・エンゲルス全集』の刊行準備に着手したのは改造社で、同社のそれは嘉治隆一ら社会思想社のメンバーを中心に進められた。一九二八年初めごろのことである。ところがその計画が不完全なものであるとの判断に立った同人社の大島秀雄、希望閣の市川義雄、弘文堂の八坂浅太郎が相談して、それに対抗するべく別個の全集を計画し、河上肇、櫛田民蔵らが賛同してそれに参加することとなった。その後、岩波書店、そして同書店の岩波茂雄の誘いによって叢文閣の足助素一もこれに加わり、『全集』刊行にあたるいわゆる「五社聯盟」が成立した。(2)

同年三月一日には大原社会問題研究所が、研究所の創立十周年記念事業として『全集』の編纂監修を行うことが決定した。同時に、テキストはモスクワのマル・エン研究所版を使うこと、出版社側から訳者の担当などに特定の条件がつく場合には手を引くことなども決められた。

ところがそれからまもなく三・一五事件がおこり、研究所もマル・エン研究所との非合法連絡という嫌疑で警察の捜査を受けることとなり、それが大原社研の存廃問題にまで発展する。それゆえ『全集』刊行にはあくまで五社があたり、大原社研は編集顧問として参画し、「剰余価値学説史」の翻訳に主力を注ぐということになったが、結局、計画の進行に伴い、『全集』の編集を大原社研が担うことになる。

五月初めには同人社の店頭に「マルクス・エンゲルス全集刊行会」の看板が掲げられ、そこに岩波書店の小林勇が通って仕事がなされることになった。(3) 六月から配本の予定で、同月中には予約募集を開始した。(4)

同年六月に五社と大原社研の間で取り交わされた「マルクス・エンゲルス全集編集出版ニ関スル覚書」の草案が現存しているが、それによれば、大原社研は編集主任等を委嘱して編集の実務を担当すること、一冊平均五〇〇頁、全二〇冊とすること、そして費用の分担その他に関する取り決めがなされたことが明らかである。(5)

また、『全集』全体の計画は、『高野岩三郎伝』によれば以下のようなものであった。編集主任は、いずれも大原社会問題研究所の所員であった河上・櫛田・森戸辰男、そして所長の高野岩三郎と、それに大山があたることになった。大山がどの時点から、この計画に関与することになったのかは不明である。しかし河上、櫛田、森戸はいずれも雑誌『我等』の頃からの仲間であり、今回の参加もそうしたつながりによるものであろう。

翻訳委員の部門別担当は次のようになっていた。そして各委員のもとに約七〇名の翻訳担当者がついた。

第1部門

（政治、歴史、法律、哲学）……大山、森戸、大内兵衛、細川嘉六、権田保之助、宇野弘蔵、山之内一郎、三木清（岩波書店）、矢崎美盛、浅野晃、大林宗嗣、高野

第2部門

（経済）……河上、櫛田、田辺忠男、久留間鮫造、大塚金之助

（『資本論』）……河上、宮川実、長谷部文雄

（『剰余価値学説史』）……高野、細川、久留間、森戸、権田、大内、櫛田

第3部門

（書簡）……大塚、権田、久留間[6]

大内兵衛が記した「後始末に関する今迄の記録」[7]によれば、第一、第二部門が各全九巻、第三部門が全二巻と予定されていた。第一回配本は第一部門第四巻で、『フランスに於ける階級闘争』、『ルイ・ボナパルトのブリュメール十八日』、『革命及び反革命』、『ケルン共産党事件の暴露』、『ドイツ農民戦争』から成り、計六八〇頁の予定であった。そのいずれも、膨大な枚数の校正刷原稿が現存している。[8]校正刷りは一二部作って翻訳委員がそれぞれ筆を入れることになっていた。第四巻のうち『ルイ・ボナパルトのブリュメール十八日』の校正[9]は大山の筆跡に

よるもので、『フランスに於ける階級闘争』は初校が大山によってなされ、[10]再校にはやはり大山の補足メモの書き込みがある。[11]また一九二八年九月三日の消印で大塚金之助から大山のところに送られてきたメモによれば、前者には「大山、山田、櫛田、大山」（大山の名前が重複）、後者には「小椋、北野、大塚、大山」と担当者と見られる名前が記されている。大山は労農党の遊説活動等の合間をぬって、この二つの校正に従事したのであった。[12]

しかしながら実際には、とうてい順調に刊行にこぎつけるほどに仕事は進んでおらず、六月末の原稿締切日はおろか、配本予定の期限を過ぎても原稿は揃わなかった。出版社側はいらだち、「五社聯盟」は崩れていく。まず叢文閣が脱退した。次いで、岩波書店は、全集発行を断念し、次善策として単行本で刊行することを提案したが、容れられず、[13]また「聯盟」解散の提議も受け入れられるところとならなかったため、七月三一日に「聯盟」を脱退した。[14]

ついに「聯盟」の再建はならず、九月九日、大山、そして高野、河上、大内、櫛田の中心メンバーが弘文堂に集まり、翌一〇日、同じく弘文堂において解散の結論に至った。大山のもとに残されていた、大山の執筆による計画中止の声明文の草稿によれば、全文は以下の通りである。

本年五月連盟五社によって編成されたマルクス・エンゲルス全集刊行は、当時世上に発表した連盟版同全集の計画遂行のために必要なるあらゆる手段を講じて、鋭意その所定の目的の実現に向つて邁進した。それと共に編輯主任に於ても、翻訳及び校閲の分担者を決定して直ちに編輯上の活働《ママ》に移り、その方面に於て数々として起り来つた各種各様の障碍を克服しつゝ、出来るだけ完備した全集を以て読書社会に見ゆるべく必死的に努力した。そのうち連盟五社の内部関係の上に於て或る予期されざる難問が出現したために、さきにその一構成員であつた叢文閣が、ついで他の一構成員であつた岩波書店が、連盟から脱退することになつたが、あとに残留した他の三社は、然るにも拘はらず、尚ほ読書社会に対する連盟の公約を果すべく、編輯主任および訳者編者との緊密なる協力の下に、全集の完成のために最善の力をつくしてゐた。ところが、九月に入つて、第一回配本の第　《ママ》巻の印刷の殆ど全部が、そして、第二回配本の第　《ママ》巻の印刷の殆ど半ばが完了した時に当つて、連盟は従来それの上に臨んでゐた異常な困難が遂に連盟をして全集計画の遂行を根本的に不可能ならしめたまでに深化して来たことを看取して、遂に一時それを当分の間中止することを決意するに至つた。連盟三社は、事玆に至つたことを遺憾として特に一般読書社会及び予約者諸者并に編輯主任および訳者諸君に対する責任の重大なることを省みて恐縮に堪へないが、当面の事情の間に於て萬巳を得ざる□□(判読不能)たのであるから、玆に始終の経過を□□(判読不能)して諸君の諒承と寛恕とに訴へる次第である。尚ほ編輯主任に於ては何等かの所に於てその対社会の責任を果たす計画を有して居られることを聞き知つたので、それを附記しておくことを許されたい。[15]

ここにいう「対社会の責任を果たす計画」とは、当初考えられていた『全集』の代わりに、マルクス・エンゲルス叢書または文庫を発行することであった。[16] しかしこれも、後述するように、すでにでき上がっている原稿が改造社の山本実彦に買い取られる契約が成立したため、雲散霧消していったと見られる。

大山は、中止の理由として、すでに述べてきたような原稿遅延の事情には一切ふれていない。しかしそれについては大内兵衛もまた、次のように記している。「五社連盟は二つの点で失敗した。一つは、訳者がみなあまり念入りで仕事がはかどらず出版の予約の間に合わなかったこと、一つは資金の関係で岩波と弘文堂がケンカをしたこと」であると。[17]

たしかに、それぞれの編集主任から大山のところに送られてきた、現存するいくつかのコメントは、作業がきわめて念入りになされたことを裏づけている。たとえば、大塚金之助は用紙一九枚にわたって、用語等について細部に及ぶ意見を述べている。[18]

金銭面の処理については、すでにでき上がっていた高野その他の訳稿をライバルの改造社が買い取り[19]、改造社から、『全集』編集費とマルクス叢書の原稿料として九千円が支払われた。岩波書店もまた、分担金と同人社救済資金の一部を負担し、それが高野により編集者、同人社、希望閣等に配分されて、一九二九年末に全部の処理が終了したという。[20]

しかし処理が完了するまでは、河上肇の立替えに負うところが大きかったことが、編集者の間で取り交わされた書簡から窺われる。たとえば森戸と高野が大山・櫛田・大内の三人にあてた手紙には、「河上氏の立替へについては全額を支払はれたし」とある。[21] 河上自身もまた、「マルクス・エンゲルス全集残務整理に関し私之受くべき金之なかから金百円だけ新党準備金之方へ寄付いたしたく存じます」[22]などと述べ、返ってきた金を、三・一五事件で解散に追い込まれた労農党の再建資金に充てることを大山に申し出ている。

編集実務の面で労の多かったのは、櫛田と大内であったようである。前掲の森戸・高野連名の大山・櫛田・大内宛書簡は、「櫛田君の□役を通じての特別な労務に対しては感謝の微意を□体的に表したし。なほ、公的ではなきも全集の生成から終末まで一方ならぬ尽力をして戴いた大内君に対しても同じ希望を持つて居ます」と述べている。[23]

このように大原社会問題研究所所員を中心とする気鋭の研究者が集い、かつそれは日本共産党グループと労農派の対立を越えたメンバーであったにもかかわらず、計画は挫折し、結局『全集』は、改造社に集った労農派のメンバー（堺利彦・猪俣津南雄・山川均・大森義太郎・向坂逸郎）と社会思想社の人々によって世に出ることとなっ

たのであった。(24)

(1)「社会科学と無産政党運動――特に労農諸政党合同問題を中心として」(『太陽』一九二八年一月)三三頁。
(2)向坂逸郎は「噂によると、日本共産党がその背後を支えているということであった」と述べている(向坂『わが資本論』一九七二年、新潮選書、一二四頁)。
(3)以上の経過については、大島清『高野岩三郎伝』(一九六八年、岩波書店)二七〇～二七三頁による。
(4)『岩波書店七十年』(一九八七年、岩波書店)五三頁。
(5)『目録』Ⅰ(ウ)8「マルクス・エンゲルス全集編集出版ニ関スル覚書」。
(6)前掲『高野岩三郎伝』二七四頁。
(7)『目録』Ⅰ(ウ)2。
(8)同右、Ⅰ(ウ)9～15。
(9)同右、Ⅰ(ウ)10。
(10)同右、Ⅰ(ウ)13。なお翻訳は大塚金之助が行った(前掲『高野岩三郎伝』二七四頁)。
(11)同右、Ⅰ(ウ)14。
(12)同右、Ⅴ(ウ)34―④。
(13)前掲『高野岩三郎伝』二七五頁。
(14)前掲『岩波書店七十年』五三頁。
(15)同右、Ⅰ(ウ)3。
(16)前掲『高野岩三郎伝』二七六頁。
(17)大内兵衛『経済学五十年』(一九六〇年、東京大学出版会)一八五頁。
(18)『目録』Ⅰ(ウ)1。その他、大塚金之助より大山郁夫宛書簡(同上、Ⅴ(ウ)34①②③)、櫛田民蔵より大山宛書簡（同上、（ウ）60②）も同様、草稿段階での詳細な意見を述べたものであり、綿密な検討を経た上で刊行に漕ぎ着けようとしていたことをうかがわせるものである。

(19)　向坂前掲書、一四二頁。

(20)　前掲『高野岩三郎伝』二二七頁、及び前掲『岩波書店七十年』五三頁。

(21)　『目録』V（ウ）95①。

(22)　同右、河上肇より。

(23)　『目録』V（ウ）95①。

(24)　ここで紹介した以外に、『目録』書簡（V）のなかで、この『マルクス・エンゲルス全集』計画に関わるものとして、（ウ）95②、34⑤、51②、（オ）13①がある。なお、改造社版『マルクス・エンゲルス全集』について詳しくは、向坂前掲書を参照。

# 第五章　アメリカ亡命

## 第一節　政治運動からの離脱――アメリカへの出発――

一九三二年三月一七日、大山郁夫は柳子とともに横浜港を船でアメリカに向けて出発した。以後、当初予期しなかった一五年七カ月の長きにわたる亡命生活がはじまる。(1)

一九三一年七月五日、労農党の全国労農大衆党への合同が行われてのち、周囲の勧めもあり、大山は、しばらく外遊する途を選んだ。翌年一月下旬に大山は新聞記者のインタビューに答えて、「一年かせいぜい二年の予定です」(2)と語っているように、当初は、運動の閉塞状況を打開するための世界情勢見聞とでもいうべき気軽なものであった。(3)大山は、次のようにも語っている。

「立場」に緊縛されないまつたくの一自由人としてアメリカから英仏、独の順序で社会情勢を見聞してきたいからで家内も連れてゆくのもさうしたフリーな気持ちからです。日本資本主義の恐慌も国際恐慌を洞察しなくては認識を誤り勝ちですからねえ(中略)過去日本の実績を自己批判して洗眼してくる。まあ曇つた眼を洗つてくるとでも言ひませうか、実践に突入してをりますと自己批判が足らぬ勝ちになりますからネ、いまは指導部もありませんし、それには丁度いゝ機会なんです。」[4]ここに明らかなように、彼は、当初は決して長期に及ぶ亡命を決意していたわけではなかった。大山のアメリカ到着を報じる『日米新報』の記事も、「氏は政治経済、金融状態、労働問題を視察の目的で渡米したのであるが、渡米機関は約六ヶ月で英国、独逸を巡つて帰る予定である」[5]と記していた。

また、記者の発した、ソ連に行く可能性についての質問には、彼は、「えゝソヴェートの五カ年計画などもみてきたいと思ひますが許可してくれないだろうしそれにソヴェートにゆくことは「色付け」されることになりますからゆかないことにしてをります」ときっぱり否定している。少なくとも外形的にはこれまでの政治的立場を離れて、「どこまでも自由人としての旅行」を貫こうとしたことが見て取れる。[6]

大山が渡米を決意した要因として、次の二点が考えられる。

一つは、外的条件として、彼はテロリズムの危険にさらされており、彼の身を案ずる長谷川如是閑ら周囲の人々が外遊を勧めたことにある。[7]同年三月五日の血盟団事件の際には、大山が暗殺されたとの誤報が流れて見舞い客が自宅に大勢やってきたり、アメリカへの出発当日も「ふおんな計画があるという噂がとんでいた」ため、東京駅は警戒態勢がとられた。実際にサンフランシスコ到着後、大山暗殺の目的で日本から同じ船で来た、と自ら名乗りをあげ、謝罪にきた男性がいたという。[8]

いま一つは、大山は「戦闘的労働者農民」[9]の「正しき階級的本能」への信頼を堅持してはいたが、ファシズムが無産階級陣営内にも浸透してきており、[10]左翼の大衆行動主義の基盤が崩れているとの認識から生じる閉塞感があったことは否定できない。ただし、彼が労農党委員長の地位を降りたことが、外遊を決意したことの直接の原因ではない。一九三一年七月四日、労農党が全国大衆党と合同して社会民衆党の一部と全国労農大衆党を結成するにあたり、自らは顧問の地位をも辞退して「一兵卒」となることの決意を述べた論文「自己を語る——解放戦線上の一兵卒としての出発点に立つて——」（『改造』一九三一年九月）では、前章で見たように、依然、無産階級の「左翼化的傾向」と労農政治同盟実現への熱い期待を漲らせており、その一年後のものとではやや調子が違っている。つまり委員長を辞してからほぼ一年の間に顕著となった無産政党の右傾化が、大山に行き詰まりを痛感させ、しばらく運動に距離をおく決意をさせる一因になったと考えられる。とはいえ、それはたんに行き詰まった現状からの逃避ではなく、むしろこれまでの立場を一切脱ぎ捨てることによって、従来見えなかった新たな局面を見いだし、長期的な視野から、日本社会の変革に参画していこうとするものであったことは、のちの行動にも明らかである。

しかし、大山の外遊許可は容易にはおりず、「外務省とのいくどかの折衝のすえ、妻も同伴という条件つきで許可を得」ることができた。(11)

一九三二年二月一日には旧労農党残務整理委員会より、「大山旧党委員長の立候補取りやめ並に外遊に就いて」と題するビラが配布され、(12)外遊決定に伴う衆議院議員立候補の取りやめの告知と、それに至る以下のような事情説明がなされた。

　大山郁夫氏は現在無産政党の指導的地位を離れ比較的自由な時間を持つて居られるので此の際世界経済恐慌下の欧米各国の政治経済情勢を視察研究するのが最も有意義と確信し外遊の計画を決定され残務整理委員会も相談を受けたので我が委員会もそれに百パーセントの賛意を表した次第です

二月二八日には、長谷川如是閑・阿部賢一・佐々木治一郎・富田豊の四名が発起人となり、早稲田大学関係者を中心とする二〇数名が集まって、大山夫妻を送るささやかな宴が催された。(13)そして三月一七日は、多くの旧労農党員・労働組合員や知人たちに見送られての出発であった。夫妻は途中ハワイに立ち寄っており、出発からホノルル滞在中までは、途切れがちではあるが柳子の、手帳に記されたメモ風の日記が残っている。(14)そこには、出発当日の様子が次のように記されている。

三〇余人の同志にまもられて東京駅へ　駅では又身をもつて守つてくれる無数のどうしのうづにまき込まれつゝ見送りの人達ちの挨拶や主人の答辞もたゝ感激で一ぱいの内に出発　乗船

さらに翌一八日の柳子の日記には、いかに短期間の外遊のつもりであったとはいえ、やはり「昨夜から今日にかけてやたらに淋しさにおそはれる」とある。

三月二五日、二人はまずホノルルに立ち寄った。同日の日記によれば、「ハワイの同志の招電により米大陸への直行を思ひ止まり途中下車に決定今日ホノルゝへ上陸することになつた」という。急遽ハワイ在住の日系人から連絡が入り、ホノルルに立ち寄ることにしたと見られる。一九二八年の新労農党委員長時代にも、一〇月二七日から一二月七日まで一カ月余り、在米労働者の招きに応じて水谷長三郎とともにハワイに遊説に出掛ける計画があったが、(15)結局遂行できないままになっていたという経緯があり、この機会にそれを実現させたものと考えられる。

大山は、下船するやいなや、早速大山の写真を頼りに待ちかまえていた女性から、「パンパシークラブ」（各国人の社交クラブ）での講演を依頼されて、夕方から直ちに演壇に立った。(16)翌二六日も引き続いて演説に出向いた模様で、ホノルルのオアフ劇場における両日の演説会を宣伝する「大山郁夫大獅子吼」と書かれたポスターが現存している。(17)主催は「ホノルル有志」とある。

大山は四月七日、ホノルルの賀屋晃堂宅での「大山夫妻送別会」に出席し、その後ホノルルに別れを告げた。

その会に集まった日系人一五名のサインが残されている(18)。

アメリカ本国に着いてからの大山の暮らしぶりについては、まず一九三三年八月号の『中央公論』に寄せた大山自身の「通信」から見てみよう。

彼は『中央公論』の在米特派員を任じられており、「米国大統領独裁権の確立へ――アメリカ政治通信――」と題する論文がその第一回目であるが、「通信」は長続きせず、四回掲載されたのみで、一九三四年一〇月を最後に途絶えてしまった。

それによれば大山は、「外国在留中は飽くまで『一学究』としての態度を持続していく」決意を固めた。政治運動からの離脱宣言である。彼はその姿勢を貫徹することに強くこだわっており、『日米時報』編集部からの依頼に応えて寄稿した新年号（一九三二年一二月三一日）の一文のなかでも、次のように述べている。

私は日本を立つ時、特に『一学究として行く』旨を『中央公論』誌上に公表して、何等の党派関係なく旅行するものであることを明かにし、尚アメリカに来てからも機会ある毎に労農大衆党と全然無関係である事を公言した。更に今日の社会労農大衆党とは結党の当初から何等の交渉を持たない。私は現在ではたゞ『中央公論』の特派員としての私人的な仕事以外には、如何なる団体的背景をも絶対に持たないで、純粋に単独の個人としてこの国に来てゐるものである。

ここに見られる政治運動から距離をおくという決意表明は、アメリカで生活するためのたんなる便法ではなく、まさに彼自身の内発的要求でもあったと思われる。

そうして彼は、学術研究に着手する前にアメリカの社会生活を見聞しておきたいとの意向から、「東に西に旅程を延ばした(19)」。後述するように、確かに大山は、戦後日本に帰国する直前まで、政治運動とは没交渉の姿勢を貫いた。ただし旧来からの知人に強く請われての本意ならざる結果であろうが、アメリカに着いてまもないころは、演説活動も行っていた。一九三二年四月一九日、サンフランシスコにおいて在米日本人会・早稲田大学校友会主催の下に開かれた演説会では、帝国主義戦争阻止を訴える演説を行っている[20]。しかし、袖井林二郎の調査によれば、カリフォルニア州在住の日本からの移民者には、「保守的な愛国者が多く、「左翼の大山」を快よく思わぬ人は山ほどい」て、一九日の演説が物議をかもし、汽車で南カリフォルニアに向かう途中のフレスノで計画されていた講演会は実現できなくなってしまったという。さらには、「ロサンゼルスへ向えば、今度は左から攻撃の声が上る。最大の日系紙『羅府新報』には「大山氏を排激す」という論文が三日にわたって連載され、到着の前夜には〝小東京〟と呼ばれる日本人街で、「大山郁夫氏排撃演説会」が催される有様。まだ二世のほとんどが未成年だった当時の日本移民社会は、まるで日本本土の縮図の観があった。一世や日本育ちの「帰米二世」の極左グループは、メンバーこそ少かったが活動的で、新労農党以来の日本共産党による大山批判は、そのまま海を越えて直輸入されていた」とも記されている[21]。

大山自身はこの件についてまったく語っていないが、やはり当時アメリカに在住していた石垣綾子の証言によれば、大山の講演会場には、日本で新労農党を率いていたときと同様、コミンテルンによる社会民主主義排撃論の立場から、在米の共産主義者によって、「裏切り者大山郁夫」といったポスターが貼られたり、罵声を浴びせられたという[22]。

しかし、そのような困難のなか、校友連盟という日本の大学卒業者のグループ主催により、同年五月一七日夜〝小東京〟の西本願寺ホールで大山の演説会が行われた。故国日本の情報に飢えている人々は、五〇セントという半日の稼ぎに相当する高い入場料を払って詰めかけ、定員一〇〇〇人の会場は満員になったという。大山は二時間余りにわたって、「日本の財閥軍閥の横暴を攻撃、満州事変を非難し、労働者階級の手によらなければ祖国日本の将来はあり得ないとする理路整然たる熱弁」を振るい、[23]それに「聴衆は酔った」といわれている。「米国共産党」の名による排撃パンフレットは会場に撒かれたが、「それほど下劣な野次もなく、講演会は大成功で終った」。その評判が広まり、日本からの移民が集まって農業を営んでいる南カリフォルニアの方々から講演依頼が相次ぎ、大山は、五月二八日のガーデングローブを皮切りに、サンディエゴ、ブローレィとメキシコ国境近くまで講演に出かけた。六月四日に日本人からの希望で「嵐の前に立つ日本」という演題で行って以後、いつもそのテーマでなされるようになり、一方、柳子は「日本の婦人運動に就て」という演題で前座を務めたという。[24]

そのころ、北昤吉が日本からやってきて、『大山郁夫伝』などでもすでに知られている、七月一日の北と大山の立会演説会での対決が行われたのであった。日系三新聞社各社長を含む六人個人名義の主催によるもので、テーマは、「ファッショ是か非か」であったという。[25]

当事者の北は、演説会の模様を戦後になってから次のように伝えている。

アメリカでも満州事件の是非の論が喧ましかつたので、柔道家の太田節三君や浅岡君等の胆入りで、羅府新報主催の「満州問題是か非か」の論題で、先にロスに来てゐた大山郁夫君と立ち会ひ演説会を催すことゝなつた。先に僕が一時間、後に大山君が一時間、最後に僕が三〇分といふことで演壇に立つた。(中略) 大山君は日露戦争に依つて獲得したものなら、例の公式論で資本主義的帝国主義の侵略行為であると極端論をやつたから、聴衆の共鳴を獲なかつた。[26]

この演説会は「大入り満員」であったため、主催者からそれぞれ千円ずつの報酬が出され、「大山君も窮乏してゐたから、喜んだようであ」ったという。しかし「ぼくは大山君に「二人で八百長で満州問題是か非かで立会演説で少々儲けやうか」と誘つて見たが、同君は微苦笑するだけであつた」と述べられている[27]。

ふたたび袖井の記すところによれば、ファッショを肯定する北に対して、大山は、「祖国とは何か。ファッショで資本主義は救えても、日本の大衆は絶対に救えない。ファッショは資本主義経済没落期に起るブルジョア政治権力のつっかえ棒にすぎぬ。進歩する社会にファッショの出現は、時計の針を後へ戻して時間を儲けたと考えるのと同じである」と一時間にわたって説き、「ロサンゼルスの日系社会の数少ない古老は、いまでもこの立会演説会をなつかしがり、あの勝負は大山の勝だったと話を結ぶ」という[28]。

大山がシカゴに着いたのは、同年一一月初旬であった。そして後述するK・W・コールグローブの斡旋と図書館長コークの厚意により、近く落成が予定されている、ノースウェスタン大学のディアリング図書館（Deering Library of Northwestern Univ.）の一室を研究室としてあてがわれることになった。しかし図書館が開館するまでにはまだ日数を要するため、それまでの間はニューヨークを旅するなど、「愉快に、且つ有意義にすごした」と自ら記している[29]。

彼は、シカゴそしてニューヨークで「新旧の知友たちの異常な厚遇」を得た[30]。それは、かつてシカゴ大学に留学したときの恩師であるメリアムにすら、かろうじて一時間ほど会えただけというまでに大山を多忙に陥れた[31]。大山が在米中使用していたサイン帳には、幾人かの日本人あるいは日系人を含む人々の署名やメッセージが記されており[32]、「新旧の知友たち」との交流を裏づけている。かつての大学改革運動の同士であった橘静二（すでに一九三一年八月二六日、シカゴで病死）の妹五三子とも会ったことが、そのサイン帳から明らかである。

多忙のため日本の論壇への寄稿を怠りがちになっている大山に代わって柳子が伝えるところによれば、大山は「渡米以来、落ち着き得ぬ毎日をどんなにか苦しがつて」おり、とりわけニューヨーク旅行中は極力友人の歓待をも避け、「専心（研究のための――引用者）材料集めの目的」とした。またコールグローブの紹介を経て「アメリカの政治方面の人達」に会った際にも、大山自身は先方の「意見をきく」ことに徹することを望んだが、その意図に反して「聞かれる方」になり、「キエンを聞かせてきた様なものにな」ったことを悔やんだ。(33)ここからも、政治的活動や発言を極力避けようとする姿勢がうかがわれる。

（1）在米中の大山については、これまでほとんど未解明であった。近年、高橋彦博によって、後述するコールグローブ文書を用いて、大山が在米中に行った憲政史に関する仕事の内実が明らかにされ（「社会労働運動史と憲政史の接点――一九三〇年代のある経験」・『大原社会問題研究所雑誌』第三四二号、一九八七年五月、のち高橋『日本国憲法体制の研究』一九九七年、青木書店、所収）、また奥泉栄三郎が「異郷の社会運動家大山郁夫――亡命の湖畔生活十六年」（『ミッド・アメリカ』第三巻二六号、一九八五年七月）を著しているが、この間の大山の動向の全貌については、現在のところ、やはり前掲『大山郁夫伝』の「十　亡命の十六年」（岩村三千夫執筆）が最もまとまった研究であるといえよう。今日、アメリカのノースウェスタン大学に所蔵されているコールグローブ文書（*KENNETH WALLACE COLEGLOVE PAPERS*（付「コールグローブ文書目録」）奥泉栄三郎調査・収集）等を活用することによって、アメリカでの大山についてかなり詳細を知ることが可能になった。コールグローブ文書とは、当時ノースウェスタン大学政治学部長であった国際政治学者ケネス・W・コールグローブ（一八八六―一九七五年）の書簡・研究等を集めたもので、コールグローブは亡命中の大山の庇護者であったことから、その一部に大山に関するものが含まれている。この史料の存在を紹介した新聞によれば、コールグローブ文書全体で八九箱あるうちの十数箱分が大山関係であるという（『信濃毎日新聞』一九八四年八月七日）。大山関係部分については、早稲田大学現代政治経済研究所が飯島昇蔵氏の協力を得てコピーを入手（『目録』（付））しており、以下、コールグローブ文書（付）とIVの資料その他を用いて、亡命時代の大山について述べる。コールグローブ文書については、以下「文書」と略記し、『大山郁夫関係目録』に（付）として早稲田大学現代政治研究所入手分を一覧に掲げたため、それの番号―Box-Folder-Pageの順に記載する（邦訳はとくに注記のない限りすべて引用者）。
（2）『読売新聞』一九三二年一月二六日。
（3）大山聰氏ききとりによれば、ビザの切れるまでの半年間の予定であった。そのため当時学生であった氏は、叔父福本順三郎のもとで両親の帰国を待った。実際に、戦後に帰国してから大山自身も、「初めは六ヶ月ほど滞在するつもり」であったとも語っている（「宣言」〈対談、聞き手　バックマイヤー（米）・ホーレー（英）〉・『日本週報』一九四八年二月一日、二六頁）。
（4）『読売新聞』一九三二年一月二六日。
（5）『日米新報』一九三二年四月二〇日。なお、本書で用いた『日米新報』所収の大山論文は、荻野富士夫氏のご提供により知りえた。
（6）『読売新聞』一九三二年一月二六日。
（7）その間の事情については、《座談会》「大山郁夫と早稲田大学――「大山事件」他」（『早稲田大学大学史編集所紀要』第二〇巻（第二四号）、一九八八年二月）の木村毅発言に詳しい（一八九頁）。
（8）前掲「東京・大山柳子さんのお話」（二）。
（9）「ファシズムの流れに浮かぶ協力内閣」（『改造』一九三二年九月）。
（10）「動揺する政局と不安定なる大衆の進路」（『中央公論』一九三二年三月）。
（11）前掲「東京・大山柳子さんのお話（二）」。戦後、大山も、「私などは議会に出ておつて、おまけにあの時幣原が満洲問題で軍部と意見が違つておつた。それでも家内を連れて行かなければ出さなかつた。ふつうの人ならでられなかつた」と語っている（〈座談会〉「日本民主革命の再検討」『中央公論』一九四九年一月、二八頁）。
（12）『目録』Ｉ（オ）４。
（13）久保田明光「歓迎会と送別会」（『伝』付録「大山先生の思い出」）三〇〜三二頁に詳しい。

(14)『目録』Ⅳ（ク）1。
(15)『労働農民新聞』第六五号、一九二八年一〇月一三日。
(16)大山柳子「日記」一九三二年三月二五日。
(17)『目録』Ⅳ（ア）1。
(18)『目録』Ⅳ（ア）2。
(19)「米国大統領独裁権の確立へ――アメリカ政治通信」（『中央公論』一九三三年八月）一一〇頁。
(20)高橋彦博編『大山郁夫年譜』（一九七一年、大山会刊）四六頁。
(21)袖井林二郎『リメンバー！昭和――同時代史の覚え書』（一九九九年、中央公論事業出版）一九〇頁。
(22)石垣綾子氏ききとり（一九八五年三月二一日）。
(23)同様の主旨のことは、アメリカ到着時に大山が新聞記者に語ったなかにも見られる。彼は、日本の「満蒙政策」を批判しながらも、それは、「帝国主義の負担は大なことが判つて来る」ことにより結果的に破綻を来し、また議会政治は維持され、「結局抑圧されてゐる間に国民が目覚めてよりよい日本を作ることが出来る」との楽観的観測を示している（『日米新報』一九三二年四月二〇日）。
(24)袖井前掲書、一九〇〜一九一頁。
(25)『伝』は、羅府新報主催によるもので、「満州問題是か非か」をテーマとする立会演説会であったと記している（二五三頁）。これは後述の北昤吉の回想にもとづいて記されたと思われる。
(26)北昤吉「戦時議会――満州事変と国際連盟脱退（其の一）」（『日本及日本人』一九五一年六月）九二頁。
(27)同右。北がこのような誘いを持ちかけた背景には、主催者の一人世良真一が日本人相手の博打場である東京クラブの経営者である（袖井前掲書、一九二頁）という事情があったためと思われる。
(28)袖井前掲書、一九三〜一九四頁。
(29)前掲「米国新大統領独裁権の確立へ」一一〇頁。この間の行動の軌跡については詳しくは、黒川前掲「年譜」

を参照。なおコールグローブは、後述するように一九四六年春から同年七月一八日まで日本に滞在したが、その帰国前日に「在米大山郁夫教授の生活に就いて」という一文を大山郁夫全集刊行会のメンバーに手渡し、それが『大山郁夫全集』第一巻（一九四七年、中央公論社）の巻末に収められている。それによれば、大山はディアリング図書館で日本関係の書籍を選択する仕事を担当し、そのコレクションは「歴史・政治・法律・伝記・政治学・経済学・社会学・労働関連等の諸分野」にわたり、当時においては「これらの問題に関する日本語の文献として、米国における最大のもの」となったという（三八四頁）。

(30)　前掲「米国新大統領独裁権の確立へ」一一〇頁。またこのとき大山夫妻は、在米実業家の東良三とその家族から「あたたかな歓迎の手」を差し伸べてもらったといい、そのことは、東が一九四八年に日本に帰国し翌年に出版した『アメリカの河』（一九四九年一月）に大山が「序」を寄せており、そのなかで語られている。なお、コールグローブによれば、大山はシカゴの前にニューヨークに赴いており、それはコロムビア大学教授を務める哲学者のジョン・デューウィと意見交換をするためだったという（前掲「在米大山郁夫教授の生活に就いて」三八三頁）。

(31)　「アメリカ便り（大山婦人）」（『批判』一九三三年五月）六三頁。

(32)　『目録』Ⅳ（ア）2。

(33)　前掲「アメリカ便り（大山夫人）」六二頁。

## 第二節 「自由主義日本の指導者」としての期待

大山が妻とともに、ニューヨークをはなれてシカゴ隣接の小都市エヴァンストンに落ち着いたのは、一九三三年二月中旬であった(1)。これ以後大山は、終始コールグローブの庇護のもとにアメリカでの生活を送る。

ここではまず、簡単にコールグローブという人物について述べておこう。コールグローブは、大山より六才年下で、一八八六年にアイオワ州のワーコンで生まれた。父は高等アイオワ大学の学長を勤めたことのある教育問題の専門家で、母も高校の教員という、教育者の家庭に育った。彼もまた、アイオワ州教員大学を出て一九〇五年に、一九才でマサチューセッツにおいて教員となるが、一九〇九年にはアイオワ州立大学で文学士の称号を取得、さらに、マウントホリョーク大学で歴史を教えながらハーバード大学大学院で学び、一九一五年に同大学から哲学博士の称号を得た。その後、一九一九年マシュラキーズ大学でヨーロッパ史の助教授を務めたのち、ノースウエスタン大学の教員となった(2)。

大山とコールグローブの最初の出会いは、大山がアメリカ・ドイツ留学を終えて、ヨーロッパを訪問した際にまで遡る。それは、一九三二年一一月九日付けで大山が、パリ時代のアメリカ図書館での出会いを懐かしむ手紙を送っていることに明らかである。その手紙の冒頭には、「私はあなたが火曜日の午後、ラジオで話をしているのを聞き、死ぬほど驚きました。再びあなたの声を聞いて、昔に戻ったようでした」とあり(3)、ラジオでコールグローブの声を聞いて出した手紙が、アメリカで援助を受けるきっかけをつくったと考えられる(4)。大山とコールグローブの交わりは、まだ大山が労農党委員長として日本で活動していたときに、再度あった。一九二八年三月二〇日付けでコールグローブが大山に宛てた次のような内容の英文書簡の控えが、コールグローブ文書に残されている。

私は日本の無産政党研究に着手しました。そこであなたが有能な指導を行っている労働農民党の起源と歴史についての報告を送ってくださるとたいへんありがたいのですが。また党の公表された綱領や労働農民党が使用したビラや回覧、投票用紙の写しもいただきたいのです。ノースウエスタン大学にはこれらの資料を翻訳してくれる日本人の学生がおります。(中略) 我々はアメリカで、日本での最近の議会選挙と、労働農民党の集会に対する内務省の妨害に大いに関心を持っていました。アメリカに届いた最初の電報では、あなたは香川県から当選したということになっていました。後の電報ではこれを否定しました。よろしくお願いします。(5)

コールグローブは世界各国の政党に書簡を送り、政党の運動方針についての説明報告を求めていたのであり、ここに明らかなように、大山もまた労農党に関する資料の提供の依頼を受けていたのである。ところが、大山自身の語るところによれば、厳しい弾圧に追われ、結局コールグローブに返事を出さぬまま放置していたため、その非礼を早速詫びねばならないと思い、アメリカ到着後、シカゴにコールグローブを訪ねたという。(6) そうして、そこでコールグローブに与えた大山の好印象が、その後、コールグローブからの多大な援助を得るきっかけとなったのである。

大山がエヴァンストンのディアリング図書館に通いはじめてまだまもないころ、コールグローブは大山について、次のような印象を語っている。日本の新聞報道から、大山は激しく大声で話す共産主義者であり、あらゆる方面に挑戦していく人物と思っていたが、会ってみると予想に反して、物静かに語る、礼儀正しい大学教授で、日本の政治思想と同様にアメリカやヨーロッパのそれにも通じている人物であった、と。さらにコールグローブは、大山の経歴のうちでも、とりわけ『大阪朝日新聞』の記者時代に日本のシベリア出兵に反対したことと、労農党のリーダーとして日本軍閥の「満州」侵略に抗議したことに注目する。後年の回想でもコールグローブは、「この（満州――引用者）軍事侵略に反対する勇気をもった日本人の議員に深く同情した」と述べている。(7) そればかりか、かつてのコミュニストとしての評価から一変して、大山は自由主義者として認識され、日本の経済的救済と世界平和は、大山のごとき人物に率いられた自由主義運動によってなされねばならないとの期待も賭けられる。(8) すなわち大山の社会主義者としての面は捨象され、もっぱら当時のアメリカにとって都合の良い、反軍国主義者としての面がクローズアップされている。「この謙遜な人物が、次期政局では日本の総理大臣になり、全アジアの新体制を画するだろう」(9) との評価すら付与され、早くも、アメリカの極東政策の上から重要な人物になりうると目されていたのである。

コールグローブは、一九三六年から一九四三年までアメレジア・グループの一員であった。アメレジア・グループとは、日本の侵略に反対し、中国国共合作の実現と中国支援の方向にアメリカ世論を導くべく、雑誌『アメレジア』(Amerasia)を発行していた人々をさし、IPR(太平洋問題調査会)アメリカ部会の中心メンバーには、トーマス・ビッソン、アンドリュー・ロス、オーエン・ラティモアらがいた。(10) しかしながら、のちにコールグローブは、当時「明らかに左翼的記事を書いた」エドガー・スノーやラティモアらに対して、まったく急進的ではない記事を自分が書くことでつり合いがとれていたこと、さらにはメンバーの政治的見解や雑誌の編集方針の真の方向性について、一九四三年にグループを離れるまでは十分に気がついていなかったことを挙げて、彼らとはその政治的立場において一線を画していることを強調している。(11) またコールグローブは、マッカーシズム下においてラティモアが喚問された際には、彼を攻撃する側に立っており、(12) これらのことから、ラティモアら他のアメレジア・グループの人々ほどに、共産主義者や左翼に好意的であったとはいえない。彼は、後述するサイラス・H・ピークとともに自らを、「反共主義、親英、親オランダ」とさえも位置づけていたのである。[13]

このようなコールグローブ自身の政治的立場と重ね合わせるとき、コールグローブの抱く前述のような大山像は、「物静か」「礼儀正しい」「控え目」といった大山の人柄への好感に加えて、のちに述べるように、大山自身が共産主義者と一線を画してきたと語ったことにより、それを無意識のうちにアメリカ側の要請に引き付けて作り上げられたものであった。したがって必ずしも等身大ではない、もっぱらアメリカにとって都合のよいものであったといえよう。

大山にこのような厚い信頼を寄せ、しかも後述するように、自らの日本研究の手助けをも期待するコールグローブは、大山の処遇改善のために労を惜しまなかった。大山夫妻の旅券は六カ月を期限とするものであったが、それが切れるたびにコールグローブの奔走によってアメリカ政府から延長の許可を得、[14]アジア太平洋戦争の期間をはさんでの長期滞在が可能となったのであった。ちなみに、コールグローブの書いた大山の一時滞在延長の申請理由は、たとえば次のようなものであった。

彼は高潔な人格者であり、政界が転換すれば、母国に大きな影響を与えるにふさわしい人物だと思います。また私が日本の事情を勉強していくうちに、早まって彼が帰国させられれば、彼は暗殺の危険にさらされることになるということを私は確信するようになりました。（中略）彼のビザを延ばすことは困難なことと承知しています。（が）彼の要求に対して親身に考えていただきたく手紙を書いています。（1）なぜならば彼が合衆国にいることはまったく有益なことであり、彼がここでどんな政治活動にもかかわらないということだけでなく、また彼の豊かな学識をアメリカの友人たちの手にすることができるからです。（2）また、彼がここにいることを拒否することは、彼の生命を危うくすることだからです。大山教授と話をしましたが、彼は共産主義者でも危険な急進派でもないと私は確信します[15]。

これは一九三五年に記されたものであるが、ここにおいても先に見た、当初の大山像がそのまま維持されている。

この間の大山の生活は、中央公論社より、特派員としての報酬を月に百ドル受け取っていた[16]ほかは、コールグローブのはからいにより、ノースウエスタン大学政治学部調査員として[17]コールグローブから与えられた日本の文献の英訳等を行うことによって支えられていたが、それは出来上がりに応じてそのつど報酬を受け取るというもので[18]、そもそも半年間の旅券しか持たない者としては当然ながら、けっして生活は安定した状態ではありえなかった。

前述したように、たしかに大山自身も長期滞在を予想していなかったし、コールグローブもまた、やがて日本に自由主義政党が再結成され、大山はその党首として迎えられ帰国するとの見通しに立っていた[19]。しかし大山として、日本が中国との全面戦争に突入していくなかで、いつまでも帰国の可能性について楽観的でありえたはずはなく、しだいに長期滞在の意志を固めていったと思われる。一九四二年には、アメリカの情勢を知りたいとの日本海軍の要請によって、日米在留民の交換船グリップスホルム号に乗るよう大山に日本政府からの指名があったが、彼は帰国することは生命に危険があると判断してこれを拒絶している[20]。

一九三五年夏、ノースウエスタン大学政治学部に特別コースが設置され、そこで大山に、「日本における政治経済状況」について講義を行う機会が与えられた。しかしコールグローブによれば、大山は流暢に英語を話すことができず、外国人に慣れていない若者たちは、彼のいうことをあまり理解できないという問題が生じた。にもかかわらずコールグローブは、国際協力を前提とする社会においてはそうしたブロークン・イングリッシュを理解することも必要だといった手紙を、グリーンヴィル大学学長Ｌ・Ｒ・マーストンに宛てて書くなど、終始大山を庇うことに尽力している。[21]

また一九三七年九月一日より、大山は、コールグローブ指揮の研究プロジェクトの仕事を行うということで、ノースウエスタン大学にパートタイムで勤務することとなり、五〇ドルの月給が支払われることになった。[22]

大山が行った仕事は、美濃部達吉『憲法精義』（一九二七年）の英訳が大部分を占めており、コールグローブ文書の大山関係部分のうち、半分以上がその英訳原稿である。また穂積八束の『憲法提要』（一九一〇年）や『憲法制定之由来』（一九一二年）などの紹介も手がけた。[23]そのほかに彼は、主に日本憲政史について、コールグローブの質問に応じて、それに関する日本の文献を紹介したり、コメントを提出したりする仕事も行っている。[24]

コールグローブは、大山と知り合う以前の一九三一年に、"The Treaty Making Power in Japan"[25]という論文を書いており、それは大日本帝国憲法において天皇大権の一つに規定されている条約締結の問題をとりあげ、そこから天皇と議会双方の関係について考察を行ったものであった。すなわちその段階ですでに、美濃部や穂積、そして上杉慎吉の学説が援用されており、コールグローブの関心はその点に向いていたのであり、したがってコールグローブは、この問題についての研究をいっそう深めるために、大山にそのような仕事を依頼したと考えられる。

柳子は、「日本にいる頃学んだ絵の道をつけるため、戦争開始一年後までシカゴのアート・イン・テイテードに八年間かよつて研究をつゞけ[26]」た。そうしてここで得た資格によって、アジア太平洋戦争下、柳子は工場で硝子のコップや壺に絵を画く仕事をして週給八〇〜九〇ドルを得、生活を助けることができたのである。[27]

大山はまた、のち一九三五年に市俄古日本人共済会に結集する、シカゴ在住の日本人とも交流をもった。大山がシカゴに到着したばかりの一九三二年一一月二三日には、シカゴで茶亭とギフト店を営む大里昌治[28]によって、ノースウエスタン大学関係者を集めての大山歓迎のための夕食会が開かれている。[29]大里はまた、紐育日米時報社のシカゴ支社主任でもあり、[30]一九三四年には、その大里と、早稲田大学出身で[31]「フード・マート・レストランを経営する福井県人」[32]の山内努らとともに、大山がサインをした用紙が残っている。[33]

なかでも大山は山内と特に懇意になり、大学からの報酬だけではまかないきれない大山の生活を、山内から経済的に援助してもらったという。[34]やがて山内は、共済幹部と対立して会から除名処分を受けることとなるが、彼は日本の軍部や中国侵略に批判的であったといわれており、[35]思想的にも大山に近いものがあったと思われる。共済会との対立があった前後、山内が大山を訪問した記録もある。[36]

しかし大里らその他の共済会メンバーは、日本軍部の呼びかけに応じて、兵士の遺族慰問金募集を行ったり、「紀元二千六百年奉祝会」のための献金に応じるなど、積極的に戦争協力を行っていったのであり、[37]総じていえば大山の彼らとの交友は、日本への郷愁のみで結ばれた、思想信条を越えたものであったといえよう。

こうしてエヴァンストンに居を定めて静かな生活をおくる大山に会った、日本からの来訪者には、蠟山政道・前田多聞・中野正剛、そして矢部貞治がいた。[38]矢部は、約一二時間にわたって大山と会話したといい、「美しいエルムの森の中にある様なエヴァンストンの町を歩き乍ら、或は御夫婦で寄寓してゐられる静かな家の一室で、氏は非常に熱心に氏の過去における社会運動の体験、共産党に対する立場、将来のための心構えにつき語られました」と伝えているが、[39]遺憾ながらその内容は明らかでない。また、改造社社長の山本実彦の訪問もあったという。[40]

（1）　前掲「米新大統領独裁権の確立へ」一一〇頁。コールグローブが一九三三年一月六日付けで大山に宛てた手紙で、「エヴァンストンでまたあなたにお目にかかれるのを楽しみにしています」と述べていることからも、大山夫妻のエヴァンストン到着がほぼこのころであったことが裏付けられる（「文書」五―四五―二五―二七）。

（2） 一九二六年正教授就任、一九四〇～四八年政治学部長（「文書」一～二頁）。

（3） 「文書」五―四五―二五―二三。私は、以下に述べる労農党時代のことが二人の最初の出会いととらえていたが（黒川前掲「大山郁夫関係資料について」二一頁）、高橋彦博氏の御教示により訂正するにいたった。

（4） 同じ一九三二年一一月九日付けのコールグローブから大山に宛てた手紙に、「お手紙を戴き、また、次の月曜日の一二時半から昼食会にあなたがいらっしゃることができるのを知り、うれしく思います」とあり（「文書」五―四五―二五―三一）、このころ面会が設定されていたことが明らかである。

（5） 「文書」五―四五―二五―二九。

（6） 「デモクラシーの血液」（週刊朝日編『陽春読物集』一九四八年四月）六五頁。ほぼ同様のことはコールグローブによる "Oyama's Scholarly Mien Belies His Darling Life"（『エヴァンストン・ニュース』一九三六年七月二日、「文書」一―一四―四―二一所収）にも述べられているが、それによれば、「コールグローブ教授は、労農党のパンフレットや運動関係の文献を要求して、日本にいる大山のもとへ何ドルか送金した。しかし、その金とパンフレットは警察に没収されてしまった」という。

（7） 「文書」一―一四―四―一一四。

（8） コールグローブ "Professor Ikuo Oyama: Japanese Scholor and Stateman" *N. U. Alumni News*, 一九九三年六月、「文書」一―一四―四―一一～一二、及び『目録』Ⅳ（エ）一所収。

（9） 同右。

（10） 長尾龍一『アメリカ知識人と極東――ラティモアとその時代』（一八九五年、東京大学出版会）一八～二一頁。

（11） 「文書」七頁。

（12） 長尾前掲書、二五三～二七三頁。

（13）「文書」八頁。
（14）「文書」一―一四―四―各ページ。
（15）D・W・マックコーマック宛コールグローブ書簡、一九三六年五月一八日、「文書」一―一四―四―一九。
（16）同右。
（17）前掲「デモクラシーの血液」六五頁。
（18）詳しくは、前掲・黒川編「年譜」を参照。
（19）コールグローブ前掲 "Professor Ikuo Oyma"。
（20）前掲「宣言」二七頁。
（21）一九三三年二月二日、「文書」一―一四―四―一四二。一一三にも同様の記述。コールグローブは、前掲「在米大山郁夫教授の生涯に就いて」のなかで、「大山教授の来訪を機に」、大山に政治学部の調査研究員のポストを提供して「日本の政治的発展」と「日本経済史」の課題を与え、英語で講義をしてもらったこと、及びノースウェスタン大学の「国際関係研究会」の会員の地位を与えて、ときおり講演を行う機会を与えたことを明らかにしている（三八三頁）。
（22）「文書」一―一四―四―三五、六四。
（23）『目録』（付）にその一覧を示した。コールグローブ前掲「在米大山郁夫教授の生涯に就いて」によれば、穂積の『憲法提要』と美濃部の『憲法精義』の翻訳・出版は、一九四一年のワシントンのAmerican Council of Learned Societyの決議にもとづくものであり、一九四二年から着手されたという（三八四頁）。
（24）それらは、『目録』（付）三〇～三四の文書に収められており、なかでも日本帝国憲法第八六二条の解釈をめぐる問題等に関しては、高橋前掲「社会労働運動史と憲政史の接点」に詳しい。
（25）*American Journal of International Law*.二五―二、一九三一年四月、『目録』Ⅳ（エ）二。
（26）大山柳子「亡命同伴一六年――アメリカより帰りて」（『レポート』（時事通信社）一九四八年一月）一一頁。

(27) 前掲「東京　大山柳子さんの話（二）」。
(28) 伊藤一男『シカゴ日系百年史』（一九八六年、シカゴ日系人会）三〇一頁。
(29) 「文書」五―四五―二五―三〇。
(30) 『日米新報』一九三五年一二月二八日、広告記事。
(31) 『伝』二五五頁。
(32) 伊藤前掲書、二六三頁。
(33) 「文書」一―一―四―四―一三。
(34) 『伝』二五五頁。
(35) 伊藤前掲書、二六三及び二八四頁。
(36) 「文書」一―一四―四―三四。
(37) 伊藤前掲書、二六九頁。
(38) 大山柳子前掲「亡命同伴一六年」、一一頁、及び矢部貞治「アメリカ便り」（『日本評論』一九三五年一〇月）。
(39) 矢部前掲「アメリカ便り」一七〇頁。
(40) 「友人としての山本君」（『改造』一九五二年九月）二〇一頁。

## 第三節　資本主義社会批判の堅持

大山がアメリカ社会をどのようにとらえていたかについては、前述の、『中央公論』に五回にわたって寄稿した「アメリカ政治通信」から読み取ることが可能である。

「私が現在おかれてゐるやうな地位から所謂『指導意見』といふやうなものを投げ出すのは、却て実際運動を毒する以外に何の効果もなかるべき筈である」(1)との考えに立つ大山は、自分が日本を離れた以上、外から日本の問題を論評したり提言を行ったりは一切せず、あくまで自分の目で見たアメリカの政治動向を詳細に伝えることに徹した。しかもその態度は、もちろん一定の価値判断を下してはいるが、「出来るだけ主観的論断を斥け、事象の客観的描写を主流に置いて稿を進めてゆく積もりである」(2)と自らを律しているように、主観が先行して正確な事実の提供が損なわれることには努めて禁欲的であった。アメリカの状況を正確に伝えることが、現在の自分が与えうる、日本社会の変革のための最良の指針であると考えたのであろう。

『中央公論』掲載の五編のなかで大山の論じた主題は、大きく分けて二つある。一つは、フランクリン・D・ルーズヴェルト大統領のもとで、恐慌克服策として実施されつつあったニューディール政策についてであり、もう一つは、一九三三年一一月にソ連との国交が樹立されたことに関してであった。なかんずく大山の関心は、前者の方に注がれた。

彼は、目下「世界資本主義の一般的危機」(3)にあるとの認識に立ち、ニューディールを「崩壊の危機に瀕してゐる資本経済の起死回生手段」(4)の一例とみなした。そしてその推移を凝視することは、資本主義一般の行く末を展望するための好材料になりうるものと考えたのである。

大山は、議会に提出された農業法案、マッスル・ショールス法案などの重要案件を逐一説明するとともに、共和党議員が、大統領と議会の政権の下で顧問格の役割を果たしている学者集団、いわゆるブレーン・トラストにたいして、コミュニズムの推進を企んでいるとの名のもとに、糾弾を行った事件などをとりあげて紹介している。

大山のニューディールに対する概括的な評価は、「畢竟、世界の一般的経済危機の震波の上に激動してゐるアメリカの資本主義を、今一度ともかく安固な地盤の上に引き直さうとする企図の下に、国家権力の果断なる行使により、強大なる指揮・統制・整理の手を産業・労働・金融等々の諸部門の上に――延いては社会生活の全面の上に――加へようとする合衆国現政府の全計画を指するものに外ならない」とするものであった。[5] さらに彼は、こうした国家権力の強力支配という点から、ファシズムとの関連にも考察を及ぼしていく。彼の観察によれば、強大な力を発揮している「ルーズヴェルトの指導」は、「実質上の独裁」にはちがいないが、アメリカン・デモクラシーの強固な伝統ゆえに、「形式上の独裁」にはまだ至っていない。その意味でドイツやイタリアのファシズムと同列に論ずることはできないが、しかしアメリカもまた現在、「ファッシズムの「傾向」」にあり、それは「ファッシズムの「存在」」への転化」の可能性を孕んでいるという。

他方、後者の米ソ国交樹立の問題については、従来の民間レベルでの通商の実態などを、アメリカン・ファウンデーション（協会）の「ロシア＝アメリカ関係調査委員会報告書」にもとづいて紹介し、「今回のロシア承認の成立がアメリカの資本主義の現勢下において必然不可欠であったことの洞察」[6] を推し進めていく。そうして、究極両国の交流も「二つの異質物の物理的折衝以外の何者でもな」いとの見通しを打ち出す。すなわちロシアについては、「アメリカの技術や機械や設備を益々多量に取り入れ（中略）その社会主義建設の前途を益々輝かしき好望に導かうとするやうな、文字通りに遠大なる意図からそこにきたものであらう」と肯定的にとらえるのに対して、アメリカは「自国の「過剰資本」と過剰商品の捌け口を、この漸く鋤を入れられたばかりの広大無辺の原野に求め」たものであるとの、まったく対極にある評価を与えるのである。(7)

さらに大山の関心は、日本との関係に及ぶ。今回の出来事が、即日米戦争をもたらすものでもなければ、逆に自動的に平和維持の気運が醸し出されるわけでもないのは自明のこととした上で、それゆえにいっそう日本の社会層がこのことにどのような反応を示しているのかは問題であり、「遠く故国を離れてゐる私にはハッキリ解らないので、それだけに余計に私の関心は昂められる」ことを告白するのであった。(8)

これらに明らかなように、彼のアメリカの政治社会情勢に対する関心は、けっしてたんなる知的好奇心にとどまるものではなく、その背後には常に、日本社会の変革に活かそうとする動機づけが作用していたのである。また、彼のアメリカ評価は、資本主義国家・帝国主義国家一般に対して向けられていた従来からの否定的なものから変わることなく、当時の日本の講座派と同様、いずれアメリカ資本主義を含む資本主義一般は、必然的に内部から崩壊していくものとの見方が堅持されていた。

大山の『中央公論』への通信は、一九三四年一〇月を最後に途絶えてしまう。おそらく、生活を支えるため、前述のコールグローブの依頼による仕事に時間を奪われたことが、その一つの大きな要因であろう。

在米中の彼の動向を知るもう一つの手がかりは、彼が『日米新報』編集部からの依頼に応じて、数回にわたり寄稿した随筆である。一九三三年（発行は前年末日）・三五年・三七年・三九年のものを確認しうるが、そのなかの、「中世期の僧院のやうな図書館（ノースウエスタン大学図書館をさす——引用者）内の一室に蟄居して、只管ブツクウオームの生活を送つてゐる現在のわたくし」(9)という表現や、次に掲げる一節は、政治の世界からの隠遁を余

儀なくされている彼の孤独感と寂寥感を浮かび上がらせている。(10)

社会評論や政治上の散策に自らの口を封じ、筆を断つてから、もう彼れ是れ六カ年以上にもなる。初めは別にこれといふ理由があつたのではなく、とも角『実社会の活ける流れ』から自己を遮断して以来の私に取つては、いつ迄も社会問題政治問題に就ての指導理論の樹立に浮身をやつしてゐるなどは、ちょうど餅屋が酒屋の道具を持ち帰つているやうなもので、みじめにも滑稽な恰好にならうと考えたからである。で、それ以前の何十年といふものはさうした方面にかゝはる言論文章□（判読不能）□に没頭してゐたものが、急にそれを廃めてしまうとなると、外に何も言ふことがなくなるといふ訳で、自然と徹底的に黙々居士に変身してしまつた次第である。(11)

そうして彼は、その「自分で決めた執筆上の戒律」を破らないためには、「故国の歌人たちが年始のすさびなどによくやる『詠題』の例に倣ひ」、冒頭につけた課題に従って「よしなしごとをそこはかとなく書き綴」るしかないとし、「どうせこんなことで出来上がつたものに熱や味があらう筈はなく、読んでつまらなく、読まない方が気が利いてる《ママ》代物」(12)といいつつ書き進めるのであるが、そこには極力抑制されてはいるものの、『中央公論』の「通信」の場合と同様、彼の批判的精神の痕跡を見てとることができる。

その一つは、きわめて暗喩的かつ婉曲的ではあるが、「満州事変」以後、国際連盟脱退等を経てしだいに高揚し、また政府によって鼓吹されていった「日本精神」や「日本的なるもの」に対する批判であった。大山は、「故国の空」から「便船の着く毎に我々が幾度となく聞かされなければならぬ仕誼となつた」「文化宣伝事業」について、次のように述べる。

折々小耳に挟んだ端々のことを綜合して見ると、何でも日本は過去半世紀余に亘つて一個の後進国として西洋諸国に教を乞うて来たのだが、今や国際連盟を足蹴にして起ち得るまでに成長し、先進諸国中の最近先進国となつた訳だから、この際進んで『光は東方より』のスローガンの下に、数千年の歴史を持つ偉大なる東洋文化――特に東西古今に冠絶する日本固有の高邁深遠なる文化を、今度は逆にヨーロッパやアメリカに向かつて輸出し、宣伝し、鼓吹し、世界万邦をして絶東の君子国――道徳国、芸術国、哲学国――の光を仰がしめようといふ、スバらしい大抱負であるらしい。(13)

彼はそうした「『(前略)たゞ高遠なる無形の精神文化のみに立脚するに限る』といつたやうな、中中味のあることをも述べられる」「さういふ先生たち」が、「二週間の太平洋の航路を了へてアメリカの港に上陸される時分には、日本料理屋をさがし求めて『日本人は日本食に限る』とあつて、スキヤキにでも『無上の憧憬』を示される」と述べる。(14)「スキヤキ」は、「日本精神」論者が歯牙にもかけないところの「物質文明」を意味しており、そうした精神主義と、かつそれがひとたび外に向いたときの使い分けを含んだその虚偽性を突いたものと思われる。

もう一つは、人種差別問題についてであった。彼は、西洋の漫画に登場する「顔」から話をはじめて、「一般的には東洋人全体に特殊的には日本人に対して向けられてゐる白人の世界に於ける人種的、社会的、政治的、法律的等々の差別待遇が、さうした漫画に出て来る日本人の顔を見ると直ちに我々に敏感に連想されるのが、結局我々のあの言ひ様のない悒鬱気分の動機となるのではないかと私は常に考へてゐる」と述べており、それは、彼自身を含む日本人・日系人たちに向けられる他者の視線の差別性に対する実感と重ね合わされていたであろう。そうしてさらに次のように述べる。

さて昨今のやうにヨーロツパやアメリカ大陸の所謂デモクラシー諸国民が、ドイツその他に於けるユダヤ人迫害に対して喧々囂々と掲げてゐる糾弾罵詈の声などを聞いてゐると、私達は矢張り一応はヘンな気持になる勿論人種的に迫害されているユダヤ人たちに対しては我々日本人こそ心の底から同情同感する根拠もあり、権利もあると思ふが、同時に我々は迫害者を糾弾してゐる諸国民の方を向いても亦、『では我々オリエンタルスに対する人種的差別待遇の方はどうする積りか』と訊いて見たくなるのだ。(15)もっともこの問題を語る際に、さらにその「オリエンタルス」の内部でも、日本が朝鮮や中国の人々を差別し迫害している事実は大山の認識から抜け落ちていたと思われるが、彼が、「私の耳の辺りではこの国の大統領の美くしいクリスマスの演説が快く響いてゐるが、同じ瞬間、私の眼の前には、ベッレヘムの血のクリスマスの光景が凄く浮んで来る」(16)と述べるとき、アメリカン・デモクラシーに対してきわめて冷ややかに距離をおいて見ていたことが明らかである。

労農党時代の大山の文章は、教条主義的な時局批判や煽動が大半を占めていたが、一転してこれらは、「一学究」という自由人になったことによって、むしろ、かつて後景に押しやられていた彼の豊かな感性が再度呼び戻されてきたとの感すら与えるものとなっている。しかし、一九三九年を最後に、『日米新報』からも大山の文章は姿を消す。

（1）前掲「米国新大統領独裁権の確立へ」一一一頁。
（2）同右。
（3）同右、一一六頁。
（4）「アメリカのロシア承認の意義――アメリカ政治通信の二」（『中央公論』一九三四年一月）一二七頁。
（5）「米国の現政局を俯瞰して」（『中央公論』一九三四年一〇月）九一頁。

（6）前掲「アメリカのロシア承認の意義」一二四頁。
（7）同右、一二七頁。
（8）同右、一三〇頁。
（9）「浮世絵、スキヤキ、文化宣伝事業」（『日米新報』一九三五年一二月二八日）。
（10）図書館にこもるこうした生活は、帰国まで続いたようで、早稲田大学校友会のメンバーで『シカゴ新報』主筆の藤井寮一は、大山のそうした暮らしぶりを、「日米戦争が始まつても、それから日本が敗戦しても、エバンストンの森で書物を相手にしてゐる」と表現している（藤井〈身辺雑記〉「大山教授を訪ふ」『シカゴ新報』一九四六年九月五日）。
（11）「顔」（同右、一九三九年一月七日）。
（12）同右。
（13）前掲「浮世絵、スキヤキ、文化宣伝事業」。
（14）同右。
（15）「顔」（同右、一九三九年一月一四日）。
（16）同右。

# 第四節　「日本人意識」の浮上

それ以後の大山の行動や思想を知る史料は乏しく、とりわけ一九四一年一二月八日の日米開戦以後、日本の「敵国」アメリカの地にあって、戦争に対してどのような態度をとり、どのような日々を過ごしてきたのかなどを知る手がかりは多くは残されていないが、断片的ではあれ、可能な範囲で以下に述べておきたい。

亡命生活を終えて日本に帰ってのち、大山は当時を回顧してつぎのように語っている。

アメリカに行ってから、犬養首相の暗殺とか、二・二六事件とか、それからいわゆる日華事変とかいうようなものが起こったりして、それに対していろいろな批評をきくものだから、しょっちゅう頭を刺されていた。ことにパールハーバー（真珠湾）のことは、まったくバカな真似をしたものだとあっけにとられてしまって、ことによると日本国民もすっかり絶滅されてしまうのではないかというふうにさえ、わたしは感じていたものです。(1)

やはりそれほどに日米開戦は、大山にとっても衝撃的な事件であった。

戦争状態が深まるにつれて、大山は新たな感情にとらわれていった。彼は次のように述べる。

私たちはまた、従来に於て永い間、「日本人意識」などというような言葉を忌避する傾向にあつた。詳言すれば、私たちはひたむきにそれを軍閥、官僚およびその代弁者どもの専用語として斥け、少なくともそれを私たち自身に適用することを潔しとしないような傾向にあった。ところが、一旦、日本の星が今にも落ちて来ようとする脅威が眼前に迫つて来だすとなると、私たち自身のうちなる日本人意識が急に猛然として抬頭

し、異常の強力さを以てズンズンと昂まつて行くのを如何ともすることが出来なかつた。(2)

「日本人意識」とは、彼自身が言い換えているところの「日本の民族的存立」(3)に対する自覚にほかならない。ここに告白されているように、日本を離れていたことがかえって、社会主義社会の実現といった国家の枠組みを超えた普遍主義的価値よりも、「日本の民族的存立」というナショナリズムへの傾斜をもたらしたものと考えられる。

ここで想起されるのが、コミンテルンの国際主義を批判して「一国社会主義」に転じた佐野学・鍋山貞親ら日本共産党指導者の転向のあり方である。大山の場合には、もはや異国の地にあって革命運動を指導する立場にもなかったし、日本の国家権力による強制を受けることもなく、天皇制国家に対する忠誠の証をたてる必要もなかった。それゆえ当然ながら、大山の思想をとらえる場合に転向という評価軸は存在しない。しかし、こうした「民族」への回帰は、その観点に限ってみる場合、一見それらの転向とさほどの距離はないように見える。

これまでに見たように、思想家としての大山はそもそも、日露戦後の「一等国」意識と結びついたナショナリズムを契機に国民的結合の推進を主張するところから出発したのであり、その手段として政治的権利の拡大を唱え、その後マルクス主義に接近するなかで、インターナショナリズムを志向するようになっていった。しかし、理論的にはインターナショナリズムを受け入れるようになってもなお、大山の思想の底流には常にナショナリズムが伏在していたと考えられる。むろんそれは、一九三〇年代以後の日本を席捲した独善的で閉鎖的な「国体」ナショナリズムとは異質のものであり、日本の「民族的存立」の危機を目前にして、大山のなかで頭を擡げてきた「日本人意識」と称されるナショナリズムも、それと同様であったと考えられる。その「日本人意識」なるものは、その後の、以下に述べるアメリカ側からの種々のはたらきかけに対する態度を決定する要因となるとともに、敗戦直後の日本におけるナショナリズム不在現象のなかで、「国体」に緊縛されていない開かれた性質のものであるがゆえに、「民族的自立」の立場からいち早く占領軍を相対化し、それに批判の目を向けていくことにもつながっていく。

日米戦争が始まると、大山のもとにＦＢＩ（米国連邦捜査局）が訪れるようになる一方、アメリカ政府から戦争中止を呼びかけられる対日放送を行うことの要請や、兵士養成のために大学で日本語講習を行うことを依頼されたりもした。しかし大山は、自己の身の危険にもかかわらず、あくまでそれらを断わった。その理由は、柳子の回想によれば、次の二点にあった。一つは、大山自身も語っていたように、自らが日本の民衆の幸福を願う立場にある以上、民衆との接触なしに外側から意見を述べることは不当であること、そしていま一つは、日本のみならずアメリカ、そして全世界の軍備に反対するがゆえに戦争協力につながることは一切できない、というものであった。(4)

そのような態度は、同じく戦時期をアメリカでくぐり抜けた湯浅八郎と共通するものを持っていた。大山より一〇年あとの一八九〇年に生まれた昆虫学者湯浅は、祖父母代々のクリスチャンの家庭で育ち、同志社普通学校を出たのち一九〇八年一八歳で渡米して、一九二二年までアメリカで過ごす。独仏留学の後、帰国して京都大学農学部教授、同志社大学総長を務めるが、軍国主義的・国家主義的潮流に抵抗してきた湯浅は、一九三七年、「勅語誤読事件」を機に職を辞し、翌三八年、インドのマドラスで開かれた世界宣教大会に出席して、そのままそのマドラス・メッセージを伝えるために再度アメリカに渡ったのであった。(5)湯浅は妻子を日本に残していたが、彼の場合も、「いつまでということではなく、すこしでもお役に立てばというので、もう少し、もう少しといった具合にアメリカに残っていて、とうとう真珠湾攻撃の日になってしまった」のであり、「日本に帰ったら、それこそ自殺でもする以外にないような役割を強制されるにちがいない」という危機感と隣り合わせにいたことも、大山と共通していた。後年湯浅は、「大事なことは戦争のあとにくる平和であり、日米戦争など二度と起こらないような内容の平和をつくりださなければならないと。そこで、平和の準備に少しでも役立ちたいという願いでアメリカに残りました」と語り、日本人意識との関わりから戦争中の態度を問うたインタビューに答えて、「わたしはこれでも日本生まれの日本人なんでしてね。戦争中に敵国のお先棒をかつぐことはすべきではないと思いました。祖国を裏切るようなことはしたくないと思いましたから、アメリカ政府の関係したいろいろな要求はいっさい断りました」[6]と述べている。

このような湯浅や大山の態度は、同じくアメリカにあって、日系人コミュニストたちの多くが採った姿勢とは大きく異なっている。ロスアンジェルスにおいて藤井周而編集のもとで発行されていた左翼系新聞『同胞』や、アメリカ東部に組織された米国共産党系の日本人日系人協会を中心とする日系アメリカ民主委員会、そして石垣綾子らはいずれも、日米戦争を、ファシズムと軍国主義の日本に対する、アメリカによる民主主義擁護のための戦いと位置づけることによって、「民族的」苦悩を乗り越えようとし、日本への非難も厭わなかった。[7]

ここでは大山との比較において、石垣綾子の場合を見てみよう。一九二六年に渡米した石垣は、一九三五年以後ハル・マツイと称して反戦運動や講演・文筆活動に従事し、[8]アジア太平洋戦争中は、一九四二年に発足したOWI（戦時情報局）にも参加していった。[9]石垣は、反戦活動に従事していった自らの気持ちを次のように語っている。

あとにした故国の人々の不安や悲しみは押し流され、軍部の声高な煽動ばかりが伝わってくる。沈黙の底にひそむ押し流された思いを、私はアメリカで訴えたかった。ニューディールのアメリカには、迫りくるファシズムの防波堤となる基盤と、私の胸に突き上げてくる声に呼応し、共鳴の叫びを拡げてゆく、熱い力があった。[10]

このような大山と石垣が採った態度の違いは、主に次の二点によるものと考えられる。

第一は、アメリカ国家・社会に対する評価の差異に起因するものである。先に見たように大山は、アメリカ資本主義の一般的危機を見てとり、同時にアメリカは「ファシズム化の傾向」にあるとの否定的評価を下したのであったが、石垣の方は、ニューディーラーを反ファシズム・民主主義の擁護者として理想化するという、対極的な認識に立っていた。

第二は、日本の民衆との一体感の有無によるものである。すなわち大山の場合には、実際に運動の陣頭に立ってきた経験によって培われたところの確固たるそれがあったが、石垣はそれをもちえなかった。ことに大山は、ほかの運動指導者に比べて〝前衛〟意識が希薄であり、「大衆と共に」あることをモットーとしていたこともまたいっそう、民衆との接触なしに日本へのいかなるはたらきかけもありえないとする態度を堅持させる要因になっていたと考えられる。

吉本隆明は、「日本的転向」は「大衆からの孤立（感）」が最大条件であったと述べるが[11]、大山が抱く民衆との一体感は、吉本がいうような「日本的な封建制の優性」を抱え込んだ大衆とは異なり、あくまで〝闘う民衆〟である。その意味では大山もまた、「理に合わないようにみえる日本の社会の劣悪な条件を、思考の上で離脱」してインターナショナリズムと接合させ、やがてはそうした「日本的現実」に自足していく日本のインテリゲンチャと、当初の段階においては変わらないことになる。[12]しかし、大山は最後までそうした「日本的情況」が「本格的な対象として一度も対決されなかったことに気付く」ことなく、生涯を過ごすことができた。それは、一面では異国の地にあって現実に日本の民衆から離れていたことも一因していようが、もう一つには、大山がむしろ徹底して民衆の日常的感覚から遊離していて、「日本的現実」に回帰しようにもそれをつかみ得ていなかったことにも負うていよう。戦闘的民衆への信頼は、ナショナリズムに回帰しても、「日本的現実」にのめり込んでいくことの歯止めになりえていたと考えられる。

このような理由によって大山は、あくまで戦争に関してアメリカ政府への非協力の姿勢を貫いたのであったが、にもかかわらず、コールグローブらの努力によって身体の安全と生活を守り通すことができた。アメリカ政府の一部から、大山を、日系人の多くがそうであったように、抑留者キャンプに収容すべきであるとの意見が出されたが、ノースウエスタン大学の教授たちが政府に陳情して回避しえた。(13)

また一九四四年に大山は重い胃潰瘍を患い、同年四月六日、手術を受けることとなり、その際に輸血のための血液提供者が必要となったが、やはりこれもコールグローブの骨折りによって、「敵国人」であるにもかかわらずノースウエスタン大学学生が献血に応じて、一命をとりとめることができたのであった。(14)コールグローブが献血の協力を呼びかけたときの書簡が、コールグローブ文書に残されている。そのなかでコールグローブは、大山について次のような評価を与えている。

太平洋戦争が終わればすぐに大山教授は母国に帰り、労農党を再建することを期待されています。この党はあなたがご存じのように、一九三一年に満州侵略に反対したときに日本政府によって地下に追いやられました。日本が戦後の新しい平和政策を創造できるのは、征服された日本の軍事占領によるよりもむしろ、大山教授のような人物の指導者によるのでしょう。(15)

ここでもやはりコールグローブが、戦後日本の平和的指導者として大山に期待を寄せ続けていたことが明らかである。

大山にアメリカ政府側から、在外日本人組織化構想への協力の勧誘がなされたのは、日本の敗戦が間近となったころのことであった。計画の中心人物はジョン・K・エマーソンで、エマーソンは、一九四五年二月に国務長官にその計画の覚書を提出している。エマーソンによればその構想は、日本本土への上陸を前提としたもので、「速やかな日本敗戦、軍国主義者の潰滅、民主的な戦後日本の育成」に献身するために、日本占領に協力する日本人の国際組織をつくるというものであった。中国に滞在していたエマーソンは、同年初めにワシントンに帰るまえに、すでに延安の岡野進こと野坂参三と、重慶の鹿地亘にもはたらきかけを行っており、両者は「この計画に大賛成だった」という。(16)

エマーソンは、「問題は権威ある指導者、その名が日本で知られているような指導者を発見することであった。衆目のみるところ、それは大山郁夫だった」と述べる。(17) しかもエマーソンにとっても、やはりこの組織は、野坂ら共産主義者の協力を仰ぐことはあっても、けっして「共産主義的発想に基づくもの、あるいは共産主義者が操作するようなもの」であってはならず、(18) したがって大山が共産党と絶縁していると見られたことが、とりわけ大山が指導者に適任と見なされた重要な要因だったようである。

エマーソンは、「一九三一年出版の『無産運動総闘志伝』によると、大山は一九二八年新しく労農党を創設したとき、共産党との「一切の関係を絶った」といわれた」と記している。(19) エマーソンによれば大山自身もまた、エマーソンと会見した際に、「一党国家を主張して自由な言論や新聞を許そうとしない共産主義者と異なる立場にいることを力説し」、「コミンテルンが一九二八年の第六回大会で、彼を社会民主主義者で資本主義帝国主義者小間使いだと非難したことをおもいだす」と語ったという。(20) 大山は日本帰国後も、「私は共産主義者ではない。共産党にも超然としています」[21]と語っていることからも、エマーソンの伝えていることが、ほぼ事実であるといってよいだろう。

これらに明らかなように、エマーソンの大山像もまた、すでに見たコールグローブの描いたそれと同一線上にあった。

エマーソンが大山と会い、その申し出を断わる返答をしたのは、四月のことであったという。[22]さらに、実現したか否かは明らかではないが、同年五月二四日に、エマーソンが大山にユニバーシティークラブで再会することを申し入れている旨が、コールグローブの大山宛書簡（一九四五年五月二二日）に記されている。[23]

エマーソンが最初に大山に会う少し前に、石垣綾子もまたエマーソンの依頼を受けて、彼の意向を伝える手紙を大山に宛てて書いた。石垣が仲介したのは、すでに述べたように、彼女が一九二〇年代前半に早稲田大学で大山の講義を聴講していたというつながりがあったからである。

石垣の回想によれば、大山から「二週間ほどで返事が届き、期待を込めて封を切った」が、それは拒否の回答であった。すでに石垣の手元にはその大山の手紙は残されていないが、石垣は自らの記憶によりつつ、[24]自伝のなかで大山の手紙の趣旨を以下のように伝えている。

あなた方の民主グループ組織には双手をあげて賛成する。しかし、アメリカの援助を受けてことを進めても、ひとたびアメリカの援助が変更すれば押しきせの民主政府はひとたまりもなく吹き飛ばされてしまう、日本の民主化は日本人の手で押しすすめなくてはならない。戦後の日本に、勝ち誇る占領軍と共に乗りこむことはきっぱりおことわりする。私はあくまで個人として日本の土を踏み、新しい祖国建設のために尽くすつもりである。[25]

他方エマーソンは、大山の回答について、次のように記している。

中国における反戦的日本人の活動に強い関心を持ってはいるが、声明を出したり、私が説明したような日本人の集団に加盟したりする気はないというのが彼の答えだった。彼は、自分のそうした行動が日本にいる多くの支持者の生命と安全を脅かすことを恐れていた。だが、彼にとってそれよりも重要だったのは、自分の公式の立場をはっきりさせる前に、連合国の政策がもっと明確になるのを待ちたいということだった。(26)

以上から、大山の拒絶理由は次の三点にあったといえよう。

第一に、より直接には、自らのそうした行動が日本にいる大山の支持者の生命・安全を脅かすことになるという危惧にあったが、それは、かつて運動を共にした人々たちが大山に呼応して反戦に立ち上がるとの予想にもとづくものであろうか。その具体的に意味するところは不明である。

第二は、すでに述べたように、「日本人意識」、すなわち日米戦争中に浮上してきた「民族的」自覚が、占領軍と運動を共にすることを押しとどめたのであった。大山は「若し日本が滅亡しなければならないものならば、私自身はそれと運命を共にして歴史の彼方に掻き消されてしまう決心を持ってい」たとも語っている。(27)

第三にそれは、受動的服従的に外圧、すなわち民主化を受け入れるのではなく、日本民衆の主体性に根ざした「下から」かつ「内から」の改革をめざす姿勢にもつながっていた。エマーソンに語ったように、大山はあくまで「日本の民主的伝統に信頼」を置いていたのであり、(28)その一方で、石垣に対してより率直に述べているように、すでにこの時点で、アメリカの日本に対する政策がアメリカの都合しだいでいつでも変わりうることを予測し、それゆえに主体性を欠いたままそれに全面的に依存してしまうことの危険性をも、早くも認識していたのであった。帰国直後四七年一一月ごろ、マッカーサー司令部より大山に、マッカーサーと会う意志があるか否かの問い合わせがあり、田部井健次ら周囲がマッカーサー訪問を勧めたところ、大山は、「マッカーサーはアメリカ軍閥の代表ではないか、いったい何のために、わしがマッカーサーに会う必要があるのか、わしは絶対に会いたくない」といってそれを言下に否定したというエピソードがあるが、それは、アメリカ軍閥勢力に対する不信を如実に物語っている。[29]

エマーソンの提起した「在日日本人に日本軍国主義に対する政治戦を組織することを許可する計画」は、大山にはたらきかけを行っている間にアメリカ政府内で検討され、六月五日、国務・陸軍・海軍三省調整委員会の承認を受けて、アメリカの政策として認められた。[30] しかしそのころにはエマーソンは、大山に断わられたことも一因して、しだいに計画遂行への情熱を喪失していた。その理由としてエマーソンは、適任者が見つからず「熱心な日本人は共産主義者か自由主義左派」であったこと――ここで突如として「自由主義左派」をなぜ忌避することになるのかは疑問である――、七月以後ＯＳＳ（戦略事務局）の手による「謀略」作戦に変わり、当初自分が抱いていた「純粋かつ民衆的性格」を失ってしまったことをあげるが、[31] 変質させられた構想の詳細等については現在のところ不明である。

この構想は、エマーソンの挫折にもかかわらず、日本の敗戦後もなおアメレジア・グループによって抱き続けられた。彼らはエマーソンと同様に、野坂や鹿地に加えて「「危険思想」の故に獄中にある人々」をかつぎ出すことを考えていたが、やはりそれは野坂政権の樹立を意味するものではなく、「軍国主義・侵略主義勢力の追放、財閥の独占的支配の紛糾、政治的・経済的民主主義という最小限の綱領に合意しうる広汎な政治集団の連合」の育成を提唱するもので、ロスの著書『日本のディレンマ』はそのような主張を代表する作品であった。[32]

敗戦からまもない一九四五年九月一九日、文芸編集者という肩書をもつマーガレット・マースボールより大山に、『日本のディレンマ』を八〇〇語程度で批判するよう依頼がなされている。[33] これは、背後にアメレジア・グループによる大山擁立の計画が存在していたことを示すものか、それともニューディーラーの間ではロスの著書が広く読まれていたことから、たんにそれについてコメントを求めたにすぎないのか、明らかでない。

(1) 大山郁夫・大山柳子「祖国にかえりて」(『女性改造』一九四七年一一月)三二頁。
(2) 前掲『日本の進路』一〇五頁。
(3) 同右、五頁。
(4) 大山柳子「わが夫大山郁夫」(『中央公論』一九五六年一月)一五〇頁。
(5) 同志社大学アメリカ研究所編『あるリベラリストの回想——湯浅八郎の日本とアメリカ』(一九七七年、日本YMCA同盟出版部)。
(6) 同右、一二七〜一二八頁。
(7) 詳しくは、油井大三郎〈新しい世界史11〉『未完の占領改革——アメリカ知識人と捨てられた日本民主化構想』(一九八九年、東京大学出版会)一四二〜一四四頁、を参照。
(8) 石垣綾子『我が愛——流れと足跡』(一九八二年、新潮社)一〇七頁、および長尾前掲書、二六頁。
(9) 石垣前掲書、一五九頁。
(10) 同右、一〇七頁。
(11) 吉本隆明「転向論」(『現代批評』第一号、一九五八年一一月、『吉本隆明全著作集』第一三巻、一九六九年、勁草書房)一〇頁。
(12) 同右、一七頁。
(13) 『伝』二六〇頁。なお、大山が日本に帰国してのち明らかにしたところによれば、一九四二年、東条内閣が交換船グリップスホルム号で在米日本人を帰国させた際に、当初計画段階では大山の名前も入っていたという。しかしそれについて大山は、「私は帰国を拒絶しました。殺されに帰えるようなものだと考えたからです」と語っている(前掲「宣言」二七頁)。
(14) 前掲「デモクラシーの血液」に、自ら詳しく語られている。
(15) チャールズ・H・ヘイムサス牧師宛コールグローブ書簡、一九四四年四月五日、「文書」九―四六―二―一九七。
(16) エマーソン『嵐のなかの外交官』(宮地健次郎訳、一九七九年、朝日新聞社)一九〇頁。
(17) 同右、一九二頁。
(18) 同右、一九〇頁。
(19) 同右、一九二頁。
(20) 同右、一九三頁。
(21) 前掲「宣言」三二頁。
(22) エマーソン前掲書、一九三頁。
(23) 「文書」九―四六―二―一五一。
(24) 石垣綾子氏ききとり。
(25) 石垣前掲書、一七〇頁。なお、石垣は、エマーソンの構想には長谷川如是閑もその指導者のひとりとして含まれていたという。
(26) エマーソン前掲書、一九二～一九三頁。
(27) 前掲『日本の進路』一〇八頁。
(28) エマーソン前掲書、一九三頁。
(29) 田部井健次「尊い頑固さ」(『現代随想全集』第一五巻月報「随想」第一七号、一九五五年)、及び『伝』二八七頁。

(30) エマーソン前掲書、一九一頁。

(31) 同右、一九六〜一九七頁。

(32) 長尾前掲書、一〇一〜一〇三頁。

(33) 「文書」一一一一四一四一一四〇。

## 第五節　「民主日本建設」への情熱

一九四五年七月二六日に発表されたポツダム宣言は、大山に大きな感動を与えた。彼は、日本とともに自分も滅びゆく覚悟を決めていたときに、「私のその不安を一刀両断的に一掃したのみならず、私の心に大なる希望を齎したのが、外でもない、あの日本のために降伏条件を示したポツダム宣言であつた」ことを告白する。(1)

遠くアメリカの地で戦局の推移を見守っていた大山にとっては、日本の敗戦は時間の問題でしかなく、したがって敗戦が決定した八月一五日よりも、連合国側が日本のその後の処遇を明らかにしたこのポツダム宣言に接したことの方が、何倍も大きな意味を持つものであった。

ポツダム宣言が、とりわけ彼の心を強く打った点は次の二つにあった。一つは、戦争に関して「日本の支配階級と一般民衆とを厳重に区別」した上で、前者の責任を問うたことであり、もう一つは、日本人を奴隷化することを否定し、日本の民主化を謳ったことである。(2)そうして大山はいう。「ポツダム宣言が私の心の上に最も大なる希望をもたらしたのは、単にそれが滅亡に瀕した日本に一條の活路を開いたというだけでなく、さらに更生日本がその国家的生存を托するのは民主主義の基盤の上に於いてであるべきだとなし《ママ》、それへの進路を明示した点である(3)」と。これに接したことで、日本の民族的存立がともかくも維持しえたことの安堵感を味わい、しかしそれに浸りきるのではなく、そこから直ちに民主日本建設への希望とそのための自らの使命観を奮い立たせていったのである。

日本に帰れる日を待ちわびつつ大山は、運動の構想をあたためていったが、その主眼は、「日本国民を民主主義と国際正義へと方向づける」ことであり、それは「日本が世界の信用を取り戻し、国際連合によつて象徴される文明社会の一員としての地位を確立する」ためという、ナショナルな動機に発していた。[4] しかもそれは、前述したように〝閉じた〟ナショナリズムではなく、それゆえに、日本民衆という枠組からさらに視野を拡大することによって、のちにアジア民衆の主体性発見へとつながっていったと考えられる。エマーソンに対して大山が、「東南アジアの諸国民は自治の発展を許されるのであろうか、日本の帝国主義に代わって英仏蘭米帝国主義が現れるのではないか、それが心配だ」[5]と述べたというのも、その萌芽を示すものであろう。

第二に、彼は、天皇制およびそれを支える日本の大衆の精神構造については、きわめて楽観主義的であった。再びエマーソンの回想によれば、大山は「連合国による天皇の排除には反対だが、日本国民が自分の手で天皇制を改革するだろうと確信していた」[6]という。この点は、次章で述べるように、帰国後の彼の発言のなかにも見られる。

第三に、「少なくとも当分は何づれの政党にも加入する意志はな」く、「嘗て旧労農党の陣営に□(判読不能)つて行動してゐたと同じ精神から、今日の□(判読不能)つた環境の下に於て純粋に不偏不党的あるひは超党派的立場を守つて行動しようとしてゐる」ことを明言したことである。[7] それがまずは、後述の国際問題研究所創立構想となって現れる。

そして第四に、すでに「われわれは今後単に国内の反動勢力と戦わなければならないだけでなく国際的反動勢力とも戦わなければならない」ことを呼びかけていたことであり、[8] これがすでに見たマッカーサー批判に結びついていく。

大山は以上のような考えに立ちつつ、すでに「諸問題の解決のかぎを求めるためになされている大衆の努力を分担する決心」を表明していた。[9]

日本においても、敗戦後まもなく、大山の帰国を促す運動が起こっていた。早稲田大学では一九四五年一〇月二一日に政治経済学部教授会が大山の大学復帰を決議しており、[10]学生の間でも大山の帰国促進の運動が展開された。[11]学外では、杉森孝次郎・山本有三らの日本文化人連盟が帰国促進運動の中心を担った。彼らはすでに一九四五年一〇月六日の同連盟結成準備第二回会合の折に、大山の招聘に努力することで意見の一致を見ており、[12]翌年一月の『会報』第一号には、「大山郁夫氏帰国招請メッセーヂ」が掲げられた。[13]

また、一九四六年八月の『シカゴ新報』にも、大山帰国要請の運動が、「『一党一派に偏せず』早大関係安部磯雄、北沢新次郎、阿部賢一始め社会党、共産党、労働組合、農民組合、自由法曹団、思想家、文芸家、政治家等六十七名」を発起人として起こされた旨が報じられている。[14]

ところがそうした周囲の努力や、大山の強い希望にもかかわらず、帰国は早々には実現しなかった。その理由の一つは、戦時局の許可が降りなかったことである。一九四六年初めごろ、コールグローブが渡日することになり、大山は同伴することを希望したが、戦時局から許されず大山を落胆させたとの記述がコールグローブ文書に見られる。そこでコールグローブは、後述するように自分が日本でGHQやSCAPと関係している間、民生局長ホイットニーとともに、大山の帰国が早期に実現するよう計らったと述べている。[15]

大山の帰国が遅延した理由を知る一つの手がかりとなる資料が、連合国最高司令官総司令部（GHQ／SCAP）の民間諜報局（CIS）が残した記録のなかに存在する。[16]それは、大山の帰国が実現する少し前の一九四七年九月二六日、カリフォルニア州サン・マテオのIKEDA Hoko Royという人物から世田谷区世田谷の安曇穂明にあてた書簡であり、それらの人物や背景等は明らかにしえていないが、在米中における大山の運動との関わりを知る手がかりとしても注目してよいだろう。そこには、「IKEDA Roy によって示された大山郁夫の政治的見解」とのC

ＩＳのコメントが付された上で、書簡の内容が引用されている。まず冒頭に、「平和条約締結まで、結局私の帰還は延期されるだろう。私自身は、急いで帰国するつもりはない。なぜならば、私が戦争中に研究し希望していた方向に、日本が発展しつつあるからだ」という大山自身の言葉が引かれたあとで、次のような、IKEDA Royの手紙文が続く。やや長くなるが、そこに記された全文を引用する。

「大山氏の帰還が今まで延期されていた主な理由は、彼の、アメリカ共産党との関係にある。大山氏は、一九三四年（ママ、一九四四年の誤りか――引用者）の夏まで日本の勝利を信じていたようだ。その結果、彼は極右の態度をとった。日本の敗北が確実となり、それが同年の冬には一般に認識されるようになると、彼は共産主義を受け容れた。彼を思いとどまらせようと私は最善を尽くしたが、今年の春、彼は社会民主党(Social Democratic Party)内に分裂を起こそうとした。このことについての決定的な証拠がある。当時彼の帰国が延期されたのは、この事実が明るみに出たことによるものと、私は思う。」

「私はどうかと言えば、大山氏の状況とはまったく反対に、私は戦争中は極右と対立し、今では極左に反対している。このために私は今は、大山氏とあまり良好な関係ではない。大山氏が、満州事変のときのように極左に利用され、「裏切者」「卑怯者」と中傷されるような大失策を繰り返すことは避けたいと私は願っていた。アメリカへ来てからでさえも日本共産党から悪く言われてきたという苦い経験すら、彼は持った。しかしながら、彼に対する私の厚意は、彼の自尊心を傷つけた。大山氏の日本でのこれからの活動が、最も意義深くなるように、私ができるすべてのことを計画したが、私の計画は、無謀な共産党員たちに妨害されてきた。」

「率直にいえば、大山氏は学者タイプであり、政治家としての資質を欠いている。彼の周りに有能な助言者がいなければ、労農党（今は存在しない労働者農民党時代で、大山が党首であった――原文）の時代と同様に、他の利害を同じくする人々によって利用される危険を冒すだろう。」

「大山氏は、あたかも凱旋将軍のように日本に帰国しようとしているように、私には見える。彼は共産党との関係において重大な誤りを犯しているが、幸いなことに、共産党員たちが彼を陰謀に巻き込もうとしていることを、彼は見抜いた。彼は当分の間、早稲田大学の教授でいることに満足して、総長になる機会を待っていた方がよい。」

「政治団体の行動には、どれも希望がない。彼がかつて教授したことのある人々が、内閣の地位を獲得しようとしている。これらの人々が名声を得るのを見るだけで、彼は満足すべきである。このことを通じて、政治活動の機会が彼にめぐってくるかも知れない。彼は、少なくともしばらくの間は、慎重であるべきだ。」

この書簡は、実際に著者のイケダ自身が大山と良好な関係にないと述べているように、そもそも大山に対して好意的な評価に立ってはいないし、また、イケダ自ら「極左」（"the extreme leftists"）には批判的立場に立っていると表明しており、それらをも考慮に入れた上で読む必要があろう。それにしても、大山が日系人、あるいは在米日本人などのコミュニストを通じて、アメリカの共産党と何らかの接触をもった可能性があることをうかがわせるものであるにはちがいない[17]。社会民主党との関係についても、彼がその分裂を策動したと見るのは極端すぎると思われるが、共産党との関わりから左派を支援した可能性は皆無とはいえまい。

大山の帰国が遅延したもう一つの原因は、大山がたびたび病気に罹ったことも一因して[18]、『憲法精義』の英訳がまだ完成していなかったことにあったと考えられ、大山自身も敗戦後まもなく、日本の新聞に寄せたメッセージのなかで、自分はまだアメリカでその仕事をせねばならないことを記しているし[19]、コールグローブもまた、日本から大山に宛てた手紙（一九四六年六月一八日）に、「あなたが日本に戻る前に、『憲法精義』の翻訳をできるだけ完成しておきたい」と述べていた。[20]

たしかにそれが一因となっていたにはちがいないが、それだけでは、日本の敗戦から二年以上も経過したことの説明としてはやや説得力を欠いており、その点でも、先にあげた書簡に示されている理由は注目に値しよう。[21]

このように、大山とコミュニストの関係が問題視されていたからこそ、のちに見るように大山の帰国は、向山照男という人物を伴うことによって初めて許されたと考えられる。

また、イケダの書簡は大山の日本共産党との関係にも言及しているが、実際に、大山の帰国直後に、日本共産党内部で、大山との関係をいかに保つべきかを話題にした共産党関係者の書簡が、同じくＣＩＳの資料のなかに残されており、そのことは、すでに帰国以前にも、在米のコミュニストたちを通じてではあれ、太山に何らかの接触もありえたであろうことをうかがわせる。

たとえば、一九四七年一一月三日に、細迫兼光が山口県から大山に出した書簡では、次のように記されていたという。

「私は、あなたが亡命しようとしていたときに、何の手助けもしなかったことを許してほしい。」

「ヤマダカ（ ）、オオイズミ（ ）、ナカタ（ ）、そして私とで、議論をしたところ、我々は、事態がもう少し落ち着くまであなたの政治への参加を延ばした方がよいだろうということになった。私自身としては追放されているので、政治には参加できない。しかしながら、これは、私が完全に政治から隔離されていることを意味するものではない。なぜならば、私は確実に共産党の支持者であるからだ。」（（ ）は原文——引用者）

「最後に笑う者は共産主義者であり、人類愛のために勤勉に働くのは、彼らである。あなたは、同様のやり方で人類愛に奉仕するか、政治史を講義する名誉教授になるか、さもなくばさまざまな新聞や雑誌に記事を寄せるのが、もっとも良い方法だと私は思う。」

後年の田部井健次の証言によれば、大山は、かつて新労農党を批判する立場に転じた細迫のことを心から信頼してはいなかったといい[22]、大山がはたしてこのような細迫の提言をどの程度受け止めたかは疑問があるが、こうした細迫を通じて得た日本共産党の大山に対する姿勢についての情報も、大山がのちに運動との関わり方についての態度決定をしていく際の参考になっている可能性は否定できない。

また、やはりCISが掌握した、人民新聞社のオマタと日本共産党本部との電話でのやりとりでは、オマタの質問に答えて共産党本部は、一〇月三一日に大山と円卓会議を行う準備をしたといい、それを行ってから明確な回答をするという留保をつけながらではあるが、「我々は、大山が政党に加わらずに学者として行動しつづけることを見たいと思っており、大山もまた同じ考えであると思う」と述べている。さらには、社会党が大山の援助を求めていることを耳にしたというオマタの発言に対して、共産党本部は、「社会党は労働者のための政策や思想とは敵対しており、そのことは大山の評判に大いに影響を与えるだろう。それゆえそうした行動を防ぐことが我々に必要なことだと思う」と答えていた[23]。後述するように、この点について大山は、必ずしも直ちに共産党本部の意向どおりには動かなかったが、共産党の側でも、大山といかに関係を保つかは重要な問題であり、いち早く接触が準備されていたことがわかる。

ところで、コールグローブは憲法問題についてのマッカーサー司令部の顧問として、一九四六年春、大山を伴うことなくひとり日本に渡り[24]、同年七月一八日まで滞在した[25]。そこではトーマス・A・ビッソンとともに民政局の補佐官的役割を担ったといわれている。ビッソンはコールグローブについて、「三週間にわたって、フランク＝

マッコイをふくむ極東委員会の友人たちの活動を視察したうえで、［総司令部に］穏健な保守的見解をもちこんでいる人物だ」と述べている。(26)前述のマーカーシズム下での行動に加えて、このビッソンの評価からも、コールグローブは、アメリカ知識人のなかでも保守派に属していたと見られよう。大山もまたそのような意味において、コールグローブのことをあまり高く評価していなかったとの田部井健次の証言もある。(27)

コールグローブは、ビッソンとサイラス・H・ピークとともに、「憲法草案の日本文と英文の相違」（民政局長宛覚書き――一九四六年七月一一日）を記している。それは一九四六年四月二二日付の修正日本国憲法の公式英訳文と、議会に提出された日本文との比較検討を行ったもので、前者では人民主権をうたったにもかかわらず、後者では「主権が国家もしくは国民国家の基礎としての国民に存しないばかりか、主権が国民と天皇と政府とをふくむ国家に存するように変質させられている」点を中心に指摘している。そのなかで特に、「［日本側］官僚たち」が「天皇の主権的大権」を残したのは、美濃部理論にもとづくものであったことを述べている箇所などは、まさにコールグローブの研究成果の反映であったといえよう。(28)

またこの間にコールグローブは、日本の各界の主立った人々に日本の現状や将来の展望についての質問を行い、回答を得ており、それが大山のもとに保存されていた。(29)そのうち山川菊栄には「現下の児童問題について」を、Isizuki・瓜生清両新聞人には新聞の概況や将来について述べさせているほかは、おおむね、①いかにすれば政党の議会勢力が強化されるか、②社会党および諸政党は何をすべきか、③社会党と共産党は共同行動をとりうるか、またその価値如何、④日本における共産党の将来、といった質問を提示したものであった。

そしてそれらといっしょに保存されていた大山の記した文書は、英文で書かれており、タイプと手書きからなるが、断片であり失われた部分も多く、これらの質問状との関係も明確でない。読み取れる範囲では、タイプ印刷のものは、協同的農業のもたらすメリット、および小作地の国有化が最重要であることについて述べられており、手書きの方は、日本の新憲法は主権在民・戦争放棄を謳っているものの、国民を搾取し抑圧するであろう資本主義には手がつけられていないことを指摘し、将来の平和世界を展望しつつ、インドの独立に対する希望について論じたものである。

ところでコールグローブの日本滞在は、大山に長い間音信の途絶えていた息子聰の消息をもたらすこととなった。(30) 大山はそれにたいして、感謝と喜びの返信を送っている。(31)

またコールグローブは、大山の帰国を待ち望む早稲田大学学生の代表や、鈴木茂三郎・加藤勘十・森戸辰男・鵜飼信成らにも会い、帰国後の大山の行動に対する期待には、次の三つの潮流があることが判ったことを伝えている。一つは、早稲田大学総長に就任する一方、党派には超越し、党派の政策と政略を調停する役割を担うだろうとするもの、二つめは、政治の渦中にはいり、社会民主主義政党内の中道と左翼の支持のもとに党首となるとするもので、この場合にはすぐに首相にも就任すると述べる。三つめは、社会民主主義政党の左翼を指揮するべきであるというもので、コールグローブは、これに最も多くの人が賛成しているという。(32)

そのような情報のなかにあって、コールグローブにとってなかんずく心配の種は、大山の日本共産党との関係であった。コールグローブは、次のように述べる。

彼は私と話をしたときに、社会民主主義政党と日本共産党の共同戦線に賛成したので、私はこの二、三週間ずっと頭を悩ましているのです。大山教授が日本に戻れば、彼は早稲田大学の教授となり、社会民主主義政党に大きな影響を与えるでしょう。政治思想において非常に分別があり、穏健な人物である向山氏が大山教授につきそって、短期間日本に戻ってくれれば良いと私は願っています。彼は大山教授にかなりの影響を及ぼし、どこかナイーブな大学教授を日本共産党との好ましくない同盟から遠ざけてくれると思います。（中略）向山氏は、合衆国における日本人社会の目立ったリーダーであり、共産主義に敵対し、マッカーサー長官を支持しています。もし彼が日本を一時訪問することができれば、共産主義に対抗し、日本におけるアメリカの政策をサポートする上に大いに役立つでしょう。同時に、彼は日本における問題を研究する現実の機会を得る以前に、帰国当初、大山教授を不幸な政治家にすることを防ぐことになるでしょう。(33)

大山の日本共産党との結びつきに不安をいだいたコールグローブは、その監視役として、日本難民救済委員会委員長である向山照男なる人物を、(34)大山の帰国の際に同伴させることにした。向山は、ニューヨークに支店をもつ日本企業がシカゴで商売するときの拠点となっていた日本倶楽部のマネージャーを務めており、(35)彼の書いた文章「将来の日米関係考」が寄贈資料に含まれている。(36)向山は大山の「秘書」として、(37)三ヶ月間の予定で日本まで同行した。(38)

また一九四七年になると、大山は講演活動も再開した。同年一月二七日にノースウェスタン大学理工科講堂で開催された印度独立記念講演会に日本代表として出席したのがそれで、彼はあくまで「個人の立場から激励」をしたという。(39)

長年大山が暮らしたシカゴでの送別講演会が、七月二六日、シカゴ在住の日系人たちによってマソニック会館で行われ、そこで彼は三時間近くにわたって、「帰国に際し新日本民主主義を語る」という題で講演したという。彼の講演内容は、「新憲法が持つ民主主義的性格に就いて詳細な説明をなし、それと共に大西洋条約やポツダム宣言の主旨を述べて、これ等が日本を民主化せしめるための道具として国内的にも国際的にも存在するから、要はその運用の如何にあることを主張し「歴史を作る努力」としての一般人民に対する信頼と希望を述べ」たものであったと報じられている。当日はハワイを講演中であった向山も駆けつけて、「在米同胞の立場から」と題して「日本の民主化に対して在米同胞の持つ特別な任務と立場について所感を述べた」ほか、翌日の送別晩餐会にも、向山や山内努の送別の辞をはじめ、コールグローブからも所感が述べられたという。(40)

(1) 前掲『日本の進路』六頁。
(2) 同右、六〜一〇、一〇八〜一一九頁、及び「創造と道徳力――民族的存立を救ったポツダム宣言」(『読売新聞』一九四七年一一月二六日)に詳しく述べられている。
(3) 前掲『日本の進路』一一二頁。
(4) 「祖国の知識人に与ふ」(『毎日新聞』一九四六年一月七日)。ポツダム宣言ができあがるまでのスチムソン、グルーらの保守派と、アチソン、マクリーシュらのニューディール派との対抗を経て、後者の意向が貫徹されていく過程については、新藤栄一『戦後の現像――ヒロシマからオキナワへ』(一九九九年、岩波書店)一九七〜二〇七頁、に詳しい。
(5) エマーソン前掲書、一九三頁。
(6) 同右。
(7) 「告別のことば――アメリカを去るに臨んで」(『羅府新報』一九四七年六月二一日)。
(8) 「故国を雲際に望んで」(『毎日新聞』一九四七年一〇月二五日)。
(9) 前掲「故国を雲際に望んで」。
(10) 『伝』二六六頁。
(11) 詳しくは前掲「年譜」三六〇頁を参照。
(12) 『毎日新聞』一九四五年一〇月七日。

(13)　「文書」一―一四―四―一三八。
(14)　『シカゴ新報』一九四六年八月二九日。
(15)　ペイソン・Ｓ・ワイルド宛コールグローブ書簡、一九五二年一月二九日、「文書」一―一四―四―一一四。
(16)　GHQ/SCAP Records, Box No. 8703., Sheet No. cis-02333, 国立国会図書館蔵。民間諜報局資料のなかに大山に関するものがあることは、赤澤史朗氏のご教示によって知った。以下、GHQ/SCAP、と略記。なお、邦訳はすべて引用者による。
(17)　推測の域を出ないが、前出の山内努はアメリカに来た直後の大山と思想的にも近く、懇意にしていたといわれていることから、その少なくとも一人は山内であったのではないかと考えられる。
(18)　大山は一九四五年にも胆嚢炎等に罹って、しばらく入院生活をおくった。
(19)　「祖国に寄す」（『毎日新聞』一九四五年一〇月六日）。また、一九四六年三月七日には、渡日したコールグローブに対するはからいを頼む手紙を、市川房枝・平塚らいてう宛に送っており、そこで自分の近況について、「私は家内と共に早い機会に帰国が出来るやう今その準備のための「残務整理」に没頭してゐます」と述べている。なおコールグローブについては、「同氏が、再建途上の日本の活きた諸問題の把握のため、また一般に婦人問題の特に当面の婦人の政治的活動に関する諸問題に対する知識の獲得のために貴姉たちの援助に俟たれなければならない点が多々あることと存じます。それで、よろしく御配慮下さるやう私から特に信頼を以てお願いいたします」とある（「市川房枝・平塚雷鳥への大山郁夫氏よりの来信」市川房枝編『日本婦人問題資料集成』第二巻〈政治〉一九七七年、ドメス出版、七七七～七七八頁）。
(20)　「文書」九―四六―一二―一〇九。
(21)　同じくＣＩＳ資料の検査官の覚書に、佐野学や鍋山貞親と同様、戦前「大山郁夫もまた日本共産党のメンバーであった」と記載されており、そうした認識が、いっそう大山の共産主義者との関わりに危機感を抱かせたであろう（GHQ/SCAP、一九四七年二月二三日、宮城県・タカハシリケイより東京都ヒロセヒロシ宛書簡）。

(22)　田部井健次氏ききとり。
(23)　GHQ/SCAP、一九四七年一〇月二四日、人民新聞社オマタより日本共産党本部への電話。
(24)　前掲、ペイソン・S・ワイルド宛コールグローブ書簡。
(25)　「文書」二頁、及びコールグローブ「在米大山郁夫教授の生活に就いて」三八三頁。この間一九四六年七月一六日、佐々木惣一が、大山の紹介を得て貴族院を訪ねたコールグローブと会い、憲法改正問題をめぐって意見交換を行ったことが、佐々木によって、大山宛の書簡という形式で記されている（佐々木「遙かに大山郁夫君へ」同『道草記』一九五七年、甲鳥書林新社版）。なお、コールグローブの日本国憲法制定への関与については、古関彰一『新憲法の誕生』（一九八九年、中央公論社）一七三〜一七七頁を参照。
(26)　ビッソン『日本占領回想記』中村政則・三浦陽一共訳（一九八三年、三省堂）七二〜七三頁。
(27)　田部井健次氏ききとり。
(28)　ビッソン前掲書、二六三〜二七〇頁。
(29)　『目録』Ⅳ（オ）1〜12、それらのうちの多くには、「Meeting at Oriental Economist, July 7, 1946」とのメモ書きがなされている。
(30)　前掲、一九四六年六月一八日大山宛コールグローブ書簡。
(31)　一九四六年七月一日、「文書」九—四六—二—一〇六。また、日本からの帰国招請状を受け取った際に、聰の消息も判ったようで、大山は、「『凡そ教へることなんか大嫌ひな聰が何か先生をしてゐるそうです。暮しにくいのですネ』と述懐」した伝えられている（「最近の大山氏」『シカゴ新報』一九四六年八月二九日）。
(32)　「文書」九—四六—二—一〇九。
(33)　「文書」一—一四—四—七二〜七三。他方、のちに次のようなコールグローブの記述もある。すなわちアメリカを去る前に「大山教授は、社会民主主義政党に参加し、そしてこの党の左翼にいる間はいわゆる「連合戦線」、あるいは社会民主主義政党と日本共産党の同盟のためにはたらくことはしない、と私に約束しました。まことに「共同戦線」は正当でない、と彼は私にはっきりとのべました」と（「文書」一―一四―四―一一五）。背景の事情など不明であるが、大山自身も実際に日本の左翼政党の実態を見ていたわけではなく、いささか揺れていたことを示すものといえようか。

(34)　大山の文章「知友諸君への告別の言葉――アメリカを去る臨んで」が、『羅府新報』（一九四七年六月二〇日）に掲載されたが、その記事のなかに大山の隣に立つ向山照男の写真が、「同伴する日本難民救済委員長向山照男氏」とのキャプション入りで収められている。

(35)　伊藤前掲書、一九四頁。

(36)　『目録』Ⅳ（ス）86。

(37)　『シカゴ新報』一九四七年七月三一日。

(38)　同右、一九四七年一〇月二二日。

(39)　同右、一九四七年二月六日。

(40)　同右、一九四七年七月三一日。

# 第六章　「国際政治道徳観念」の希求

## 第一節　「国民の創造力」と「道徳力」への信頼

一九四七年一〇月二三日夜一〇時、大山と柳子を乗せたマリン・スワロー号が予定より半日ほど早く横浜港に到着した。[1]『読売新聞』は、そのときの模様を次のように報じている。

　警察テロと軍閥の圧迫をさけて太平洋を渡ったあの日の佗しさとはこと変り、希望に燃える国民大衆の歓呼に迎えられたそれは□《（判読不能）》やかにも輝かしい汽船であった　廿四日朝入港予定が急に繰上つたあわたゞしさと、こんな時刻にもかゝわらず社会党有志、神奈川県民主団体協議会、門下生、早大関係、文化団体関係者など横浜港に歓迎の□□《（判読不能）》を集めた者は五百以上にのぼつた[2]

　こうして大山は、帰国を待ち望んでいた多くの大衆に迎えられて、一六年ぶりに故国の土を踏んだ。夫妻はまた、すでに三二歳になっていた息子聰との再会をも果たすことができた。

　このとき彼は、読売新聞社の要請に応えて、在東京ＩＮＳ通信を通じて「日本国民に寄す」[3]というメッセージを船上から送っている。それは、「日本の運命打開に内外の反動勢力と闘おう」との見だしのもとに、次のように記されている。

親愛なる日本国民各位！私はいまふたたび祖国にある、私の亡命生活には終止符がうたれた、今や私は日本の運命を国内的に国際的に打開し形成するために国民諸君と固く腕を組むことができるのである、われわれは全世界に再起する反動勢力に対し、従来以上の果敢な戦いを行わねばならぬ、われわれは全世界の進歩的分子が国境をこえて密接な協力を行うためにいまこそ新たなるたんたんたる大道が開かれていることを確信するものである、国民各位、明日は、私は諸君とともにある　新生日本万歳[4]

こうしてふたたび民衆とともに闘う決意表明を行う大山にあって、滅亡の危機に瀕した日本の再生のよりどころとされたのは、前章で見たように「再生日本のためのマグナ・カータ（大憲章）」[5]とまでいうポツダム宣言であった。さらに、大西洋憲章、国際連合憲章、日本国憲法にも大きな期待を賭けており、そのことは帰国からまもない一九四八年三月に出版された日本国民への大山のメッセージともいうべき著書『日本の進路』[6]などのなかに存分に語られている。それによれば、ことにポツダム宣言は「人類連帯性の意識」を体現した「国際政治道徳観念」の徴憑であり、かたや「国際民主主義の制度化」の象徴が国際連合憲章なのであった。[7]そして日本国憲法は、第一次世界大戦前後から「満州」事変開始までの間に展開された政治的自由獲得闘争や帝国主義戦争反対闘争が掲げてきた要求を、ほぼ盛り込んだものと評価された。[8]

帰国の翌二四日は、大山の滞在する横浜市長公舎に朝から、神奈川県民主団体協議会や当時参議院副議長を務めていた松本治一郎と加藤勘十の来訪があり、柳子と共に市役所前広場で挨拶を述べたあと、ようやく九時前に車で東京高田馬場の自宅に向けての帰路に着いた。ここでも高田馬場から自宅付近にかけて四〇〇〇名近い早稲田大学学生が出迎えており、彼はその歓迎に応えて演説を行った。さらに同日、日本共産党中央委員の野坂参三

と志賀義男の自宅訪問もあった。(9)

その後も自宅には来訪者が相次ぎ、一〇月二八日には、早稲田大学主催による帰国歓迎大会が同大学大隈講堂において催され、彼は約三五〇〇人の学生を前に「学問の自由」について五〇分にわたる演説を行っている。(10) さらに一一月一五日には、東京の日比谷公会堂に約一万の聴衆を集めて帰国歓迎国民大会が開かれたのをはじめ、(11) 翌月には、大阪でも同様の大会が催されるなど、大山は多忙な日々を送った。(12) また、この間に早稲田大学より教授復帰の要請があり、大山はそれを快諾し、翌四八年四月一日より、同大学政治経済学部教授を、五一年三月に七〇歳で辞任するまで務めることとなった。(13)

彼は敗戦からまもない一〇月六日の『毎日新聞』に「祖国に寄す　全面〝民主日本〟へ――やがて再建に微力尽さん――」というメッセージを送ったのをはじめ、その後帰国までしばしばアメリカから、そして先に見たように帰国直前の船中から、日本社会の変革を鼓舞するとともに、帰国後は自らもそれに参与する決意を明らかにした短文を日本国民に寄せており、それらに見られる当該時期の大山の思想の特徴をまとめると、次の二点を指摘しうる。

まず第一に、そこに貫かれているのは、「世界の大勢」という開かれたナショナリズムに支えられた「国際日本の建設」の使命観であり、それは、前章で見たようにアメリカにあって日本の「民族的存立」を心から憂いていた大山にとって、当然にして最重要でかつ緊急の課題であった。彼によれば「新しい世界精神」とは「平和世界の統一者としての役割を演ずるもの」でなければならず、それに連なるには「日本が世界の信用を取り戻し、国際連合によって象徴される文明国家社会の一員としての地位を再び確立すること」が急務とされた。(14) そのような使命観ゆえに彼は、日本内部の徹底的変革よりも国際社会という全体秩序のなかでの日本の役割を優先したのである。

また、自らに即しても、彼は、敗戦の年の四月と五月に行われたエマーソンのインタビューに答えて、「米国で快適・安楽な生活を送っていることを恥ずかしくおもう」「この国で享受してきた平穏無事に深く感謝してはいるが、自分には今なお日本のために捧げるべき余生がある」と述べたと言われており[15]、「敵国」にあって戦争の災禍や弾圧から免れていることの日本国民に対する負い目が、そのようなナショナリズムとなって表出し、日本再建への使命観につながっていったと考えられる。

第二に、政治における倫理的契機を重視する姿勢である。大山は、東西二大陣営の対立がしだいに顕在化してくる状況を前にしても、「民主主義的な一つの世界に平和的に発展する可能性は十分に存在する」[16]との楽観的観測を示したが、それは、戦争放棄を宣言した日本が武力に代えて「国民の創造力」と「道徳力」に拠って立つことに信頼を寄せていたからであった[17]。彼は、古くはマキァヴェリからレーニンに至るまで「国家の観念から権力の要素を抜きにしたものはない」なかで、憲法九条の理想に依拠することの自負をも表明しているように[18]、政治は倫理によって行われるべきであり、それが可能であるとする理想主義を貫いたのである。

同時に彼は、「国家もまた一つの武力だとする、国家に対する思想も、一般には、政治学を通じてまだ働いている。日本の新憲法は、戦争の放棄を宣言することによって日本を一つの新しいタイプの国家にしている。過去の政治学の影響から完全に脱却して新しい政治学をうち立てなければならぬところに、今、日本は来ている」[19]と述べて、早くも政治学自体の見直しにも言及している。それは、むしろ大山の本来の立場への回帰にほかなかない。戦前、無産階級の立場に立ち権力と真っ向から対峙する必要から、群闘争説やマルクス主義を受容していくこととなったが、それは本来大山が理想とする倫理主義の立場とは隔たりがあった。それゆえその乖離を埋めるべく、マルクス主義者を自認するようになったときでさえ、「無産階級倫理」が提唱されたのである。
しかし、このポツダム宣言や日本国憲法の理想主義も、国際社会のなかのパワー・ポリティックスの一つの所産にほかならず、それはのちに冷戦の進行と占領政策の転換のなかで明らかとなるが、前章でも見たように、大山はそれらを拠り所に、「日本国民が民主主義と国際正義の大道に正しく導かれる」ことを切望していたのであり、[20]「国際正義」なるものが権力政治の世界と隔絶されたところで存在するとの確信に支えられていた。
このような大山に見られる制度的楽観主義[21]は、彼が戦前から堅持しつづけてきた民衆の理性への信頼とも表裏をなしていた。大山は、記者のインタビューに答えて、国際連合規約や日本国憲法のなかに盛り込まれた基本的人権に関して、「その意識というものは本来人間にくっついているもので、それが日本ではながく妨げられていたというだけです」[22]と語っており、したがって大山にあっては、軍部をはじめとする帝国主義機構が崩壊したことにより、日本の民主化・世界平和への日本の国際的貢献が直ちに「現実問題」として展望されることとなる。[23]
そのことは、日本の民主革命のあり方を展望するために日本の民主主義的伝統について行われた座談会においても、それに懐疑的な立場をとる長谷川如是閑と好対照をなした。すなわち、一九二〇年代の無産階級運動の高揚を念頭において日本における民主主義的伝統の強固さを強調し、にもかかわらず、「全然手も足も出なくなるような、それほどあの時の軍部の弾圧はひどかつた」と述べる大山に対して、如是閑は、「私はそれ以上に、さつきいつたように、日本人の政治に対する執着力というものが、伝統的に欠けているという性格が災いしているんじやないか」との疑義を呈し、「だから、ソヴェトとあの帝政ロシアの国民を改造したように、私は、日本人は改造される必要がある、これをその必要なしとうぬぼれておつたらだめですよ」とむしろ危機感を煽って、日本人の意識のあり方の根本的改造を促すのであった。[24]

むろん大山の場合には、自ら称する一六年間の「私に取つて決してプラスにならなかった」「ブランク」[25]があったことをも考慮に入れる必要があり、そうした「ブランク」ゆえにかえって期待が高まり、民衆をことさら過大評価する傾向にあったのではないかと考えられる。それがかねてからの大山の楽観的な民衆観にますます拍車を賭け、如是閑が指摘するようなそうした容易には変わりえない民衆意識の側面を問題にする姿勢を欠く結果につながったといえよう。帰国直後の四八年一月七日に「武力を超ゆる力」と題して行ったラジオ放送[26]の原稿でも、日本を離れることとなった一六年前を振り返り、「諺にいう「無理が通れば道理引つ込む」という係争にソツクリあてはまる専制的支配」のなかで、「よくもあのように猛烈に、政治的自由獲得闘争とか、帝国主義戦争反対闘争とか、大衆の生活圏の擁護確立闘争とかが、第一次世界大戦の終つた一九二〇年前後から満州事変勃発の一九三一年の終り頃までの期間に於いて、日本の戦闘的大衆によつて執拗に戦い抜かれたものだと一応は驚かれる」と述べた上で、さらに次のようにもいう。

また私自身の依つて以て立つていた労働農民党または労農党だけの力によつたものではない。それは詮じ詰めれば実に全国幾百万あるいは幾千万の大衆の黙々たる擁護支持の下に於いて始めて行われることが出来たものである。それ故、もし万一「日本の大衆は過去に於いて終始一貫軍国主義者たちの指導に盲従して来た」というものがあるならば、我々は断じて然らずと主張することを躊躇しないものである。[27]

また大山は、「日本の大衆があれだけの闘争をする能力があるものであるということを知らせることがひじょうに必要ですし、そのために日本人は、自分たちの権利、あるいは幸福を蹂躙されてきたということばかり考えさせているということはひじょうにいけない[28]」との発言を行っており、盲従してきただけではない、民衆の抵抗の足跡を示すことで、今後の運動につなげようとしたのであろう。

しかしながら反面、このような、共に闘ってきた民衆に対する揺らぐことのない信頼は、それを抑圧する機能を果たした国家機構にのみ批判の矛先を向けることとなり、戦争を阻止しえなかったことへの反省を生み出す余地を与えなかった。その点で、丸山眞男がいうところの「何か過去の根本的な反省に立った新しい出直しが必要なのではないか、という共通の感情」の上に形成された「悔根共同体」[29]を構成する知識人たちとはまったく異なる地平に立っていた。

また、大山が日本再生の拠り所としたポツダム宣言が、「無分別なる打算により日本帝国を滅亡の淵に陥れた我がままなる軍国主義的指導者」（第四項）を非難の対象としていたことも、そうした大山の認識をより強固なものとした。大山はその点を、「かくの如く日本の支配階級と一般民衆とを区別した見方の正しさは、争うべからざることである」と高く評価している。[30] 当時GHQは、そうしたポツダム宣言の方針にもとづいて、「一億総懺悔」論を否定し、指導者の責任のみを追及する政策をとったため、民衆のなかには、戦争責任は戦争指導者、すなわち軍閥およびその同調者にあるのであり、自分たち国民はだまされていたという被害者意識が広く浸透していったが、[31] 大山のそうした見解は、一面でそのような民衆の意識と照応するものであった。

そうしてそのような楽観的態度は、日本民衆の意識の底まで深く食い入っていた天皇制に対しても同様であった。彼は、「天皇の蔭に隠れて天皇を利用することがなくなつたから、天皇の問題をこれ以上考えることはないでしょう。しかし真の民主主義を実現するという点から封建主義の痕跡をなくそうという意味で、大衆の考えが変わつて来れば、自分は少しもそれに対して反対する理由はありません。日本の天皇をして反動的役割を演ぜしめたものが、すっかり取られた今日、我々の考えている天皇制の意義はなくなり、そういう意味で皇位はあるが、天皇制はなくなつたといえるのです。国民は天皇に親愛の度を増したといえましょう」と、天皇制が象徴として温存されたことに対して、肯定的とも受け取れる発言すら行っている。[32] むろんこの点についても、民衆観と同様、一六年間の空白ゆえに、戦中戦後の天皇制をめぐる状況についての理解を欠いていたことを考え合わせなければならない。[33] とくに、一九三二年に日本を離れた大山は、「日本主義」が台頭し、猛威を振るう「国体」の前におおかたの国民が沈黙を余儀なくされていった状況に居合わせておらず、自らも「国体」の名による暴力と直接に対峙する経験をもたなかったために、ファシズムを根底から支えた民衆が視野に入らず、そうしたオプティミズムを支える一要因を形成していたのだといえよう。[34]

しかし反面、そのような楽観主義ゆえに常に前向きでありえ、民衆の共同性に立脚しつつ「不偏不党」の立場からの共同戦線を提起し、イデオロギー対立の渦巻く戦後初期における政治状況のなかで、運動に一定の役割を果たしえたともいいうる。大山は、「現下の日本の政界から見れば、不偏不党の地位から――言い換えれば、眼前刻々に変動する党利党略というものに累わされない地位からものを見るというような人々が、若干あつて少しも差支はない。否、政権亡者がそこいらにウヨウヨと動いている現状の下においては、そういう人々が幾人かでもあるということは、単に一服の清涼剤であるばかりでなく、絶対に必要なことでさえある」[35]と述べ、なかでも「殊に僕のように、組織をまた《ママ》ないで大衆に接するという地位に置かれてる《ママ》ものとしては、一番適切な運動ではないか」との理由により、少なくとも当面自らが身を投ずる対象として平和運動を選びとっていった。将来の「反動」との闘いに備えて敵を少なくする必要があり、「一緒に力を協せるという形式の運動」としても適切と考えられたのである。[36] それは、しばしば〝下〟からの試みがなされたにもかかわらず、中央における社会・共産両党の民主人民戦線の実現がならない状況のもとで、[37]「不偏不党」を貫き通すための残された選択であったといえよう。

大山が平和運動に着目したもう一つの理由は、平和と民主主義が一体のものとして考えられていたことにあろう。大山にとっての主要な敵は、軍部であった。彼は、「御存知のように、私は第一次世界大戦後から、満州事変までの長い間、軍閥と戦つて来ました。私の生涯は軍閥と戦うことでした[38]」と言い切っており、彼が戦前の経験を振り返りつつ戦後の将来に向けての運動のありようを語るとき、必ずといってよいほど冒頭に言及されるのが、早稲田大学における軍事教育反対闘争のことであり、つづいて「われわれはかつて軍閥と戦つて、軍閥が日本を戦争にのり入れようとしていることに反対した」ことが強調される[39]。すなわち、労農党時代の運動は、「政治的自由獲得闘争」と並んで「帝国主義戦争反対闘争」として意義づけられており、したがってその結果、将来に向けて、民主主義の実現が平和と不可分に構想されていたのである。大山はこのようにいう。

我々は、民主主義日本の建設といふようなことは国際平和の普遍的実現の下に於いてのみ可能だといふことを知つて居るが故に、今後は強力なる平和運動の展開といふことを我々の活動の一項目として加へようとしてゐる[40]。

ここで大山が労農党の運動を引き合いに出しながら述べる「民主主義」は、社会主義を展望したものであり、このことはのちに見るように、大山の主観的意図とは別に、立場の違いを超えて「一緒に力を協せるという形式の運動」を組織する際に桎梏とならざるをえなかった。

大山は、すでに帰国を決意した時点から、「不偏不党」の立場を堅持することを宣言していた。彼は、「昨今多数の知友諸君から頻りに私に向けられるところの、『帰国後は何づれの政党に加入しようとしてゐるか』との問に対しては、『少くとも当分は何づれの政党にも加入する意志はない』といふ意外《ママ》の答案を持ち合せてゐない」といい、それについて次のように説明を加える。

その理由にも茲では言及しないが、たゞ私はそれについて、私が嘗て旧労農党の陣営に依つて行動してゐたと同じ精神から、今日の異つた環境の下に於て純粋に不偏不党的あるひは超党派的立場を守つて行動しようとしてゐるとだけ一言しておく。かうして私は、出来ることなら、いづれの党派に属してゐるかを――あるひは属してゐないかを問はず、いやしくも平和と自由を憧憬してゐる限りのすべての人々の支持応援、乃至、協力を受けつゝ、日本国民全体の絶大なる共同勢力を必要とする種類の仕事について、私の努力の限りを尽し、私の生涯の最後の幕を閉じる日まで、それに終止《ママ》一貫したいとの念願に燃えているのだ。[41]

「不偏不党」の立場を堅持しつつ社会の進歩に貢献するという不退転の決意は、労農党時代に日本共産党の批判を浴びた苦い経験をふまえつつ、政党に属さないことによって、政党間の対立を超えた幅広い運動の結集をはかりたいとの切なる願いに発するものであったと考えられる。そうして一方では、敗戦という節目を迎えたことによって、労農党時代に経験したような状況は一変し、民衆の「創造力」や「道徳力」に期待しうるという小さからぬ期待があったことも事実であろう。

ただし、大山が、生涯永遠に政党には属しないと考えていたかというと、必ずしもそうではない。一九四八年二月一日発行の『日本週報』という雑誌には、山梨県の温泉で静養中であった大山が、『ニューズ・ウイーク』東京支社長のカール・バックマイヤーと『ロンドン・タイムス』の東京支局長フランク・ホーレーのインタビューに答えて語った内容が、「宣言」と題して掲載されており、それは「本誌ならではできぬ「特種《スクープ》」」と銘打っているように、当該時期の大山の心情がかなり率直に語られた貴重なものである。そのなかで彼は「要するに社会民主主義が私の立場であり私は共産主義者ではありません[42]」と述べて、繰り返し「社会民主主義者」であることを強調した上で、既存の革新政党について、次のように述べる。「帰国してみると、多数の政党が存在するが、どの政党も十分に立派な政党といえるものではないことを知りました。(中略)そこで新政党を作るべきだと私も考えたが、まだ万全の容易《ママ》は私に出来ていないのです。各政党とも、それぞれ偏見があり、全体としての国民を代表しているという政党は一つもありません」と。

そのなかで、「社会党はまだ水準に達していないかも知れないが」という留保をつけつつも、折から社会党政権下にあって、「それに代る政党は社会党よりももっと悪いでしょう」との理由から、消極的ではあれ社会党に一縷の希望を託した(43)。

共産党に対しては、再度「私は共産主義者ではない」ことを断ったうえで、「しかし、一方からいえば共産主義者に偏狭な態度を採ることも間違いだと思います」とし、なかでも「国民から遊離している」「徳田派」よりも「穏健」とみられる「野坂派」に期待を賭けた。彼自身、「左派を批判したくないが、左翼分子に対して、私は社会党の分裂をきたすような行動に出ないように希望しています。（中略）左翼分子に非常に同情するが、現在彼らの採つている行動が正しいかどうかは私は疑わしいと思う(44)」と婉曲的に述べているように、彼がもっとも強調したい点は「分裂をきたすような行動に出ないように」という点にあり、既存の左翼政党に対する不満も、究極その点に集約されるものであったと考えられる。そうして彼は、「新政党を作るべきだと私も考えたが、まだ万全の用意は私にできていないのです」と語っていることから推し量れるように、機さえ熟せば、そうした左派を幅広く結集した社会民主主義による新政党を自ら組織することをも考えに入れていたのである。彼はすでに、「嘗ての労農党の友人と、私のところの学生」といっしょに「研究機関」をつくる意志を表明しているが、それに関わる聞き手の問いに答えて、「研究機関は不偏不党の立場に立つものですが、このメンバーの間に新しい社会主義政党が生れでるかも知れません」とも述べている(45)。

大山が平和運動を選び取った第三の要因は、先の理由に加えて、それが前述の「国際日本の建設」という使命観と合致していたこと、さらに「国際政治道徳観念」にしか拠り所をもたない非武装国家日本の民族的存立のためには、平和の実現が急務と認識されたことにあったと考えられる。大山の民族意識は、敗戦が決定的となった日本滅亡の危機に際して、「あの時だけは私は自殺を考えた」と自ら語るほどに強烈であった(46)。大山が本質においてオプティミストであることには変わりはなかったが、日本を離れていた長年の空白があるだけに、当面の現状認識においては不安感もひときわ強く、危機意識が高まったものと考えられる。彼は帰国後も、「日本の情勢を考えると、将来の見透しは極めて悪い」といい、具体的には、「米軍が撤退した後、言論の自由が反動主義者によって禁止されるかも知れない」ことと、「非常に早い時期に」憲法が廃止される可能性が存在することを挙げていた(47)。

大山はそうした動機に発して、帰国前から田部井健次が大山に勧めていた「国策研究所」設立の構想をもとにしながら、一九四八年八月には、大山のほかに本田喜代治・市村今朝蔵・入江啓四郎・菊池勇夫・益田豊彦・松方義三郎・笠信太郎・蠟山政道・西園寺公一・島田孝一・荘原達・田中耕太郎・恒藤恭・都留重人・矢内原忠雄・横田喜三郎・湯浅八郎の計一八人を発起人として糾合し、国際問題研究所創立趣意書を発表する。「創立準備会」の名による、一九四八年八月付の冊子『国際問題研究所創立趣意書』が現存しており、その創立事務所は、東京都新宿区戸塚町の大山の自宅に置かれた。

その冊子によれば、それは、「『平和日本の確立』と『世界平和の防衛』を中心モメントとして存在するところの研究団体」であり、「平和を希求し、平和を主張してやまない人間たち」であって、「軍国主義に反対し、国際親善を主張するという点」でさえ一致しうるならば、「宗教上、政治上またはその他の立場の如何を問わず、我々は喜んで協力して行きたい」との意志を表明しており、「その意味で、我々の研究所は、政治的に超党派的であるばかりでなく、思想的にも、超学党的である」ことを強調する(「研究所の創立に際して」)[48]。「一、国際問題研究所創立の根本目的」では、日本国民のなかに軍国主義的な心理状態が容易に払拭されずに潜在していること、加えて、世界情勢が単純に平和日本の前途に明るい光を投げかけるものではないことを述べ、「前途の多難なこと」を共通認識とした上で[49]、具体的に次の五つの事業を提示する。

(一)国際問題の理論および実際の調査、研究。
(二)平和日本の正しき対外国策の考究。
(三)一般国民に対する国際知識の普及と平和主義教育。
(四)諸外国に於ける平和主義的学術団体との連絡、意見の交換、国際会議の開催など。
(五)国際問題に関する専門学徒の養成。(「二、計画せられている五つの事業」[50])

そうしてそれぞれについて、さらに数項目以上にわたって具体的な課題が設定されるが、とりわけ(二)と(三)では、国際連合と並んでユネスコ(国際連合教育科学文化機関)が採り上げられており[51]、次に述べる平和問題談話会の場合と同様、この研究所を構想するに至る過程で、同年七月のユネスコ平和声明が念頭にあったことは疑いない。

研究所は、その年の九月から一〇月ぐらいに設立に漕ぎ着けることをめざしていたが[52]、その際に、「純民間団体であるから、政府の援助によつて、その財政をまかなつて行くというようなことは全く考えられない」ことが強調され、しかも「その性質から言つて、少数の篤志家の出資だけに依存してやつて行くというようなことは当然避けるべきである」と考えられていたから、当然、資金集めは容易ではなかったであろう。彼らは、「全国の、数万、数十万の心から平和を愛好する進歩的国民大衆の支持の上に立つ、という方法だけ」を頼りに、「少くも十万の賛助会員」を獲得すべく、冊子の末尾に「国際問題研究所創立資金寄附応募通知票」を付けてそれを資金源にすることを考えていた。(53)それは、参加者一人一人の意向が反映されるように、あえて特定の個人や団体からの寄附によらず、かつ政府からの干渉を受けることもなく独自に研究調査を行いうる機関たらしめようとの理念に支えられてのことであったと考えられ、同時に、同志の参加を募ることそれ自体が運動として意義をもつものと位置づけられていたのであろう。しかしながら、それは多大な労力を要するものであり、実際にどこまで着手されたかは明らかでない。少なくとも、いまだその後の進捗を裏付けるような文書や関係者の回想も見当たらず、大山自身もその後、この研究所に関してまったく言及していないことから、おそらく構想のまま潰え去ったものと思われる。

大山の場合には、戦中をアメリカで過ごしたということもあって運動論が個人の体験と直接に切り結ばないところで観念的に構築されており、さらには先にも述べたように、そもそもそれがパワー・ポリティックスとの緊張関係のなかで培われてきたものでなかったため、彼の構想する平和運動は、政治運動や革命運動と結びついて、容易に政治の論理に吸収されてしまうという傾向を持ち合わせていたと考えられる。

これまでに経験したことのない、権力の要素を取り去った国家的生存のあり方を希求する大山は、「アメリカによつて代表される資本主義国家も、ソ連によつて代表される社会主義国家も、互に寄つて一団となり、その外部に於て武器を以て争ふ代りに、その内部に於ける討論と投票とによつて諸般の国家的紛争の解決に立ち向かつてゐる」状態を理想とし、それを現実の国際連合と重ね合わせるのであった。(54)そうして、スターリンやルーズヴェルトの発言を引きながら、「資本主義国と社会主義国との協力は可能」であることを繰り返し強調し、(55)それを根拠に「米ソ戦争は容易におこるまい」(56)との楽観的観測を示していた。ただし、彼が帰国当初からマッカーサーに率いられる占領軍の「反動」性を見抜いていたことを想起するとき、米ソ両国の間に戦争は起こりえないとのオプティミズムは、どちらかといえば社会主義国ソ連への信頼に依拠するものであり、「イデオロギー的楽観主義」[57]の側面を内包していたことも否定できない。

また彼は、帰国直後に早稲田大学で開かれた帰国歓迎大会の場で行った、「学問の自由」と題する演説のなかで、「アトミックエナジーの発達」に希望を託す趣旨のことを述べている。彼によれば、それは「現在人類の輝かしき将来に対する希望を与えておるもの」であり、それを牛耳っている各国の軍部の手から取り戻し、「研究の自由」を獲得することこそが緊急に必要なのであり[58]、平和運動はそうした原子力を民衆の手中におくためにも必要とされていたのである。大山はアメリカに滞在していただけに、いち早く原子力についての情報を得ており、すでにそのころから、「原子力科学者たちは、原子力が産業に応用されるようになれば、世界の生産力が幾層倍にも増加し、そのためには戦争の原因の一つが除き去られさへする見込があるのに、現在では原子力の戦争への適用のみが過度に発達せしめられつつあることを言ひ立てて、非常に慨嘆してゐる」ということを耳にして、苛立ちを覚えていたのであった。大山の見解は、「原子科学の進歩が世界の平和と戦争の問題を解決する、われわれの原子科学の知識が平和産業に応用されたら人類の幸福は無限に増大して、戦争の災はこの世の中から消滅するであらう」という、シカゴ大学のC・S・スミスの「予言」を支持するものであった[59]。大山は、そうした考え方のことを、アインシュタインら原子科学者緊急対策委員会の声明から援用して、「ハイヤー・リアリズム（higher realism）」と称した[60]。

原爆の脅威が明らかとなり、平和運動のなかで核廃絶が支配的な空気となるのは、GHQのメディアに対する検閲が廃止された講和後、さらには五四年のマグロ漁船第五福竜丸のビキニ被災以後であり、一九四九年のメーデーの際に、「徳田球一が、雲霞のごとき大群衆の前で「いまや、ソビエトは原爆を持っているのである」と啖呵を切って、これが満場大拍手だった」という石田雄の証言[61]を重ね合わせるとき、そのような原子力に対する期待が、けっして大山ひとりの特異なものでなかったことは明らかであろう。

しかし、彼が抱いていたこのような原子力への期待や国際連合の理念と現実との間には大きな乖離があり、とりわけ後者に関しては、当時すでに現実を見据えることは可能であったはずであるが、にもかかわらず、その乖離をいかにして埋めるかということについての方策は、彼にあっては提示されていなかった。同様のことは、国際問題研究所構想を現実のものとしていこうとする場合にも当てはまる。すなわち、たとえば、後述の平和問題談話会では、「国家の国際化は国民性の没却を必要としない」とし、ナショナリズムとインターナショナリズムの調和をとる試みがなされたが[62]、大山の研究所構想においては、そのような、立場の違いを超えて「超党派的」「超学党的」であるべく、現実のものたらしめるための具体的な方向性がまったく見てとれないのである。「平和」という問題は、政治的イデオロギーと結びつくか、さもなくばたんなる耳障りのよい題目に終わってしまいがちな傾向を持ち合わせているだけに、現実に運動を起こそうとするならば、立場の違いを乗り越えるだけの具体的方策が打ち出されないかぎり、何もなしえないままに終わってしまうのは当然の帰結であったともいえよう。

国際問題研究所構想が打ち出されたとほぼ同時期に、雑誌『世界』の編集長を務める吉野源三郎を中心に平和問題談話会が結成されているが、それはその点で大山の場合とは姿勢を異にしていた。

吉野らの平和問題談話会は、一九四八年七月のユネスコ声明を受けて結成された平和問題討議会、そしてそれによる「戦争と平和に関する日本の科学者の声明」を母体として生まれたものであった[63]。談話会が、「ソビエト側を支援して闘うという運動が平和の闘いなのだという考え方が充満していた」[64]という当時の状況を乗り越えて、

「とにかく「鉄」のカーテンを超えて東西の学者が集まって、戦争を克服するために意見の交換をして、共通点をみつけよう」[65]との方針を貫き、「平和は単なる現状維持によって獲得されるものではなく、現実の積極的改造をまってはじめて確立されるものである。即ち社会組織及び思惟様式の根本的変化を通じて、人間による人間の搾取が廃止せられる時にのみ、平和はわれわれのものとなることができる」との「声明」[66]のもとに、オールド・リベラリストからマルクス主義者にいたるまでの立場の違いに慎重な配慮を加えた上で共通点を見出す試みを続けていった。それに対して大山の場合には、エマーソンが記しているように、その出発点から英米帝国主義が日本帝国主義に取って代わるのではないかという英米に対する不信と、かたや日本と連合国の調停者としてのソ連への期待を当初から内包させていたのである。[67]両者の間には、田中耕太郎・蠟山政道・都留重人・矢内原忠雄らメンバーの一部の重なりが見られる。大山の研究所の側もまた、その所信の表明に記されているように、のちには単独講和もやむなしとする見解に転じた田中耕太郎[68]らのようなオールド・リベラリストを排除する意図はないものの、そうした人々をも組織しうる積極的方策を提示できぬまま始動することなく、平和問題談話会の方に先んじられていったのであろう。

（1）一九四七年六月二〇日の『羅府新報』は、大山が「来る七月十一日桑（サンフランシスコ――引用者）港出帆のゼネラルメイクス号で帰国の予定」と報じており、その後予定が変更になったものと見られる。

（2）「亡命十六年大山郁夫氏帰る」（『読売新聞』一九四七年一〇月二五日）。

（3）本文中には「内外の反動勢力」という表現はなく、この見出しが、大山自身によってつけられたものか、記者によるものかは明らかではない。しかし、後述するように、大山はすでにアメリカの地から「国際的反動勢力とも戦わなければならない」ことを訴えており（「故国を雲際に臨んで」・『毎日新聞』一九四七年一〇月二五日）、大山の当該時期の認識との間に齟齬はない。

(4)　『読売新聞』一九四七年一〇月二五日。

(5)　「再び故国の大衆と共に」（『中央公論』一九四七年一二月）八頁。

(6)　同書は、当初三巻本で、「新日本の建設と日本の進路」と題することを予定されており、一九四八年一月ごろ、胃の不調のために山梨県で療養中に執筆した（GHQ/SCAP、一九四八年一月八日、高橋均（山梨県塩山町・コウユウカン）より河野来吉（労働文化社）宛書簡）。

(7)　『日本の進路』（一九四八年、進路社）一三四頁。

(8)　「武力を超ゆる力」（『放送』一九四八年一月）八頁。

(9)　『毎日新聞』一九四七年一〇月二五日。

(10)　同右、一九四七年一〇月二五日、及び向山照男「大山郁夫氏歓迎会に出席して」（『シカゴ新報』一九四七年一一月二八日）。

(11)　『早稲田大学新聞』一九四七年一一月一一・二一日（合併号）。なおこのときに行った演説「再び故国の大衆と共に」の全文が、『中央公論』一九四七年一二月号に掲載されている。また、一〇月二八日に早稲田大学が開催した歓迎会での講演の一部は、やはり『早稲田大学新聞』に掲載され、その後、「学問の自由」と題して植田清次編『民主主義と哲学』（一九四八年一〇月、統正社）に再録された。

(12)　詳しくは、黒川前掲「年譜」（『大山郁夫著作集』第七巻）を参照。大山の帰国に対しては、さまざまな人々からの熱い期待が寄せられていたようで、関東大震災時に検挙され、「大逆事件」計画犯として二三年間獄中にあった朴烈も、大山の帰国直後に大山に手紙を送り、「あなたは、再び合理主義的な社会変革の主義を掲げ、非合理主義的左翼（共産党員をさす――引用者）と闘うべきである」との意見を記している（GHQ/SCAP、一九四七年一一月一日、朴烈より大山宛書簡）。

(13)　久保田明光「歓迎会と送別会――二つの会合の思い出」（前掲『大山先生の思い出』）三〇～三一頁、及び『昭和二十二年度嘱任』（早稲田大学大学史資料センター所蔵）。なお、大山は、大学復帰について自ら次のように語っている。「帰国後早稲田大学から招聘をうけました時にも、喜んでそれをお受けし、もとの古巣に舞い戻る決心をしたのであります」と。さらには、「断つておきますが、私が大学に帰るというのは、象牙の塔に立て篭るという意味ではないのであります。（中略）今後大学に帰りましても、入つては研究室で活きた問題を科学的に検討し、それによつて得た結論を大衆の前に持ち出し、大衆の承認を得て、なんらかの方法により、大衆とともに民主日本建設の大業に参加しようと考えているのであります」（前掲「再び故国の大衆と共に」・『中央公論』一九四七年一二月、七頁）と述べて、何らかの形で運動に関わる意志があることをも表明している。

(14)　「祖国の知識人に与ふ」（『毎日新聞』一九四六年一月七日）。

(15)　山際晃・中村政則編『資料日本占領一　天皇制』（大月書店、一九九〇年）三一〇頁。

(16)　「二つの世界と日本の進むべき道」（『青年戦線』一九四八年三月）六頁。

(17)　「創造力と道徳力――民族的存立を救ったポツダム宣言」（『読売新聞』一九四七年一一月二六日）。

(18)　前掲『日本の進路』一五九～一六〇頁。

(19)　「国際日本の門出に際して」（『民論』第三巻第一号、一九四八年三月）六～七頁。

(20)　前掲「祖国の知識人に与ふ」（『毎日新聞』一九四六年一月七日）。

(21)　石田雄『日本の政治と言葉（下）――「平和」と「国家」』（一九八九年、東京大学出版会）八四頁。石田は、「戦後における国際連合という組織の創設に大きな期待をよせ、この国際組織の機能によって世界平和が維持されると信じようとする考え方」を「制度的楽観主義」と名付けている。

(22)　『女性改造』一九四七年一一月、三三頁。

(23)　大山は次のように述べている。「日本の敗戦と共に、ぼう大な日本の帝国主義機構は全面的に崩壊し、日本を一大陣営化し日本の社会生活の各方面の進歩を一切停止していた日本の軍部は徹底的に崩壊し、ここに初めて日本の民主化ということ、並に世界平和への貢献を目ざして日本の国際的進出ということを現実問題として採り上げることが出来るようになつたのである」と（前掲『日本の進路』四頁）。

(24)〈座談会〉「日本民主革命の再検討」（『中央公論』一九四九年一月）二七〜二八頁。

(25)一九四七年一〇月二八日の早稲田大学帰国歓迎会での演説（向山前掲「大山郁夫氏歓迎会に出席して」）。

(26)一九四七年一二月、NHKより放送を依頼され、原稿を書いて提出したところ、GHQの検閲官に一部削除を命じられたため、大山は一旦放送を拒否したが、結局大山の抵抗が奏功し、原文のままでの放送が実現した（『伝』二七八頁）。

(27)前掲「武力を超ゆる力」八頁。ちなみに大山は、初めてのラジオ放送を行うにあたり、当初は原稿なしの予定であったが、テストでマイクの前に立ったあと急遽自らの発案で変更し、昼間は訪問客が絶えないために、二晩、「深夜までかかつて原稿をまとめあげた」という（同上、九頁）。

(28)「新生日本の進路」（『講演』第六六〇号、一九四八年四月一五日）八頁。

(29)丸山・前掲「近代日本の知識人」一一四〜一一五頁。

(30)前掲「新生日本の進路」九頁。この点に関する評価は、後述する大山の日本国民の戦争責任に対する評価の変化にともなって、やはり後年変化を遂げている。彼は明確に自己批判はしていないが、「ポツダム宣言は、一方に於ては日本を民主主義国家および平和国家として建設するための方針を強調するに急であつたために、表面上日本国民の責任を問う文字を使うまでに至つていないが、しかし他方に於ては、日本の非軍事化（中略）とかを明白な言葉で規定している」のであり、「それが日本国民の軍部追随の責任を明確に認識していることの証拠として見なければならないものだ」と述べている（「国際人権宣言と日本の平和的将来」・早稲田大学人文科学研究所『人文科学研究』第五号、一九四九年一月、八〜九頁）。

(31)吉田裕『日本人の戦争観——戦後史のなかの変容』（一九九五年、岩波書店）二八、及び五四〜五五頁。

(32)「宣言」（『日本週報』一九四八年二月一日）三一頁。なお、このような大山の認識は、エマーソンによっても的確に把握されていた。エマーソンは次のように報告している。「大山氏は、軍国主義者が支配してはいても、日本には民主主義のたくましい伝統が今なお残っていると信じている。彼は、天皇に対して日本国民が抱いている感情を米国人が過大視していると考えている。とりわけ労働者階級の間では、しばしばきわめて不敬にわたることばで天皇のことが語られている、とも述べた」（前掲、エマーソン覚書、三一〇頁）。ここでは、「国民は天皇に親愛の度を増した」という評価とやや齟齬があるが、いずれにせよ、大山が天皇制の役割について軽視し、きわめて楽観的であったことが見てとれる。なお、大山の発言のなかで、のちに編集者によって手が加えられたのか否かは明らかではないが、「新憲法によつて、陸海軍がなくなつて大元帥ではなくなられた」（前掲「宣言」三一頁。傍点——引用者）と、天皇について敬語を使っている箇所がある。

(33)　大山はその半年後には、アジア、とくに中国・朝鮮の民衆との連帯を説くなかで天皇の戦争責任にふれ、「無限に広大な道徳上の責任に渉るもの」であるため退位すべきであると説くようになる（「戦争責任と天皇の退位」『中央公論』一九四八年八月、五六頁）。

(34)　この点に、大山がわずかに言及した箇所があり、そこで次のようにいう。「私は日本の国民が覚悟しなければいけない、真の懺悔をしなければならぬことを忘れているということを、痛言したいのである。世界大戦の始まる前より軍の行動に就て、日本国民はこれを支持し、そこに冷徹な批判と歴史ある国民の叡智がなんらの批判を加えていない。この事実——、日本国民は果して他人のことを思つているのだろうか。国民は充分の自責の下に於て自己懺悔をし、自らを批判し、それから平和運動に入るべきである。犯した罪悪について峻厳な批判なくして、容易に時流に沿うて単なる平和運動に入るべきでない」（「日本国民と平和運動——われらの将来に輝く栄光を」『故郷』第二巻第五号、一九四八年五月、二～三頁）。あるいはまた彼は、日本人に「封建制の気持が非常に濃厚」であることを指摘し、それが農民組合運動などを組織していく上にも、「ひよつとぶつかると引き下つて反動的になる」可能性があると述べてもいる（〈新聞記者座談会〉「大山郁夫氏をかこんで」『評論』一九四八年五月、五六頁）。

(35)　「再び故国の大衆と共に」（『中央公論』一九四七年一二月）七頁。

(36)　前掲「大山郁夫氏をかこんで」六一頁。
(37)　歴史学研究会編『〈同時代史1〉敗戦と占領』（一九九〇年、青木書店）二二〇～二二六頁。
(38)　「宣言」（『日本週報』一九四八年二月一日）二五頁。
(39)　「平和への努力」（早稲田大学における演説からの抜粋）（『世界評論』一九四八年一月）三〇頁。
(40)　「新興世界精神と平和」（『改造』一九四八年一月）一八頁。
(41)　「告別のことば――アメリカを去るに臨んで」（『羅府新報』一九四七年六月二一日）。
(42)　前掲「宣言」二七頁。
(43)　同右、二八頁。
(44)　同右、三一、及び二九頁。
(45)　同右、二九頁。
(46)　「戦争か、平和か」（『信濃路』一九四八年五・六月合併号）二頁。
(47)　前掲「宣言」二九～三〇頁。
(48)　創立準備会『国際問題研究所創立趣意書』（一九四八年八月）一～二頁。
(49)　同右、三頁。
(50)　同右、四～五頁。
(51)　同右、六～七頁。
(52)　同右、二頁。なお、大山が日本に着いてからコールグローブに当てた最初の手紙（その文面から一九四八年六月三日のものと推察される）に、この研究所計画のことが記されている。そこではまず、妻ともどもコールグローブに対する感謝の気持ちを抱きながら、昨秋帰国したが、以来、労農団体関係をふくむ友人たち皆が、自分たちに注意を向けるよう要求してきたために（詳細不明）手紙が書けなかったことの謝罪から始まり、大山の生活は、早稲田大学で教える傍ら、旅に出て講演をしたり、雑誌に寄稿するなど多忙をきわめ、疲れ果ててしまったことを告げる。しかしながらその一方で、「協会を設立しようとの計画」、すなわち前述の国際問題研究所計画を友人の助けを借りながら推し進めており、来秋にはオープンしたいとの希望を語っている。そうしてその計画が軌道に乗りしだい、『憲法精義』の翻訳も続行するつもりであるという。一週間ほど前に美濃部達吉が死亡したことも伝えている(「文書」一―一四―四―五八～六〇)。
(53) 前掲『国際問題研究所創立趣意書』一六頁。
(54) 「新興世界精神と平和」(『改造』一九四八年一月)二三頁。
(55) 前掲「新生日本の進路」三三頁。
(56) 同右、二九頁。そのほか、同様の趣旨のことは、「アメリカの労働情勢――最近の動きについて答える」(全逓信従業員組合機関誌『ぜんてい』第三号、一九四八年四月二五日)等でも語られている。
(57) 石田前掲『日本の政治と言葉(下)』八四頁。
(58) 当日の演説内容は、「学問の自由のために――原子力を民衆の手へ」と題して『早稲田大学新聞』(一九四七年一一月一一・二一日合併号)に掲載されている。演説内容の引用は、それによる。
(59) 前掲「新生日本の進路」三六頁。
(60) 同右、二二～二三頁。
(61) 〈未発表討論(一九六八年六月一八日)〉「「平和問題談話会」について」(『世界』臨時増刊号、一九八五年七月)四三頁。
(62) 都築勉『戦後日本の知識人――丸山眞男とその時代』(世織書房、一九九五年)一五七頁。
(63) 平和問題談話会結成の経緯については、前掲「「平和問題談話会」について」に詳しい。また吉野源三郎と平和問題談話会について論じた研究に、富士晴英「吉野源三郎と『世界』」(『歴史評論』第五五三号、一九九六年五月)、矢崎彰「『世界』と平和問題談話会――講和と冷戦をめぐる議論を中心に」(『民衆史研究』第四五号、一九九三年五月)、及び都築前掲書等がある。

(64) 前掲「「平和問題談話会」について」、久野収発言、一〇頁。
(65) 同右、吉野源三郎発言、八頁。
(66) 「戦争と平和に関する日本の科学者の声明」一九四九年三月(『世界』臨時増刊号、一九八五年七月)。
(67) 前掲、エマーソン覚書、三一〇頁。
(68) 都築前掲書、一六二頁参照。

## 第二節　危機意識の増大と「民主人民戦線」の呼びかけ

一九四八年半ば以後「冷戦」の激化がより顕著になるにつれて、大山の立場にも変化が生じはじめる。しかし、とりあえず大山は、「私の帰国以来、マーシャル計画とコミンフォルムとの軋轢は、次第に激化の一路をたどるばかりであった(1)」というような危機的認識をもちながらも、そのなかであえて依然楽観主義をとり続けることを、以下のように明言する。

私はしかし、今日でもなお依然として、少なくともそうした無条件的悲観説に同調することができないのだ。人は私を指して、済度しがたき過度の楽観主義者というであろう。しかし、私はそれでもなお、私自身の所信を変えようとはしないのだ。無論、現在戦争の危機が厳然として存していることは、拒むべからざる事実である。それであればこそ、第三次世界大戦の脅威の除去のための運動に重大な意義があるわけだ。だが、それと同時にわれわれは、そうした運動の重要意義が認識されうるのは、その方面における最後の破局が、なお救いえられる余地があるとの確信から来るものである。これに反して、この点に関する過度の悲観は直ちに絶望感を生み、その絶望感はさらにわれわれをして来るべき大戦の脅威の前に全然無力無為に終始せしめる動機となるべきものである(2)。

なぜならば第一に、戦争には膨大な費用負担を要し、第二に、来る戦争は絶大な惨事となるがゆえに政治的指導者がそれを抑制すると考えられ、第三に、祖先の政治的失敗を裏書きすることになるような発砲戦争はそもそもあり得ず、第四には、アメリカのヘンリー・ウォーレス率いる進歩党に期待が持てるからであるという(3)。大山の在米中の一九四七年、ウォーレスは「米ソの協力と国際連合を通じての世界の平和を叫んでいた」のであり、そのことが彼に「なにか清涼剤を飲んだような感じ」を覚えさせていたのであった。(4) このようなウォーレスの運動に対する期待は、堀江邑一や平野義太郎らにも見られた。(5)

「済度しがたき過度の楽観主義者」であることを自ら宣言する大山は、スイスのごとき永世中立を理想に掲げた。(6) 彼は、「先日ロイヤル陸軍長官の訪日以来、仮想されるこのつぎの世界大戦における日本の戦略的重要性の程度が問題化されて来たが、それに関する討論の過程において、われわれは——少なくとも私自身は——日本の永世中立の可能性について、益々多大の希望を持ちうるようになつた」と告白する。(7) 永世中立については、一九四九年一〇月一四日に行われた日本政治学会主催の講演会でも述べており、それによれば、その根拠は、やはりポツダム宣言であった。大山は、「我々が戦前において国際法上の定説と考えられていたものに縛られない限り、ポツダム宣言によつて日本の永世中立の地位が決定しているということに間違いはない。ポツダム宣言は条約でないことは確であるが、然し或意味からいえば条約以上のものである」という。(8) とりわけ、「日本がポツダム宣言を受諾した時、その相手国としての四ケ国のうちに、一方において資本主義世界の代表者としてのアメリカが、他方において社会主義世界の代表者としてのソ連が——すなわち、所謂二つの世界を夫々に代表するこれらの両国が共に包含されていたということは、歴史の皮肉というよりはむしろ「啓示的」な世界史的意義のある一大事実」であり、「単に世界のすべてに対し平等に親善関係を持続すべき義務を負うようになつただけでなく、将来資本主義世界と社会主義世界との間に起り得る武力による戦争の防止のための全幅の努力を捧げなければならぬ義務を負うようになつた」ものとして期待が賭けられていたのである。(9) 先にも指摘したように、大山が心底から期待するのは、「社会主義世界」の方であったと考えられるが、かといってここで大山がいう両側への期待が彼の本心と乖離していたわけではなく、ポツダム宣言が「条約以上のもの」として活きているかぎり、それに名を連ねた「資本主義世界」の理性にも期待したいという願望もいまだ存在していたと考えられる。

それゆえに、日本の永世中立は「条約上の保障というようなものでなく、それ以上のもの」であり、「世界の恒久平和への誤らざる第一歩であることを確信し」ている大山にとって、それに疑義を挟む発言を行った、時の首相吉田茂は、断じて許し難いものであり、「彼等の間における政治の貧困ないしステーツマンシップの欠如を物語るものであり、さらにそれは、国際政治の分野における彼等の創造意欲の徹底的喪失から来ているもの」として、激しい攻撃が加えられることとなった。[10]

このように彼は、ヘンリー・ウォーレスの第三党運動と、かたやソ連の良識に期待を託したが、[11]一九四九年九月、ソ連の原爆保有が公表された際には、「原子爆弾が世界の片側だけでなく、両側にある方が、世界を戦争の危機から一歩遠ざからしめたものと見ることができる」との、一見、倫理主義からパワー・ポリティックスへの転向とも受け取れる発言を行っている。しかしそれは彼の真意であり、彼は、「文化は民衆のもの」「科学こそ民衆のもの」と理解することによって、それを正当化することができたのである。すなわち「もちろん、これは世界の大衆の平和運動の強弱いかんにかかつている点が多い」とはいえ、ソ連の原子力保有は、そうした方向を強固ならしめ、さらには「戦争文化という間違つた思想と闘」うことの一環に位置づけられるものであった。[12]

また、この時期になると、戦時下の日本のありように対する情報を入手し、その理解が深まったことにも起因しているのであろう、天皇や日本国民の戦争責任に対する評価も、帰国当初からやや変化を見せている。彼が『中央公論』に寄せた論文「戦争責任と天皇の退位」では、「天皇退位の要求は、天皇制廃止の要求の一歩手前にあるものであるが、両者は明らかに同じ方向を指しているものであり、しかも前者の貫徹は必ずしも後者の存在理由を解消する意味を持つものとかぎらない」との留保をつけた上で、論文の主題を前者に限定する。(13) すなわち彼は、天皇制廃止の可能性を封じてしまうことを潔しとしなかった。さらに彼は、南原繁が天皇退位論を主張しながらも天皇の道徳上の責任のみしか認めていないことを批判して、天皇の戦争責任は、明治憲法のもとでは天皇の補弼機関が責任を負うことになっていたため法律上においては留保をつけざるを得ないとしながらも、政治上道徳上の責任は存在するとし、「社会的影響の波及範囲の無限に広大な政治道徳上の責任にも渉るものだと思う」と明言する。そうした「制度としての天皇」という観点に加えて、「個人としての天皇」に即しても、「退位によつて一個の人間裕仁にかえることが、いかにその余生を幸福な境涯に導くべき可能性があるか」については、何ら躊躇なく肯定できるとするのであった。(14)

戦時下の民衆に対する評価も、かつてはもっぱら権力との対抗関係のうえに、一九二〇年代までの帝国主義反対を表明した運動の側面のみを視野において肯定的にとらえていたのが、次のように変化していた。

> 国民は完全に軍部の意のままに操縦される所のロボットとなっていたのだ。こういう状態の下に於て、日本国民の間に戦争反対の意志の表明がなされたことを私はきくことができなかつた。こうした無批判状態に日本人全体がおちこんでいたということを想起するとき、果して、日本の国民に戦争に対する責任がなかつたと言えるであろうか。(15)

冷戦の激化に対応して対日占領政策が転換しはじめたことも、大山の危機意識の増大に拍車をかけた。なかでも大山の目にとまった事象は、一九四八年七月、政令二〇一号によって公務員の団体交渉権・罷業権が否認されたことであり、大山は、ポツダム宣言に期待を賭けて帰国したが、状況は「だんだん悪くなつて来ている」といい、労働者の「かつての暴力革命的な考えは変つて来た」にもかかわらずマッカーサー書簡を受けて政令という手段で労働者の権利を奪ったとして、政府の対応を厳しく批判した。(16) そうしてその批判は、次のように、憲法に照らしてなされたものであった。

今度の憲法には国政は国民の信託であり、国家の権威は国民に由来し、国家の権力は国民の代表者がこれを行使し、福利は国民全体が享受すると明示してある通り、国家の権力は国民にあるということを明かにしてあるのに拘わらず、国民の代表者の意志の参加していない政令を軽々に出した所に、問題の重要さがある。(17)

さらに、政府が「公務員」の概念に当てはまるか否かを問わず、しかも憲法第二八条に規定されている団結権・団体交渉権・団体行動権は「勤労者」の重要な基本的人権の一つであることを一切無視して、労働者たちにこの問題に関し十分に議論を尽くさしめる余裕を与えようとはしなかったことを批判する。(18) なぜならば、「あのマ書簡は明かに勧告であるし、シーボルト対日理事会議長その他世界の世論がそう認めているのだから、政府はあれを受取った後も、日本の国情を具さに総司令部に伝えて、相談した上で、もっと丁寧にやって行くべき」余地があったと考えられるからである。(19) おそらく検閲を配慮して直接の言及は避けられているが、根底にはここに明言した政府に対するそれ以上に、占領軍への憤りがあったと考えられる。

さらに彼はつぎのようにも述べている。

私はまた、今回の国家公務員法改訂の問題がわが国の労働組合戦線の上に異常の衝動を与える結果をもたらし来つたことについて、遺憾の念に駆られているものである。しかし、わが国数多の労働組合の上に襲いかかつているこうした危機的情勢の克服は、結局秩序的な民主主義的方法によつてのみ完成されなければならないものと思う。で、私は特にこれとの連関において今回政府が出した政令の第三条の規定のうちに見られる罰則のごときものが、わが国の労働組合戦線の上に無用にいらだたしい雰囲気を招来する機縁となるようなことがないように、わが国のすべての労働組合がその闘争過程において極度の戒慎を加えるであろうことを、衷心切望しないでおられないのである[20]。

すなわち、彼が戦前から一貫して追求してきた、「秩序的な民主主義的方法」による変革でなければならないという姿勢がここにも示されている。今回の措置は、そうした観点からも、それを破壊するものとして「遺憾」なのであった。彼の主張の力点は、労働運動の大勢は政府が敵視するような破壊主義的なものではないということを示すことにあったが、次の一節は、大山の運動観を示すものとして興味深い。

かりに全逓、国鉄組合の一部の人が無産階級独裁を樹立しようという計画をしたところで、そんなことは実現の見込みのない企てであることが明らかで、そういうことをしようとすれば、やつている連中が不幸な目にあう。だから政府は冒険を試みるなと勧告してやればよいので、何も大騒ぎをする程のことはないのではないか。今の日本でそういうことをしようとするのは赤ん坊が事を起そうとするようなもので成功の見込みはないし、第一国民はついて行かないし、そんなことを考えていたとすればよほど常識を逸した連中がやつているのでそういう連中だけを集めてさとしたらよい[21]。

すなわち大山においては「暴力革命」＝「不祥事」であり、道徳により集団秩序が維持されるのが理想であって、闘争は本来ありうべき姿でないとする倫理主義の立場が貫かれている。彼はこうも述べる。「今のように非民主的な行き方、たとえば政府が民衆にちょう戦して法律にひつかかれといわんばかりの態度をとると、昔の暴力革命の行程の気運が復活しやすいのではないかと心配される。こうなつてはまことに不祥事である。だからこそ民主主義擁護の運動が起こつて来たのは当然である[22]」。

大山は、大衆・啓蒙する側「双方とも建設的に、同時にデモクラチックに物を考えるということが、今後の政治教育の中心点でなければならぬし、またそういう方面で大衆を訓練することは不可能ではない」とし、次のように語って、戦前の労農党の運動が「破壊」にばかり精力を注いでいたことの反省にまで発言が及んでいる。

あの当時は、ある意味の道徳的方面で大衆を高調するというようなことは一遍で反対されたから黙つていたけれども、事実やつていましたな。（笑声）（中略）労農党時代には破壊的なことにばかり精力を使つて、建設に進むことができなかつた。できれば今度はまたえらい反動との闘争になるのではないかと思うけれども、好んで闘争を激烈にすることはないという風に考える。あの頃はそう自分が意識してやつたんじやないけれども、ひとりでにああなつたのです。（笑声）。[23]

ここには、これまで見てきたような大山の、道徳主義により集団秩序を維持するのが理想であり、闘争は本来ありうべきではないとする立場が率直に語られている。彼がしばしば吉田内閣に対して、その「反動」性を攻撃する際に用いた「創造力」の欠如という表現に示されるように、大山は、そうした民衆のありようを「創像力」としてとらえていたのである。それは、かつて彼が、民本主義の実現や「社会改造」をめざして、「生の創造」や「環境を創りかえる精神」、そして「建設」のための「破壊」を力説してきたことと通じていよう。

ここに見られる占領軍に対する透徹した批判は、一つには、戦中をアメリカで過ごしたことによって培われたものと考えられる。日本共産党もコミンフォルム批判以前は占領軍を「解放軍」ととらえ、日本の民主化の推進者として期待をかけていたなかで、大山はすでに帰国の際に「われわれは今後単に国内の反動勢力と戦わなければならないだけでなく国際的反動勢力とも戦わなければならないであろう」[24]と公言しており、また、前章で述べたように、帰国直後にマッカーサーとの会見を拒否したというエピソードもある。

さらには、一九四九年九月一七日に中国研究所主催で「中国の革命と世界平和」と題して行った講演でマッカーサーを誹謗した箇所があったとされ、占領政策違反のかどで同月二七日に占領軍に呼び出しを受け、その晩警察に留置される事態をも招いたのであった(翌日保釈金なしで釈放)。大山自身はこの事件についても多くは語っていないが、唯一、これまでポツダム宣言・大西洋憲章・国際連合憲章・世界人権宣言といった諸文書に掲げられている諸原則を「われわれを導く光のように考えていた」「自分自身の不明を責めなければならない」と述べている点が注目される。すなわち、「言論自由の範囲」をそれらに即して考えていた「そうした私の考えなり態度なりが間違つていたのでなかつたかを今一度検討してみなければならないと考えるようになつた」という。それは、「ポツダム宣言の諸条項を知つただけでは、解釈されえない」「占領目的」や「占領政策」を知らずにいた自己の責任であると同時に、それを国民に知らしめなかった「吉田反動政府」の責任であるという[25]。これは、婉曲的表現ではあるが、アメリカによる占領が、大山がよすがとしてきたポツダム宣言のような理念どおりにはいっていないことを痛烈に批判したものといえよう。

さらに、大山が釈放後直ちに警察で行った記者会見では、「私は、九月一八《ママ》日に千代田ビルで、吉田内閣を批判する講演を行った。その内閣の、占領軍の支持を得て資本家を擁護する政策は、ポツダム宣言に反している」と述べたと伝えられている[26]。

なおこの占領政策違反による留置の一件はコールグローブにも伝えられた。ホイットニーがコールグローブに送った、事件を記した一〇月二日の東京発UP電のコピーによれば、大山はソ連の原爆所有は世界平和にとって喜ばしいことであると述べ、中華人民共和国の成立に対しても世界平和への貢献という観点から高く評価し、さらに「我々はファシストと帝国主義者に対して闘わなければならない」と述べたという[27]。

これらに見るかぎり大山の演説内容は、これまで彼が論じてきた、ポツダム宣言の精神に照らしての、一連の吉田内閣批判に位置するものであったと考えられ、主催者の中国研究所側も、大山がそのような内容を述べて困難に陥るのは奇妙であるとさえいっている[28]。しかしながら、それら一連の批判が、実は吉田内閣と結びついた占領軍に対するものでもあり、しかも、後述の民主主義擁護同盟など日本共産党の影響下にある団体とつながりをもち、ソ連・中国を支持する発言や行動を華々しく展開していたことを疎ましく思っての措置であったと思われる。

ちなみにホイットニーは、大山について、「彼は合衆国から帰国して以来、占領目的を進める上に何も貢献しておらず、また私の知る限りにおいて、政府を助け、あるいは日本の民主主義を促進するために、何ら客観的に役立っていません」との評価を与えている[29]。

このことをホイットニーから知らされたコールグローブは、吉田茂に宛てた手紙のなかでも大山の問題に触れ、大山の拘留を知って「非常に残念に思った」ことを告白する。しかしそれ以上は言及せずに、「彼がエヴァンストンを去る前に、共産党とはあい容れず、日本共産党と社会民主主義政党の共同戦線はけっして推し進めないと私に約束した」ゆえに、「彼はこの約束を守っていると私は信じています」と述べるにとどめた[30]。

一九四八年六月の昭和電工事件、そして前述の占領軍批判による逮捕といった事態が相次ぎ、とりわけ前者は大山をして「経済的搾取の復活と同時に政治的抑圧で全民衆を金縛りにしようとかゝつて来ている[31]」との認識を抱かしめることとなった。そうして大山の危機意識はいっそう増大していった。当該時期には「独占資本の再建[32]」ということばが大山の論稿のなかで頻出しており、それはたしかに当該時期の左翼陣営全体に共通する特徴ではあった。しかしとりわけ、そのような労農党委員長時代を想起させる基底還元論的把握と政治的アジテーションの復活は、大山自ら、労農党時代には「唯物ということを経済とほとんど同じに考えたような、そういう傾きは確かにあつたと思う」との反省をも述べ、唯物・唯心を超越すべきことを主張しているにもかかわらず、彼を取り巻く状況の悪化ゆえに現実の言動が、当人の意図するとおりにはならなかったことを示している。大山がこのときになって占領軍批判に及んだのも、そうした危機意識が頂点に達したからにほかなるまい。

大山は、民主主義科学者協会（略称、民科）メンバーからの誘いによって民主主義擁護同盟に一九四八年八月の第一回準備会から参加し[33]、それを拠点にしながら民主人民戦線を呼びかけていく。呼びかけの母体となった民科は、一九四六年一月一二日、渡部義通らが中心となって自然科学・社会科学各分野の研究者を結集し、小倉金之助を会長に擁して結成されたものであった[34]。大山が同盟への参加を承諾したのは、「当該新団体は、特にいずれの政党かに属しているものではないということが明らかにされていた」からであり、「この点を注意することは、かねがね一切の政党政派に超越した不偏不党の立場を固守することを公けにしていた私にとつては、絶対に必要なことであつた」という[35]。

大山は、その第一回準備会においてもメッセージを放ち、「極めて露骨に反動ぶりを発揮するようになつてきた」政府と、「平素政府反対を標榜してきた」勢力が「その実際の行動に於て骨の髄からの反民主々義的本質を暴露しだしてきた」状況に対して、「少くとも労働者、農民、その他一切の勤労者層を包含する全民衆の共同努力によつてそれに対抗するにあらざれば、新憲法によつて新たに保証されるようになつた基本的人権というようなものまでが、その下に於てわれ〴〵の手から根こそぎ奪われて行つて、民主々義的建設とか祖国再建とかいつたようなことが全然問題にならないようなことにならないとも限らないのである」との警告を発した[36]。そこでは、「「法治国家主義」の茶番劇化」と映るような「金融独占資本の政治的支配」すなわち「ファシズムの攻勢」に対して、あくまで「民主主義的方法によつて新社会秩序に移行する」との理解のもとにではあったが、日本共産党の躍進を支援し、その指導のもとに広範な文化人・知識人・大衆、すなわち大山いうところの「全民衆」が結集することが期待されていた。[37]

彼によれば、戦前、「労働者・農民・無産市民」あるいは「全被圧迫民衆」と称したが、今日いうところの「全民衆」は、戦前のそれよりも「さらに幾層倍も広汎な大衆の前進を私の意中に描いていた」のだという。[38]そうして文化人・知識人は、「彼等の新文化創造の意欲がプロレタリアートの革命的実践に従属せしめられる」ように努めることが重要だという。[39]この時点での大山は、これまでに見た労働運動に対する認識等にも明らかなように、文字どおりそうした「全民衆」の共同戦線を構想しており、その点で公務員法改正に対しても「にえ切らない態度を続ける」社会党に対して「非常に不満」を感じたのである。[40]それゆえ共産党を中核とするそれに期待を託したが、それは、彼が繰り返し「私は共産党員でもなんでもない。（中略）とにかく一般の民衆、殊に民主主義建設ということに関心をもっている、すべての大衆の意見を代表したようにもなつている立場」を強調していたように、[41]まさに民主主義擁護という一点において結集することを望んでいたのであった。

しかしそうした危機感の一方で大山は、「民主々主義の建設」に一縷の希望を見いだしていた。彼は、これまでにも常にそうであったように、〝世界の大勢〟がその方向に向かっているとの認識をもつことによって、それに逆行するかに見える危機的状況の下でも、日本だけがその例外であるはずはないとしていっそうそれへの確信を強めていくのであった。ここでも大山は、次のように述べる。「今日に於ては民主々義の建設ということは、ただ日本の大衆だけの問題ではない。世界の一切の進歩的分子はひとしく皆それに対して深甚の関心を寄せそのために全力的にたゝかつている。（中略）この点に関して我々は決して絶望状態にあるのではない。否我々は希望に充ち満ちている[42]」と。

また、民衆意識の変革ということについても、以前に比べて視野に入るようになったとはいえ、きわめて楽観的であった。「日本の大衆は世界の進歩的大衆と協力することによつて自国内の民主主義革命を完成することができる」のであり、「日本のデモクラシーを前進させようという人々」すなわち「今の民主主義擁護同盟のような組織」との提携協力によって、それが可能であると考えられていた。(43)

彼は同様に農村の民主化という問題についても、「要するにこの変革期に臨み、何より大切なことは、農村人の頭の切り替へである。精神革命の重大な所以はここにある」として、民主主義革命を実現する上での最重要課題と位置づけてはいた。そうして「農村に於ける民主々義の確立は、日本民主化の根本的な条件として絶対必要である」としながらも、具体的な方策となると、「自分が農村の人に強く呼びかけたいことは、総べてを科学的に考へることである。どこまでも科学的に考へ、科学的に行動すること、それが農村を住み良い明朗なものにする何よりの原動力であることを銘記すべきである(44)」と、「科学的」合理主義の立場から啓蒙の必要を述べるにとどまっていた。

（1）「世界の危局と日本の立場」（『中央公論』一九四八年五月）五四頁。
（2）同右、五五頁。
（3）同右。
（4）「序」（小林勇『闘うアメリカの第三党』一九四八年、同友社）一頁。
（5）石田前掲『日本の政治と言葉（下）』八五頁。なお、彼らはともに、一九二九年八月にドイツで開かれた国際反帝同盟第二回世界大会に参加した経験をもっていた（日本平和委員会編『平和運動二〇年運動史』一九六九年、大月書店、一四、及び三四五頁）。

(6) 「世界の危局と日本の立場」(『中央公論』一九四八年五月) 五四頁。
(7) 〈時評言〉「国際政治の傍観者」(『中央公論』一九四九年七月) 七〇頁。
(8) 「永世中立と安全保障」(『早稲田政治経済学雑誌』第一〇〇号、一九四九年九月) 一五頁。
(9) 同右、二四、及び二八頁。
(10) 前掲「国際政治の傍観者」七一頁。
(11) ウォーレスの運動に対しては、それを論じた小林勇著『闘うアメリカの第三党』(前掲) にも「序」を寄せ、それを「米ソの協力と国際連合を通じての世界の平和」の主張ととらえた上で、次のように述べている。「ウォーレスの存在は反動の黒雲のなかで、ただ一筋、明るく輝き始めた青空のようなものである。しかもこの青空は消えゆく青空ではなく、ますます広まりゆく青空である、米ソの関係をめぐつて、われわれ日本人のあいだにも不安の色が濃くなつているとき、平和の将来に一脈の明るさをあたえるウォーレスの運動が広く日本に紹介されることは、心から望ましいことである」(二頁)。
(12) 「占領下の言論の自由」(『中央公論』一九四九年一二月) 四八頁。
(13) 前掲「戦争責任と天皇の退位」五四頁。
(14) 同右、五六頁。
(15) 前掲「ポツダム宣言の再認識」五頁。さらに、青年学徒に向けて書いた文章のなかでも、次のように修正されている。「もちろんあの世界征服という計画を立てたことは、支配階級、殊に軍部の責任で、その罪はもとより重大である。しかしながら彼によつてあざむかれた国民もまた、罪がなかつたわけではない。かつて日本の大衆は、帝国主義戦争に反対した輝かしい記録があるのに満州事変以後は、全然軍部の支配下にあつて軍部の政策を謳歌した時代もあつた。その点は大いに自己批判をし、再び世界的な罪過を犯さないように注意する必要があるとともに、再び犯さないことを誓わなければならぬ」(「学生諸君に与う」『螢雪時代』一九四八年九月、四~五頁)。
(16) 「ポツダム政令と公務員法問題」(『労働評論』一九四八年一〇月) 六頁。この問題は、大山をして後述の民主主義擁護同盟に赴かしめるほどに危機感をもって受け止められた。彼は自己のことは直接には語っていないが、民主主義擁護同盟の結成は、「最終的にこの事実に激成されて、急にその結成の運びに就いたものだと思う」と述べている（「全民衆の問題としての民主主義擁護の必要性」『中央公論』一九四八年一〇月、一一頁）。

(17)「国家公務員法改正雑感」（『法律時報』第二二二号、一九四八年一一月）二八頁。
(18)〈時評言〉「国家公務員法改正と世論」（『中央公論』一九四八年九月）四六頁。
(19)前掲「国家公務員法改正雑感」三二頁。
(20)同右、四七頁。
(21)前掲「ポツダム政令と公務員法問題」三頁。
(22)同右、六頁。
(23)前掲「大山郁夫氏をかこんで」五六、及び六〇頁。
(24)「故国を雲際に臨んで」（『毎日新聞』一九四七年一〇月二五日）。
(25)〈時評言〉「占領下の言論の自由」（『中央公論』一九四九年一二月）四九頁。
(26)GHQ/SCAP、一九四九年二月二八日、北海道新聞東京支局より同札幌本社への電話。
(27)「文書」一―一四―四―八七～九〇。
(28)GHQ/SCAP、一九四九年二月二九日、モトハシ（中国研究所）よりモトハシ（東京新聞社）への電話。
(29)「文書」一―一四―四―八七～九〇。
(30)一九四九年一一月七日書簡、「文書」一―一四―四―九一～九二。
(31)「全民衆の敵」（『日本週報』一九四八年一一月一日）五～六頁。
(32)同右、五頁。
(33)前掲「全民衆の問題としての民主主義擁護の必要性」六頁。
(34)詳しくは、梅田欽治「民主主義科学者協会創立五〇周年によせて」（『歴史評論』第五四九号、一九九六年一月）

を参照。
(35) 前掲「全民衆の問題としての民主主義擁護の必要性」六頁。
(36) 「民主主義擁護の旗を進めよう――第一回準備会におけるメッセーヂ」(民主主義擁護同盟準備会編『民主主義の旗の下に』一九四八年一〇月)三二頁。大山は、このメッセージを書くためにペンを執ったとき、「私は過ぎし日の壮年時代の熱血が再び私に帰つて来たように感じた」とさえ語っており(同右、七頁)、それほどにこの運動は大山を燃え立たせた。
(37) 「総選挙を顧みて」(『評論』一九四九年三月)。
(38) 前掲「全民衆の問題としての民主主義擁護の必要性」一〇頁。
(39) 「民主人民戦線への展望と文化人群の当面の任務」(『世界文化』一九四九年三月)八頁。
(40) 前掲「ポツダム政令と公務員法問題」六頁。
(41) 同右、二頁。
(42) 前掲「民主主義擁護の旗を進めよう」三二~三三頁。
(43) 前掲「日本民主革命の再検討」二九頁。
(44) 「農村に寄する言葉」(『村の光』(『福地』改題)第五号、一九四九年一月)三~四頁。

## 第三節　「中立的」立場の喪失

彼は、一九四九年初頭の段階でも、「私自身の立場は絶対的な積極的な意味での中立、中立という言葉が弱いが、積極的な意味での中立を守るということは、祖国再建のために絶対に必要なのではないかと思います」(1)と述べて、「中立」を死守する決意を表明している。しかし、彼いうところの「中立」は、「不偏不党」すなわち党派を越えて大衆のなかに入っていくという抽象的なものでしかなかった。つまり、現実に存在する対立を見据えた上で、それを乗り越えてなお中立を堅持することの意味づけが弱かったのではなかろうか。

彼は、一九四九年七月、民主戦線合同委員会機関誌『われらの仲間』に寄稿し、そこで、ときの吉田内閣が共産党と社会党を分断する政策に出たことをとりあげて、「おそらく社会党にほんとうの階級意識があれば、「われわれを侮じよくする」と憤激するだろうと思うのであります。(拍手) 憤激しなければ社会党の諸君は吉田に連れていつてもらわなければならない。憤激するか、吉田に連れられるか、これが社会党の諸君にむかつてなげ与えられた大きなテストであります」と、社会党に最後通牒を突きつけた。(2)

彼はその後幾度かにわたって社会党に民主人民戦線への参加を呼びかけており、そこでまず次のようにいう。

社会党が民主党との連立内閣において国政を運営していた間に挙げた成績は、この点において完全に落第点に値いするものでしかなかつた。同党は遂に普通の意味における社会主義的政策の実行において完全に無為であつただけでなく、独占資本主義配下の政界においては、いやしくも社会主義政党として立つておるものなら当然みずから進んで担当しなければならないファシズムの攻勢に対する民主主義擁護の任務をも、社会党は極力回避していたように見えた。殊に国家公務員法改正法案に対して社会党がとつた態度は、この点から見て最も痛烈に批判されたものでもあつたと思う。(3)

さらにこうも述べる。

我々はこの際、社会党や労農党の諸君が、特にこの民主人民戦線にからまる問題を中心として、その出処進退を誤らないように細心に警戒されるであろうことを、衷心切望してやまないものである。我々は両党とも組織労働《ママ》をまたは組織農民の基礎の上に立つているものとして、それに真摯な敬意と好意とを寄せているものである。が、由来社会民主主義の党は、ある場合には自己よりもより左翼に位置する他の諸党を、いわば狼の群に投げ与えようとする誘惑にさらされがちであるが、しかし経験は、社会民主主義の党がその誘惑に陥ることは、結局みずからの生命をも同じ狼の群に爪牙に任せることのあるものであることを、我々に教えている。(4)

彼は目下「新形態のファシズム」に直面しているととらえ、「こうした状勢に直面している我々が一縷の希望を託し得るものは、一切の進歩的民主勢力の大同団結の表象としての民主人民戦線以外にあろうとは思われない」(5)と述べるが、その中心的勢力として想定されているのは、もっぱら共産党であった。なぜならば、「共産党は選挙前から日常闘争を活発に展開していた」のに対して、「社会党が比較にもならないほど不活発状態にあった」(6)からである。また、彼は、「いかにも過去においては、日本の解放戦線において、暴力革命が多数者によつて主張されたこともあるが、そういうことに関する一切の問題は、終戦直後における政治犯人の解放と共に、一応は解消されてしまつた筈ではないか」とし、にもかかわらず、「いわゆるプロレタリアートの独裁の思想の連想から出発して、暴力革命は共産党運動に内在しているものであるから、共産党は将来その方へ移行する必然性を持つている」

といった批判を「特定の政党あるいは集団に対し十字軍を強行するための口実とするが如きことは、極度に非現実的な、野蛮な、非民主主義的な行き方」であるとして退けた(7)。そうした共産党への親近感の強まりゆえに、吉田内閣が行った、一九四九年七月一七日の三鷹事件に際しての共産主義者に対する悪宣伝も大山には許し難いものであった(8)。

彼は、自らの政治的立場を振り返りつつ、次のように述べる。

私が社会党に対してなにをいおうとも、それが毛頭悪意から出たものでないということを、読者諸君のすべてにあらかじめ諒解していただきたいのである。否、私が特に社会党に対し、微塵ほどの悪意をでも懐こうなどということは、絶対にありえないことだ。それどころでなく、私の全生涯から切り離しようのない旧労農党の陣営内の闘士群の残存者たちのうち、一部分が共産党内に、そして一部分が労働者農民党内に党籍を持っている通りに、一部分は今社会党の塁に拠っている。だが、こうした個人的理由を別にして、祖国再建という当面のわれわれ日本国民全体の共通題目を起点として考えてみても、更生日本の世界平和建設事業への参加ということを起点として考えてみても、組織労働者や、組織農民や、その他の一般の勤労大衆の組織体を基盤として立つている諸政党のいずれに対しても、私は測り知れないほど深く大きい信頼と期待を懐いている。そしてその意味において私自身は、社会党の人々に対しても、労働者農民党の人々に対しても、さらに共産党の人々に対しても、一様に温き同志愛を感じている。私は帰国以来、否、帰国前からすでに私自身があらゆる政党政派に超越する立場をとろうとしていることを宣言したが、それは決してそれら諸党に対し高踏的態度をとろうとした意図からではなく、それら諸党を対象として民主主義擁護を目標とする民主人民戦線の結成のために私のささやかな分け前を貢献したいとの微衷から出たものにほかならなかつたのだ(9)。

これは、まさしく彼の本心であろう。大山は民主人民戦線実現を願っていたからこそあえて「政党政派に超越」しようとしたのであるが、彼によれば、それは社会党の戦線からの離脱によってその条件が失われ、拠るべきは共産党のみとなったのである。

しかし彼は、あくまで希望を失わなかった。彼の拠り所となっていたのは、「スターリンの平和攻勢」であり、「中共軍の大成功」そしてその影響とも思われる「日本共産党の著しい進出」であった[10]。さらには、「最近反発的に出現した世界平和擁護に関する諸般の運動の多くが今まさに白熱化の状態にあるということ」であった[11]。

そのような状況認識のもとで、彼は、一九四九年初めごろには、日ソ親善協会を全国的規模のものとして成立させるための活動にも、精力を注いでいた[12]。また、同年四月二〇〜二三日にパリで開催された世界平和大会には、大山も、民主主義擁護同盟の一員として、平野義太郎・堀江邑一らとともに招待を受け、二六人が大山を団長として参加すべくGHQに出国許可を求めたが、認められなかった。そのため、それと連携して、同月二五〜二六日に東京九段の東京家政学院講堂で平和擁護日本大会を開催し、約七五〇名が集まったと報告されている[13]。

しかし他方でそのような大山の立場は、帰国当初彼が宣言した「不偏不党」の立場と、さらには二大陣営に対する中立という二つの意味での「中立的」立場を喪失する方向に作用していく。それがより顕著になるのはほぼ一九五〇年以後のことであった。

一九五〇年になると、もっぱら彼の主題は、講和のあり方に絞られていった。むろん彼は、「将来も平和は不可避だ」という前提から出発するかぎり全面講和しかありえないとするのであるが、とりわけ注目されるのは、その論拠としてアジアの問題が浮上してきたことであった。彼は、「世界平和に対する我々の深き関心からも日本をアジア大陸の諸民族から——とりわけ、将来自国と益々親密な関係に立つべき必然性のあるソ連や中国や朝鮮から切り離すことをその目標の一つとしている単独講和説には、断乎として絶対反対を唱えるものである」と述べている。[14] またこのアジアへの視点は、十分とはいえないまでも、「日本は、アジア諸国を敵にまわして、侵略に侵略をかさねた」[15] という、日本のアジア侵略にたいする反省にも及んでいった。この点は、後述するように、その後彼が講和条約と日米安全保障条約に対する批判を重ねるなかで、徐々に深められていく。

一九五〇年六月四日の参議院選挙において、大山が京都民主戦線統一会議より立候補し、二〇一、五三六票を獲得して当選を果したのは、[16] 彼の民主人民戦線論の実践の一つにほかならなかった。

当時、昭電事件による幽閉生活を経て自らの復権を模索していた芦田均は、選挙前夜の五月二八日、京都府与謝郡宮津の国民学校で演壇に立ったが、「大山郁夫が来るといふのでその方へ人が集まつて入りは宜しからず」というありさまであったと日記に書き留め、さらに大山について次のような評価を与えている。

大山郁夫が国会で何ができるといふのか。京都府人の心裡は実に不思議といふ外はない。新しいものに喰ついて直ぐに飽る。軽佻浮薄の性格が現れてゐる。聞く処によると大山氏は夜十一時頃迄来なかつたが、満堂の聴衆は辛抱よく彼を待うけて喝采したそうだ。[17]

芦田のごとく現実的な政治改革を打ちだそうとしている者にとって、もやは大山は〝過去の人〟であり、運動のシンボル以外の何物でもありえなかったのであろう。これまで見てきたような大山の思想の変遷も、彼には「軽重浮薄」と映っていた。しかし、芦田のそうした評価とは裏腹に、実際に民衆の大山に対する支持は、大山に否定的評価を下す芦田でさえその点を認めざるをえないほど大きいものだったのである。

前述の参議院議員立候補は、多分に平和運動との関わりが強かった。やがて来る講和を前に単独講和か全面講和かをめぐって議論が高まるなかで、大山は、①日本が犯した世界平和攪乱の大罪を深刻に反省するならポツダム宣言、すなわち「完全非武装化の精神」を厳守すべきである、②ソ連およびアジア諸民族とりわけ中国・朝鮮との相互依存関係なしに日本国民が生きていく道はありえない、③中国・ソ連の「誠実性」への信頼、という三つの理由によって全面講和を主張した。[18] そうして一九五〇年二月二七日、前年の第一回世界平和擁護大会を受けて日本で結成された平和を守る会（同年八月に平和擁護日本委員会となる）の会長に就任する。同年一月に行われたコミンフォルムの日本共産党批判を契機に「民族独立」の意識が高まったことも大山に影響を与えていた。大山は連合諸国の反共反ソ政策がアジアにまで及んでいるとの危機意識を強め、それに対抗する必要からソ連の役割をさらに重視すると同時に、アジア民衆の連帯に目覚めていく。[19]

また、これまでの大山の発言からもすでに明らかではあるが、彼は、「日本が社会主義建設を目標として進むといつても、今のところではどこからも干渉できないような状態になつている。ところが単独講和となれば、もちろん日本は資本主義の世界に復帰することになり、資本主義の世界に結びつけられてしまう」[20]と述べており、彼の全面講和論は、社会主義建設と不可分であった。それが、平和問題談話会のような広範な人々の結集を不可能にしていたことはいうまでもない。

ソ連は大山にとって、理想の国家であった。彼は次のように述べている。

いうまでもなく、現在、ソヴェートは、社会主義社会の建設から、さらに共産主義社会への移行を期し、独占資本の手中にではなく、全勤労人民大衆の手に、千斤老人民大衆の中から生みだされたあのぼう大な原子力をにぎり、それを平和産業に利用することによつて、人民大衆の生活をより豊かならしめるがために、あるいは、オビ、エニセイ河の進路を変え、あるいは、コーカサスやアルタイ山脈を切り開き、かくして、新しい経済的環境を創造し、はたして、人類の経済的能力というものが、どれほどすばらしいものであるか、人類が人類を幸福ならしめる力が、どれほど偉大な輝しいものであるかを実証している、まさにその国なのであります。(万雷の拍手)そしてかかる偉大な世界史的事業を行いつつある社会主義諸国が、他の国にたいして、侵略しようとは、まつたく想像だも《ママ》できないことなのであります。(21)

このようにソ連を正義を体現した理想的国家と見なす一方で、彼は、自らの立場が「反米的」と評されることについて、ウォーレスの率いる進歩党との一致をあげながら、「アメリカにもそしてまたソ連にも、われわれは同じような態度でのぞんでいる」と反論する。また、共産党との関係については、「いまわれわれの唱えている民主戦線は、従来のイデオロギーを超越し、民族独立、世界平和の点において、われわれと意見が一致するものなら自由党、国民民主党など保守派の人といえども、これを喜んで迎えるという超党派的な立場をとつている。従つて、志を同じくするものならば、共産党ともまた喜んで提携する」(22)という姿勢を保っていた。

朝鮮に対しては、自ら「われわれは朝鮮にたいしても、イデオロギーという問題を超越して、朝鮮民族を朝鮮民族としてみて、それにたいして心からの友情を贈るのは当然であって、このさい、国民は、南にあるいは北によって、同情を示す態度をとるべきでは断じてないと考えるのであります」と述べていた。中国に対しても、国民政府であれ中共政権であれ、同様の態度でなければならないとするものであった。(23)

こうして少なくとも主観的には「二つの陣営の平和的共存」(24)をめざして全面講和を説いてきたにもかかわらず、一九五一年一〇月一〇日の臨時国会において単独講和と安保条約が可決されたことは、彼に大きな失望を与えたと考えられる。それは、彼が帰国当初に公刊した自著『日本の進路』を引き合いに出しつつ、自らの今後の仕事を「「日本の進路」の再吟味」(25)と称したことからもうかがえる。「これは端的にいえば、かつて六年前にあのポツダム宣言が、われわれ日本国民の前に掲げた輝かしき諸原則が、少くとも一時的にふみにじられたことを意味するものであり、同時にわれわれがそのポツダム宣言の激動の下に大いなる希望をもつて立ち向つた平和と文化と民主主義の郷土としての祖国日本の建設のための基礎工事がまだできあがりもしないうちに、少くとも一時的に崩壊したことを意味するものの如くである」と述べるように、彼は「一時的現象」という留保をつけ、「敗北の中からの勝利」を訴えているとはいえ、ポツダム宣言に謳われた精神がもはや、抵抗の砦として効力を持ちえなくなったことを認めざるをえなかった。(26) それに代わって、そうした「人類の理性・世界の良心に交渉をもつ」ものとして彼が希望を託すことができたのは、やはり、「ソ連のスターリン首相の口から出た世界における二つの陣営の平和的共存の可能性に関する立言」や、「二つの世界の間の戦争の不可避論を否定する声明」、そして「この頃になつて特に益々広汎なる世界的規模において行われだしてきている世界平和評議会の指導下の平和運動において、世界の平和愛好的大衆に提出されているところの、世界の五大国間における平和条約の団結促進ならびに世界的軍縮および原爆使用の禁止等々に関する提案」などであった。(27)

大山がもはや「不偏不党」ではありえないことを世にいっそう強く印象づけたのが、翌年一二月一二日の国際スターリン平和賞受賞であった。受賞にあたって大山自身は、「二つの陣営の平和的共存を主張して来た人の名において、与えられた」のであり、「この賞が、こういう(ファシズムに対し、平和のために闘った者に与えられる――引用者)性質のものである以上、それがいわゆる二つの世界の、何れの側から来たものであるとしても、われわれは喜んでそれをうけなければならないものであると信じます」(28) と断言して憚らなかったが、前述のコールグローブにしても、在米中、日本共産党との共同戦線を否定していたにもかかわらず共産主義者の支持を得て参議院議員に当選し、さらに占領軍批判のかどで逮捕されたために募っていた大山への不信感が、このスターリン賞受賞によって決定的となったのであった。

コールグローブと大山の友好はこの間途絶えていたわけではなく、一九五〇年秋ごろから翌五一年春にかけて、すなわちちょうど大山が糖尿病を患って東京大学病院に入院しているときに、両者の間で取り交わされた手紙、および柳子がコールグローブの妻に宛てた書簡が現存しており、それらから交友関係が継続していたことをうかがい知ることができる。それらの書簡によれば、大山は、かつて自分の学生であった植田清次や吉村正が渡米するにあたって彼等を紹介したり、あるいはコールグローブのために『原敬日記』などの日本の文献を送ったりしていた。またコールグローブも、大山が長期入院をしていることを知り、嵩む医療費の負担を軽減するために送金を行っている。(29)

しかしながら、それからまもなく大山が国際スターリン平和賞を受けたことは、コールグローブとのそうした信頼関係を決定的に崩壊させてしまった。コールグローブは、一九五二年一月二九日、ワイルドに宛てた長文の手紙で、「この数年、私自身にとって大山教授は、失望と悩みの種です。彼がスターリン平和賞を受けたことは、彼の日本帰国後のいやな出来事の極致をなしています」と述べている。コールグローブは、そもそも大山を庇護するようになった経緯、そして自分がいかに在米中、大山のために献身してきたかを詳細に述べる一方、帰国後、しだいに大山の行動が不信を呼び起こしてきたことも語っている。後者の点に関して、まずコールグローブが驚いたのは、社会民主主義政党と日本共産党の共同戦線を否定していたはずの大山が、一九四八年、その活動を開始し、占領軍批判のかどで逮捕されたことであった。さらには一九五〇年には、共産主義者の支持を受けて参議院議員に当選したこと、そして今回の受賞と、コールグローブの衝撃は続いた。また、大山がコールグローブとの約束や、療養中に受けた経済的援助にもかかわらず、『憲法精義』の翻訳を完成していないことも、不信と怒りの原因となっていた。コールグローブは、「私は今でもやはり、大山教授が共産主義者であると信じることはできません。彼はナイーヴな日本人教授で、たいへん不幸なことに共産党に利用されてきたのだと私は思うのです」と婉曲な表現をとりつつも、失望の念をかくしえなかった。[30] 換言すれば、大山が共産党と協力関係にあることは、それほどに意外であり、かつとうてい許容しえないことだったのである。

コールグローブは一九五〇年には、「反共中国を援助することによりアメリカを防衛する委員会」の理事会をも担い、[31] 反共的立場をより鮮明にしていた。一九五二年にはノースウエスタン大学を退職して名誉教授となり、その後はクイーンズ大学教員、ニューヨーク市の財政政治教育研究所所長（一九五四〜五八年）、ロング・アイランド大学C・W・ポスト・カレッジの歴史学及び政治学の教授（一九五九〜一九六九年）を経て、一九七〇年より大統領職の研究のためのセンターの上級研究員となっている。[32]

このようにコールグローブは、不幸にしてこの段階に至って初めて、自己と大山の政治的立場には大きな隔たりがあることを認識せねばならなかったのである。そのような誤認が長くなされていた原因は、一つにはすでに見たように、渡米以前の大山を、あまりに自己ないしはアメリカの立場に引き付けて評価し、戦前の共産党との対立を過大にみなしてきたことに起因していよう。さらには、大山自身もまた在米中は、前章で見たように、質問を発する側の誘導があったであろうことも否定できないが、新労農党時代に共産党から批判された体験が生々しかったこともあって、共産党批判の側面をかなり全面に押し出していた。ところが帰国後は、折からの「逆コース」の進行のなかで、共産党の運動の必要性を認め、再びそれに接近していったのであり、大山自身の政治的位置が変化していったことも否めない。たしかにコールグローブならずとも、大山の共産党認識については、第三者にとって理解がきわめて困難ではある。

そのころから大山は、政治活動においても日本共産党との距離をいっそう縮めていく。同年九月に日本共産党が行った左派社会党・労農党に対する行動統一の申し入れについても、共産党を支持する談話を発表しており[33]、日本共産党大平和祭りなどの組織的活動への積極的参加が目立った。ただし大山の場合はあくまで民主連合政権を追求しており、共産党に対しても合法主義を貫いてその牽引車の役割を果たすことを期待するものであって、ここにおいても戦前の労農党時代と同様、変革構想においては共産党との間に本質的な相違を孕んでいた。しかしながら表面的主張においてはほぼ一致を見、「不偏不党」もほとんど党員ではないという意味しか持ちえなくなっていった。

その一方で、先にもふれたように、講和条約と安保条約を批判するなかで、大山がしだいにアジア民衆、とりわけそれを日本の戦争下の侵略と重ねつつ視野に入れるようになったことにも留意せねばならない。彼は、「日本国との平和条約」中の、戦争期間中日本にあった諸国家ならびにその国民の財産と権益の処理を定めた第一五条は、「意識的に、一九四一年一二月七日以前の中国人民の独力による抗日戦争の時期を完全に抹殺している」ことを指摘した上で、次のように述べる。

> いうまでもなく、一九三一年勃発の満州事変以来、とくに一九三七年勃発の日華事変以来、日本の軍国主義からの最も重大な損害を受けたのは、外でもない中国人民であつた。それにも拘わらず、平和条約はこの事実に一顧をも払つていないのだ[34]。

そうしてその視点は、「不戦アジアの誓い」という論文として結実する。彼によれば、講和条約とその付属協約に反対するのは、第一に、「ソヴエト《ママ》・中国・印度等、世界政治における今日の指導勢力であり、また日本と密接な関係を有するアジアの大国である国々が除外されるような対日講話の方式は、世界平和の原則に根本から相反し、新戦争挑発の極めて危険な要素となるから」であり、第二に、「それが、共産主義侵略からの防衛という悪意ある前提を名として、日本をアメリカの軍事基地たらしめようとする意図の現われであり、そのために日本はアメリカに対して全くの隷属状態におかれ、民族の独立が著しく脅かされ失われるから」であった。彼は、日本国民は、かつての日本帝国主義がアジア近隣諸国に侵略し、「殺傷・暴行・略奪をほしいままにした非人道的暴挙」について「国民全体として深い悔恨の気持を抱いている」という。[35] さらに、そのことを「まったく後悔してアジア人との提携を願」う彼らは、「朝鮮・中国の兄弟姉妹や、その他アジア全土の諸民族と提携して、生きるも死ぬるも、倒れるも立ち上るも、どこまでも運命を共にしようと願つている」とすら述べる。そうしてそのような「アジアの偉大さ――底の知れぬその偉大さ」ゆえに、それを脅威と感じ、敵対しようとする「ヨーロッパやアメリカの帝国主義者たち」によって「アジアの共産主義」との闘いが挑まれることとなるという。[36]

少なくともこれまで、大山の視野にアジア民衆はほとんど入っていなかった。[37] それが一転して、当該時期にアジアへの視点の重要性を認識するようになり、それとほぼ併行して、日本のアジアに対する加害責任も自覚されるようになっていったと考えられるが、大山の論稿に見る限り、その転機となった要因は明確には見出しえない。むしろ社会主義への関心の深まりが、中国・朝鮮民主主義人民共和国へと目を向けさせ、そこから帝国主義の犠牲となったアジアの存在が浮かび上がってきたと考えられよう。

大山によれば、「二つの世界の対立」は次のような構図のもとにあった。すなわち、「その一つは、この両体制の平和的共存ないし協力は両側にその意志があり、それを目的とした諸協定を誠実に厳守し、各国家間の平等を認め、内政不干渉主義を厳守するという原則を確立する――こういう条件の下では、全く不可能であるという見解であ」り、「他の一つは、特に二つの世界の平和的共存は不可能だと明言はしないが、現実の諸政策の結果をみると、明らかにその可能性の否定を前提にした立場である」。[38] このように対立を理解するとき、前者がもっぱら正義を体現していることとなり、両者の架橋の余地は生まれないことになる。

あるいはまた彼は、自分は「お《ママ》くまで私自身の理解しておる意味での純正の民主主義の立場に立って物を言っている」ことを明らかにした上で、「むろん私自身が理解している意味での純正の民主主義は、今日なおブルジョアジーの支配の下に存続する各資本主義国家の支配階級が「民主主義」として全面に押し出すよ《ママ》になってきている種類のそれとは絶対に両立することが出来ない」という。(39) 彼によれば、「戦争の防止・平和の維持」を可能にするのは、自らの拠って立つ「純正の民主主義」しかありえなかったのである。

こうした運動のあり方にまったく反省がなかったわけではない。彼は死の一年前の一九五四年、日本の平和を守る会から平和擁護日本委員会に至る運動を振り返って次のように述べる。

> その後におけるわが平和委員会の運動方針のなかには、ややもすれば、左翼尖鋭的な色彩が強すぎ、大衆運動としての路線から浮きあがるきらいのあつたことは、おおうべくもない事実であつた。平和への熱望は、いうまでもなく、イデオロギーや政党政派をはるかに超越した、全人類共通の純粋にして崇高な念願である。したがつて、単なる一党一派の利害や宣伝のための道具に使われるようなことがあつてはならない。(40)

日本のマルクス主義政党すなわち日本共産党と左派社会党は、出発当初から、平和運動を階級的基盤に立つべきもの、あるいは階級闘争の一環とみなすべきものとする傾向が強く、その固有の意味を、革命運動との関連において認めた上での説得的な整理がなされていなかった。(41) この大山の反省は、そうした状況下の運動のあり方を少なからず映し出したものであったといえよう。しかし、そのような反省が以後の大山の運動のなかに十分に生かされたかというと、必ずしもそうとはいえず、「イデオロギーや政党政派をはるかに超越した、全人類共通の純粋にして崇高な念願」を実体化するための具体的な営為が示されていないために、空虚な提言にとどまらざるをえなかった。彼にあっては、「ブルジョアジーの支配の下」にある者が、人民民主主義の側に立つようになってはじめて、それが実現されるとするもので、階級的立場に還元する思考様式から一歩も踏みだしてはいなかった。

晩年の大山は、一九五三年五月から一二月にかけて、スターリン平和賞受賞式出席を兼ね、東欧・ソ連・中国・朝鮮民主主義人民共和国等を訪問したのをはじめとし、一九五五年にも世界平和評議会の要請で東欧・ソ連・中国等を訪れており、平和運動における象徴的役割を果たした(42)。大山自身も中国・朝鮮民主主義人民共和国・ソ連という社会主義国を訪問するなかで、「人民民主主義の優秀性」と国民の信頼に支えられた指導者の姿を見てとり(43)、冷戦の原因について「障害はまつたくこちら側にあります(44)」という確信に逢着していったのである。

「人民民主主義の優秀性」という点については、「国民の生活は、安定と向上の軌道に乗せられている」と評され、それは「どの（人民民主主義の――引用者）国においてもみられる国民の指導者への信頼」に表れているという。なかんずくその点については、このように述べる。

> ベリヤ《ママ》のような問題が起ると、ああいうことがあるのはすべての社会が過程の上にある以上やむを得ないだろうが、しかしそれが全く正しく取扱われたと判断すると、労働組合とかあるいは平和委員会の支部とか、あるいは学術団体とかどこでも決議をして幹部の決定の正しさを支持している。こういう有様をたとえばバートランド・ラッセルみたいな人が見ると、幹部が権力でむち打つて従わせているように見るのだろうが、そうではなくて、大衆の正しい判断と信頼の上になされているのだということを、いろいろの例ではつきり知ることができた(45)。

これまでにも見てきたように、そもそも国家への自由を求めてデモクラットとして出発した大山には、国家からの自由に対する認識は希薄であったが、ここでもさらに、日本政府に対する失望や憤りの強さに比例して人民民主主義への憧憬の念が高まり、ますますもって、社会主義国家権力に対するチェック機能の観点は、弱められていったといえよう。

とりわけ大山は、その間の七月九日にスターリン平和賞授与式に臨み、そのあと同月二二日には、ソ連のモロトフ外相と会談する機会をもったが、そのときのソ連やモロトフ個人に対する好印象が、いっそうそのような認識を確かなものにしたと考えられる。その際に、ソ連に抑留されている日本の戦犯の問題にしても、モロトフから日ソ両国赤十字社間の協力によって刑期を終えた者の送還を行うことをうかがわせる発言が行われ、その後まもなく第一回戦犯送還が実現したことから、「とにかく戦犯問題に関してさえ、そういうことがいえるとすると、両国民が善意をもつて事にのぞむかぎり、両国間によこたわる諸問題のうち、両国間の外交関係の正式な回復を待たずして、処理できるものが相当に多い(46)」という楽観的展望を示した。

また大山は、一九五四年八月に開催されたストックホルムでの世界平和大集会でアジア問題の重要性が認識されたこと、さらにその翌月インドシナ戦争が終結されたことによって、「わたくし自身はアジア問題への益々強い関心の中へ引き摺り込まれるようになつてきていた自分自身を見た(47)」と語る。

しかしそれからまもない一九五五年一一月三〇日未明、大山は硬脳膜下出血のために自宅で七五歳の生涯を閉じた(48)。彼は、この年四月から、妻とともに、世界平和評議会書記局の要請を受けて、ヨーロッパに講演旅行に出かけ、途中、インドのニューデリーに立ち寄ってアジア諸国会議に出席し、東欧を回り、六月下旬にはヘルシンキ世界平和愛好者大会に出席して演説を行ったあと、モスクワ・中国を経て八月三日に帰国するという長期の旅行をこなした。その後も、すぐに京都の原水爆禁止京都大会、広島での原水爆禁止世界大会に出席したが、体調を崩して京都と東京で入院生活を送った。一〇月二二日、いったん全快して退院し、活動を再開したが、一一月一八日、京都の同志社大学で「時局と学生」と題する平和擁護の演説を行ったのが最後で、[49] 同月二〇日、すでにみまわれていた頭痛をおして、京都平和擁護委員会・京都大山会のメンバーと市内の曼珠院で紅葉を鑑賞し、翌日帰京してそのまま病の床に伏し、帰らぬ人となった。[50]

一二月八日、その晩年にふさわしく早稲田大学大隈講堂で平和葬が行われ、大山は運動の同志や多くの支持者たちに送られた。[51]

(1) 前掲「日本民主革命の再検討」二九頁。
(2) 「平和のために」(『われらの仲間』第七号、一九四九年四月)三頁。
(3) 「総選挙とその後の民主戦線」(『労働評論』一九四九年三月)五頁。
(4) 同右、八頁。
(5) 前掲「民主人民戦線への展望と文化人群の当面の任務」四頁。
(6) 前掲「総選挙を顧みて」六八頁。
(7) 同右、七〇頁。同様の趣旨は、〈時評言〉「社会党の再建プログラム」(『中央公論』一九四九年六月)においても述べられている。
(8) 〈時評言〉「「法治国家主義」の茶番劇化」(『中央公論』一九四九年九月)六九〜七〇頁。
(9) 前掲「社会党の再建プログラム」五五頁。
(10) 〈時評言〉「ロイヤル長官の置土産」(『中央公論』一九四九年四月)五九頁。
(11) 〈時評言〉「北大西洋同盟と日本の平和的将来」(『中央公論』一九四九年五月)六〇頁。
(12) GHQ/SCAP、一九四九年一月二五日、日ソ親善協会準備会より中村繁宛書簡。
(13) 同右、一九四九年三月三〇日、キクチ(民主主義擁護同盟)より赤旗編集局への電話。同、一九四九年四月一〇日、大山郁夫よりジョリオ・キュリー宛書簡。同、一九四九年四月二六日、クロカワ（赤旗編集局）より連合通信への電話、及び「年表」（前掲『平和運動二〇年運動史』）三〇頁。なお大山は、世界平和擁護大会に宛てて、祝電を送っている（GHQ/SCAP、一九四九年四月一八日の電報）。

(14)「何故に全面講和を支持するか」（部落解放全国委員会機関紙『解放新聞』第二一号、一九五〇年一月一〇日）二頁。

(15)〈大山郁夫平和問題パンフレット第一集〉『世界平和と民族独立』（一九五〇年四月、大山門下会編）一六頁。

(16)『アカハタ』一九五〇年六月六日。一九五〇年に入って大山は、後述するように日本社会党再建運動を支持したり、日本社会党・日本共産党・労働者農民党三党の提携を説いたりしており、そうした動きの上に、大山を核に据えて民主民族戦線を結成しようとの要求が湧き起こり、大山はそれに応えるべく、全国無所属で参議院議員に立候補する旨の声明を発表した（同右、一九五〇年二月二四日）。同年四月一日には、大阪中之島公会堂において「大山郁夫氏をかこむ三党懇談会」が開催され（同右、一九五〇年四月六日）、さらに四月二二日には、参議院会館に約七〇名の政党関係者・知識人が集い、大山郁夫平和運動後援会が結成されるが、その際に野坂参三より参議院選挙出馬を要請され、大山は正式に快諾したという(同右、一九五〇年四月二四日)。ちなみに京都大学同学会も、四月二六日、大山支持を決議している（同右、一九五〇年五月三日）。

(17) 新藤榮一・下河辺元春編『芦田均日記』第三巻（一九八六年、岩波書店）二八九頁、一九五〇年五月二八日の条。

(18)「世界史への試煉――講和問題と国論統一のあり方」（『評論』一九五〇年一月）。

(19) 大山は占領軍批判のかどで逮捕されたあと、「私の老齢の最後の奉仕を日本の大衆、アジアの大衆、世界、全人類のためにつくしたいと思つている」と述べ（前掲「占領下の言論の自由」四九頁）、次いで翌年にも、朝鮮戦争勃発を機に、「われわれには一様にきわめて親しい間柄にある隣りの民族がいま無上の国民的悲劇の下に呻いている」ことに言及している（「世界平和と日本民族の使命」・『改造』一九五〇年一月、一七頁）。

(20) 〈座談会〉「戦争よさらば」(岩淵辰夫・大山郁夫・志賀義雄)(『新週報』第二〇号、一九五〇年三月一五日)二八頁。
(21) 前掲『世界平和と民族独立』一五頁。
(22) 〈日本共産党と私の立場〉「民族独立と世界平和のために」(『日本週報』一九五〇年五月一五日)一五頁。
(23) 「わたしの訴え」(『新しい世界』一九五〇年九月)七〜八頁。
(24) 「スターリン首相に寄す」(『改造』一九五二年三月)六三頁。
(25) 「日本の進路を憂う――当面の国際政治的新環境下の一課題として」(『改造』一九五二年一月)三一頁。
(26) 同右、三九〜四〇頁。
(27) 同右、四三頁。
(28) 前掲「スターリン首相に寄す」六三頁。
(29) これは『憲法精義』の翻訳料を前払いしたものと思われる(「文書」一―一四―四―九五〜一〇六)。
(30) 「文書」一―一四―四―一一二〜一一五。
(31) 「文書」九頁。
(32) 同右、二頁。
(33) 『アカハタ』一九五二年九月二一日。
(34) 前掲「日本の進路を憂う」三五頁。
(35) 「不戦アジアの誓い」(『潮』創刊号、一九五二年六月)八〇頁。
(36) 「私はこうみる」(『中央公論』一九五二年七月)九〇頁。
(37) 吉田裕は、日本が行った戦争の侵略性や日本人の対アジア責任の問題を直視することを妨げる精神的土壌が存在し続けてきた要因を、吉見義明の研究を援用しながら、「『帝国』意識」の根深さ」、すなわち「具体的にいえば、中国・朝鮮人の自治能力や抗戦力に対する過小評価、戦争の侵略性に関する認識の欠如、アジアに対する優越意識や帝国主義的な勢力圏思想の存在、等々」に求める(吉田前掲『日本人の戦争観』五二〜五三頁)。大山においては、それらに該当する発言は見当たらないが、強いていうならば、戦前においては、マルクス主義も含めて西欧中心主義的な見方から脱しておらず、アジア民衆の主体性を認識する視点は弱かったといえよう。

(38) 同右、八七頁。

(39) 「平和戦線の拡大強化のために――二大選挙にのぞんで」(『前衛』一九五三年四月)二五頁。

(40) 「モロトフとの〝五〇分〟」(『日本週報』一九五四年一月一五日)四頁。ただし大山はそれを否定的にのみとらえているのではなく、「だが、平和委員会に対するこのような大衆の批判と、委員会自体の反省とが、やがて平和運動をして正常な姿にたち帰らしめ得たことは、平和を願う国民大衆にとつてこの上もない幸いであつた」(同右)と結論づけている。

(41) 石田前掲『日本の政治と言葉(下)』一〇〇頁。

(42) その間の詳細は、『平和』臨時増刊号〈平和巡礼(大山郁夫夫妻帰朝報告)〉(平和擁護日本委員会・日本文化人会議編、一九五四年、大月書店)に詳しい。それは大山が、同行した妻柳子と淡徳三郎と談話したものを記者が文章化したものである。

(43) 「平和の使を果して」(『中央公論』一九五五年二月)二四頁。

(44) 「平和へ前進の年」(『アカハタ』一九五四年一月一日)。

(45) 前掲「平和の使を果して」二四頁。

(46) 前掲「モロトフとの〝五〇分〟」七頁。

(47) 「日本の平和とアジア」(『改造』一九五四年一〇月)七頁。

(48) 死亡当時は、脳血栓症と診断され、そのように報じられていたが(『朝日新聞』一九五五年一一月三〇日、『アカハタ』一九五五年一二月一日、等)、同日東京大学病院で解剖が行われた結果、死亡の主な原因は、硬脳膜の出血であったことが明らかとなった(『アカハタ』一九五五年一二月二日)。

(49) 『アカハタ』一九五五年一二月一日、及び『伝』三七四〜三七五頁。この間の大山の行程について、詳しくは黒川前掲「年譜」参照。
(50) 『伝』三七五〜三七六頁。
(51) 葬儀のもようは、『アカハタ』(一九五五年一二月八日)、及び『平和新聞』号外(一九五六年一月一〇日)に詳しく報じられている。

# おわりに

一九五五年に大山郁夫が世を去ってからすでに半世紀近くになろうとしている。

後半生を社会運動の指導者であり政治家としておくった大山には、生前大山と運動を共にしてきた人々や大山を師と仰ぐ人たちによって大山会が結成され、大山の残した功績の顕彰とその継承が行われてきた。生前からすでに、全集と銘打った大山の著作集（『大山郁夫全集』全五巻、一九四七〜四九年、中央公論社）が編まれ、死の翌年には大山郁夫記念事業会編『大山郁夫伝』（一九五六年、中央公論社）が刊行されて、大山研究の礎もきわめて早い時期に築かれてきた。その後も、研究者であり、民本主義のイデオローグであり、そして運動家であり政治家であった大山については、その多様な側面にそれぞれさまざまな人々の関心が向けられ、その成果が生みだされてきた。(1)

しかしながら、今から十年余り前に、「大山郁夫―民衆政治家の偉大と悲惨―」と題して大山の全体像を描きあげることを試みた堀真清が、そのなかで、「彼が死んで四半世紀もたたぬ今日、彼は早くも一般になじみのうすい存在となり、研究者間においても十分検討されないまま打ち捨てられている状態にある」(2)ことを嘆かねばならなかったように、大山郁夫の全体像を論じた本格的研究は、今もってない。彼の全生涯を対象にしたものとしては、前掲『大山郁夫伝』と堀のそれ、そして大山の生誕百年の際に書かれた蜷川譲「評伝」(3)の三点に限られており、なかでも、堀の作品は、大山の思想的変遷とその特徴を的確にとらえているが、紙幅に制約があり、全体像を知るための基礎的研究を築いたという点では、今もって『大山郁夫伝』に勝るものはない。一九八〇年代後半になって新たに『大山郁夫著作集』(全七巻、一九八七〜八八年、岩波書店)が刊行され、さらにその編者の一人でもあった藤原保信によって『大山郁夫と大正デモクラシー』(一九八九年、みすず書房)が書かれて、大山研究は第二期を迎えることとなったが、しかしそれらもともに一九二七年までの時期にとどまっており、あくまで大山の大正デモクラットとしての側面に限定して光をあてたものであった。

本書は、大山の全生涯を対象に据えたが、それは一つには、そのような研究状況を打開するという意味をもつと同時に、たんにそれのみならず、次のような内的動機によっている。

第一は、民本主義からマルクス主義へという思想の変化と、それに連動しての研究者から労農党の党首へという転身が、なにゆえになされたものであったかを明らかにしたいと考えたからである。

大山は戦後、一九二九年右翼のテロに仆れた労農党時代の同志山本宣治の『選集』刊行に寄せて、次のように述べている。

かつて一生物学者として研究室での仕事に没頭していた彼が、何故に次第に社会運動家として、殊に左翼の闘士として街頭に進出するに至ったか? この問題についても、何等の秘密がないように、私には考えられる。それは要するに、生物学の科学としての性質と彼の真摯な研究態度から来たものである。(4)

これは、大山自らの生き方にそのまま重ね合わされるものである。大山もまた一九二三年に彼が到達した、「科学の人生価値」は「社会的環境の改善」であるという結論に忠実に、「科学」の研究に従事する自らの当然のあり方として「街頭に進出」していったのである。

一九二〇年代から三〇年代を生きた知識人にとって、程度の差はあれ民衆運動といかに向き合うかということは、ほとんど避けて通ることのできない課題として眼前にあったのであり、その意味でも、大山のそうした転身にいたるまでの葛藤と、それを経由したのちの彼なりの意味づけを明らかにすることは、知識人のあり方を考える上からも重要な問題といえよう。

第二は、大山の思想が、少なくとも日露戦後から八・一五を経て戦後初期に至るまでの、近代日本社会の内包する諸問題のかなりの部分を体現していると考えられるからである。彼の思想的特徴は、藤原保信も指摘するように、(5)時局批判を行いながらそのときどきに有効な思想を自己のものとして採り入れていった点にあり、大山が戦前、あれほどに学生や労農運動に従事する人々から支持され、また戦後アメリカからの帰国の際にも、人々の多大な期待を集めて迎えられたのも、そのように民衆と課題を共有しながら、それに思想と実践の双方で答えようとしてきたからにほかなるまい。それは、福本イズムに代表されるように、戦前の、民衆に対するコンプレックスを抱えた「青白きインテリ」が、「労働者の単なる自然発生的な階級意識への追随ではなくて、プロレタリアートへの理論的体系の注入によって、これを真に革命的な階級意識にまで高めるということ、それこそ前衛的知識人の光栄ある課題だ」としてプロレタリアートの理論武装のために指導者意識を発揚させていった(6)ことと対照するならば、それとは異なる知識人のありようを提起したものとして評価しえよう。

第三は、大山が一六年間に及ぶアメリカ亡命という方法で戦時期をくぐり抜けたことであり、それは、日本の知識人の戦時下における特異なあり方として、興味深い問題を投げかけている。アメリカで敗戦を迎えた彼は、自ら「日本人意識」と称する自己の内にあるナショナリズムを再認識することとなり、一面でそれを原動力としながら、帰国後、再度運動に身を投じ、権力との闘いに挑んでいったのである。

そのような変転する大山の生涯において、終始一貫していたのは、「道徳」あるいは「倫理」という言葉を通じて民衆の共同性を希求し続けたことであり、それは、第一次世界大戦後に「社会改造の根本精神」と題して発表された論文のなかでいわれている、「民衆の自由なる協調」による社会を実現することにほかならなかった。またそれは、前述したように、知識人と民衆の世界をいかに架橋するかという課題との、彼の格闘の証でもあった。大山は本来オプティミスティックな人間観に立脚しており、したがって彼がいうところの「道徳」や「倫理」は、けっして民衆に画一的な価値観を強いるようなものではなかった。むしろそれとは逆に、彼においては、「道徳」「倫理」は権力的かつ画一的であることの批判として説かれ、その対極に位置するものとしてあったと考えられる。

日露戦後の「一等国」ナショナリズムから出発して、国家的結合を内側から維持することを目的とし、その手段のために国民の能動的精神を引き出すことに着目した大山であったが、噴出する民衆の諸要求を前に、しだいに、彼の目的は、もっとも虐げられた存在である労働者の人間性回復それ自体に変わっていく。そのための方法として試みられたのが、「民衆文化」論であり、群闘争説による政治学であったが、最後に彼が到達した唯物史観についても、個々人が「環境の奴隷」とならないための彼なりの理論的解釈が施されねばならなかったのであり、それが彼いうところの「無産階級倫理」なのであった。しかしそれ以後大山は実践運動の指導者として力を注がなければならなかったこともあり、これまでのような民衆の共同性を培うための学問の創造を行わなくなっていき、もっぱら既存のマルクス主義理論に依拠するようになっていった。

なおここで、このように彼が社会変革に関わっていく契機ともなった、彼のナショナリズムについて若干ふれておく必要があろう。彼もまた、〝民本主義と帝国主義〟という評価軸に照らしてみるならば、紛れもなく両者を併存させて思想的出発を遂げた一人であった。その後のマルクス主義への接近に伴って、彼のそうしたナショナリズムは後景に退き、労農党時代の「対支非干渉運動」に示されるように日本の帝国主義的侵略に反対する運動の一翼をも担うが、彼の視野にあるのは、前半生はもっぱら欧米であり、後半生は、〝模範国家〟としてのソ連であって、アジアに目が向けられるのは、晩年に近づいてからのことであった。それは、ソ連とならぶ社会主義国家としての中華人民共和国と朝鮮民主主義人民共和国への関心から、しだいに帝国主義の犠牲となったアジア全体に視野が及んでいったと見るべきであろう。

しかし戦後は、従来までの知識人のあり方では対応しきれないさまざまな課題が噴出していた。大山自身は、一六年にわたる亡命期間をはさんで、それ以前と思想の基本的枠組みが変わることはなかった。帰国当初の一時期は、戦争のあとに浮上してきた「国際政治道徳観念」や「人類連帯性の意識」に期待を賭けたが、それらの普遍的価値に彩られたスローガンの背後には、イデオロギー対立が孕まれていたのであり、[7]本文でも述べたように、大山の場合は、そうした状況を十分に見据えた上で、その克服を意図して主張されたものではなかった。それゆえ「逆コース」の進行とともに、「道徳」に依拠した制度の変革の可能性は乏しいことが顕わになるにつれ、大山の攻撃の矛先は、独占資本や帝国主義といった「外部」の敵に向かい、いっそう一九二〇年代後半の労農党時代の権力批判の方法へと回帰していったのである。

一方では、新たに台頭した知識人集団によって、大山ら戦前以来の運動の指導者からオールド・リベラリストまでを含む知識人を乗り越え、そのような状況に突破口を開くべく、「近代的思惟」にもとづく「自由なる主体」を確立させるための知的営為が開始されていた。その最先端を担っていた丸山眞男は、「もとより、日本の直面している事態は、近代的自由の正統的な系譜をあらためて踏みなおす事で解決される様な単純なものではない。「自由」の担い手はもはやロック以後の自由主義者が考えたごとき「市民」ではなく、当然に労働者農民を中核とする広汎な勤労大衆でなければならぬ。しかしその際においても問題は決して単なる大衆の感覚的解放ではなくして、どこまでも新らしき規範意識をいかに大衆が獲得するかということにかかっている」(傍点―引用者)と述べて、すでに戦前の延長線上にある運動のあり方の克服を提起していた。[8]

しかしながら大山においては、依然民衆の「道徳力」に対する絶対的信頼が保持されており、それが大前提となっていたために、本来当該時期に重要な課題であったはずのそうした精神革命の問題を不問に付したまま、もっぱら制度革命に挑んでいくこととなった。それゆえ平和運動においても、大山が果たしえなかった「鉄のカーテン」の両側からの克服という課題を平和問題談話会が提起したように、戦後に噴出してきた新たな思想的課題は、「悔恨共同体」と称される次世代の知識人による知的共同体に託されたのである。[9]

再度ここで確認しておくべきは、それら「悔恨共同体」に属する人々は、その命名のされ方それ自体に明らかなように、戦時下という「過去の根本的反省」から出発していたのであり、一九三二年の時点でアメリカに発った大山にあっては反省すべき過去をもたず、一九三二年までの運動は輝かしい軌跡として記憶され、その延長線上に戦後の運動が再開されていたという点である。しかしその点をふまえてもなおかつ、すでに見たように大山には民本主義者として出発した当初から国家からの自由という観点は弱く、その点を補って余りあるものがない限り、戦後にあっては、第一線からの退場を余儀なくされる運命にあったといえよう。

今日、しばしば「知識人の終焉」がいわれる。[10] しかし、かつて丸山が福沢諭吉について、「ある意味では明治期の思想家のなかで今日彼ほどかつがれながら彼ほど理解されなかった、したがって本当の意味では、私達の思想に影響を与えていない人は少いような気がします」(傍点―原文)と述べたように、[11] 丸山が福沢研究を通じていわんとした「主体的自由の精神」はいまだけっして日本の社会に根づいていない。そのような状況を鑑みるとき、エドワード・W・サイードが、「あらゆる人間は、自由や公正に関して世俗権力や国家からの適正なふるまいを要求できる権利をもつこと。そして意図的であれ、不注意であれ、こうしたふるまいの基準が無視されるならば、そのような侵犯行為には断固抗議し、勇気をもって闘わねばならないということ」という「普遍性の原則」に則って、知識人が「公衆に向けて、あるいは公衆になりかわって、メッセージなり、思想なり、姿勢なり、哲学なり、意見なりを表象《レプリゼント》＝代弁したり、肉付けしたり、明晰に言語化できる能力」を有する必要があることを説き[12]、また加藤節が、一面でそのサイードの主張に拠りながら、「戦後日本の出発点を飾った理念の空洞化が進む現在の状況下にあって、それと批判的に対峙しようとする知識人層が言論界の表舞台から姿を消しつつある」状況に警鐘を鳴らし、知識人の責任はかえって強まっていると主張している[13]ことに、私も同意する。とりわけ思想・信条の自由に対する国家による抑圧が強められ、戦前の「国体」の幻影を想起させるような状況すらみられる今日にあって、近代的思惟の獲得は緊要な課題であり、その視点をもって自らの研究に向かいたいとの思いを強くする。

(1) それらについては、『大山郁夫〔評伝と回想〕』（一九八〇年、新評論）の巻末に紹介されている。
(2) 堀真清「大山郁夫—民衆政治家の偉大と悲惨」（『近代日本の思想』第三巻、一九七八年、有斐閣新書）一五三頁。
(3) 前掲『大山郁夫〔評伝と回想〕』所収。
(4) 「序文」（大山郁夫監修、安田徳太郎・山本英治編『山本宣治選集』第五巻〈闘争録〉、一九四八年、新興出版社）四頁。
(5) 藤原は、大山の思想の「自己克服の過程」は、「たとえば河上肇のように、絶えざる自己反省のもと、論理的につきつめていく求道者的なそれではなかった。むしろそれは「状況」の変化に対応しつつ、その状況をもっともよく説明し、そこで提起されている問題を解決するためのもっとも有効な論理を求めての柔軟なプラグマティックなそれであった」と述べる（藤原前掲『大山郁夫と大正デモクラシー』二四二～二四三頁）。それがゆえに藤原は自著の「あとがき」のなかで、「本書（『大山郁夫と大正デモクラシー』をさす―引用者）は、このような大山の大正期の思想をできるだけ忠実に再現したものである。もしヘーゲルのいうように、思想研究の課題が、たんなる外在的な評価をこえて、著作に内在しつつそれを理解し、理解と批評とを結合してその叙述を生みだすことがあるとしたならば、本書は理解にはいたっていたとしてもなおも批評と評価において十分でないといえるかもしれない」（同上書、二五一頁）との反省の辞を述べている。同書に対する私の不満もその点にあり、本書では社会状況との関わりのなかに大山の思想を位置づけるという点に力点をおいて論じることに努めたつもりであり、そのような理由から、藤原がほとんど採り上げることのなかった大山の短文の時論（前掲『大山郁夫著作集』（全七巻）にもそれらは収録されなかった）にも注目した。

（6）丸山眞男前掲論文「近代日本の知識人」一〇五～一〇六頁。

（7）敗戦直後の時期が、イデオロギー政治の時代であったことの指摘は、赤澤史朗「戦中・戦後文化論」（『岩波講座日本通史』第一九巻、一九九五年、三一四頁）になされている。

（8）丸山眞男「日本における自由意識の形成と特質」（『帝国大学新聞』一九四七年八月二一日、丸山『戦中と戦後の間』一九七六年、みすず書房）三〇五頁。敗戦直後の丸山の評価については、飯田泰三「10「戦後」初発点における丸山眞男」（同『批判精神の航跡―近代日本精神史の一稜線』一九九七年、筑摩書房）から示唆を得た。

（9）丸山前掲「近代日本の知識人」一一四頁。

（10）ジャン＝フランソワ・リオタール著（原田佳彦・清水正訳）『知識人の終焉』（一九八八年、法政大学出版局）はそれを象徴するものの一つである。なお、坂本多加雄『知識人―大正・昭和精神史断章』（一九九六年、読売新聞社）では、終章の表題が「「知識人」の終焉？」となっており、いまだ「終焉」に疑問符をつけて明確な結論を出すにはいたっていない。そこでは「知識人」は「大衆」と混交するにいたり、もはや「「専門家」と「大衆」といった区別の方が有意義になろうとしている」といい、そのうえでの「新たな知の営みの可能性」は、「「物語」を通しての私たちの伝統―本来の「思想」の回復」のなかにあるという（三四七、及び三五八頁）。
(11) 丸山眞男「福沢諭吉の考え方」（『図書』一九五八年一一月、〈河出人物読本〉『福沢諭吉』一九八四年、河出書房新社）一二頁。
(12) エドワード・W・サイード著（大橋洋一訳）『知識人とは何か』（一九九五年、平凡社）三三頁。
(13) 加藤節『政治と知識人―同時代史的考察』（一九九九年、岩波書店）一七～一八頁。

# あとがき

本書は、これまで発表してきた論文を一部もとにしながら、新たに全体を再構成し、大幅に書き改めたものに、新稿を加えてでき上がったものである。各章のもとになった論文を以下にあげておく。

第一章

第一節・第二節　「大山郁夫の生誕・幼少年時代・初期著作について」（早稲田大学現代政治経済研究所『研究ノート』第三号、一九八五年六月、藤原保信との共著）、「日露戦後の大山郁夫」（『日本歴史』第四五七号、一九八六年六月）、「大正デモクラットにおける道徳主義と社会的使命感の形成」（『民衆史研究の視点―地域・文化・マイノリティ―』（一九九七年、三一書房）、をもとに改稿。

第三節　書き下ろし。

第二章

第一節　「大山郁夫の民本主義思想」（早稲田大学文学研究科『紀要別冊』第一二号、一九八六年一月）、「大山郁夫における政治的デモクラシーと「文化国家主義」の提唱」（上）（下）（国士舘大学『政経論叢』第八五・八七号、一九九三年九月・一九九四年三月）、をもとに改稿。

第二節　書き下ろし。

第三節　「大山郁夫研究―社会的デモクラシーの受容と民衆的立場への接近―」（国士舘大学『政経論叢』第七二

号、一九九〇年六月）をもとに改稿。
第三章
　第一節「大山郁夫における「社会改造」宣言と「民衆文化」論」（上）（下）（国士舘大学『政経論叢』第七四・七五号、一九九〇年九月・一九九〇年一二月）、をもとに改稿。
　第二節「大山郁夫における「科学としての政治学」の成立」（国士舘大学『政経論叢』第七七号、一九九一年九月）をもとに改稿。
　第三節　書き下ろし。
第四章
　第一～六節「大山郁夫の無産政党論」（上）（下）（『民衆史研究』第四七・四八号、一九九四年五月・一九九四年一一月）をもとに改稿。
　補論「五、『マルクス・エンゲルス全集』刊行計画とその挫折」（『大山郁夫関係資料について―大山家寄贈資料を中心に―』一九八九年、早稲田大学現代政治経済研究所）に字句修正の上、転載。
第五章
　「六、アメリカ亡命」（前掲『大山郁夫関係資料について』）をもとに、大幅に改稿。
第六章
　「大山郁夫―「国際政治道徳観念」の希求」（峰島旭雄編『戦後思想史を読む』一九九七年、北樹出版）をモチーフとして、書き下ろし。
なおこれら以外にも「評伝大山郁夫―道徳主義デモクラットの軌跡―」（一）～（一三）を東京自治問題研究所

『月刊東京』（第一五四～一七六号、一九九五年一二月～一九九七年一二月）に連載し、それが一部もとになった箇所もある。

大山郁夫研究は、私が早稲田大学大学院博士後期課程在学中に着手したもので、以来、由井正臣氏、鹿野政直氏、安在邦夫氏には、ゼミでの研究報告等の場をはじめとし、ご指導をいただいてきた。

また、一九八五年に藤原保信氏から早稲田大学現代政治経済研究所の大山郁夫研究プロジェクトにお誘いいただき、研究上有益なご示唆をいただいた。氏は、常々早く研究を本にまとめるよう激励してくださったが、一九九四年に逝去され、氏の生前にお届けできなかったことが無念である。

同プロジェクトの正田健一郎氏、松本三之介氏、兼近輝雄氏、内田満氏、高橋彦博氏、三谷太一郎氏、佐藤能丸氏には研究会等をつうじてご指導をいただき、早稲田大学現代政治経済研究所にも史料の利用等でお世話になった。

進藤榮一氏には、本書をまとめるにあたって種々の有益なご助言をいただいた。

大山郁夫のご子息大山聰氏には、しばしばご自宅に訪問させていただき、聞き取りに快く応じていただいた。またその際に、氏が深い関心を寄せておられる日本思想史のお話をうかがえたことも有意義であった。

大山と運動を共にしてこられた故田部井健次氏にも、高橋彦博氏に同行していただいて、高橋氏のご指導のもとに、たびたび聞き取りをさせていただいた。

ほかにもいちいちお名前をあげないが、いくつかの研究会等でも報告の機会を与えられ、また多くの方々から貴重なご教示や史料のご提供等をたまわった。

本研究の出版に当たっては、中野実氏、小和田哲男氏、花井信氏にご配慮をいただいた。

あとがき

なお、本書の出版に際しては、静岡大学より出版助成を受けた。

最後になったが、信山社の袖山貴氏には、本書の刊行にあたって一方ならずご尽力をいただいた。

以上の方々に心よりお礼を申し上げる。

二〇〇〇年一月二日

著者

〈著者紹介〉
黒川みどり（くろかわ・みどり）
早稲田大学第一文学部日本史学専攻卒業
現在　静岡大学教育学部助教授

主要著書

『異化と同化の間――被差別部落認識の軌跡――』（1999年、青木書店）
『内務省と国民』（1998年、文献出版、共著）
『米騒動と被差別部落』（1988年、雄山閣、共著）

共同性の復権
――大山郁夫研究――

2000（平成12）年７月30日　第１版第１刷発行

著　者　黒　川　みどり
発行者　今　井　貴
発行所　株式会社信山社
〒113-0033 東京都文京区本郷６－２－９
電　話 03（3818）1019
FAX 03（3818）0344
出版編集　信山社出版株式会社
販売所　信山社販売株式会社

Printed in Japan

印刷・製本／勝美印刷・大三製本

ISBN4-7972-1934-3 C3332
1934-012-050-010
NDC分類 000.000

# 事項（人名）索引

## あ 行

## か 行

## さ 行

## な行

## は 行

## ま 行

## や行